湖南省社会科学成果评审委员会重点课题：
"湘漓文化带"与湖南旅游新开拓研究

"中国语言文学"省级特色应用学科资助

湘漓文化带

历史·文化·旅游之价值

陈仲庚 著

国际文化出版公司
·北京·

湖湘
地理
人文中国

图书在版编目（CIP）数据

湘漓文化带：历史·文化·旅游之价值 / 陈仲庚著.
-- 北京：国际文化出版公司，2021.7
ISBN 978-7-5125-1310-5

Ⅰ.①湘… Ⅱ.①陈… Ⅲ.①地方文化-文化研究-
湖南②地方文化-文化研究-广西 Ⅳ.①G127.64
②G127.67

中国版本图书馆 CIP 数据核字（2021）第 093306 号

湘漓文化带：历史·文化·旅游之价值

作　　者	陈仲庚	
特约策划	张立云	
责任编辑	侯娟雅	
装帧设计	潇湘悦读	
出版发行	国际文化出版公司	
经　　销	全国新华书店	
印　　刷	长沙市精宏印务有限公司	
开　　本	710 毫米×1000 毫米	16 开
	16 印张	314 千字
版　　次	2021 年 7 月第 1 版	
	2021 年 7 月第 1 次印刷	
书　　号	ISBN 978-7-5125-1310-5	
定　　价	78.00 元	

国际文化出版公司
北京朝阳区东土城路乙 9 号　　　　邮编：100013
总编室：（010）64271551　　　传真：（010）64271578
销售热线：（010）64271187
传真：（010）64271187-800
E-mail：icpc@95777.sina.net

湘漓文化带：
中华文化园中的一块翡翠

◎杨金砖

（一）

　　湘漓文化带的概念是由湘漓文化而生，而湘漓文化最早是 2015 年广西桂学研究会潘琦会长在第一届湘漓文化研讨会上提出的一个文化概念。近些年，在广西、湖南间连续召开了五次大规模的湘漓文化研讨会，对湘漓文化的内涵外延、现象本质、历史脉络和发展趋向进行过讨论。陈仲庚作为湖南省舜文化研究基地的首席专家，对于"舜帝南巡"之事有过广泛、深入的研究。舜于晚年，为平息三苗之乱，亲自来到南岭，歌咏南风，教人渔猎耕织，德感三苗，最后因劳累过度，崩于苍梧，葬于九嶷，在南岭区域留下了极为丰富的人文故事。而湘漓正是位于南岭的核心区域之内，于是，陈仲庚由舜文化研究转而进入湘漓文化的研究领域，与张泽槐、蒋钦辉等成为这一领域的研究骨干，并由此而提出湘漓文化带的概念。

　　研究湘漓文化带，首先要弄清湘漓一词的含义。所谓湘漓，既是两大水系的合称，又是地理学上的一个特定区域的指称，更是文化层面的一种现象。从水系层面上讲，湘即湘江，漓为漓水。湘、漓分别隶属于长江与珠江两大水系，而南岭就是这两大水系的分水岭。从文化层面上讲，湘即湘学，漓即桂学，湘漓又是湖湘文化与百越文化两大文化体系交汇、碰撞、融通而形成的一种文化现象与文化地带。因此，湘漓文化带狭义上是指湘漓二水所流经的广大地理区域和湘桂文化走廊；而广义上则泛指具有南岭文化特质的整个湘桂粤赣文化区域。

湘江是湖南的母亲河，其发源于都庞岭的海洋山，是湖南境内流径最长，影响最大的一条河。而漓江是广西境内的一条重要河流，其发源于越城岭的猫儿山。越城岭与都庞岭同属于南岭山系中的两座大岭，横亘于湘桂之间，而在兴安地域恰好形成一个狭窄的豁口。秦嬴政为统一南海三郡，于公元前219年在湘江上游的兴安地界修筑史上有名的水利工程——灵渠。通过犁嘴天平分湘为二，其中七分流入湘江，三分离湘而去流入桂江。《水经注》载："湘、漓同源，分为二水，南为漓水，北为湘川。"后来，因漕运功能日显，漓水之名日盛。故此，桂江上游自灵渠引湘入桂至桂林、阳朔、平乐一段，统称之为漓江。

湘漓文化带不仅是一个地理学上的区域概念，更是一个极为重要的楚越民族的经济走廊和南北文化的交汇地带，在这一地带所形成的历史底蕴和文化现象极为独特。这一区域自然风景壮绝、人文底蕴丰厚，其历史价值与现实意义远高于辽西走廊、河西走廊、海上走廊。其所蕴藏的"古色""绿色""红色"文化资源，宛如珍珠一般，撒落在湘漓文化带上。对此，广西贺州学院李晓明提出"南岭民族走廊"一说，奠定了湘漓文化的研究基础。而陈仲庚从旅游文化的视角，于2016年提出湘漓文化带的概念，并成功申报了"湘漓文化带与湖南旅游新开掘"课题，该课题被湖南省社科评审委列为年度重点研究项目。经过4年时间的野外调研、文献梳理，以及大大小小各式会议的商榷研讨，该课题形成了一系列有开拓性的学术新见。《湘漓文化带：历史·文化·旅游之价值》一书是该课题研究过程中所取得的一大重要成果。

陈仲庚在本书绪论《湘漓文化之特质》里，开宗明义地指出：本课题所研究的湘漓文化，是"以湘桂走廊为大致范围，融山性文化与水性文化、本土文化与外来文化于一体的文化形态"。他认为"湘漓文化"的特质主要有3点：一是山水凝成的哲学底蕴，二是南北汇通的人文源流，三是更具山性的人格秉性。基于这3点，本书分别从"历史价值""文化价值""旅游价值"3个维度对湘漓文化带进行了全面而周详的文献梳理、文化探源和价值发掘，共计3篇11章，20余万言，对湘漓文化带的内涵和外延进行了科学论述和精辟阐释。可见作者调研之深入、视野之开阔。

（二）

从地理学上看，南岭区域是上苍赐予中华民族的一块宝地。翻开世界地图，我们不难发现在北纬15度~30度间，由于地球自转而形成的赤道信风的原因，世界上这一地带基本上是以沙漠为主，而唯独亚洲在这个区域森林密布，水草丰美，土地肥沃，物产丰富，风调雨顺，气候宜人，成为最适合人类居住的区域之一。

这一优越自然条件的形成，主要源自印支-燕山期的东西向地壳运动，形成了南岭山脉的基本形态，并不断加强，在其一系列的褶皱构造中又使南岭断裂崩析，尤其是喜马拉雅山脉的不断突兀隆起，形成了一道横亘于北纬20度~35度之间的世界屋脊，极大地改变了北半球赤道信风的流向，使太平洋、印度洋的水汽得以在不同季节于此凝结成雨，浸润大地，滋养生灵。有了雨水、阳光和温度，从而，各式物种得以在这一区域繁衍生息。据统计，南岭区域是物种繁多的区域之一，素有南岭区域物种资源数据库之称。

也是由于地壳板块挤压和褶皱构造，形成了其独具特色的地理风貌。譬如：湘漓文化带上的永州，《光绪湖南通志》就有这样一段文字："环以群山，延以林麓。后环列嶂，前瞰重山。背负九疑①，面儯潇湘。湘水导其前，疑山盘乎险。南控百粤之徼，北凑三湘之域。"②从这段文字里，基本上可以看出湘漓文化带上的自然神韵与山水特征。在南岭群山之中，其气势磅礴者，莫过于九嶷舜峰，三石并立，高耸云天，如似神话里的撑天石柱，其海拔1822米，虽比韭菜岭要低两百来米，但常年白云缭绕，瀑布如练，胜若仙境。《九嶷山志》载："三峰并峙如玉笋，如珊瑚，其上有佩桃石、棋盘石、步履石、马蹄石。还有香炉石，有足有耳，形质天然。其间有以铜为碑，字迹泯灭不可认，疑为舜冢。"

九嶷是虞舜的藏精之所，是虞舜道德文化的滥觞之地，尤其是娥皇女英千里寻夫，泪沾竹上而成斑圈的凄美故事，流传千载，成为中国爱情故事的经典。毛泽东亦曾被这斑竹情结所感动，于《七律·答友人》一诗中写道："九嶷山上白云飞，帝子乘风下翠微。斑竹一枝千滴泪，红霞万朵千重衣。洞庭波涌连天雪，长岛人歌动地诗。我欲因之梦寥廓，芙蓉国里尽朝晖。"毛泽东极目万里，思接千载，感慨古今，承续屈原《九歌》中的《湘君》《湘夫人》的浪漫情怀，将虞舜与二妃的动人故事演绎成一幅新的时代画卷，不再悲悲凄凄，而是"芙蓉国里尽朝晖"般的壮丽和绚烂。

地因人始重，人因地流芳。虞舜与九嶷相互辉映，相得益彰，充分凸显了

---

① 九疑山，今多称九嶷山。
② 湖南省地方志编纂委员会.《光绪湖南通志》点校(第1卷)[M].长沙:湖南人民出版社,2017.11.

九嶷山水的神奇和诗意。

更有意思的是，站在舜源峰上，环顾四周，惊奇地发现四周的山峰都是一个姿势，仿若暮归的羊群，齐刷刷地向舜源峰方向奔涌而来，形成天下少有的"千万群山朝舜峰"的自然奇观。

其实，在湘漓区域的文化带上，其山水之奇特者甚多。柳宗元困居永州十年，"投迹山水地，放情咏离骚"，于《游黄溪记》中对潇湘山水慨然赞曰："北之晋，西适豳，东极吴，南至楚越之交，其间名山水而州者以百数，永最善。环永之治百里，北至于浯溪，西至于湘之源，南至于泷泉，东至于黄溪东屯，其间名山水而村者以百数，黄溪最善。"凭柳子阅历，得此段文字，应该其言不虚。

自九嶷至桂林一带，其地貌特征，相似者甚多，山多青石、峭峻陡峭、孤峰独立、拔地而起、千姿百态、竞相争秀；水尽碧透，蜿蜒曲折，明洁如镜。柳宗元于元和十年被外放任柳州刺史，元和十二年，柳宗元于《桂州裴中丞作訾家洲亭记》中写道："桂州多灵山，发地峭坚，林立四野。署之左曰漓水，水之中曰訾氏之洲。凡峤南之山川，达于海上，于是毕出，而古今莫能知。"于《上裴行立中丞撰訾家洲记启》中曰："今是亭之胜，甲于天下。"故此，宋代广南西路提点刑狱王正功逢"嘉泰改元，桂林大比，与计偕者十有一人"，欣然赞曰："桂林山水甲天下，玉碧罗青意可参。"

神奇幽丽峭峻的湘桂山水，为这一区域形成了极为丰富的旅游资源。于是，陈仲庚认为："特有的山，独特的水，是湘漓文化带上最珍贵的旅游资源，可以开发为独一无二的畅神山水之旅。"对于如何开展这一山水之旅？陈仲庚在其方案中总结了三种范式："名山之旅：从君山到涠洲岛""秀水之旅：从洞庭到北部湾""山水之旅：桂林山水甲天下"，并详细勾勒了每种范式中的主要空间景观和人文特色，形成一个完整的文化系统。显然，这些建设性的方案与构想，无疑为日后湘漓文化带旅游产业的纵深发展提供了最有参考价值的智力支撑。

（三）

古人曰：有奇异山水，必有独特人文。山水与人文从来都是相得益彰，互为表里。潇湘间山水奇特，故其人文异常丰厚。陆游诗曰："挥毫当得江山助，不到潇湘岂有诗。"刘禹锡于《海阳湖别浩初师并引》一文中慨然赞曰："潇湘间无土山，无浊水，民乘是气，往往清慧而文。"湘漓文化带，不仅是南岭区域地理地貌最为奇异怪特，自然山水最为旖旎幽绝，其历史人文也是最为丰厚繁复的区域之一。

从远古文明的层面上，湘漓区域是人类文明的一大重要发祥地。譬如：永州道县的福岩洞里，中外学者先后发现了47颗8万~15万年的近代智人牙齿化石；在道县玉蟾岩里，发掘出了11枚8000~12000年的人工栽培稻谷颗粒；在桂林甑皮岩里，发现了大量新石器时代的生产生活用具；在柳州白莲洞遗址中，从洞穴堆积层中出土的动物骨骼化石达3550件，牙齿化石390枚，以及大量石器、石制装饰等文化遗物。更为奇特的是，在柳州白莲洞、桂林甑皮岩、道县玉蟾岩等远古人类遗存中都发现了人工用火的残痕。如玉蟾岩里出土了2万年前的陶片，这很显然地告诉我们，南岭区域的远古文明与黄河流域的中原文明一样久远。早在新旧石器时代的交汇点前，湘漓区域的玉蟾岩人和白莲洞人就已学会使用火，并用陶泥来烧制生活器具。比起龙山文化和西安半坡文化来，湘漓文化的历史更为久远。

远古人类学会火的运用，翻开了文明的新篇章，结束了茹毛饮血的漫漫长夜，进而步入到刀耕火种的农耕时代，并开创了最原始的陶器制作。《易经》中取"火"之象为"离"，《彖》曰："离，丽也。日月丽乎天，百谷草木丽乎土，重明以丽乎正，乃化成天下。"在"八卦"里"南属火""火为离"。而南岳衡山的最高峰又名为"祝融峰"，祝融又为火神，以火施化，号为赤帝。由此可见，"火"与"南方""南岭"有着密不可分的内在联系。

更有意思的是在湘漓文化带上，南岳衡山有祝融峰，株洲东南有炎帝陵，零陵南部有舜帝陵。祝融、赤帝、炎帝、舜帝之所以相继汇聚在南岭这一广袤区域，绝不是偶然的神话传说，而是有其文明发展的必然。陈仲庚认为：在楚越之间存在一个人类迁徙的通道，这就是历史上的楚越古道、湘桂古道，或是后来学界所说的南岭文化走廊。这条通道的形成"可以追溯到10万年以前"，"湘桂古道就是远古人类北移中华大地的必经之路；而且在这一迁移的过程中，当远古人类越过南岭山脉这一道天然屏障之后，作为现代类型人类形态特征的进化，也已经完全定型。由此也可以说，中华大地甚至整个东亚地区的现代人，或许就是通过湘桂古道然后快速扩散到各地的。"

进入到五帝时代，蚩尤部族南移，虞舜封象于有庳，这是北方部族的两次大规模的南迁，更是南北文化的史前融合。陈仲庚对此进行了大量的文献梳理，尤其是对"象封有庳之国"。从《孟子·万章上》到《史记·五帝本纪》，再到王充《论衡·偶会篇》与郦道元《水经注》，以及唐代的《初学记》，宋代的《太平御览》，等等，认为"古代文献中所载舜弟象之事迹，虽然不很详备，但由以上文献互证，可知其大抵为信史"。

在湘漓文化带上，并不止于远古文明的灿烂，其古代文明与近现代文化同样灿若星汉，光彩照人。尤其是汉魏以来，这一区域内走出的历史名人不计其数。譬如仅潇湘流域就有刘优、刘巴、黄盖、刘敏、蒋琬、周不疑、怀素、李郃、陶岳、路振、周尧臣、周敦颐、陈遘、邓三凤、乐雷发、吴必达、何绍基等，无不彪炳史册，光照千秋。像阳城、元结、柳宗元、寇准、黄庭坚、米芾、胡安国、邢恕、胡寅、张浚、张栻、杨万里等历代文豪，或州牧于此，或寄寓于斯，或宦游于兹，挥毫泼墨，抒写华章，成就了这里独有的山水文章。也因此，这里人文蔚起，代不乏人。仅有宋一代，湖南全省考取进士 967 人，而永州就有 384 人，占到湖南的 40%。特别是九嶷山下的李郃既是开湘状元，也是湖广地区历史上的第一个状元 ① 。在漓湘流域的桂林更是人才荟萃，据《走近桂林文化城》一书所载："在清代，广西中进士者 585 名，桂林占 298 名。"② 尤其是唐乾宁二年以来，桂林产生了"赵观文、王世则、毛自知、陈继昌、龙启瑞、张建勋、刘福姚"等 7 名状元，文学上有享誉文坛的"杉湖十子""岭西五家""临桂词派"，开一代文风。足见湘漓文化带上文脉之旺，文人之众，文化之盛。

总之，湘漓文化带上的文化相当丰厚，其可供开掘的旅游资源异常繁富，陈仲庚对其研究非常深刻，我以上所谈论到的只是其中的一角，读者诸君若要深度了解，建议读一读陈仲庚的《湘漓文化带：历史·文化·旅游之价值》一书，一定会有更大的惊喜和收获。

2020 年 8 月 10 日
于潇水西岸桂园寒舍

---

① 蒋政平,张泽槐,杨金砖等.永州历史文化述略[J].船山学刊,2019(3):61-65.
② 《走近桂林文化城》编委会.走近桂林文化城[M].桂林:广西师范大学出版社,2017:11.

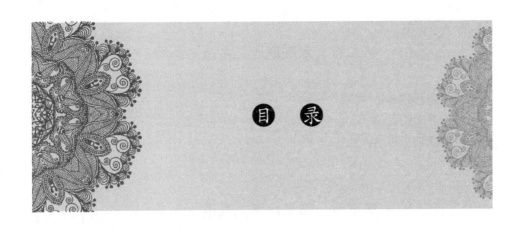

目　录

序言

绪论　湘漓文化之特质

第一章　人类迁徙之通道

第二章　水陆联通之古道

第三章　陆海丝路之孔道

第四章　农耕文明与手工工艺

第五章　圣祖崇拜与家国情怀

第六章　舜帝南巡与社会和谐

第七章　火神祝融与荆楚文化

第八章　盘王崇拜与瑶族文化

第九章　畅神山水之旅

绪 论
湘漓文化之特质

　　湘漓文化是以湘桂走廊为大致范围,融山性文化与水性文化、本土文化与外来文化于一体的文化形态。这是近几年来湖南永州与广西桂林的学者共同探讨的课题。这里有横亘华南的五岭山脉,是长江水系与珠江水系的分水岭;秦始皇修灵渠,将湘江之水"湘漓分派",又连接了湘江和漓江;汉武帝设零陵郡,辖永州和桂林。共有的山水,形成了共同的生产生活方式;曾经共有的行政区划,形成了相互认同的文化心态。这里还是人文荟萃之地:荆楚文化、百越文化、岭南文化在此交汇,来自北方的华夏文化与土生土长的南蛮文化在此聚集,湘学与桂学也在此交叉融合——这样的山水,这样的人文,定然会形成独具特质的湘漓文化。

一、山水凝成的哲学底蕴

　　湘漓文化无疑是中国文化的一条支脉,对其特质的探寻,无疑离不开中国文化的大背景。大致来看,中国文化具有山水凝成的文化特征。

　　从地理类别看,中国主要是大河大陆型的地理环境。大河是水,大陆也可以说是山,山水相凝,衍生出中国的文化传统。中国的古代文明,正是利用河谷平原的优势,率先在黄河、长江流域开放出灿烂的花朵。它选择了一条既不同于海洋民族（如希腊人、罗马人）,也不同于游牧民族（如古代阿拉伯人）的发展道路,一开始就以农业经济作为文化发展的基点,最终演进为一种高度发达、极端成熟的以农为本的文化形态。需要特别指出的是,河谷平原的优势,正是在山的帮衬下形成的：水是大山输送的，肥沃的平原土地也是由大山带来的。尤为重要的是，山还是人们生存生活的保护屏障，中国古代的城市，几乎无一不建在背山面水的地方。对传统社会的国人而言，山是心灵的依靠，水是外物的利用；所以山状"仁"，水拟"智"。由此而形成了中国特有的"山水-人生"哲学。

中国的哲学，从一开始就将人与自然看成是一个整体：人从自然中产生，自然向人生成。孔子说："知者乐水，仁者乐山。知者动，仁者静。"（《论语·雍也》）在孔子看来，山和水都不是纯自然的，它们的某些特点和秉性，也正与人类的某些特点和秉性相统一。钱穆对此解释说："水缘理而行，周流无滞，知者似之，故乐水。山安固厚重，万物生焉，仁者似之，故乐山。"[①]大抵是说，山的特点是厚重坚忍，与仁者相似；水的特点是灵动变化，与智者相似。这种解释，也正是运用"道法自然"的方式来解释"仁"和"智"的内涵。也就是说，在人与自然相统一亦即"天人合一"的问题上，儒家哲学与道家哲学是高度一致的。

虽说在天人合一的问题上儒家与道家高度一致，但在对山水的重视程度上则是各有偏重的：儒家更重视山，与之相应的是仁；道家更重视水，与之相应的是智。因此，大致地进行区分，儒家可说是山性哲学，道家可说是水性哲学。

首先，从阳刚与阴柔的对比来看，儒家更多阳刚之气，偏重于山的特征；道家更尚阴柔之性，偏重于水的特征。儒家心中充满"至大至刚"的"浩然之气"，为人生理想的实现而奋斗不息；《周易大传》说"天行健，君子以自强不息"，很能代表儒家所主张的人生态度，也是其学说的一个基本特征。道家则贵柔守雌，强调无为不争，特别崇尚水德："上善若水。水善利万物而不争，处众人之所恶，故几于道。"（《老子·八章》）道家所持有的"清心寡欲，见素抱朴"心态，希望退回到"小国寡民""同与禽兽居""族与万物并"的社会理想，与儒家刚健有为、奋进不止的精神形成了鲜明的对比。

其次，从恒常与变动的对比来看，儒家看到的是稳态的东西，是"经"，是"常"；道家眼中的事物则是变动不居的，没有质的稳定性。在社会历史的发展方面，儒家看到的是"百王之无变，足以为道贯"（《荀子·天论》），是"天不变，道亦不变"的循环往复（《汉书·董仲舒传》）。即使有变动，也只是属于不可动摇的"常"的补充而已，孔子因革损益的思想，就是这种思维的结果。在人生意义和价值方面，儒家追求精神上的永恒，试图"为万世开太平"，这也是因为坚信人生有其恒定的内在价值，而且这种价值不会因社会变迁、人生际遇的不同而消失。道家感叹人生的短暂和变动不居，"人生天地之间，若白驹之过隙，忽然而已"（《庄子·知北游》）。"物之生也，若骤若驰。无动而不变，无时而不移。"（《庄子·秋水》）道家为人世的变化而悲哀，以其为不常。他们

---

① 钱穆.论语新解[M].上海:上海三联书店,2002:158.

认为唯一恒常的东西就是"道",而正是在"道"的永恒性对比之下,更显出人世、人生的短暂和变动不居,这与儒家哲学的思维趋向恰好相映成趣。

最后,从重"仁"与崇"智"的侧重来看,儒家强调"利天下而弗利己"的群体之仁;道家强调"保身全生"的个体之智。"仁者爱人"、"己欲立而立人,己欲达而达人"(《论语·雍也》)、"己所不欲,勿施于人"(《论语·卫灵公》),这是儒家仁学的具体体现;同时也说明,儒家心目中的"人",是以体认、实践"仁"德为人生旨趣的。仁的实现,在于主体修养的升华,然后推己及人,或者说是从一般意义的人我关系的协调来实现仁。因此,"从这个角度来看,也可以说是一种人际关系学"①。尤为重要的是,这种人际关系学不是一种平等的关系,而是以牺牲个体服从群体为前提的,《唐虞之道》中说"利天下而弗利(己)也,仁之至也"②。"利天下"就是维护群体利益,"弗利己"自然要牺牲个体利益,这是最高的"仁",也是最高的人生价值。道家则是另外一幅景象,"居善地,心善渊,与善仁,言善信,政善治,事善能,动善时。夫唯不争,故无尤"(《老子·八章》)。《庄子》强调"依乎天理,批大郤,导大窾""为善无近名,为恶无近刑。缘督以为经,可以保身,可以全生,可以养亲,可以尽年"(《庄子·养生主》)。很显然,老庄所重视的主要是一种人生的智慧,它以确保人生的"无忧""保身全生""养亲尽年"为价值目标,是一种个体之智。也可以说,个体的生命价值和精神自由,在道家哲学中具有至高无上性,与儒家的群体至上理念,形成了必不可少的互补。

儒家哲学肇源于黄土高原,沿黄河两岸汇聚到泰山脚下,凝结成山性哲学;道家哲学起始于汉水上游,随汉水南下汇集到长江中游,激荡为水性哲学。两种哲学随着南北文化的交流融通,与南岭山脉、湘漓流域的山水相结合,便形成了独具特质的湘漓文化。

二、南北汇通的人文源流

在湘漓文化特质中,不仅有南北山水凝成的哲学底蕴,更有南北汇通的人文源流,其最早的始源,无疑是被称为"中华文明先祖"的舜帝。4000多年前的"舜帝南巡",无论是对中国的历史或文化史,都是开天辟地的大事件,它不仅带来了民族大融合,也带来了文化的大汇通。

《史记·五帝本纪》云:"舜……南巡狩,崩于苍梧之野,葬于江南九嶷,是

---

① 李锦全.儒家论人际关系的矛盾两重性思想[J].中州学刊,1987(5).
② 荆门市博物馆.郭店楚墓竹简 [M].北京:文物出版社,1998.

为零陵。"司马迁这一段话，为舜帝其人的真实性和传奇性提供了权威证据，舜帝遂成为南岭山脉的永久符号，湘漓流域的不朽名片。

舜帝南巡的真正目的是什么？历史上虽有"南征""避难"等不同说法，但绝大多数的学者都认为是为了"德服三苗"。舜帝的此次南巡，我们从文化典籍、民间传说乃至于历史遗迹中，找不到带兵打仗、战争硝烟的痕迹，相反，关于舜帝奏《韶乐》、歌《南风》的留存记载和痕迹倒是屡见不鲜。章太炎《古经札记·南歌南风解》云："舜南巡苍梧，地本属楚，其歌南风，盖即在南巡时，阙后楚之《九歌》九章，当即南风遗音，故有《湘君》《湘夫人》等篇，即用舜律，而又咏舜事也。且夷乐亦惟南音最合。"杨东晨还据此认为"舜帝南巡，当有亲自去体察南方民风歌乐之意"①。除了歌《南风》，就是奏《韶乐》，《春秋繁露》云："舜时，民乐其昭尧之业也，故韶。韶者，昭也。"《韶乐》是舜帝所创，来自北方。舜帝演奏《韶乐》的地方，至今还留下了韶山、韶关等地名。舜帝就这样奏着《韶乐》、歌着《南风》，走遍了南方数省，最后将自己的遗体也留在了南方九嶷山。

根据历史学家徐旭生的考证，自炎黄时代开始，中华大地形成三大部族集团，即华夏集团、东夷集团和南蛮集团。顾颉刚认为，尧舜禅让说是东西民族混合的结果②。晁福林认为，"部落联盟领导权的禅让制是古代早期国家构建的重要标识。关于尧、舜、禹之间的领导权的传递，《尚书》所载言之凿凿，无可置疑"③。既然国家权力的禅让只在东西部族之间传递，也就意味南蛮部族的权利并没有在国家的权力中得到体现。而南蛮部族既有山川之险，又有众多族支，"九黎""三苗"之称就是族支众多的表现。在他们的权利没有结合进国家而又要让他们服从于国家的权力，并让他们心服口服地与北方的两大民族融合为一体，这确实是武力很难解决的问题。蔡靖泉对此进行解释说："武力征伐不能服众，行德喻教方可化民。虞舜弃力征而以德化三苗，足显其明哲贤能之'圣'。虞舜在南国的行德，即如《南风》所云的'解吾民之愠''阜吾民之财'；虞舜在南国的喻教，也即'慎和五典'，使苗民'移风易俗'，明'五常'之义，由野蛮走向文明。"④正因为如此，所以舜帝南巡一路宣讲着道德教化，同时伴随着音乐熏陶，并以自己的身体力行率先垂范，最终"勤民事而野死"，还将自己的圣体也留在了江南九嶷；再加上二妃的泪洒斑竹、殉情潇湘，他们的事迹使南方的九黎、三苗大为感动，最终心悦诚服地接受了来自北方的王权，三大部族终于"混合"为一体。可以说，如果没有舜帝的南巡，中华民族

① 杨东晨.帝舜家族史迹考辨[C].零陵师范高等专科学校学报,2002(1).

② 顾颉刚.禅让传说起于墨家考.古史辨(第7册下)[M].上海:上海古籍出版社,1982.

③ 晁福林.关于中国早期国家形成的一个理论思考[J].中国历史研究,2010(6).

④ 蔡靖泉.舜歌《南风》与舜化南国[N].零陵师范高等专科学校学报,2001(1).

的大融合、中国大一统国家的形成，都是很难想象的。

舜帝作为千古圣人，因为藏精九嶷而使舜帝精神与山之特质合二为一；舜之二妃南来寻舜不遇，投江殉情，成为湘妃、湘夫人，又使二妃之情与水之特质合二为一。因此，在中国数千年的历史长河中，九嶷山算不上高大，但它重似昆仑；潇湘水算不上深远，但它情如长江。此后的历朝历代通过连绵不断的祭祀和唱诵，舜帝精神不断地得以强化，对九嶷山及其湘漓地区产生了尤为重要的影响。

嗣后，文人墨客对舜帝精神的唱诵也对湘漓文化特质的形成产生了不可忽视的影响。文人的唱诵，最早是屈原，他的影响主要体现在两个方面：一是对舜帝精神的追寻和赞颂，二是对湘漓流域古老民歌特别是《湘君》《湘夫人》等篇什的收集整理。

屈原遭谗受逐，满腔悲愤无可诉说，便想到"济沅湘以南征兮，就重华而陈词"（《离骚》）；更重要的是，他需要到"先圣"那里去寻找救世良药："昔三后之纯粹兮，固众芳之所在。彼尧舜之耿介兮，既遵道而得路"（《离骚》）。"尧舜之耿介"，就是正大光明之德，姜亮夫认为："人之纯德无逾于正大光明，而其非德无过于阴谋诡诈，三代以来惟楚人能坚持此德，汉承秦统，不发扬此义而以孝为治，独承周家宗法之统，遂使吾民衰敝柔靡"①。决意"伏清白以死直"（《离骚》）的屈原，正是"惟楚人能坚持此德"的代表。有了"尧舜之耿介"的救治，屈原便可以"驾青虬兮骖白螭，吾与重华游兮瑶之圃""登昆仑兮食玉英，与天地兮同寿，与日月兮齐光"（《涉江》）。如此高远美妙的理想之境，只有与舜帝同游时才会有，或者说，诗人只有借助于舜帝之光辉，才能达到美妙的理想境界，才能实现自己的社会理想和人生理想。由屈原开风气之先，后世文人无不以"致君尧舜上"作为自己的理想追求。

再者，章太炎认为"楚之《九歌》九章，当即南风遗音，故有《湘君》《湘夫人》等篇，即用舜律，而又咏舜事也"。这一方面说明了屈原对"南风遗音"的收集整理之功，为中国文学保存了一种古老的文体，使楚辞在中国文学史上独树一帜；另一方面，因"舜律""舜事"的影响力，又开启了中国文学的浪漫主义传统，使舜帝与二妃的爱情故事成为千古绝唱。因此，舜帝作为千古圣人，不仅是后世文人实现政治理想的最高典范，也是实现家庭理想的最高典范。

舜帝是北方人，屈原是南方人，他们二人跨越时空的交流，其本身就是南北荟萃。屈原之后，另一个对湘漓文化产生重大影响的北方人是柳宗元。

宋代严羽曾说："唐人惟子厚深得骚学。"从遭谗受逐、满腔悲愤的角度说，柳宗元与屈原的遭际相似，情感抒发相似，政治理想也相似。柳宗元曾写过一篇

---

① 姜亮夫.三楚所传古史与齐鲁三晋异同辨[A].骚中国[M].上海：上海文艺出版社，1998：1847–1849.

《舜庙祈晴文》，其题下韩醇注曰："（此文）公在永州代其州刺史作。"作为罪臣的柳宗元，在永州时的行动受到限制，九嶷山虽近，却不能亲自前往祭舜，代州刺史写一篇祭文，也算了却一个夙愿。在祭文中，柳宗元歌颂舜帝的"勤事南巡""宜福遗黎"，重点关注的是舜帝对黎民百姓的福祉，体现了柳宗元一贯的民本思想[①]。

柳宗元还写过一篇《道州毁鼻亭神记》，鼻亭神是祭祀舜帝之弟象，道州刺史薛伯高认为"象之道，以为子则傲，以为弟则贼""以恶德专世祀"不利于教化，"于是撤其屋，墟其地，沉其主于江"。柳宗元对此显然是持赞赏态度的，所以在文末总结说："凡天子命刺史于下，非以专土疆、督货贿而已也。盖将教孝弟，去奇邪，俾斯人敦忠睦友，祗肃信让，以顺于道。"这个"道"与"象之道"是全然相反的，是"教孝弟，去奇邪"，与屈原所推崇的"尧舜之耿介"，本质上是一致的。

作为思想家的柳宗元，其特有贡献是对中国民本思想的提升；作为文学家的柳宗元，其特有贡献则体现在山水游记上。柳宗元的文章，多写抑郁悲愤、思乡怀友之情，风格峻峭，自成一路。而山水游记则是借山水之题，发胸中之气。柳宗元说："余虽不合于俗，亦颇以文墨自慰，漱涤万物，牢笼百态，而无所避之。"（《愚溪诗序》）清代刘熙载评论："柳州记山水，状人物，论文章，无不形容尽致；其自命为'牢笼百态'，固宜。"（《艺概·文概》）因此，柳宗元笔下的山水，荡涤天地万物，囊括自然百态，在赞赏山水美的同时，也熔铸了自己的血肉灵魂，自是一曲物我交融、"情景合一"的多彩华章，我们在欣赏其艺术美的同时，也不难感受山水凝成的哲学底蕴。

三、更具"山性"的人格秉性

从中华大地的特有山水，到山水凝成的哲学底蕴，再到南北荟萃的丰厚人文，说明上天特别眷顾湘漓之地、先祖十分恩泽湘漓之人。那么，湘漓人自己该如何作为？文化特质的形成，是人类自身努力的结果，或者说是人类人格秉性的文化显现。湘漓文化特质，自然也与湘漓人的人格秉性相关。而湘漓人的人格秉性，也恰如湘漓文化的人文源流一样，具有南北汇通的特征。例如，作为湘漓人的梁漱溟曾对自己的家庭有一个说明："在中国来说，南方人和北方人，不论在气质上或习俗上都颇有些不同。因此，由云南人来看我们，则每当我们是北方人，而在当地人看我们，又以为是来自南方的了。我一家人，实兼

---

① 陈仲庚.舜歌《南风》与中国民本思想之源流——中国民本思想发展演变的三个节点[J].中国文学研究,2011(2).

有南北两种气质，而富有一种中间性"①。应该说，梁漱溟"一家人"所代表的，正是湘漓人的共有特征。

湘漓大地虽然是舜帝的藏精之所，秦始皇开拓南方留下了千古工程灵渠，但毕竟是南方蛮荒之地，唐以前文化的发展远落后于北方。到了唐代，在元结、柳宗元的影响下，教育、文化才发展起来；到了宋代则蔚为大观，出现了能确立湘漓文化特质的代表人物。

宋代理学大师周敦颐在中国思想史上的地位，堪与孔孟比肩。《宋元公案》中曾这样评价周敦颐："孔孟而后，汉儒止有传经之学，性道微言之绝久矣。元公崛起，二程嗣之，又复横渠、清大儒辈出，圣学大昌。"也就是说，周敦颐是继孔孟之后昌兴"圣学"的开山之祖，从南宋开始，人们就认为他"其功盖在孔孟之间矣"，并被称为"道学宗主"；道州、九江、南安等地纷纷建濂溪祠堂祭祀；宋宁宗赐谥号为"元"，理宗时从祀于孔子庙庭，成为"亚圣"孟子之后的"三圣"。

在中国思想史上，有两篇经典之作让人百读不解又百读不厌。一篇是老子的《道德经》，短短五千言，人们解读了数千年，到现在仍是新注、新说不断；另一篇就是周敦颐的《太极图说》，更是精简到只有300多字，人们解读了数百年，似乎还很难读出个大概。可以说，这两篇经典集中了人类的最高智慧和最深邃的思维。

孔孟开创的儒学，到周敦颐的时代已经流传了1000多年，硕儒名彦济济为什么多无创见，而周敦颐却能别开生面？有人说，是道州的山水滋养了他；更有人说，是道州月岩的特有地貌让他直观地感受了阴阳的变化，所以才有"阴阳动静，万物化生"的《太极图说》。周敦颐的思想成就自然离不开他所处的山水、人文环境的滋养；但同样，周敦颐也是在与别人同样的环境下，开创了新的理学。

在1000多年的历史长河中，儒、道两家互为补充，却又一直是分流并进的。到了周敦颐这里，形成了交叉汇流：他吸取道家学说，糅合《周易》，初步建立了一套综合探讨宇宙本原、万物生成、人性伦常等问题的理论体系。或许，从人格秉性与文化特质的关系而言，他的人性论观点对我们更有启发性。

周敦颐将人性分为"五品"：刚善、刚恶、柔善、柔恶，再加上中。但刚、柔、善、恶都不是最高的，最高的是中，"惟中者也，和也，中节也，天下之达道也，圣人之事也"。"中"是什么？宋明理学家喋喋不休地讨论了多少年。其实，看看周敦颐自己的爱好和行为就可以明白，"中"就是"莲花品质"："予独爱莲之出淤泥而不染，濯清涟而不妖，中通外直，不蔓不枝，香远益清，亭亭净植，可远观而不可亵玩焉。"后人赞赏周敦颐所描述的莲花品质时，注重的往往是"出淤泥而不染，濯清涟而不妖"，而忽略了"中通外直，不蔓不枝"。其实，前者

---

① 马东王.梁漱溟传[M].北京:东方出版社,2008:26.

只是表现，后者才是本质。"中通外直"也就是"中""中节"，是周敦颐所坚守和提倡的做人原则，与尧舜的"正大光明"之德、屈原的"伏清白以死直"、柳宗元的"教孝弟，去奇邪"是一脉相承的，所以才是"天下之达道也，圣人之事也"。事实也是如此，周敦颐一生为官清廉，尽心竭力，深得民心；为人光明磊落，正直无畏。周敦颐在南安任司理参军时，有一狱囚法不当死，但转运使王逵却决意杀之，众官虽觉不当，但都不敢出面讲话，唯周敦颐据理力争，王逵不听，他便要弃官而去，气愤地说："如此尚可仕乎？杀人以媚人，吾不为也。"（《宋史·道学传》）在他的感染下，王逵最终放弃了原来的意图。这就是周敦颐为人做事"中通外直"的具体表现。"莲之爱，同予者何人"？周敦颐的设问，正是希望形成一种共有的人格秉性，以确立一种群体认同的文化特质。

物我交融的莲花品质，既确立了周敦颐的理论价值，也确立了他的人格魅力。他兼容儒道，既具有高度的"水之智"，也具有强烈的"山之仁"。"山"与"水"的共同作用，铸就了周敦颐的"三圣"地位，为湘漓文化特质的丰富内涵提供了第一个典范。

周敦颐之后，历史长河又流过了近千年，我们从当代湘漓人中可以找到第二个典范，那就是梁漱溟。

梁漱溟说自己一家人"兼有南北两种气质"，而这种气质的具体表现他也有一个介绍："吾父是一秉性笃实的人，而不是一天资高明的人。他做学问没有过人的才思，他做事情更不以才略见长。他与我母亲一样天生心地忠厚，只是他用心周匝细密，又磨炼于寒苦生活之中，好像比较能干许多。他心思相当精明，但很少见之于行事。他最不可及处，是意趣超俗，不肯随俗流转，而有一腔热肠，一身侠骨"[1]。无疑，梁漱溟的父亲是一位很平凡的人，但唯其平凡，更能体现湘漓人的人格秉性；更因在平凡的人生中有着不平凡的气质，进而影响了梁漱溟，形成了他的伟岸人格。

梁漱溟被国外的学者论定为"最后的儒家""中国的脊梁"[2]。他一生的奋斗目标是"为往圣继绝学，为万世开太平"，所践行的则是"天人合一""知行合一""情景合一"的审美人生。这正如他自己所说的："有道之士，得乎生命自然流畅之道者，更不需外来刺激，固可以无时而不乐。"[3]梁漱溟无疑是有道之士，尽管一生坎坷，"波谲云诡，却不改威武不屈的傲骨，刚直不阿，仗义执言，人格伟岸"[4]。这正是莲花品质的真实写照，他不仅弘扬了周敦颐

---

[1] 王东林.梁漱溟问答录[M].武汉:湖北人民出版社,2004:138.
[2] 艾恺.最后的儒家——梁漱溟与中国现代化的两难[M].王宗昱,冀建中译.南京:江苏人民出版社,2003:4.
[3] 梁漱溟.梁漱溟全集[M].济南:山东人民出版社,2005:183.
[4] 潘琦主编.广西文化符号·梁漱溟[M].南宁:广西民族出版社,2014:342.

的思想和学术传统，更是弘扬了周敦颐的人格秉性。

能体现湘漓文化特质的第三个典型应该是陶铸。陶铸推崇松树，在他的散文《松树的风格》中，做过这样的描述和评价："你看它不管是在悬崖的缝隙间也好，不管是在贫瘠的土地上也好……只要有一粒种子，它就不择地势，不畏严寒酷热，随处茁壮地生长起来了。它既不需要谁来施肥，也不需要谁来灌溉。狂风吹不倒它，洪水淹不没它，严寒冻不死它，干旱旱不坏它。它只是一味地无忧无虑地生长。松树的生命力可谓强矣。""要求于人的甚少，给予人的甚多，这就是松树的风格。鲁迅说的'我吃的是草，挤出来的是奶，血'，也正是松树风格的写照。"陶铸为人做事，坚持"不唯上，不唯利；只唯实，只唯民"的原则，用自己一生的实践，丰富了松树风格的内涵。

作为松树风格的践行者，他"要求于人的甚少"。中华人民共和国成立初期，干部工资标准定级时，他的工资关系本来一直在军区，听说部队工资高于地方，便让秘书把他的工资关系转到地方，并对秘书说："在个人待遇上，还是就低不就高好一些。沾公家的光多了，个人的光彩就少了。"① 他是这样对待自己，也是这样教育家人。1969 年 9 月，他病入膏肓，女儿陶斯亮从东北农村回来看他，他特意填了一首《满江红·赠斯亮》，教导女儿："不为私情萦梦寐，只将贞志凌冰雪。羞昙花一现误人欢，谨防跌！"（P203）

另一方面，作为松树风格的践行者，陶铸又"不畏严寒酷热"。他性格耿直，敢放炮。"文革"初被调到中央，成为政治局常委中的"四把手"、国务院副总理，集党政军实权于一身。这样安排的目的，就是要让他"向刘邓资产阶级司令部开头炮"。他却和江青说："我的炮弹早就打光了，做人要讲良心，不能落井下石。"（P190）他把主要的精力放在"抓革命，促生产"上，帮助周恩来想方设法维持工厂、农村的正常生产。最终他与江青等人发生激烈的冲突，成为"中国最大的保皇派"而被打倒，最后孤独寂寞地死在"紧急疏散"地合肥，身边没有一个亲人，连名字也改成了"王河"。作为一颗政治明星，陶铸的名字迅速地划过夜空，消失在历史的长河中；作为松树风格的践行者，他化为一棵傲然挺立的劲松，郁郁葱葱，荫护后辈，激励后辈，永不枯朽！

莲花是水性植物，但"中通外直"，具有山之"仁"性；松树是山性植物，但"随处茁壮生长"，却也具有水之"智"性。莲花品质与松树风格的结合，兼容山性与水性；再与"知行合一""情景合一"的人生实践相结合，形成了湘漓人在"山水交融"中更显"山之刚性"的人格秉性，这应该就是湘漓文化的基本特质。

---

① 黄承先.陶铸的故事[M].长沙:湖南人民出版社,2013:181.后引仅标示页码。

第一章
人类迁徙之通道

所谓湘漓文化带，主要是以湘江流域和漓江流域为中心，往北过长江溯汉江而上，可与河洛、秦川相联系，往南顺西江、邕江而下可达北部湾，还可下珠江出南海。在大运河凿通之前，这是沟通大江南北的主要通道，从大禹"开九州，通九道"开始，一直到隋唐，作为中国南北交通大动脉的地位延续了3000余年。这条交通大动脉，以水路为主，陆路并进，有些地方还必须经由陆路再转水路。因此，这是一条水路联通之路。那么，湘漓文化带之价值，也是与湘桂古道联系在一起的。湘桂古道之"古"开启于何时？古人类学家贾兰坡在其《广东在古人类学研究上的重要地位》一文中说过："两广地带就是远古人类东移的必经之路。"也就是说，湘桂古道是远古人类迁徙的通道，它可以追溯到10万年以前。

一、现代智人北迁

贾兰坡为什么说远古人类是"东移"而来的？其依据大概是基于中华大地最早出现在云南的"元谋猿人"（距今170万年）。根据达尔文的进化论，人类的进化是呈线性发展的，亦即人类发展的历史可分为四个阶段：古猿（前800万—前700万年）和南方古猿（前420万—前100万年）、能人（前200万—前175万年）、直立人（前200万—前20万年）、智人（早期前20万—前5万年，晚期前5万—前1万年）。但现代遗传学的研究证明，智人出现的时间虽然很短，但与古猿、能人乃至于直立人并无血缘承继的进化关系。以色列人类学家尤瓦尔·赫拉利认为："在几十万年前的地球上，至少就有6种不同的人""不论智人是否是罪魁祸首，但每当他们抵达一个新地点，当地的原生人类族群很快就会灭绝。现存历史离我们最近的梭罗人遗迹，大约是5万年前。丹尼索瓦人在那之后不久也已绝迹。至于尼安德特人，是在大约3万年前退出了世界舞台。而到了1.2万年前，像小矮人般的人类也从弗洛尼斯岛上永远消失。……他们的离去，也让我们智人成了人类最后的物种"①。在全世界范围内，其他人种均消失了；同样，曾经出现在中华大地的元谋人、蓝田人、北京人也消失了。因此，他们与现代中国人也没有血缘承继的进化关系。

那么，现代智人的祖先从何而来？美国《国家地理》在2005年发起了"人类迁徙遗传地理图谱计划"，用原始人骸骨上的DNA对比来自全世界100多万人的mtDNA，结果发现，全地球人的mtDNA都出自15万年前的一位女性智人，基本确定她就是全人类共同的外祖母，科学家称她为"线粒体夏娃"。而这个外祖母的最早诞生地，是在非洲的东部。"我们还无法得知智人是在何时、由何种早期人类演化而来，但科学家多半都同意，大约到了15万年前，东非就已经有了智人，外貌和我们几乎一模一样""科学家也同意，大约7万年前，智人从东非扩张到阿拉伯半岛，并且很快席卷整个欧亚大陆"。尤为重要的是，短短几万年的时间，智人不仅迁移到了地球的每一块大陆——包括大洋洲，还造成了当地原生人类族群的很快灭绝。用生物学优胜劣汰的理论来分析，智人应该是古人类族群中最优人种。

虽说现代智人与元谋猿人没有血缘承继的进化关系，但智人既然是来源于东非，那么经由西亚东移至云南，再东移到两广，然后转道北上，其迁移路线与贾兰坡的结论应该还是一致的。但需要强调的是，湘桂古道上的两项考古发现证明，即使是"科学家多半都同意"的观点，也必须有所修正：一是智人出现的时间应该更早一点，不止15万年；二是智人扩张的时间更早一点，绝不止7万年，时间甚或要翻倍。

第一项考古是封开峒中岩人的发现。广东省肇庆市封开县，位于贺江与西江的交汇处，与广西省梧州市毗邻，是汉武帝所设立的"广信"所在地。1989年在封开县峒中岩洞内发现的人类牙齿化石，铀系法测定年代为距今14.8万年±1.3万年，年代为旧石器时代中期。两枚人牙化石形态粗壮，沟纹和小嵴多，表现出较多的原始性，属早期智人。峒中岩人是岭南地区迄今发现的最早的人类，被专家称为岭南历史的揭幕人。

第二项考古是道县福岩洞古人类遗址的发现。该遗址位于湖南省道县西北

---

① 尤瓦尔·赫拉利.人类简史——从动物到上帝[M].林俊宏.北京:中信出版社,2014:007-019.

部乐福堂乡塘碑村，距县城约 18 千米，南距道州玉蟾岩遗址约 6 千米。2015 年 10 月 15 日，中国科学院多位研究员在英国《自然》杂志发表论文，宣布在该遗址发现 47 枚具有完全现代人特征的人类牙齿化石，依据铀系法初步年代测定和动物群面貌判断，古人类活动的年代大致为晚更新世，表明 8 万~12 万年前，现代人在该地区已经出现，是目前已知最早的具有完全现代形态的人类。通过对道县人类化石的研究显示，具有完全现代形态特征的人类在东亚大陆的出现时间比欧洲和西亚要早至少 3.5 万~7.5 万年。这项研究提供了迄今最早的现代类型人类在华南地区出现的化石证据，是中国学者在现代人起源研究领域所取得新的重大突破，对于探讨现代人在欧亚地区的出现和扩散具有非常重要的意义。

这两处古人类遗址，分别位于湘桂古道的支线潇贺古道的起点和终点；就古人类生活的年代来说，一是 14 万年，一是 8 万~12 万年，时间上有先后对应的关系；就人类进化历史来看，一"属早期智人"，一"具有完全现代人特征"，有着明显的前后承继关系。因此，如果说"两广地带就是远古人类东移的必经之路"，那么，湘桂古道就是远古人类"北移"中华大地的"必经之路"；而且在这一迁移的过程中，当远古人类越过南岭山脉这一道天然屏障之后，作为"现代类型人类"形态特征的进化，也已经完全定型。由此也可以说，中华大地甚至是整个东亚地区的现代人，或许就是通过湘桂古道然后快速扩散到各地的。

湘桂古道的形成与远古人类的迁移路线，似乎是一个逆向的关系："古道"由北向南，"古人"由南向北。其实，从"路在脚下"的角度说，最早的"古道"也应该是跟随人类迁移的脚步由南往北的。在这条"北移"的古道上，还留下了人类文明进步的足迹，如稻作文明、制陶技术的"北移"等，这留待后文再做分析。

二、蚩尤部族南移

古人类迁徙的脚步是"北移"，进入文明社会之后，中华民族迁徙的脚步似乎一直是"南移"。在中国历史上，至少有 5 次较大规模的"北人南迁"：第一次在秦始皇统一全国时期，为了巩固岭南地区，秦始皇派遣了 50 万军民到岭南。秦朝灭亡之后，南海郡尉赵佗起兵兼并桂林郡和象郡称王，建立独立的南越国，这些军民在南越国的北部定居，其中一小部分人后来融入客家民系。第二次在东晋永嘉年间，因为五胡乱华，使山西、河北及河南一带的汉人纷纷渡过黄河，由苏皖渡长江经赣北；其中一小部分人到达粤赣闽三角洲地区。第三次在唐朝僖宗乾符二年（875），因为黄巢之乱，使江西北部的居民再迁往江西西部、福建西部及南部和广东东部及北部。第四次在南宋末年，这是客家民系南迁到广东的关键时期，随着蒙古军的南进，赣、闽客家先民随败退的宋皇室进入广东东部、北部。第五次是明末清初，粤、闽地区部分客家人由于湖广填四川的政策迁徙到四川。这5次大迁徙，是"客家人"形成的主要来源。而他们之所以称之为"客家人"，说明他们还没有真正成为南方的"主人"。实际上，南方的"主人"也大都是由北方迁徙而来的，只是时间上要早得多。中国历史上最早的一次大规模南迁，应该是蚩尤部族。

（一）古代文献记载的蚩尤及其部族

关于蚩尤部族，见之正史者，载于《史记·五帝本纪》：

> 轩辕之时，神农氏世衰。诸侯相侵伐，暴虐百姓，而神农氏弗能征。于是轩辕乃习用干戈，以征不享，诸侯咸来宾从。而蚩尤最为暴，莫能伐。炎帝欲侵陵诸侯，诸侯咸归轩辕。轩辕乃修德振兵，治五气，艺五种，抚万民，度四方，教熊、罴、貔、貅、貙、虎，以与炎帝战于阪泉之野。三战，然后得其志。蚩尤作乱，不用帝命。于是黄帝乃征师诸侯，与蚩尤战于涿鹿之野，遂禽杀蚩尤。而诸侯咸尊轩辕为天子，代神农氏，是为黄帝。天下有不顺者，黄帝从而征之，平者去之，披山通道，未尝宁居。

这一段记载属《黄帝本纪》的内容，主要是记载黄帝成为"天下共主"的过程和原因：从过程说，主要是与炎帝的"阪泉之战"、与蚩尤的"涿鹿之战"均获胜，从而使得"诸侯咸尊轩辕为天子，代神农氏，是为黄帝"；从原因说则包括两方面：一是"神农氏世衰。诸侯相侵伐，暴虐百姓，而神农氏弗能征"；二是"轩辕乃习用干戈""修德振兵""教熊、罴、貔、貅、貙、虎"，亦即轩辕黄帝不仅在本部族内"修德振兵"，还以此教化以"熊、罴、貔、貅、貙、虎"为图腾的多个部族，使得这些部族能够同心协力，从而战胜了炎帝。应该说，司马迁对"过程"的记载相对比较客观真实，对原因的记载则比较主观化，明显的是加进了西周以来"以德服人""有德者得天下"的理念。

不过，司马迁虽然将黄帝与炎帝、蚩尤的战争连在一起记载，却并没有说明炎帝与蚩尤的关系，在《逸周书·尝麦解》中，蚩尤则是炎帝的部族：

> 赤帝分正二卿，命蚩尤于宇少昊，以临四方，司□□上天末成之庆。蚩尤乃逐帝，争于涿鹿之阿，九隅无遗。赤帝大慑，乃说于黄帝，执蚩尤，杀之于中冀。

蚩尤本是炎帝的部族，却要驱逐炎帝；炎帝求助于黄帝，最终擒杀蚩尤。战争仍然与"涿鹿"相关，但不是黄帝与蚩尤之战，而是蚩尤与炎帝之战。这一段记载还有一个最大的不同，根据司马迁的记载是黄帝替代炎帝而成为"天子"，在这里则是因蚩尤所逼，炎帝与黄帝实现了联合。

当然，关于黄帝战蚩尤之事，还有一些不尽相同的记载，如《山海经·大荒北经》载：

> 蚩尤作兵伐黄帝，黄帝乃令应龙攻之冀州之野。应龙畜水。蚩尤请
> 风伯、雨师，纵大风雨。黄帝乃下天女曰魃，雨止，遂杀蚩尤。

《山海经》的神话色彩较浓，这一段战争描写，很像神话故事。但去除神话色彩，则无非是蚩尤带着风（或为凤）图腾和雨图腾的部族与黄帝龙图腾的部族大战于"冀州之野"，而黄帝得到"天女曰魃"的帮助，这应该是一个强大的尚处于母系氏族社会的部族。根据司马迁的记载，黄帝和炎帝均出自"少典氏"，而黄帝的时代正是母系社会向父系社会过渡的时期，"少典氏"应该属于母系社会，而"女魃"或许正属于"少典氏"。因此，如果拂去神话色彩的遮蔽，这一段记载才是最真实的"史实"——它暗含的是以蚩尤为首的"东夷集团"与以黄帝为首的"华夏集团"在中原大地"冀州"所发生的一场生死大战。

（二）现代人的观点及考古佐证

在中国的传统社会，无论是官方或民间，都特别推崇"龙凤呈祥"，这其中所蕴含的文化基因，应该就是以龙蛇为图腾的华夏族群与以凤鸟为图腾的东夷族群的融合。傅斯年在《民族与古代中国史》一书中认为："三代及三代之前期，大体上有东西不同的两个系统。这两个系统，因对峙而生争斗，因争斗而起混合，因混合而文化进展。夷与商属于东系，夏与周属于西系。"东系即东夷族群，以蚩尤为首领；西系即华夏族群，以黄帝为首领。而黄帝与蚩尤之战，是这种"混合"亦即融合的开始；唐尧与虞舜的政治联姻，则是这种融合的进一步加深；舜帝南巡，则是南北大融合的最终实现。

中国历史上，春秋以来的古籍对蚩尤传说的记录相当丰富。根据这些记录，蚩尤是上古时代九黎部落的领袖，面如牛首，背生双翅，有兄弟81人（应该是81个部落），骁勇善战，势力强大，个个铜头铁额，本领非凡。尽管各种文献的记录略有差异，但蚩尤部族与黄帝部族曾经有过交战则是无疑的。而且交战的过程很是曲折，因蚩尤善战，能"制五兵之器，变化云雾""作大雾，弥三日"，黄帝"九战九不胜""三年城不下""乃仰天而叹。天遣玄女下授黄帝兵信神符"，依靠"玄女"的力量方才取胜。蚩尤有如此强大的力量，在考古

发现上应该有相应的佐证。

有学者认为，蚩尤、蚩尤族与长江下游的良渚文化有关，如何驽认为："良渚文化大约是蚩尤的始作俑者""蚩尤的传说记述的是良渚文化同黄河流域部族集团之间的一段宿怨以及良渚文化衰亡的一个历史原因""獠牙玉人面流行的石家河文化（三苗）和良渚文化，在龙山时代均系中原河南龙山文化的南方劲敌，这两个强劲的长江中下游文化可能联合成所谓的蚩尤集团，对中原黄帝集团（包括黄河下游的东夷–山东龙山文化）发动进攻，即是文献常说的'有苗作乱'和'蚩尤作乱'，这便可能演绎成传说中的黄帝与蚩尤的大战。结果是蚩尤大败，考古上则反映为石家河、良渚文化的急剧衰亡"。①

苏秉琦在《中国文明起源新探》一书中认为："至迟开始于公元前3000年中期的良渚文化，处于五帝时代的前后期之间，即'绝地天通'的颛顼时代""以黄帝为代表的前半段主要活动中心在燕山南北，红山文化的时空框架，可以与之对应。五帝时代后半段的代表是尧舜禹，是洪水与治水……其后的仰韶文化庙底沟类型与红山文化南北汇合产生了一系列新文化因素和组合成新的族群，他们在距今5000年~4000年间在晋南同来自四方（主要是东方、东南方）的其他文化因素再次组合，产生了陶寺文化，遂以《禹贡》九州之首的冀州为重心奠定了'华夏'族群的根基。"苏秉琦虽未明说良渚文化与蚩尤的关系，但良渚文化处于五帝时代的前后期，而黄帝活动于燕山南北，与红山文化相对应，而能与黄帝直接抗衡的蚩尤，所对应的"时空框架"，自然就是良渚文化。

还有学者认为蚩尤是东夷人的一支，蚩尤为东方夷人的首领，如严文明说："在古史传说中，东夷的先祖有太昊和少昊两个集团，还可能有蚩尤的九黎集团。"关于蚩尤的地望，严文明据《逸周书·尝麦解》"命蚩尤于宇少昊，以临四方"一段文字推测说："这段话说明，蚩尤原起于少昊之墟即曲阜一带，后来向北向西发展，才与华夏族的黄帝相遇，被黄帝杀之于中冀。"②

笔者认为，司马迁将黄帝与炎帝、蚩尤的两次大战合在一起说，说明有其内在的联系。《国语·晋语》云："昔少典氏娶于有蟜氏，生黄帝、炎帝。炎帝以姜水成，黄帝以姬水成。成而异德，故黄帝为姬，炎帝为姜。"姬水是今陕西省武功县境内的漆水河，姜水是今陕西省宝鸡市的清姜河。两大部落同处陕西，为争地盘发生战争是必然的，"阪泉之战"炎帝部落战败，只能往南方发展，于是迁移到湖北随州神农架一带，并向江汉平原发展，为对抗北方的黄帝部落，与蚩尤部落结成了联盟——这就是石家河文化形成的基础，仅从玉器的制作特色来说，它兼具北方红山文化和南方良渚文化的特色，玉凤、玉龙、玉猪制作

---

① 何驽.文献考古方法论刍议[J].华夏考古,2002(1).

② 严文明.东夷文化的探索[J].文物,1989(9).

精美，玉龙与红山文化相一致，玉凤、玉猪则属于良渚文化范畴。这也可以视为南北文化的第一次大融合。可能是炎帝对蚩尤部落的干预太多，要求蚩尤迁移到少昊所在地，引起蚩尤不满，于是要驱逐炎帝部落，使得炎帝部落又重新与黄帝部落结成同盟，共同对付蚩尤，于是才有了"涿鹿之战"。

那么，良渚文化与蚩尤部族的"时空框架"是如何相对应的？我们不妨来看看良渚文化的"时空"特点。

1936 年发现的良渚遗址，是余杭县（现杭州市余杭区）的良渚、瓶窑、安溪三镇之间许多遗址的总称，是长江下游良渚文化的代表性遗址，距今 5300 年~4300 年。1959 年依照考古惯例按发现地点良渚命名为良渚文化。遗址总面积约 34 平方千米。良渚古城遗址是人类早期城市文明的范例，证实了中华五千年文明史。2019 年 7 月 6 日，中国良渚古城遗址获准列入世界遗产名录，标志着中华五千年文明史得到国际社会认可。

考古研究表明，在良渚文化时期，农业已率先进入犁耕稻作时代；手工业趋于专业化，琢玉工业尤为发达；大型玉礼器的出现揭开了中国礼制社会的序幕；贵族大墓与平民小墓的分野显示出社会分化的加剧；刻画在出土器物上的"原始文字"被认为是中国成熟文字的前奏。据此，有专家指出：中国文明的曙光是从良渚升起的。

玉器是良渚先民所创造的物质文化和精神文化的精髓。良渚文化玉器，达到了中国史前文化之高峰，其数量之众多、品种之丰富、雕琢之精湛，在同时期中国乃至环太平洋拥有玉传统的部族中，独占鳌头。

尤为重要的是，良渚遗址区内有一座面积 290 万平方米的古城，其年代不晚于良渚文化晚期。考古学家指出，这是长江中下游地区首次发现的良渚文化时期的城址，也是至今所发现的同时代中国最大的城址。当时的"良渚"势力占据了半个中国，新发现的这座古城，相当于良渚时期的首都。古城边缘，有世界上最早、规模最大的水利系统，这也是迄今为止被发现的世界上最早的拦洪水坝系统。这里还有反山遗址的墓葬群，墓葬等级之高，随葬品之丰富，堪称"良渚王陵"。

在良渚文化的玉器上，有一个非常神秘的图案反复不断地出现，这个图案的形态特别像一尊英武的战神，不由得使人联想到英勇善战的蚩尤。良渚文化中石钺非常发达，表明良渚人也好勇强悍；蚩尤战争节节胜利之时，也正是良渚文化非常发达之时；而蚩尤最终被黄帝打败之时，也正是良渚文化衰败之时。传说中的蚩尤与其他几个部落联盟同属东夷集团，居于山东和长江三角洲一带，而蚩尤部族被称作"九黎"，是一个大部落联盟，它的分布范围包括了良渚文化的所有地域。因此，强悍的良渚人应该就是九黎族中最大一支。这一支的主体渡江北上到达中原，与中原的龙山文化先民发生了一场生存空间的生死搏斗。良渚人部族虽然是一个强悍的部族，但远离故土到达中原后，由于人力、物力、财力等后勤保障均难以接济，最终在中原部族的联合抵抗之下被打败，未能在中原争得立足之地而重建本族文化。但良渚文化却被胜利者吸收、同化和融合，故而才会有诸多良渚文化因素出现在龙山文化之中。

(三) 战败后蚩尤部族的迁移

蚩尤战败被杀，"良渚王国"失去了"领导核心"，部族四分五裂，再也维系不了"良渚王国"的奢侈生活，于是"国都"破败，"良渚文化"衰落以至于最后消失。

蚩尤部族分裂之后，其流向主要分为三支，一支与华夏集团融合，成为黄帝的部族。《管子·五行》说："黄帝得蚩尤而明于天道。"《韩非子·十过》说："昔者黄帝合鬼神于西太山之上，驾象车而六蛟龙，毕方并辖，蚩尤居前，风伯进扫，雨师洒道。"张守节撰《史记正义》，引《龙鱼图》："黄帝摄政，有蚩尤兄弟八十一人，并兽身人语，铜头铁额，食沙石子，造立兵仗刀戟大弩，威震天下，诛杀无道，不慈仁。万民欲令黄帝行天子事。黄帝以仁义不能禁止蚩尤，乃仰天而叹。天遣玄女下授黄帝兵信神符，制伏蚩尤。帝因使之主兵，以制八方。蚩尤没后，天下复扰乱。黄帝遂画蚩尤形象以威天下。天下咸谓蚩尤不死，八方万邦皆为弭服。"金代元好问的《续夷坚志·蚩尤城》载："华州界，有蚩尤城，古老言蚩尤阚姓，故又谓之阚蚩尤城，城旁阚氏尚多。"《太平寰宇记》卷四六载："解州安邑有蚩尤城。"这些古代文献可以证明，蚩尤族人确实有为黄帝所用的，尤其是阚氏这一支。蚩尤族人"归顺"黄帝部族后，迁到了华夏集团的中心地带山西、陕西等地，但他们并没有数典忘祖，仍然认蚩尤为自己的祖先，并将所生活的地方称之为"蚩尤城"，这或许是因为"良渚古城"原本就叫作"蚩尤城"，蚩尤族人只是将原地名搬到了新地方。另外，考古发现也可以证明，前几年在山西长治的黎城县，发掘出古黎国国君的墓葬，而且是侯爵等级。这说明蚩尤部族九黎的这一支不仅延续下来了，还受到了黄帝后裔姬周王室的重视，不仅有封地，还有高等级的爵位。

另一支迁往山东，与少昊部族融合形成新的东夷集团。在今天的山东，有多处"蚩尤冢""蚩尤墓"，如聊城阳谷、菏泽巨野等。传说蚩尤被杀并被肢解，战场战败的部族带回尸体的不同部位进行安葬，还有可能是"衣冠冢"之类的。总之，山东的"冢""墓"多，说明了两个问题：一是战败之后迁移到山东的蚩尤部族较多；二是这些墓冢都不是蚩尤本人的"全尸"，因而都不是正规的"陵"。

蚩尤战败后最大的一支部族应该又回到了丹水、汉江流域，与炎帝留存的部族重新融合，形成"三苗集团"。根据《尚书》《国语》等多种古籍及其传、注记载，三苗出自九黎，而为九黎之后。九黎战败，族人流散，演变为三苗。《尚书·舜典》载："窜三苗于三危。"孔传曰："三苗，国名，缙云氏之后，为诸侯，号饕餮。"《史记·五帝本纪》："三苗在江淮、荆州数为乱。"《史记正义》载："吴起曰：三苗之国，左洞庭而右彭蠡。……以天子在北，故洞庭在西为左，彭蠡在东为右。今江州、鄂州、岳州，三苗之地也。"说明当时的"三苗"所占地域广阔，长江中游地区从汉水流域到湘北、赣北均属三苗。《六韬》载："尧伐有苗于丹水之浦。"《吕氏春秋·召类》载："尧战丹水以服南蛮。"这说明，后来又因为尧帝对三苗的战争，而此时三苗已经不是华夏集团的对手，所以被迫再度南迁，其主体进入湖南境内，分布于湘南、湘西，后来又再度流散到贵州。根据苗族史诗、歌谣、传说的记载，蚩尤佬是苗族的祖先。湖南的湘南、湘西广大地区，无论苗、瑶或汉人，均有蚩尤崇拜，说明蚩尤对湖南的影响至深。

三、象封有庳之国

蚩尤的形象是"面如牛首，背生双翅"。牛首是炎帝的图腾，说明蚩尤曾与炎帝联合；双翅则是东夷凤鸟图腾的简化，这也说明了蚩尤及其部族与东夷和炎帝的双重关系。而舜帝将弟弟象分封到有庳，也说明了东夷与蚩尤的关系。有庳在九嶷山地区，当时这里已是三苗的核心地带，如果舜帝和象不是与三苗有着很深的族源关系，一个小小的"有庳国"，远离中原母国，孤悬数千里之外，无论如何都是很难立足的。正因为象与三苗有着"同祖"的族源关系，所以才能与三苗和平相处，相安无事。而象封有庳，也可以说是蚩尤部族的再度南迁。

（一）"象封有庳"：见诸文献的信史

舜帝封象的有关文献记载，最早见于《孟子·万章上》："万章问曰：'象日以杀舜为事。立为天子则放之，何也？'孟子曰：'封之也，或曰放焉。'"这里，孟子的观点很明确：舜帝对弟象是"封之"，有人产生了误解，"或曰放焉"。《史记·五帝本纪》则说得更明白："封弟象为诸侯。"裴骃集解引《皇览》曰："舜冢在零陵营浦县。其山九溪皆相似，故曰九疑。传曰：'舜葬苍梧，象为之耕。'"

裴骃所说的"传曰"，不知出于何书。但王充《论衡·偶会篇》也引"传曰"，说道："传曰：'舜葬苍梧，象为之耕。禹葬会稽，鸟为之佃。'"《论衡·书虚篇》又说："传书言：舜葬于苍梧，象为之耕；禹葬会稽，鸟为之佃。"唐代《初学记》及宋代《太平御览》引皇甫谧《帝王世纪》也说："舜葬苍梧，下有群象常为之耕。"《太平御览》引《帝王世纪》又说："舜葬苍梧九疑山之阳，是为零陵，谓之纪市，在今营道县下，有群象为之耕。"

根据上述文献的记载，舜帝封弟象为诸侯，应该是没问题的，但究竟封在何处，则不明确。郦道元《水经注·湘水》载："应水又东南流，径有鼻墟南。王隐曰：应阳县本泉陵之北部，东五里有鼻墟，言象所封也。山下有象庙，言甚有灵，能兴云雨。"这大致是最早明确指出"象封有庳（鼻）"的文献。此后相关的文献便越来越多：《史记正义》，引《帝王纪》："舜弟象封于有鼻。"引《括地志》："鼻亭神在营道县北六十里。故老传云，舜葬九疑，象来至此，后人立祠，名为鼻亭神。"引《舆地志》："零陵郡应阳县东有山，山有象庙。"引王隐《晋书》："本泉陵县，北部东五里有鼻墟，象所封也。"唐杜佑《通典·州郡典》载："江华郡，道州营道县，舜封象有鼻国，即此也。"

作为佐证，当地百姓对象的崇拜与祭祀，亦可见证"象封有庳"的影响。柳宗元《道州毁鼻亭神记》（又作《道州斥鼻亭神记》）载："鼻亭神，象祠也。不知何自始立，因而勿除，完而恒新，相传且千岁。"宋人旧注："《道州图经》曰'昔舜封象有鼻国'，即其地。《昌邑王贺传》载：'舜封象于有鼻'，注：在零陵，今此是也。"又柳宗元《天对》载："昆庸致爱，邑鼻以赋富。"宋人旧注："《集韵》载：有庳，国名，象所封，通作鼻。《前汉·邹阳传》作'有卑'，并同音。《孟子·万章上》载：'仁人之于弟也，不藏怒焉，不宿怨焉，亲爱之而已矣。亲之欲其贵也，爱之欲其富也，封之有庳，富贵之也。'《倦游录》载：'道州、永州之间，有地名鼻亭，去两州各二百里，岸有庙，即象祠也。'"从唐代往前推，象祠的存在"相传且千岁"，可见象的影响极为久远，这也足可证明"象封有庳"的可信度。

不仅在"有庳"当地建有象祠，还跨越数千里，影响到了贵州。明代大儒王阳明作有《象祠记》云："灵博之山，有象祠焉。其下诸苗夷之居者，咸神而祠之。宣慰安君，因诸苗夷之请，新其祠屋，而请记于予。予曰：'毁之乎，其新之也？'曰：'新之。''新之也，何居乎？'曰：'斯祠之肇也，盖莫知其原。然吾诸蛮夷之居是者，自吾父、吾祖溯曾高而上，皆尊奉而禋祀焉，举而不敢废也。'予曰：'胡然乎？有鼻之祀，唐之人盖尝毁之。象之道，以为子则不孝，以为弟则傲。斥于唐，而犹存于今；坏于有鼻，而犹盛于兹土也，胡然乎？'"本文为王阳明被贬为贵州龙场驿丞时所作，当地"苗夷"翻新象祠，请他作记，而"斯祠之肇也，盖莫知其原"，同样说明时间的久远；更说明象与"苗夷"等少数民族有很深的渊源关系，并有着独特的影响力。

清初，屈大均考论舜弟象事迹最详。《广东新语》卷十九《坟语·鼻天子冢》说道："传曰：舜葬苍梧，象为之耕。象，舜之弟也。耕者其为兄守视祭田欤? ……舜之亲爱,天下莫不闻知,当烝烝乂时,象既为舜所化,必有功德于其国,国人之不敢犯斯冢也。自有虞时至宋,亦云久矣。舜崩,四海丧之如考妣,爱象者,所以爱舜也。舜放驩兜崇山以变南蛮,考《书》疏:崇山在衡岭之间,与有鼻不远。南蛮风俗于变为中华,意象必有力焉。南裔之人,为之建祠庙、守丘墓,必不偶然。予尝欲至其冢,立一丰碑,书之曰:‘古帝舜之弟有鼻国君之冢。’以示后人。"这里值得特别注意的是,象在中华民族大融合的过程中,发挥了重大而独特的作用。

要而言之,古代文献中所载舜弟象之事迹,虽然不很详备,但由以上文献互证,可知其大抵为信史。

(二)"象为之耕":兄弟之和的见证

舜帝封象于有庳,其目的何在?《孟子·万章上》云:"仁人之于弟也,不藏怒焉,不宿怨焉,亲爱之而已矣。亲之欲其贵也,爱之欲其富也,封之有庳,富贵之也。"因为对弟弟的"亲"与"爱"便要使之"富贵",这难道不是"私"?还能称之为"仁"?孟子究竟是有意歪曲舜帝还是为舜帝的"私心"开脱?

在孟子看来,圣人之仁,是有一个递进关系的:"亲亲而仁民,仁民而爱物。"(《孟子·尽心章句上》)"亲亲"是"仁民"的前提,也是最大的仁:"仁者人也,亲亲为大"(《礼记·中庸》)。"亲亲"是"仁",更是"孝";而"孝",更是"仁"的根本所在,所以孔子说:"君子务本,本立而道生,孝弟也者,其为仁之本欤!"(《论语·学而》)孟子则更进一步说:"人人亲其亲长其长而天下平。"(《孟子·离娄章句上》)这就是孟子最为理想的"仁政"。

关于"亲亲"之"孝",孟子还有着更为特别的理解。《孟子·尽心上》曾记载孟子与学生桃应的一段对话:"桃应问曰:‘舜为天子,皋陶为士,瞽瞍杀人,则如之何?’孟子曰:‘执之而已矣。’‘然则舜不禁与?’曰:‘夫舜恶得而禁之?夫有所受之也。’‘然则舜如之何?’曰:‘舜视弃天下犹弃敝蹝(屣)也。窃负而逃,遵海滨而处,终身䜣然,乐而忘天下。’"按照孟子的说法,舜父瞽瞍杀人,从法律的角度说,舜帝是不能阻止皋陶抓人的;但从孝道的角度说,他又必须有所作为,于是只能遗弃天下,私下里背了父亲逃到海边,终身高兴而忘掉天下。这就是舜帝的选择:孝道重于治道,父亲重于天下。

舜帝为什么会做出这样的选择?孟子为什么会做出这样的推论?这是因为"孝者,德之本也,教之所由生也"(《孝经》),也就说,孝是一切伦理道德的根本,一切教化都由此而产生。人类文明从道德教化开始,道德教化从孝道开始;反之,没有孝道就没有道德教化,没有道德教化就没有人类文明。因此,不是孝道重于治道,而是道德教化比国家治理更重要;不是父亲重于天下,而是人类文明比天子的位子更重要。从这里可以看出，舜帝私下里背走父亲这一行为，绝不是为了一家的私利，而恰好是"天下为公"的体现。由此也可以说，舜帝对弟弟的"亲""爱"与分封，也绝不是为了一己之私，而是为了维护孝道的严肃性。

舜帝的时代正是中国由野蛮社会向文明社会进化的转折时期，"孝"是当时社会文明的标志。在氏族社会中，人们都是按照血缘关系共同生活的。最早的人伦关系和伦理观念当然是以血亲关系为核心的。对子女来说，"孝"是一种最重要的社会规范，否则，以族长为中心的氏族社会根本无法代代维持生存下去。家庭是社会的细胞，家庭伦理的推广就是对社会的教化。因此在氏族社会时代，社会上第一美德便是孝。

事实上，舜帝的以孝求"和"，确实也收到了很好的效果。这正如王阳明在《象祠记》中所说的："象之不仁，盖其始焉耳，又乌知其终之不见化于舜也？《书》不云乎：'克谐以孝，烝烝乂，不格奸。'瞽瞍亦允若，则已化而为慈父。象犹不弟，不可以为谐。进治于善，则不至于恶；不抵于奸，则必入于善。信乎，象盖已化于舜矣！"按照《尚书》中的意思，舜能在"父顽、母嚚、弟傲"的家庭环境下做到"克谐以孝"，这自然是指整个家庭的和谐，父母、兄弟均被舜帝所感化，才算实现了真正的家庭和谐，才能证明"克谐以孝"的效果。这是从文献记载中间接透露出来的信息。

直接的信息则是"舜葬苍梧，象为之耕"。根据屈大均的考论，"耕者其为兄守视祭田"；这当然不是指象一个人为兄守视祭田，还包括有庳的百姓。屈大均说："舜崩，四海丧之如考妣，爱象者，所以爱舜也。"这里所强调是"爱象者，所以爱舜"，显然是指有庳的百姓因为"爱象"，所以协助象一起来守视祭田。有庳国的四境究竟管辖到了哪里，现在已无法确指，但九嶷山应该在其范围内，所以象可以带着百姓去为兄长守视祭田。这也就是上述文献所说的"有群象为之耕"。"群象"，应该就是指有庳国的诸多百姓。

在上述文献中，还有一个说法值得注意，那就是"舜葬苍梧，象为之耕。禹葬会稽，鸟为之佃（田）"。当年"舜耕历山"时，曾有"象为之耕，鸟为之耘"，拂去其神话色彩，从历史合理主义的角度进行解释，这应该是以象为图腾的部落和以鸟为图腾的部落联合在一起耕田，说明以虞舜为代表的"东夷集团"至少是两个大部落的联盟。舜帝到华夏集团继承尧帝的帝位，应该带去了鸟图腾部落，这可能就是《尚书》等典籍所记载的"凤凰来仪"的真实缘由。另一个象图腾部落则由舜帝之弟象所继承，并随"象封有庳"而迁徙到了有庳国。而禹在继承舜帝之位的同时，也接收了鸟图腾部落，所以当他崩葬会稽时，有"鸟（鸟图腾部落）为之田"。舜帝南巡，除了一支乐队，并没有带太多的人员，这除了他要宣传"以德服人"的理念外，则还有一支力量可以依靠，那就是由他弟弟象所统帅的象图腾部落。这也说明，他们兄弟之间已经可以相互信任。如果没有这样的政治基础，舜帝南巡不带军队，以身犯险，恐怕也非明智之举。

舜帝南巡，其子商均应该也是跟随南来的。《山海经·大荒南经》载：“赤水之东，有苍梧之野，舜与叔均之所葬也。”郭璞注云：“叔均，商均也。舜巡狩，死于苍梧而葬之，商均因留，死亦葬焉。基在今九疑之中。”郝懿行《山海经笺疏》注：“郭云：‘基在今九嶷之中’，‘基’当为‘墓’字之讹。”《水经注·湘水》也说：“九嶷山，大舜窆其阳，商均葬其阴。”这说明，舜帝去世之时，为他守视祭田的应是儿子商均的当然职责。但商均毕竟是“外来客”，由他个人来守视祭田不免势单力薄，所以象便主动承担了“为兄守视祭田”的责任，这不仅可以见证兄弟和好，更可见证兄弟情深。

(三) 象祠千古：民族之和的见证

在中国早期的文献记载中，象为恶人，是以舜的对立面的形象出现的，所以人们对舜尊崇到何种程度，对象就厌恶到何种程度。在《尚书》中，“父顽、母嚣、弟傲”与舜的“克谐以孝”形成了鲜明的对比。而在《史记·五帝本纪》中，通过司马迁的具体描述，象的形象则更可恶：“瞽叟又使舜穿井，舜穿井为匿空旁出。舜既入深，瞽叟与象共下土实井，舜从匿空出，去。瞽叟、象喜，以舜为已死。象曰：‘本谋者象。’象与其父母分，于是曰：‘舜妻尧二女，与琴，象取之。牛羊仓廪予父母。’象乃止舜宫居，鼓其琴。舜往见之。象鄂不怿，曰：‘我思舜正郁陶！’舜曰：‘然，尔其庶矣！’舜复事瞽叟爱弟弥谨。”司马迁的文笔简练老辣，寥寥数笔，就把一个贪婪、虚伪、少廉寡耻的形象刻画得入骨三分，使得后世文人对象的印象，就定格在这一形象上。

正是基于司马迁所描述的印象，唐代薛伯高任道州刺史时，“乃考民风，披地图，得是祠。骇曰：‘象之道，以为子则傲，以为弟则贼，君有鼻，而天子之吏实理。以恶德而专世祀，殆非化吾人之意哉！’命亟去之。于是撤其屋，墟其地，沈其主于江”（柳宗元《道州毁鼻亭神记》）。柳宗元对薛伯高的做法大加赞赏，“以为古道罕用，赖公而存，斥一祠而二教兴焉。明罚行于鬼神，恺悌达于蛮方，不唯禁淫祀、黜非类而已”；并“愿为记以刻山石，俾知教之首”。薛伯高和柳宗元对象的看法，当然绝不只是他们个人的看法，而是代表了官方和文人长期以来的共同看法。诚如是，象在文献记载中的形象一直是臭名昭著的。

但有庳百姓对象的看法似乎有着天壤之别，它们修建象祠，祭拜“鼻亭神”，竟“不知何自始立，因而勿除，完而恒新，相传且千岁”。相传千岁的象祠还能保持“完而恒新”，这必定是当地百姓对它倍加呵护、长期维护的结果，同时也说明象祠在当地受重视的程度，更说明象在百姓心目中的地位——百姓对象的崇拜是持续而稳定的，绝不只是"急时抱佛脚"，临时求神破灾免难而已。

百姓为什么如此重视象祠？为什么会崇拜"鼻亭神"？这本来是一个很值得深思的问题。但薛伯高在毁象祠时未做思考，柳宗元在作《道州毁鼻亭神记》时也未做思考。到了王阳明作《象祠记》时，才有对这一问题的深入思考，他不仅认为"信乎，象盖已化于舜矣"，还认为"象之既化于舜，故能任贤使能而安于其位，泽加于其民，既死而人怀之也"。王阳明还据此做了进一步的发挥："吾于是盖有以信人性之善，天下无不可化之人也。然则唐人之毁之也，据象之始也；今之诸夷之奉之也，承象之终也。斯义也，吾将以表于世，使知人之不善，虽若象焉，犹可以改；而君子之修德，及其至也，虽若象之不仁，而犹可以化之也"。这正是王阳明"致良知"观点的具体化，他所思考的显然与他长期思考的哲学命题相一致。但他认为象能"泽加于其民，既死而人怀之"，则是十分准确的。对老百姓而言，"天大地大不如对百姓的恩情大"，对百姓有恩，百姓才怀念他、祭祀他。所以薛伯高虽然毁掉了象祠，但并不能毁掉象在百姓心目中的地位，到明代天启年间，"州守从民请……而始新其庙"（清代钱邦芑《鼻亭神庙解》）。于是，当地又重建了象祠，恢复了对象的祭祀。这就是民心所向，不可随意践踏的。

象祠在有庳和贵州"苗夷"中得以传承数千年，则还说明了象的一大历史功绩，那就是在民族大融合中所发挥的巨大作用。屈大均认为，"南蛮风俗于变为中华，意象必有力焉。南裔之人，为之建祠庙、守丘墓，必不偶然"。这是颇有眼光，也是很切合实际的看法。根据徐旭生在其《中国古史的传说时代》一书中的考证，尧舜时代存在三大部族集团，即华夏集团、东夷集团和苗蛮集团。这三大集团，华夏与东夷集团通过政治联姻——娥皇、女英嫁入东夷或者说虞舜入赘华夏而实现了大融合，整个黄河流域实现了统一。而据有长江流域广大区域的苗蛮集团，则没有这种联姻，也不见有苗蛮集团的首领进入华夏集团的核心领导层。那么，要让众多的苗蛮服从于华夏的统一领导，除了有武力的威慑之外，更重要的还是因为"以德服人""泽加于其民"的结果。舜帝南巡崩葬九嶷，大禹崩葬江南会稽山，是他们"勤民而野死"，并力图"泽加于其民"的见证。因此，虞舜和大禹，成为千古传颂的圣帝。虞舜与大禹对中国历史所做出的巨大贡献有诸多文献的记载，象的贡献则从未见诸历史文献，只有民间流传千古的象祠，在诉说着象的功绩，见证着象在民族大融合中所做出的贡献。

第二章
水陆联通之古道

中国的地理板块是西高东低,"天倾西北,故日月星辰移焉;地不满东南,故水潦尘埃归焉",千条江河归大海,一江春水向东流。但也有一些大江大河的支流呈南北流向,如湘江北去,汉江南流,而它们通过洞庭和长江,恰好构成了南北交通的大通道;并且,往北通过一段陆路可与黄河水系沟通,往南不仅可以沟通珠江流域,还可与北部湾海运相通。这条水陆联通的古道,以其独一无二的优势,不仅成为史前人类北迁南移的天然通道,更是中华文明历史发展的交通大动脉。这条大动脉由大禹开启,秦汉时期进一步开发,经历隋唐宋元明清等各个朝代,一直延续到今天,其地位的重要性虽然有所变化,但作为沟通南北交通大动脉的作用和价值,则一直未变。

一、大禹初开荆州道

(一)《尚书·禹贡》描述的九州九道

《左传·襄公四年》引《虞人之箴》:"茫茫禹迹,画为九州,经启九道。"司马迁在《史记·夏本纪》中说夏禹"开九州,通九道,陂九泽,度九山"。也就是说,夏禹治水在疏通了九条河道作为水路的同时,还打通了九座山,开辟了九条陆路,水路与陆路的联通,形成了通达九州的道路网。在《尚书·禹贡》中,对这九条道路的开通还进行了更为详细的记载。最后的结论说:"九州攸同,四隩既宅,九山刊旅,九川涤源,九泽既陂,四海会同。六府孔修,庶土交正,厎慎财赋，咸则三壤成赋。中邦锡土、姓，祗台德先，不距朕行。"意思是说，九州由此统一了，四方的土地都已经可以居住了，九条山脉都伐木修路可以通行了，九条河流都疏通了水源，九个湖泽都修筑了堤防，四海之内的道路都畅通无阻了。水、火、金、木、土、谷六府都治理得很好，各处的土地都要征收赋税，但要谨慎地征收，而且要根据土地的三个等级来进行征收。中央将土地和姓氏赏赐给诸侯，并敬重那些以德行为先又不违背中央政令的贤人。夏禹所做的这一切，为大一统国家体制的形成奠定了基础，也为奴隶制家天下的传承准备了条件。

《尚书·禹贡》全篇1193字，主要以自然地理的山脉、河流为标志，将全国划分为"九州"，并对每州的疆域、山脉、河流、植被、土壤、物产、贡赋、少数民族、交通等自然和人文地理现象，做了简要的描述。全篇的内容可分为5个部分：一是九州的划分，叙述上古时期洪水横流，不辨区域，大禹治水以后则划分为冀、兖、青、徐、扬、荆、豫、梁、雍九州，并扼要地描述了各州的地理概况；二是导山，分九州山脉为四列，叙述主要山脉的名称，分布特点及治理情形，并说明导山的目的是为了治水；三是导水，叙述九条主要河流和水系的名称、源流、分布特征，以及疏导的情形；四是水功，总括九州水土经过治理以后，河川皆与四海相通，再无壅塞溃决之患；五是五服的范围，叙述国力和国家治理所能达到的疆域，以京都为中心，以500里为一服，由近及远，分为甸、侯、绥、要、荒五服。从此，九州安定。

《尚书·禹贡》中所叙述的黄河，其上游与今天大致相同，到了今河南荥阳县以下的中下游地区则一分为二：一流向正东，一流向东北。以现今的地理来说，冀州相当于今山西省和河北省的西部和北部，还有太行山以南的河南省一部分。兖州是在济、河之间，就兖州来说，它是以黄河与冀州分界的；这里所说的济为济水，是一条久已淤塞的古河道，由今河南省荥阳县东北从黄河分出，流经今河南封丘、山东定陶、济南等县市，东北流入渤海的河流。这济、河之间的兖州，相当于今河北省东南部、山东省西北部和河南省的东北部。"海岱维青州"，青州是东至海而西至泰山，也就是现在山东省的东部。徐州是在海岱和淮水之间，相当于今山东省东南部和江苏省的北部。扬州则在淮海之间，就是北起淮水，东南到海滨，是今江苏和安徽两省淮水以南，兼有浙江、江西两省的土地。"荆及衡阳维荆州"，"荆"为荆山，在今湖北省南漳县，衡山在今湖南省，由荆山直至衡山之南，荆州包括今湖北、湖南两省。豫州在荆河之间，主要是今河南省的大部，兼有山东省的西部和安徽省的北部。梁州在华阳、黑水之间，应包括今陕西省南部和四川省，或者还包括四川省以南的一些地方。雍州在西河、黑水之间，今陕西和山西两省的黄河，当时称为西河，则黑水当在雍州的西部。雍州西部的黑水不一定就是梁州南部的黑水，但确地也不易实指。雍州的山水有鸟鼠、三危,也有弱水、都野,皆在今甘肃省境内。雍州境内还有昆仑、析支等部落。昆仑在汉临羌县西,析支在汉河关县西。汉临羌县在今青海省湟源县东南。汉河夭县在今青海省同仁县。按照这些山水部落的分布,则雍州当在今陕西省的北部和中部、甘肃省的东部和青海省的东部。这是《尚书·禹贡》所记九州的大致范围,从中可以看出,大禹治水所开发的主要是黄河流域,长江流域仅有荆、扬两个完整的州,梁州包括陕西省南部和四川省,只能算半个。而贵州省、云南省似乎在"五服"之外,尚未涉及。那么,荆州作为长江流域的中心地带,又与黄河的中心地带"河、洛"相沟通,其地位的重要性就可想而知了。

(二)《尚书·禹贡》描述的"荆州道"

《尚书·禹贡》对荆州的记载是:

> 荆及衡阳惟荆州。江、汉朝宗于海,九江孔殷,沱、潜既道,云土、梦作义。厥土惟涂泥,厥田惟下中,厥赋上下。厥贡羽、毛、齿,革惟金三品,杬、干、栝、柏,砺、砥、砮,丹惟菌、簵、楛,三邦底贡厥名。包匦菁茅,厥篚玄缥玑组,九江纳锡大龟。浮于江、沱、潜、汉,逾于洛,至于南河。

意即从荆山到衡山的南面是荆州:长江、汉水像诸侯朝见天子一样奔向海洋,洞庭湖的水系大定了。沱水、潜水疏通以后,云梦泽一带可以耕作了。那里的土是潮湿的泥,那里的田是第八等,那里的赋税是第三等。那里的贡物是羽毛、牦牛尾、象牙、犀皮和金、银、铜、椿树、柘树、桧树、柏树、粗磨石、细磨石、造箭镞的石头、丹砂和美竹、楛木。三个诸侯国进贡他们的名产,包裹好了的杨梅、菁茅,装在筐子里的彩色丝绸和一串串的珍珠。九江进贡大龟。这些贡品经长江、沱水、潜水、汉水,到达汉水上游,改走陆路到洛水,再到黄河。这里值得特别注意的是,荆州的贡品除了走水路,还要走一段陆路,然后再转洛水到黄河。这里的"南河"是与"西河""东河"相对应,黄河在河南荥阳分道,流向东北方向的一段叫"东河",从内蒙古掉头南下位于陕西省和山西省交界处的一段为"西河",从"西河"调头流向正东方向的一段则叫"南河"。

《尚书·禹贡》中还特别提到了"岷山之阳,至于衡山,过九江,至于敷浅原",意即开通岷山的南面到达衡山,过洞庭湖到达庐山。那么,这一条水路不仅开通了长江中上游,还延伸到了湘江,至少是对衡山以北的湘江中下游进行了疏导,可以正式通航了。

(三) "荆州道"的完善：商於古道

夏禹的时代，"禹都阳城"，权力中心在河南登封"王城岗"，故而全境的道路都向此地集中，"荆州古道"也要经陆路转道洛水、黄河。到了秦始皇的时代，权力中心转到关中地区，于是秦始皇又修建了"商於（音 wu）古道"亦即"秦楚大道"，打通了关中与楚地的直接联系。

商於古道，可追溯到春秋战国时期。因起于商州而止于柒於，故名为"商於古道"。在秦朝时被称作"武关道"。到了唐代，被称为"商山道"或"商州道"。商於为古代地名，在陕西省商洛市境内，位于秦岭南麓，为楚文化发源地之一。《左传》记载子革与灵王的对话："昔我先王熊绎，辟在荆山，筚路蓝缕，以处草莽。跋涉山林，以事天子，唯是桃弧、棘矢，以共御王事。"楚国的开国之君熊绎"封为子男五十里"，楚国最早的封地就在商洛"五十里"的地方，后经数代人"筚路蓝缕"的努力，终于发展为泱泱大国。春秋战国时期，商於之地属楚国，后来被秦国占领，成为商鞅封邑。商於古道建好后，渐渐成为秦国通往楚国以及南方的一条重要通道。秦国占领商於之后，在接近秦楚边界的地方修筑关口，史称"武关"。这个重要关隘，北依巍巍少习山，南临滔滔武关河，历来是兵家必争之地。

据史料载，秦楚为争夺商於这块地盘，曾展开多次拉锯战，大多以秦胜楚败而告终。战国时期，张仪为了破坏齐楚联盟，欺骗楚怀王说，如果楚国不与齐国结盟，可将商於肥沃的土地割让给楚国。楚怀王信以为真，就同齐国解盟，然后向张仪索要土地。但张仪翻脸不承认。怀王大怒，发兵攻打秦国，结果大败而归。从此，楚国一蹶不振。后来，狡诈的张仪又以与楚怀王谈判为名，诱使怀王来到商於，并趁机将其扣押。怀王无奈，最后客死他乡。不久，楚国也被秦国所灭。唐代李商隐感怀于这段历史，曾写过一首《商於》："商於朝雨霁，归路有秋光。背坞猿收果，投岩麝退香。建瓴真得势，横戟岂能当。割地张仪诈，谋身绮季长。清渠州外月，黄叶庙前霜。今日看云意，依依入帝乡。"商於古道在当时的交通运输和文化交流中起着不可估量的作用。追寻那些远去的故事，大体可遥想古道所经历的春秋岁月。伫立在雄伟险峻的武关面前，我们仿佛还能够听到历史的回声。

在秦朝时，这条古道是秦国通往楚国、晋国及南方广大区域的重要通道。它最初是秦国为运送战争所需物资而开辟的一条通道，也成就了秦始皇完成统一中国大业的浩浩征途。到了公元前 202 年，这条在秦国历史上立下汗马功劳的商於古道，又一次扬起战争的风烟，刘邦的十万大军长驱直入，终于让秦国走向灭亡。

到了唐贞观七年（633），在商州刺史李西华主持下，沿着丹江河谷北侧开辟出一条新路，依着悬崖，在茂密的森林中穿行。李商隐在看到这样的情形后，写下一首《商於新开路》，盛赞这条新开的"捷径"："六百商於路，崎岖古共闻。蜂房春欲暮，虎阱日初曛。路向泉间辨，人从树杪分。更谁开捷径，速拟上青云。"唐宪宗元和十四年（819）正月，韩愈因谏阻唐宪宗迎接佛指骨到宫中供奉，被贬去潮州，路经商於古道的蓝关时，恰遇大雪封山，难以前行，吟出了《左迁至蓝关示侄孙湘》这首千古名篇和"云横秦岭家何在，雪拥蓝关马不前"的千古名句。

商於古道在唐代及以后曾经多次修缮，增设了仙峨、商於、棣花、四皓、桃花、武关、青云、层峰、富水等驿站。这些古时重要的驿馆，在当时的交通往来中发挥着极为重要的作用。古道最宽处有 4 米，最窄处 2.5 米，马车和驴车都能通行。在那个内务、外交都极为兴盛的时代，商於古道担负着唐王朝与东南各地政治、军事、文化的交流和沟通的重任。路上成群结队，络绎不绝的是往返于长安、东川、岭南、交广的商旅驮骡。一批又一批诗人于此间边行边吟，一路踏歌来去，为后世留下千余首古典诗歌。唐代中前期，社会安定，商於古道也从一条战备路演变为唐代都城长安通往中国东南各地的一条重要干道，联系着江淮、吴越、荆湘，黔中，交广各郡、州，几乎影响了半个中国。

根据《唐代交通图考》和《丹江通道》的考订，商於古道亦称"秦楚大道"，为"秦、楚间之交通孔道"，曾是秦国第二大道。商於古道分陆路、水路两线。唐代官方在商於古道陆路上设置驿站 26 个。著名驿站有灞桥驿、青泥驿、蓝田关、蓝桥驿、牧护关、北川驿、安山驿、仙娥驿、洛园驿、棣花驿、武关驿、青云驿、阳城驿、商於驿（豫陕分界处）等。陆路起点是灞桥驿，终点是内乡县柴於镇，著名关隘有蓝田关和武关。

商於古道的水路沿丹江而下。在《山海经》中，"丹水"出于丹穴之山，又出于竹山、南山、上山、虫尾山，说明其支流众多，其间跨度千里，而且物产丰富，预兆盛世出现的凤凰飞于河上，神奇的人鱼在水中游荡，五色的农作物"丹木"两岸丰收，各种玉石铺满了河床……这条神奇的"丹水"，就是今天的丹江。史学家考证，丹江发源于陕西省凤凰山南麓，流经丹凤县、商南县湘河镇，交汇至河南省淅川县紫荆关，在湖北丹江口市注入汉江，成为今天"一江清水供京津"的重要水源。商於古道水运繁忙，全长约 378 千米。沿途重要水旱码头有丹凤龙驹寨的船帮会馆、竹林关、湘河梳洗楼、白浪等，终点是河南省淅川县已淹没在丹江湖下的丹阳古城。

商於古道的水路，与大禹初开的"荆州道"相一致，陆路则可视为荆州道的一个分支。因此，从通达全国的主干道地位来说，商於古道可以说是对"荆州道"的完善。

二、劈山开渠秦汉道

秦始皇建立大一统的秦王朝之后，实行"书同文，车同轨"的政策，在全国修建了四通八达的驰道、驿道。对"荆州道"这条通达南北的主干道进行重点完善，在其北端修建了商於古道，在其南端则是修建湘桂古道。

(一) 双线并进的湘桂古道

所谓"湘桂古道"，可以有不同层次的指称。一般学术意义上所称的"湘桂古道"，是指湘桂驿道，又称湖广官道，始建于周楚，其走向是从楚都郢分两路南进：一路走油江（今湖北公安）、涔阳（今湖南澧县、湖南临澧）、临沅（今湖南常德）至长沙，再往南向永州，以通静州（今广西桂林），这是主道；另一路为蒲圻经巴陵（今湖南岳阳）至长沙，再南接衡阳至永州。到了永州，湘江分为湘水和潇水两条支流，湘桂古驿道沿着两条支流分为两条支线向南，东西并进。西线沿湘水南下，从永州经全州、兴安、灵川，终点为桂林城。而与官修驿道相向而行的，还有一条由民间商贩开辟的行商古道，称之为"湘桂古商道"，商道的主要功能为快捷地运输大批量的货物，避免与官道抢路。湘桂古商道的主道在兴安县高尚镇进入灵川县灵田镇后分两岔：一路翻乌岭入桂林城，另一路过熊村到大圩码头 ①。尤为重要的是，在这一条线上有一条人工开凿的运河——灵渠，由永州湘江水道向南可入漓江，达西江，而抵番禺（今广东广州）；向北可出洞庭入长江而抵中原。这条"湘漓水道"与官驿大道并进，从而实现了水陆联通。这水陆两路，就是历史上著名的"湘桂走廊"，是湘桂古道的主线。

古时驿道，在缺乏水路的重要地区，主干驿道一般按 3.3 米左右的标准修建；而在有水路通行或山高偏远的区域，支线驿道就要窄许多，路面硬化因各地取材不同而有异。例如在三街境内的古驿道，原本仅宽三尺（1 米）许，路面有块石、板石和鹅卵石镶嵌；有满铺的，也有只铺路中两尺（0.67 米）许的。到了清朝光绪十四年（1888），由于交通量增大，驿道扩宽至五尺（1.67米）许。古驿道一般十里（5000 米）设一铺，三十里（1.5 万米）设一驿，"铺"为"驿"的下一级。如灵川县内自兴安县入境，沿途依次设有小溶江铺、鲇鱼卡腰铺、甘奢铺、龙门驿、县前铺、善政铺、下驿田、甘棠驿、禾嘉铺、乌金铺等。过了乌金铺再南行十里，便可到达桂林城北门外驿前街的府城大驿

---

① 吕建伟.古韵灵田[M].桂林:广西师范大学出版社,2014.

站，此地亦为湘桂古驿道的终点。古时驿道为维系国家运行的生命线，朝廷政令下达，地方军情、灾情上报，乃至官员和军队的调遣，均依赖这条动脉。故县衙设有"驿丞"，专职管理驿道，每驿设一铺长，每铺设一铺司，每铺配驿卒三名。其日常主要职能为传递公文邮件、接待过往官员、保障军队供给和管理段内驿道。如遇紧急公务，则由驿丞处理，如明清时期的灵川县衙，常备快马八匹，遇紧急文书需传送，便由驿丞派出驿卒，限昼夜快行 300 里的速度来传送。

(二) 湘桂古道东线：潇贺古道

东线溯潇水下贺州，由道县经江华入广西富川到达贺州，或经江永入广西富川到贺州，直下珠江。它北通云梦、南极苍梧，可出粤港至东南亚地区，成为古代中国"海上丝绸"之路的陆上中枢，是沿用了几千年的沟通萌渚岭和都庞岭南北交通的要道。这一条线上，有秦始皇三十三年（前 214）修建的所谓"新道"，也叫"峤道"。《富川县志》载："新道起于湖南道县的双层凉亭，经江永县进入富川县境内，蜿蜒于萌渚岭、都庞岭山脉丘陵之间，北连潇水、湘江，南接富江、贺江和西江，使长江水系和珠江水系通过新道紧密相连，为楚越交往打开了通道。"这一段"新道"被史家称之为"潇贺古道"（即湘桂古道东线），它打通了横亘于湖南与广西之间阻碍五岭南北的天然屏障萌渚岭和都庞岭，与西线的湘漓水道一起成为入广西而南下广州乃至海外的水陆联用通道。

永州境内的"新道"亦即峤道，从今衡阳入境，经祁阳、零陵、双牌、道县、江永、江华，到达广西贺州、梧州。至今，道县、江永、江华至贺州一带尚存大量的峤道遗迹，2013 年 5 月被冠以"潇贺古道"（永州段）而成为全国重点文物保护单位。

作为全国重点文物保护单位，这里对"潇贺古道"给予重点介绍。

潇贺古道，原称岭南古道，后来称楚粤通衢。最初为秦"古道"，始建成于秦始皇二十八年（前 219）冬。后来，秦始皇为加强对岭南三郡的控制和管理，在岭南古道的基地上，扩修了一条自秦国都咸阳到广州的水陆相连的"新道"，并与其海上丝绸之路相接。这条道从永州到贺州的一段，就是今天所命名的"潇贺古道"。秦始皇三十二年（前 215），秦尉屠睢初征岭南，自湘江挥师南下，又修了一条古便道，自道州沿潇水、沱江经古麦岭、黄沙岭（今广西蛮子岭）的山峡至青山口（今广西葛坡）、黄龙、冯乘（今广西富川）的老古城，由水路直达贺州（今广西临贺）。这条道的线路与秦南岭"新道"本来略有区别，但今天均归之于"潇贺古道"。

关于潇贺古道的地理位置，《晋书·地理下》云："自北徂南，入城之道，必由岭峤。"宋代周去非在《岭南代答》卷一《地理门》中说："入岭南之途有五，自道（今湖南道县）入广西之贺（今广西临贺）四也。"说明潇贺古道属"五道"中的第四道。清代地理学家顾祖禹在《读书方舆纪要》卷八十一中说，秦末尉佗如不在桂岭拒防，结果是北兵"从道州而风驰富川、临贺之郡，则西粤之藩篱尽决矣"，说明这条"新道"在军事上的重要性。这条道由湖南道县的双屋凉亭、麦山洞入江永县的锦江、岩口塘至广西富川的麦岭、青山口、黄龙（今广西富阳）、古城，陆路全程为170多千米，经过30多个村寨和城镇。路宽1米~1.5米不等。多为鹅卵石和碎角石铺成，也有用青石块铺垫而成的，它逢山开路，遇水搭桥，蜿蜒曲折于巍峨的都庞岭和蒙渚岭之间，北连潇水，南接贺水，故而称之为"潇贺古道"。

潇贺古道上有一个重要的关隘——谢沐关，它西连龙虎关，东接宝剑寨。现存连接小水峡和牛塘峡的土夯城垣遗址约5千米长，有刻于清同治十三年（1874）的石碑一块及刻于1930年的石碑两块，记述修建古道雄关、沟通"楚粤通衢"之事。关内除设有千夫营外，还有骑讯、兵栈、粮库。关内有谢水、沐水两河汇流，故称为"谢沐关"，当地土著也有将关名倒置的，称"沐谢关"，导致有些史书还因之将它记为"莫邪关"，如《宋史·列传》载：宋绍兴二年（1132），岳飞兵伐富川追剿曹成，在关前，宋军与曹成兵血战，双方伤亡惨重，最后"岳飞破曹成，入莫邪关"。到了明代，谢沐关被称为"雄关"，在关的东西进口分设岩口营和白象营，驻兵守关。明末张献忠部将曹志建拥兵关上，更其名为"凤凰关"。谢沐关雄镇一方，历来是兵家必争之地，在它的历史上曾多次发生过激烈的战斗。汉元鼎五年（前112），归义侯田甲率军由富川南下苍梧，与南越国的守军在关前发生激战。唐高祖武德四年（621），李靖自四川出兵两湖击败梁帝萧铣，"由夷陵（今湖北武昌）抵富川度至桂州（今广西桂林），驻师黄沙岭"，与梁军血战于谢沐关（清《富川县志》）。宋开保三年（970）八月，"潘美伐南汉，自道州进，次白象""进克富川"，在谢沐关亦发生大战。（道光《永明县志》卷十）由此可见，谢沐关作为古道雄关，曾在历朝历代的军事防御和岭南地区的战争史上留下了十分重要的一页。

（三）湘桂古道西线：湘漓分派

湘桂古道相对于南岭山脉其他通道，地势最为平坦，交通优势明显。从中国地图上看，五岭山脉逶迤连绵，横亘于我国南方，形成一道天然分界线，将内地与两广分隔开来。在五岭山脉中，有多条内地进入两广的通道，即大庾岭与骑田岭之间的赣州-韶关通道，骑田岭与萌渚岭之间的郴州-清远通道，萌渚岭与都庞岭之间的道州-贺州通道，都庞岭与越城岭之间的永州-桂林通道。前三条通道中，无论赣州到韶关，郴州到清远，还是道州到贺州，都要攀越诸多陡峭的山间小道，道路崎岖难行。以郴州–清远通道为例，路途要翻越两百多千米的大山，特别是湖南临武至广东阳山的路段，更是陡峭崎岖，且多疫瘴。这条通道也因此自古视为畏途。古代民间歌谣曰："船到郴州止，马到郴州死，人到郴州打摆子。"说明此路不仅是"畏途"，甚或是"死路"。而湘桂古道的情况则大不相同。自永州到桂林，绝大多数路段地势比较平坦。其中永州到广西兴安，基本上是沿湘江河谷行进，不要翻山越岭。自兴安至灵川，虽有一段山路，但路程不长，道路也远没有其他通道的山路那样陡峭崎岖。在没有现代交通工具、全凭肩挑手提的情况下，湘桂古道相比于南岭其他通道，自然而然具有无可比拟的优势。

湘桂走廊相对于五岭其他走廊，其最大的交通优势还在于这里有水路相通。其他通道也有水路，但有着几十千米甚至几百千米的崇山峻岭相阻隔。如郴州–清远通道，自湖南郴州至广东连州，中间有 200 多千米没有水路相通，而且重峦叠嶂，道路难行。即便是湘桂古道东线的"潇贺古道"，在潇水与贺水之间，也有上百千米陆路。西线的情况则大不相同。这里不仅有湘江、漓江两大河流，而且两大河流的上游相距不远，最近处只有 20 多千米，其海拔落差也不大。正因为如此，秦始皇派史禄修筑灵渠，引三分湘水入漓江，将湘江与漓江连接起来，沟通了长江与珠江两大水系。特别是史禄在灵渠上修筑了世界上最早的船闸（古称陡，也称秦陡），使船载物资可以不用卸载，就可以由湘江入漓江，或由漓江入湘江。船只进入漓江后，即可以经桂江至梧州，再由梧州顺西江到广州。在所有运输方式中，水路运输是最经济最便捷的。有了湘、漓二水，特别是有了灵渠沟通湘、漓二水，湘桂走廊的地理交通优势进一步显现出来。这也是中原进入两广，多取道于此的根本原因。

湘桂古道西线最重要的工程，无疑是起湘漓分派作用的灵渠，它不仅是沟通湘江和漓江的航运工程，也是一项兼具灌溉的水利工程。因此，2018 年申报"世界灌溉工程遗产"，中国的灵渠一举成功，被列入"第五批世界灌溉工程遗产名录"；同时申报成功的还有都江堰、姜席堰和长渠 4 个项目。

作为一个世界级的文化遗产项目，灵渠无论是从历史价值或现实意义来说，都是湘漓文化带中极为重要的内容，必须予以重点关注。

灵渠　古称秦凿渠、零渠、陡河、兴安运河、湘桂运河，位于广西壮族自治区兴安县境内，是古代中国人创造的一项伟大工程，秦始皇三十三年（前 214）建成通航。灵渠流向由东向西，将兴安县东面的海洋河（湘江源头，流向由南向北）和兴安县西面的大溶江（漓江源头，流向由北向南）相连，是现存世界上最完整的古代水利工程，最古老的运河之一，与四川都江堰、陕西郑国渠并称秦代三大水利工程，有着"世界古代水利建筑明珠"的美誉。郭沫若称之为"与长城南北相呼应，同为世界之奇观"的工程。灵渠分南渠和北渠，灵渠两岸风景优美，水清如镜、古树参天、文物古迹众多，尤其是水街的亭台楼榭、小桥流水、市井风情，都鲜活地再现了千年历史文化风貌。

灵渠主体工程由铧嘴、大天平、小天平、南渠、北渠、泄水天平、陡门、水涵、秦堤、堰坝、桥梁等部分组成，尽管兴建时间先后不同，但它们互相关联，成为灵渠不可缺少的组成部分。

铧嘴 位于兴安县城东南 3 千米海洋河的分水塘（又称渼潭）拦河大坝的上游，由于前锐后钝，形如犁铧，故称"铧嘴"。是与大、小天平衔接的具有分水作用的石砌坝。从大、小天平的衔接处向上游砌筑，锐角所指的方向与海洋河主流方向相对，把海洋河水劈分为二，一由南渠而汇入漓，一由北渠而归于湘。铧嘴原来的长度在现存铧嘴 100 米外的上游，清光绪十一年至十四年（1885—1888）进行维修时，由于铧嘴被淤积的砂石所淹，才把它移建于现今的位置。但现今的形状却不是前锐后钝的"犁铧"，而是一个斜方形平台。这个平台一边长 40 米，另一边长 38 米，宽 22.8 米，高 2.3 米。平台四周用大块石灰岩砌成，这些石块长约 1.7 米，厚宽 0.6 米至 1 米。在这个平台末端的南边，中华人民共和国成立后又筑了长约 30 米的石堤。整个铧嘴由大、小天平的衔接处至铧嘴的尖端长 90 米。[①]

大、小天平 接铧嘴下游是拦截海洋河的拦河坝，大天平即拦河坝的右部，小天平为拦河坝的左部，大天平与小天平衔接成人字形（夹角 108 度），因二者原属湘江故道，稍有崩坏，则无滴水入渠。小天平左端设有南陡，即引水入南渠的进水口；大天平右端设有北陡，即引水入北渠的进水口。1985 年 12 月至 1986 年 1 月，广西壮族自治区桂林水利电力设计院和水电建筑工程处对灵渠大小天平进行了勘测，其结果为：大天平坝顶长 344 米，宽 12.9~25.2 米，砌石体最大高度 2.24 米，上游溢流面高程 213.7 米，河床底高程 213.5 米，下游鼻坎高程 212.3 米，河床冲刷坑底高程 210.9 米；小天平坝顶长 130 米，宽 24.3 米，砌石体最大高度 2.24 米，上游溢流面高程 213.3 米，河床底高程 212.8 米，下游鼻坎高程 212 米，河床冲刷坑高程 210.8 米。大小天平均为面流式拦河堰，轴线间之夹角 108 度，与河床方向的夹角大天平 57 度，小天平 51 度。坝体外部为浆砌条石及鱼鳞石护面，上游条石砌成台阶状，从 4 号和 7 号的钻孔获得资料，两孔间距 1 米，4 号孔布于大天平前缘 0.5 米，浆砌条石 2.24 米高，其下为混黏土砂卵石，7 号孔布在河床，距天平前缘线 0.5 米，孔深 0~2.8 米为砂卵石层，2.8~3.03 米为石灰岩条石。上游条石顶面用石榫连接形成整体，天平中部块石近于直立砌筑，称之为鱼鳞石，厚度 0.7~1.3 米。鱼

---

① 灵渠主体工程引用数据均来自 2018 年 4 月 26 日广西兴安县"灵渠保护与申遗暨水利遗产保护利用学术论坛"论文集。

鳞石下伏的砂卵石，上部为人工混黏土的砂卵石坝体，下部为原生沉积砂卵石。上下两部分很难分清。条石及鱼鳞石之间的胶结物，一部分为沙黏土及石灰，已风化松散；另一部分是掺有桐油的乳白及粉红色之胶结物，结构致密，抗风化力强，特别坚硬。

南渠　全长 33.15 千米。可分为 4 段：第一段从南陡起，经飞来石、泄水天平、马氏桥，穿过兴安县城，到大湾陡，长 3.15 千米，水面宽 8~15 米，水深 1~1.8 米。渠线沿湘江左岸西行，大部分为半开挖的渠道。左侧沿石山或地面开挖，右侧为砌石渠堤，即通常所说的秦堤，内外坡均用条石砌筑，中间填土，开始一段砌石堤高 5 米，下临湘江，传说修筑时曾两次失败，到第三次将渠线移到飞来石左侧才得以筑成。第二段自大湾陡，穿过湘江与漓江的分水岭太史庙山到漓江小支流始安水止。长 0.95 千米，水面宽 6~13.5 米，水深 0.7~1.5 米。这一段全线均为开挖的渠道，穿过太史庙山处深挖约 30 米，长 300 米。这一段的开挖，工程十分艰巨。第三段自始安水起，沿天然小河道，在霞云桥有砚石水汇入，流经灵山庙，至赵家堰村附近汇入清水河，以下即称灵河。这一段长 6.25 千米，是利用天然小河扩宽而成的，同时增加了渠道的弯曲段，以减缓坡降。这一段水面宽 7~15 米，水深 0.2~1.3 米。第 4 段从清水河汇合处起，经鸾塘、车田，到灵河口汇入大溶江处止，通称灵河。长 22.8 千米，沿程有一些支流汇入，水势增大，河面宽阔，水面宽 25~50 米，水深 0.6~3 米。这一段除黄龙堤附近曾开凿新渠，使河水曲折迂回，以降低坡降外，均为天然渠道。

渠道南陡口底部高程为 212.08 米，汇入大溶江处的灵河口河床高程为 181.82 米，平均坡降 0.91‰。

严关干渠　自南渠 4.97 千米处（三里陡下游）分水，全长 10 千米，1952 年建成。有莲花塘、仙桥两条支渠。一支渠在南渠 2.23 千米处分水；二支渠在渠田峒中间，1958 年改建为排灌共用的渠道； 1956 年还建成了第三支渠，自南渠 3.1 千米处分水，经大湾陡、塘市至界首镇大洞村，全长 13.5 千米。

北渠　全长 3.25 千米，开凿于湘江北岸宽阔的一级阶地上。自北陡向北，经打鱼村、花桥，至水泊村汇入湘江。宽 10~15 米。北陡口高程为 211.8 米，渠尾高程 206.31 米，平均坡降 1.69‰。中段开挖了连续的两个 S 形渠段，以降低比降。

泄水天平和溢流坝　南渠 0.89 千米处，建有泄洪水的泄水天平。渠内水深超过泄水天平堰顶时，渠水即排入湘江。堰顶宽 5 米，用大条石砌筑，堰长 42 米，底宽 17.6 米。堰上原有石桥，中华人民共和国成立后已改为钢筋混凝土人行桥。南渠 1.95 千米处，与双女井溪相会，建有马氏桥溢洪堰，以泄双女井溪的洪水。堰顶宽 4 米，高 1.5 米，长 19.5 米，用大条石砌筑。清代初建时，堰上架设有人行石板桥，中华人民共和国成立后改建为钢筋混凝土公路桥。南渠 12.43 千米处的溢流堰名黄龙堤，用大条石砌成，顶宽 3.5 米，堰长 87.6 米。北渠 0.21 千米处的溢流堰称竹枝堰，堰宽 8 米，长 15 米，用条石砌筑。

陡门　或称斗门，是在南、北渠上用于壅高水位，蓄水通航，具有船闸作用的建筑物。南北两渠共有陡门 36 个（其中北渠 4 个，南渠 32 个）。据历史文献资料记载，陡门最早出现于唐宝历元年（825），到唐咸通九年（868）重修时，已有陡门 18 座。宋嘉祐三年（1058），达到 36 座，为有记载以来最多的。经过历次增建及废弃，到清光绪十一年（1885），陡门数仍有 35 座。据 1975 年调查，历史文献中先后有记载的陡门共 37 座，其中南渠 32 座，北渠 5 座，保存完整或大体完整的有 13 座，加上 1977 年重建的北陡，共 14 座；其余仅残存有几块条石，或下部尚有基石，可判断该处原曾设有陡门，但多数已无遗迹。

从现存的陡门看，其结构是：两岸的导墙采用浆砌条石，两边墩台高 1.5~2 米，形状有半圆、半椭圆、圆角方形、梯形、蚌壳形、月牙形、扇形等，以半圆形的为多。陡门的过水宽度 5.5~5.9 米，设陡距离近的约 60 米，远的 2 千米。塞陡工具由陡杠、杩槎（俗称马脚）、水拼、陡簟（陡杠，包括面杠、底杠和小陡杠，均系粗木棒；杩槎，由 3 条木棒做成的三角架；水拼，竹篾编成的竹垫；陡簟，即竹席）等组成。关陡门时，先将小陡杠的下端插入陡门一侧海漫的石孔内，上端倾斜地嵌入陡门另一侧石墩的槽口中；再以底杠的一端置于墩台的鱼嘴上，另一端架在小陡杠下端；再架上面杠。然后将杩槎置于陡杠上，再铺水拼、陡簟，即堵塞了陡门。水位增高过船时，将小陡杠敲出槽口，堵陡各物即借水力自行打开。由于有了陡门这种设施，故能使灵渠能浮舟过岭，成为古代一大奇观。正如《徐霞客游记》中所载："渠至此细流成涓，石底嶙峋。时巨舫鳞次，以箔阻水，俟水稍厚，则去箔放舟焉。"可见其作用。

秦堤　指从南陡口到兴安城区上水门街口灵渠和湘江故道之间约 2 千米长的堤岸。民国时就定名为秦堤风景区。秦堤风景区大体可分为 3 段。最初的一段由南陡口起至飞来石止，堤岸顶面较宽，一般都在 5~10 米之间，高出水面 1 米以下；自飞来石至泄水天平一段，堤岸临近湘江的石堤高悬水际，危如累卵，渗漏特别多，最易崩塌，称为"险工"，现用水泥巨石砌筑，堵塞了渗漏之处，堤基已经稳固；由泄水天平至上水门口，堤顶一般宽约 3 米，底宽 7 米，高约 2.5 米，这段渠堤，原来只有巨石砌筑临河一面，现已不断修整加固，两面均用巨石砌筑，并以水泥铺路，在堤南对岸近几年来劈山筑成水泥公路。

广义的秦堤，是指从南陡口至大湾陡止，全长为 3.25 千米。从接龙桥至大湾陡一段，秦堤两边都用条石砌筑，宽为 2 米，高为 1.5 米。现保存完好。

水涵 又称田涵、渠眼，或称塘孔。设于堤内，块石砌筑，用于放水灌溉。明洪武二十九年（1396），严震直修渠时，建有灌田水涵 24 处。中华人民共和国成立后，由于灌溉渠道陆续建成，除引水入灌溉渠道的进水闸外，其余水涵多已堵塞。迄今，南渠大湾陡以上尚有 7 处，北渠有 2 处。

堰坝 是建筑在渠道里的一种拦河蓄水、引流入沟灌田、或积水推动筒车的设施。现今能见到的堰坝有两种：一种是由石块砌成的半圆形堰坝，与石砌陡门相似，不同之处在于塞陡用的是陡杠、陡笮，而塞堰用 7 块长约 5 米，宽约 0.3 米的扁平方木作为闸板开关。这种堰坝南渠有 2 座：一在霞云桥附近今公路下边，一在十五陡与十六陡之间，即今兴安农药厂附近。这种堰坝没有引水沟，一般用法是，关堰时把渠水堵住，提高水位，以便龙骨水车提取渠水灌田。另一种堰坝，多建在河面较宽的渠道中，自赵家堰以下共有 32 座。它的结构，一般都用长木桩密排深钉，框架里堆砌鹅卵石，砌成高 3~4 米的斜面滚水堤坝。较简单的，不用大小框架，而是用竹篓囊石，横亘江面，再用长木桩排列竹篓两边，密密钉固。堰坝上开有堰门，以便船舶往来。门有大松木桩 4 条分别竖在两侧，每边的两条又用横木串连，并与其他框架相接，以便稳固。堰门宽 4~5 米，一般都用直径约 0.3 米，长 5~6 米的大松木作堰杠，用来关堰门。在南渠 32 座堰坝中，堵水入沟，直接灌溉稻田的有下营村沟，江西坪村旁的堰沟，画眉塘村旁的黄埔堰，芋苗村附近的横头堰等。

水涵和堰坝共同组成了灵渠的灌溉工程，这也是灵渠之所以能够入选"世界灌溉工程遗产名录"的重要因素。

灵渠的凿通，沟通了湘江、漓江，打通了南北水上通道，为秦王朝统一岭南提供了重要的保证，大批粮草经水路运往岭南，有了充足的物资供应。公元前 214 年，即灵渠凿成通航的当年，秦兵就攻克岭南，随即设立桂林、象郡、南海三郡，将岭南正式纳入秦王朝的版图。

灵渠连接了长江和珠江两大水系，构成了遍布华东华南的水运网。自秦以来，对巩固国家的统一，加强南北政治、经济、文化的交流，密切各族人民的往来，都起到了积极作用。灵渠经历代修整，依然发挥着重要作用。明代大学士解缙，因为触怒明成祖朱棣而被贬广西，入桂经过灵渠时写下《兴安渠》一诗："石渠南北引湘漓，分水塘深下作堤。若是秦人多二纪，锦帆直是到天涯。"应该说，秦朝存在的历史虽然短暂，但灵渠的历史和价值却是永恒的——在两千多年的历史长河中，通过灵渠的"锦帆"，早已是"直到天涯"；在今天或将来，她将变换形式，成为人们"心海"中永久的"锦帆"。

三、水陆联进平南越

湘桂古道的历史意义和价值，首先体现在军事、政治上，或者总结为一句话，就是在中华民族的统一上所做出的贡献。

（一）秦平岭南与岭南三郡

秦始皇攻取南越，设置岭南三郡，是继秦统一六国之后，中国古代史上又一具有深远意义的重要事件。它开启了中央政府经略岭南的序幕，为中国后来的政治经济文化版图奠定了基础。

秦平岭南的战争准备，开始于秦始皇二十六年（前222）。《史记·秦始皇本纪》载，秦始皇令王翦"南征百越之君"，同年，"王翦遂定荆江南地，降越君，置会稽郡"。此次"南征"虽然降伏了越君，平定了江南地区，但并没有完全消灭越人的军事力量，浙闽一带有东瓯和闽越，广东、广西分布着南越和西瓯。由于当时统一六国的战争尚未完成，秦军没有挥师南进继续追击越人余部，而是暂时采取了防御策略，沿五岭一线布防，与越人隔岭相持。秦始皇二十六年（前221），秦灭六国，建立了中国历史上第一个中央集权制国家。在统一六国的第二年即公元前220年，秦始皇和他的朝臣们开始为平岭南进行战备部署。根据史料记载，在发动对岭南战争之前，秦政府主要做了以下一些准备工作。一是修驰道。公元前220年，秦始皇下令全国修筑驰道，开始了岭南战役的战争准备。《史记·秦始皇本纪》："二十七年……是岁，赐爵一级，治驰道。"《史记集解》为之解说："秦为驰道于天下，东穷燕齐，南极吴楚，江湖之上，滨海之观毕至。道广五十步，三丈而树，厚筑其外，隐以金椎，树以青松。"楚地南与岭南交界，"南极吴楚"，表明这其中包含了通向岭南的驰道。二是调配运输军需物资。2002年，湘西里耶古城出土的秦简J1正面记载："廿七年二月丙子朔庚寅，洞庭守礼谓县啬夫、卒史嘉、段（假）卒史谷属尉令曰：'传送委输，必先悉行城旦舂、隶臣妾、居赀赎责（债）。急事不可留，乃兴徭（徭）。'今洞庭兵输内史及巴、南郡、苍梧，输甲兵当传者多。节（即）传之，必先悉行乘城卒、隶臣妾、城旦舂、鬼薪白粲、居赀赎责（债）、司寇、隐官、践更县者。田时殹（也），不欲兴黔首。"这支简是秦始皇二十七年（前220）二月十五日，洞庭郡郡守下达给郡县官吏的公文文书。文中提及洞庭郡要为内史和巴郡、南郡、苍梧生产军需物资，运输时需要大量人力，因此郡守援引法令，检查劳役是否影响田时农事。从简文中可以看到，秦中央政府为了保障军需物资的筹措、运输、供应的快速高效，在与岭南交界的南部边郡地区建立了以洞庭郡为中心的军事后勤保障体系，由洞庭郡地方政府负责调配人力向内史、巴郡、南郡、苍梧郡输送军械物品。三是秦始皇出巡镇抚南边。从秦始皇二十七年（前220）到秦始皇三十七年（前210），秦始皇曾先后五次出巡郡县，其中前219年的第二次巡游直接与征服岭南有关。《史记·秦始皇本纪》："二十八年，始皇东行郡县，上邹峄山，立石……乃遂上泰山，立石，封，祠祀……禅梁父……于是乃并渤海以东，过黄、腄，穷成山，登之罘……南登琅邪，大乐之，留三月……始皇还，过彭城，斋戒祷祠，欲出周鼎泗水。使千人没水求之，弗得。乃西南渡淮水，之衡山、南郡。浮江，至湘山祠。逢大风，几不得渡。上问博士曰：'湘君何神？'博士对曰：'闻之，尧女，舜之妻，而葬此。'于是始皇大怒，使刑徒三千人皆伐湘山树，赭其山。上自南郡由武关归。"秦始皇的巡游路线，经梁启超考证为："由长安经华县，出潼关历洛阳开封，以达济宁。由济宁至泰安，由泰安至诸城，直穷海滨。由海州经徐州，至临淮南渡。复由凤阳西趋，经信阳至襄阳，折而东南，浮江至汉阳、岳州，以达湘阴、长沙。其归途则经沙市、江陵、襄阳，入紫荆，道商县返长安。"[①] 岳州、湘阴、长沙相当于岭南毗邻的秦洞庭、苍梧郡内，秦始皇巡视南部边疆，显然有政治方面的考虑，含有视察边防为出兵岭南做军事准备之意。尤为值得注意的是，秦始皇回程所走的路线，即是秦完善之后的"荆州道"。

《史记·秦始皇本纪》载："三十三年，发诸尝逋亡人、赘婿、贾人略取陆梁地，为桂林、象郡、南海，以谪遣戍。"由此可知，秦平岭南的战争结束于秦始皇三十三年。但关于这场战争的开始时间，则历来存在颇多争议，似乎难有定论。《淮南子·人间训》说秦始皇"利越之犀角、象齿、翡翠、珠玑，乃使尉屠睢发卒五十万，为五军，一军塞镡城之岭，一军守九疑之塞，一军处番禺之都，一军守南野之界，一军结余干之水。三年不解甲驰弩，使临禄无以转饷。又以卒凿渠而通粮道，以与越人战，杀西呕君译吁宋。而越人皆入丛薄中，与禽兽处，莫肯为秦虏。相置桀骏以为将，而夜攻秦人，大破之。杀尉屠睢，伏尸流血数十万，乃发谪戍以备之。"秦始皇三十三年（前214），秦统一南越置岭南三郡，以此上推三年为秦始皇三十年，参照秦代正朔和汉武帝攻打南越的经过，尉屠睢率军入越很可能发生在秦始皇三十年年初。岭南地处亚热带，春夏炎热暑湿多雨，毒虫瘴疠令北人闻之色变。因此，中原有事于岭南，利秋冬而不利春夏。可见，秦平南越的战争应是发动于秋冬时节。《史记·秦始皇本纪》云："二十六年……始皇推终始五德之传，以为周得火德，秦代周德，从所不

---

① 梁启超.战国载记·饮冰室专集之四十六[M].北京：中华书局，1936：55.

胜。方今水德之始，改年始，朝贺皆自十月朔。"秦始皇统一六国后，改正朔，以夏历十月为岁首，朝贺皆自十月始，秦始皇三十年年初正是公元前218年的岁末寒冬，再结合《淮南子·人间训》和荆州博物馆藏新出汉简中"秦始皇三十年苍梧尉徒唯攻陆梁地"[①]的记载（"苍梧尉徒唯"又见张家山汉简《奏谳书》，即《人间训》中率军进攻岭南的尉屠睢），则秦征南越很可能发生在秦始皇三十年（前218）年初。

《史记》和《汉书》对秦平岭南战争经过的叙事非常简略，相对来说，较《史记》成书早30余年的《淮南子·人间训》则更为详细一些。上述引文中的"西呕"即"西瓯"，秦五军所驻之处，镡城之岭约当汉镡成县南界，在今湖南洪江；九疑之塞在汉零陵郡南部，为今湖南宁远；番禺之都即今广州；南野之界指东汉南野县的大庾岭，在今江西南康；余干之水即江西信江。五军"结余干之水"者，所向为东越；"守南野之界""处番禺之都"者，所向为南越；"塞镡城之岭""守九疑之塞"者，所向为西瓯。根据《淮南子》的记载，公元前218年，秦始皇派遣尉屠睢率领50万大军分兵五路南攻百越。一路由今江西省东向，攻取东越，置闽中郡。另两路取南越，一路循今南昌，经大庾岭入广东北部；一路循今长沙，经骑田岭抵番禺；其余两路进入广西，一由镡城之岭入今兴安县，一出九疑之塞入今贺县。进入福建、广东的三路大军进展顺利，很快取得了胜利。在广西的秦军则因为山水阻隔，粮草运输不便，导致进军缓慢。为了解决这个问题，秦始皇派监禄开凿了连接湘水和漓水的灵渠。粮道畅通之后，秦军深入西瓯，杀死了西瓯之君译吁宋，被击散的西瓯族人"逃入深山丛林，秦军不可得攻。留车屯守空地，旷日持久，士卒劳倦，越出击之"。于是西瓯大破秦师，秦军"伏尸流血数十万"，伤亡惨重，主帅尉屠睢也被越人所杀。"秦兵大败，秦乃使尉佗将卒以戍越"。因此，为形势所迫的秦军暂停了对西瓯的军事行动，改由尉佗率领部队戍守已经平定的南越地区，巩固战果。

秦始皇三十三年（前214），秦始皇在新平定的岭南地区推行郡县制，设置了南海、桂林、象三郡，并征发谪徙民，与越人杂处。秦南海郡所管辖的地区，主要在今广东省境内，其四至，东临南海，西抵今广西贺州市，与秦桂林郡东界犬牙相错，北自今韶关、南雄、乐昌、与秦苍梧郡、九江郡和闽中郡接壤，南滨南海。南海郡郡治番禺，可考置县者有：番禺、龙川、揭阳、博罗、南海。象郡，其位置范围，古今学者颇多歧见，最通行的说法是班固的"日南说"，《汉书·地理志》载："日南郡，故秦象郡，武帝元鼎六年开，更名。"后来的《晋书·地理志》《水经注》《史记集解》《汉书地理稽疑》等多因循班固的观点，

---

① 守彬.秦苍梧郡考［A］.出土文献研究（第7辑）［M］.上海：上海古籍出版社,2005:185.

认为汉日南郡就是秦代的象郡，直到现在，多数学者仍然持此说。此外，唐代杜佑的《通典》认为"秦象郡包括现在的越南中北部至两广南境"。到了 1916 年，法国汉学家马伯乐的《秦汉象郡考》提出了一个新观点，认为秦象郡西界夜郎国，东界南越、桂林郡，地跨广西贵州两省。秦桂林郡约当汉苍梧郡全部与郁林、合浦两郡东半部，其可考之县有布山、四会、朱庐、劳邑。总之，秦始皇发动的岭南战争消灭了东瓯、闽越、南越的军事力量，占领了包括今天浙东、福建、广东、广西中东部在内的广大区域，特别是在岭南地区设置了南海、桂林和象三郡，历史上首次将岭南地区纳入中国版图，开启了中国"大一统"历史的新篇章。

（二）汉平南越与汉置七郡

秦朝末年，刘邦和项羽"楚汉相争"，中原陷入一片混乱状态。公元前 208 年，原秦始皇任命的南海郡尉任嚣病重，将重任托付给龙川县令赵佗，并劝赵佗称王以保岭南平安。赵佗接任之后，于公元前 203 年起兵兼并桂林郡和象郡，在当地汉越两族士民的拥戴下，建立了以番禺为王都，占地千里的南越国，自称"南越武王"，从而为存在 93 年的南越国奠下基石。南越国的疆土，与秦设三郡辖区相当，北、东、西三面分别与长沙、闽越、夜郎三国交界，东与南面濒临南海，拥有"东西万余里"的广大地域。北至南岭（今广东北部、广西北部、江西和湖南南部一带），西至夜郎（今贵州东南部），南至南海（今越南的中部和北部），东至闽越（今福建南部）。都城在番禺。公元前 195 年，在陆贾劝说下，赵佗接受了汉高祖赐给的南越王印绥，臣服汉朝，使南越国成为汉朝的一个藩属国，并向朝廷称臣奉贡。

汉高祖死后，吕后临朝，开始和赵佗交恶，并发布了和南越交界的地区禁止向南越国出售铁器和其他物品的禁令。赵佗与吕后当政的汉朝中央政权关系一度紧张，汉、越矛盾激化。汉高后五年（前 183），吕后遣将军隆虑侯周灶将兵击南越，时值酷暑，士卒多染疾疫，兵不能逾岭，卒致无功而返。赵佗乘机称帝，并派兵攻打长沙国。公元前 179 年，吕后死后，汉文帝刘恒即位，他派人重修了赵佗先人的墓地，并派陆贾出使南越，向赵佗晓以利害关系，赵佗再次被说服，决定去除帝号，向汉朝称臣。

赵佗享年一百余岁去世，其后代续任了三代四位南越王。前 112 年，第三代南越王赵婴齐病死，谥号"南越明王"；太子赵兴即位，其母樛氏成为太后。樛氏为中原人，倾向于密切与汉王朝的关系，引起南越国丞相吕嘉的不满；吕嘉强烈反对南越国归属汉朝，多次劝谏赵兴，赵兴不听；吕嘉等人发动政变，杀死赵兴、樛太后和汉朝的使者，立赵婴齐与南越族妻子所生的长子赵建德为新的南越王。

前 112 年秋，汉武帝调遣罪人和江淮以南的水兵共 10 万人，兵分五路进攻南越。第一路任命路博德为伏波将军，率兵从桂阳（今湖南郴州）沿湟水（今广东境内的连江）直下。第二路任命主爵都尉杨仆为楼船将军，从豫章郡过横浦关沿浈水直下。第三路和第四路任命两个归降汉朝的南越人郑严和田甲分别为戈船将军和下厉将军，率兵从零陵（今湖南永州）出发，郑严的军队由湘水转漓水直下，田甲的军队则沿潇水南下抵苍梧（今广西壮族自治区梧州市）。第五路以驰义侯何遗利用巴蜀的罪人和夜郎的军队，直下牂柯江。五路大军的最终目标皆为南越国的都城番禺。是年冬天，杨仆率领精兵，抢先攻下寻峡，然后攻破番禺城北的石门（今广州市内），缴获了南越国的战船和粮食，乘机向南推进，挫败南越国的先头部队，率领数万大军等候路博德的军队。路博德率领被赦的罪人，路途遥远，与杨仆会师时才到了 1000 多人，于是一同进军。杨仆率兵攻进番禺城，放火烧城；而路博德则在城西北驻军，派使者招降南越人，南越人久闻路博德的威名，守军大部分向路博德投降。最后，赵建德和吕嘉皆被擒获，南越国属下各郡皆不战而降。至此，南越国历四代五王共 93 年而亡。

汉武帝在平定南越国后，在南越国领地设置了南海、苍梧、郁林、合浦、交趾、九真、日南七郡。次年，杨仆率军从合浦郡徐闻县（今属广东省）渡海，占领了海南岛，并将其设为儋耳、珠崖两郡。雄心勃勃的汉武帝昭告天下："初开粤地宜广布恩信。"于是取"广布恩信"之义，在贺水与西江的入口处设置广信县。元封五年（前 105），又增设交州刺史部，统领岭南七郡及海南二郡，刺史部的驻地即为广信。于是，广信成为岭南的首府，也是岭南经济、政治、文化的中心所在地，使得湘桂古道作为连通南北交通要道的地位也越发突出。

（三）马援平交趾与申明汉律

东汉初年，交趾女子征侧、征贰举兵造反，占领交趾郡，九真、日南、合浦等地纷纷响应。征侧便在麊泠（交趾郡麊泠县，治所在今越南永富省安朗县西夏雷村）趁机自立为王，公开与东汉朝廷决裂。刘秀任命马援为伏波将军，扶乐侯刘隆为副将，率领楼船将军段志等南击交趾。部队到合浦时，段志去世，刘秀命马援兼领其军。于是，马援统军沿海开进，随山开路，长驱直入千余里。

建武十八年（42），马援率军到达浪泊，大破反军，斩首数千级，降者万余人。马援乘胜进击，在禁溪一带数败征侧，敌众四散奔逃。建武十九年（43）正月，马援斩杀征侧、征贰，传首洛阳。朝廷封马援为新息侯，食邑 3000 户。接着，马援率大小楼船 2000 多艘，战士 2 万多人，进击征侧余党都羊等，从无功一直打到巨风，斩俘 5000 多人，平定了岭南。马援因见西于县辖地辽阔，人口有 3.2 万多户，且边远地方离治所 1000 多里，管理不便，乃上书朝廷，分西于为封溪、望海二县。马援每到一处，组织人力为郡县修治城郭，并开渠引水，灌溉田地，便利百姓。马援还参照汉代法律，对越律进行了整理，修正了越律与汉律相互矛盾的地方，并向当地人申明，以便约束。从此之后，当地始终遵行马援所申法律，所谓"奉行马将军故事"，使得朝廷对南越特别是对交趾的管理有了统一的法律依据，进一步加强了正规化的政治治理。曹雪芹曾赋诗盛赞马援："铜铸金镛振纪纲，声传海外播戎羌。马援自是功劳大，铁笛无烦说子房。"在曹雪芹看来，马援不仅战功卓著，其"振纪纲"的"功劳"更大；因为有了东汉马援之功的辉煌，西汉张良之功便不必再"说"了。

　　从秦始皇平岭南，到汉武帝平南越，再到东汉光武帝平交趾，三次大的进军路线都是水陆联进的，而且是"水军"的作用越来越重要：从秦始皇凿灵渠主要是运粮草，到汉武帝派遣伏波将军、楼船将军、戈船将军南下，则是"水军"直接参战了，再到"马援率大小楼船两千多艘，战士两万多人"进击交趾，可见已经是以"水军"为主了。水军的作用越来越重要，说明灵渠的作用和"湘漓分派"的意义越来越重要，这也为"陆海丝绸之路"的连通打下了基础。

第三章
陆海丝路之孔道

湘漓文化带作为水路联通之孔道，其最南端既是陆地道路的终点，也是海上丝绸之路的起点。道路的修建，说到底是经济利益的驱使，大禹"开九州，通九道"，所看重的无非是赋税和贡品的运输；秦始皇平岭南，首先，是为了"利越之犀角、象齿、翡翠、珠玑"；《旧唐书·地理志》载："自汉武帝以来，朝贡必由交趾之路。"两汉朝廷对岭南统治管理的强化，不仅使湘桂古道成为南北交通的黄金地带，也为陆、海丝绸之路的连通创造了条件。

一、通江达海：朝贡必由交趾路

东汉伏波将军马援的"楼船"之所以能够直航交趾平叛，是因为在此之前，湘漓水路已经延伸到了南海北部湾，与海上丝绸之路实现了连通。

（一）湘漓水路的延伸：海上丝绸之路

关于海上丝绸之路的记载，正史中最早而又叙述最完整的应该是《汉书·地理志》："自日南障塞、徐闻、合浦船行可五月，有都元国，又船行可四月，有邑卢没国；又船行可二十余日，有谌离国；步行可十余日，有夫甘都卢国。自夫甘都卢国船行可二月余，有黄支国，民俗略与珠厓相类。其州广大，户口多，多异物，自武帝以来皆献见。有译长，属黄门，与应募者俱入海市明珠、璧流离、奇石异物，赍黄金，杂缯而往。所至国皆禀食为耦，蛮夷贾船，转送致之。亦利交易，剽杀人。又苦逢风波溺死，不者数年来还。大珠至围二寸以下。平帝元始中，王莽辅政，欲耀威德，厚遗黄支王，令遣使献生犀牛。自黄支船行可八月，到皮宗；船行可二月，到日南、象林界云。黄支之南，有已程不国，汉之译使自此还矣。"意即出海贸易的船只从日南障塞（今越南顺化灵江口）、徐闻（今广东徐闻）、合浦（今广西合浦）等港口出发，航行5个月到达都元国（今苏门答腊），又船行4个月，到达邑卢没国（今缅甸勃固附近），再船行20余日，到达谌离国（今缅甸伊洛瓦底江沿岸）；从这里转陆路步行10余日，到达夫甘都卢国（今缅甸伊洛瓦底江中游卑谬附近）；从夫甘都卢国再转船行2个多月，可到达黄支国（今印度马德拉斯附近）。这是去程的航行，沿途要进行贸易，所以路程更复杂一些。回程则简单得多：从黄支国航行8个月到达皮宗（今马来半岛克拉地峡的帕克强河口），再航行两个月就可以回到出发港日南（今越南中部）、象林（今越南广南潍川南）等地。而在黄支国之南还有已程不国（今斯里兰卡）。这里所记载的，实际上就是汉代开通"海上丝绸之路"的真实概况。

汉武帝平定南越国之后，曾派商船带上大量的黄金和丝织品，从日南、徐闻、合浦出发，历时1年左右到达印度半岛南部诸国，用黄金和丝绸交换珠玑、象牙、犀角、翡翠等珍稀物品，回程经马来半岛西南抵达日南，再转徐闻或合浦。唐《元和郡县志》称："汉置左右侯官，在徐闻县南七里，积货于此，备其所求，与交易有利。"可见当时海上丝绸之路商贸的繁盛。这也就是《南史·夷狄传》所记载的"至桓帝延熹三四年，频从日南缴外来献"。从西汉武帝时期开通海上丝路，到东汉桓帝时期，海外的商贸更加频繁，大量货物经西江到广信，再经贺水上岸，由陆路转潇水；或经西江到梧州，再由漓水过灵渠到湘水。两条路汇入湘江，过洞庭入长江，最终再转运长安、洛阳。同样，内地的茶叶、丝绸等物品，也要经过这一条通道将货物运送海外。可以说，就汉代的对外贸易来说，湘桂走廊的地位，甚或超过河西走廊。因为河西走廊战火频仍，商贸驼队时断时续；湘桂走廊则和平安定，再加上水陆通航之便，因而湘桂走廊的地位更重要。

那么，汉代丝绸之路的最远终点站是哪里？从我国通他国的航程来看，似乎最远处就是印度或斯里兰卡；但从他国与我国相通的航程来看，似乎距离遥远得多。《后汉书·西域传》载："大秦国，一名犁靬，以在海西，亦云海西国。地方数千里，有四百余城。小国役属者数十。以石为城郭。""其王常欲通使于汉，而安息欲以汉缯彩与之交市，故遮阂不得自达。至桓帝延熹九年，大秦王安敦遣使自日南徼外献象牙、犀角、玳瑁，始乃一通焉。"这是中国同欧洲国家直接友好往来的最早记录。这种往来，突破了印度或斯里兰卡的中转，是接通海上远洋东西航线直接进行的。大秦国（罗马帝国）的国王中意于"汉缯彩"丝绸，早就想与中国直接进行贸易，但陆地上因为有安息国（帕提亚帝国）的阻隔，所以只好从海上来中国进行直接的贸易。这也说明，汉代海上丝绸之路的终点站，其实是可以直达欧洲的。

(二) 合浦与徐闻：作为始发港的优势与地位

关于汉代海上丝绸之路的始发港，《汉书·地理志》的记载其实已经很清楚，除现在属于越南领土的日南、象林外，现属中国境内的则主要是徐闻、合浦。这是因为汉时航船较小，必然受到两个制约：一是抗风浪能力较差，遇到狂风暴雨亟须及时躲避；二是装载淡水、粮食等生活必需品较少，需要在一定距离内从途中港口不断补给；加上当时航海技术限制，航速较慢，无法做到"跨海远航"。这些客观条件决定了当时的出海船只，只能而且必须沿着海岸线航行，于是，北部湾海岸以其地处中国版图南端的天然优势，自然而然地形成了以合浦为中心地段的始发港区域。当然，早期最发达最重要的始发港应是日南。因为日南是汉代版图最南端的一个郡，距东南亚、南亚等国最近，故中外富商和使者多在此进出。但由于交趾、九真、日南新归汉朝版图，当地原住民对中原王朝的心理认同感不强，且距汉都遥远，朝廷鞭长莫及。因此，从西汉开始，该地域就有少数民族反汉的记载，至东汉时反叛事件更加频繁，大的动乱如征侧、征贰的举兵造反，虽然被马援平息，但小的动乱如劫杀中外来往富商和使者的事件则时有发生，严重影响了日南港的进出口业务，最终被迫关闭。日南港关闭后，合浦具有河港出海和海港通河双重的优势，而且既是北部湾区域的最北端，便于朝廷管理；又是汉朝版图上的次南端，方便出海。故而合浦取代日南而成为最佳的始发港。

合浦之所以能够成为始发港，除了地处北部湾的海湾优势之外，还有与内陆河道直接贯通的优势。合浦港是南流江、北流江和西江的出海口。秦始皇凿通灵渠之后，后来又在北流江与南流江之间的分水坳凿通了长达10多千米的另一运河——桂门关，又称天门关，俗称鬼门关，从而沟通了北流江和南流江。从此，由合浦往西北，溯西江而上可直达云、贵、川；往北溯桂江而上到湘江可达中原；往东北可达珠江流域各地并进而可达东南沿海各港口；往南入南海通达东南亚等世界各地。在现代交通的公路、铁路贯通之前，中国数千年的交通运输都是陆运、河运和海运三者混合联运的，而合浦占有河口港、海港、陆地运输三结合的优势，是河运、海运、陆运的交通枢纽，故而成就了合浦始发港的地位。因此，有人认为"北部湾沿岸是西汉帝国海上交通枢纽""其中合浦港地位至为重要"[①]。总之，畅通无阻、四通八达的交通枢纽地位，使得合浦港不仅成为中国商品出口的始发港，也是国外进口商品中转站。因此，合浦曾长期享有"江海舟楫之便，珠玑海盐之利"的美誉。

以上所分析的是"江海舟楫之便"，这是交通优势；"珠玑海盐之利"则是货源优势。

---

① 司徒尚纪,李燕.汉徐闻港地望历史地理新探[J].岭南文史,2000(4).

合浦位于亚洲大陆偏南端的北部湾西海岸，地处南亚热带，是典型的季风型海洋性气候，夏无酷暑，冬无严寒，雨量充沛，热量充足，加上土地肥沃的南流江沿岸平原以及漫长的海岸线与广阔的海域，这独特的气候和地理条件以及良好的生态环境极为有利于供出口的桑蚕业和珍珠业的发展。据史料记载，汉代合浦北部（今浦北县）的福旺、寨圩等地，是最早生产蚕丝的地区，当时以天然树蚕（木蚕）为主。由于桑蚕获利大，合浦中部和南部地区相继普遍种桑养蚕，桑蚕业有了较大发展。此外，合浦还是苎麻主要产区，几乎家家户户都种麻，妇女以能织麻纺布为"贤德"。因此，合浦闻名的丝布、麻布是中国出口和向朝廷进贡的珍品。

更为珍贵的是合浦珍珠，或许在尧舜的时代就很著名了。《管子·揆度第七十八》载："至于尧舜之王，所以化海内者，北用禺氏之玉，南贵江汉之珠，其胜禽兽之仇，以大夫随之。"由于管子在前面讲到"黄帝之王"主要是"烧山林，破增薮，焚沛泽，逐禽兽，实以益人"，所以卿大夫等以穿戴虎豹之皮为贵，导致"禽兽"与人为敌。到了尧舜时代，以玉石、珍珠为贵，卿大夫佩玉戴珠，人与"禽兽"的关系也和谐了。这里所说的"江汉之珠"，当是指从合浦经"江汉"运往中原的珍珠，因为"江汉"本地并不产珠。另据《后汉书·孟尝传》载，早在汉代以前，合浦采珠业已相当兴盛，到汉代更是闻名全国。由于珍珠是朝廷的贡品和财富的象征，故而成为地方官员搜刮掠夺的对象，因过度采集而导致合浦采珠业萎缩，珠量锐减。东汉顺帝年间（126—144），循史孟尝出任合浦太守后，革易前弊，采取保护与发展相结合的适量采集措施，几年间合浦珍珠得到较大发展，原来跑到其他海域的珍珠又纷纷回到合浦海区，这就是千古传诵的"合浦珠还"的故事。

合浦珍珠又称南珠。"南珠"一名最早见于唐朝，但没有明确注明产地。北宋元符二年（1090），郑雯在《岭南小识》一书中云："合浦产夜光（珠），也称南珠，产自杨梅（即合浦东南海域杨梅池者）佳。"清代李调元《粤西杂录续编》载："合浦疍民为采南珠多葬鱼腹。"这说明南珠产自合浦，而尤以杨梅池所产为佳。南珠以"凝重结实""浑圆莹润""璀璨夺目""质地上乘"而居群珠之首。屈大均在《广东新语》一书中评价说："东珠（日本产）不如西珠（欧洲产），西珠不如南珠。"故"中国历代都把合浦珍珠当作向朝廷进贡的稀世珍宝"[①]。

合浦东部雷州半岛属合浦郡徐闻县境，盛产草木菠萝，其叶刮以为麻，纺织作布，即"菠萝麻布"，细者当作纱用。《雷州府志》卷二"地理、土产"条目称：雷州半岛的菠萝麻布，汉时已具轻薄、爽凉等优点而闻名全国。其"细者可当纱用"，可见工艺水平之高。《岭外代答》称：粤西的蚕丝"以高州所产为

---

① 合浦县志编纂委员会.合浦县志[A].南宁:广西人民出版社,1994.

佳"。合浦北部的玉林、贵县及西江流域，也以丝绸、锦绢、麻布闻名，特别是玉林的葛布以"郁林葛"闻名于世，是具有悠久历史的传统出口特产。

合浦还因为可与云南、贵州、四川、湖南等省份相沟通，可以将云、贵、川、湘等内陆省份的特产集中起来，再远销国外。同时，将国外进口的产品集中起来，再转运到全国各地。作为货物进出口的集散地，其"最早始发港"的地位是汉代任何其他港口所不能取代的。

在汉代，合浦与徐闻本来是一个整体，徐闻是合浦郡的一个县，而且合浦郡的治所还曾一度设立在徐闻。这说明，两汉朝廷将合浦港和徐闻港本来就是作为一个整体来安排的。延至现代，合浦和徐闻被划分为两个不同的省区，为争夺"始发港"的名分，两省区分别发力，人为地要将合浦和徐闻生硬地撕扯开来。2000年6月，有关专家得出了中国"海上丝绸之路"的最早出海港是雷州半岛的徐闻的结论，但只字不提合浦；2001年3月，有关专家"正式签字认定——'海上丝路'始发徐闻"，依然不提合浦。诚然，徐闻位于中国大陆最南端的雷州半岛，距海南最近，也是当时中国大陆距东南亚最近的地方，也确实具有"最早出海港"的地位。但它最多只是"之一"，而不是"唯一"。甚至，徐闻的地位和作用还不能与合浦相提并论。原因有二：其一，徐闻毕竟不是郡治所在地（虽然郡治曾一度迁到徐闻，但存在的时间不长），郡治之所以设在合浦，并以合浦作为郡名，说明合浦地位比徐闻更重要；其二，徐闻不是河海连通的枢纽，无论进口或出口的货物都必须经过合浦港，如果合浦港关闭，则徐闻成为"死港"，如果徐闻港关闭，合浦港货物的进出则可以不受影响。因此，合浦港可以脱离徐闻而独立存在，反之，徐闻则不能。由此而论，如果要确立徐闻"最早出海港"的地位，必须从整体上将合浦考虑进去，撇开合浦，则难以自圆其说。

（三）鬼门关："湘漓分派"的延伸与再造

在湘漓水路与海上丝绸之路对接的路途上，还有一个很重要的工程，这就是鬼门关分水坳连通南流江和北流江的分水工程。

鬼门关，又称桂门关、天门关。《辞海》"鬼门关"条目称："鬼门关，古关名。在今广西北流市西，介于北流市与郁林县间，双峰对峙，中成关门。鬼门关，古籍有记载，说它'高崖峡谷，形势险要，有双峰对峙，状如关门，若经此处，尤入鬼门'"。在古代，这里是中原到钦、廉、雷、琼诸州和交趾的一条必经通道。《旧唐书》和《舆地纪胜》等都说鬼门关原称"桂门关"，元代的廉访使曾将它改为"魁星关"，明代又称"泗明关"。明宣德五年（1430），时人于山门东侧的石壁上刻凿"天门关"三个大字和一首小诗："行行万里度天关，天涯遥看海上山，剪棘摩崖寻旧刻，依然便拟北流还"。迄今，峭壁之上"天门关"三个大字依旧赫然在目，但那首小诗已字迹漫漶，难以辨认。明代杰出地理学家徐霞客于崇祯十年（1637）由陆川经塘岸至北流考察，在《徐霞客游记》中记道："鬼门关在北流十里，颠崖遂谷，两峰相对，路经其中，谚所谓'鬼门关，十人去，九不还'。言多瘴也。"更重要的是，这里不仅是陆路上的一个关口，这里的"分水坳"更是连接北流江与南流江的通道。

北流江是珠江流域西江干流浔江段的支流。发源于广西北流市平政镇上梯村与沙垌乡交界处的双仔峰东麓，流经北流市、容县、藤县，于藤县县城汇入浔江。入浔江再经西江便与东、西、北三个方向的江河全部相通了。

南流江位于广西东南部，发源于北流市大容山南侧，向南流经北流、玉州、博白、浦北、合浦 5 县，于合浦县南注入北部湾，全长 287 千米，流域面积9704 平方千米，其中流经合浦境内约 100 千米，是广西独流入海的第一大河。南流江多年平均流量为 166 立方米每秒，多年平均入海水量 68.3 亿立方米，占广西沿海入海总水量的 27.3%，入海年输沙量 150 万吨 [①]。南流江沿岸平原广阔，主要位于合浦县境内，称南流江平原，东北起自常乐镇，西南迄于南流江入海口，长达 50 余千米，面积 466.67 平方千米，占全县平原总面积的 70%，为广西第二大平原。其中沙岗的白沙江至环城镇的望州岭一线以北属河流冲积平原，由北至南长 40 余千米，地面平坦，农田遍布，河渠交错，沿河平原上偶见河流改道形成的"牛轭湖"。夏秋季上游连降暴雨时，常受洪患危害。沙岗的白沙江至环城的望州岭一线以南为南流江三角洲，是合浦产粮区，有"稻蛋基地"之称。南流江终点是合浦县，经玉州、博白后，汇张黄、武利江水合为廉江，至合浦城北分为四支，其一称州江流出县城，成为由廉州入海之要津。自州江而出，分五个支流入北部湾。合浦境内海湾曲折，港湾众多。其中乾体港扼"江海之交"，为合浦门户。大观港海面辽阔，为钦、廉二州通航要道，其东抵高州、雷州、凉州、琼州，西达越南北部。永安港（今广西北海市铁山港）处廉之东海，水深可泊巨舶，"扼高、雷、凉、琼海道之咽喉"，左傍英罗港，右依白龙港，为合浦之左腋，乃海防要冲之地。白龙港（今广西北海市福成镇一带）为龙门港至永安港之呼应，往雷、廉、琼必经之道，与永安港成掎角之势。英罗港东至广东廉江，南系南海，扼雷、廉海道之咽喉，为合浦之东门户。

自汉至宋，朝廷一直将廉州、雷州、琼州、儋州等地作为罪臣贬谪之地，他们从北往南迁徙贬谪之地，必经鬼门关，并留下了诸多诗篇。如唐朝宰相李德裕被贬海南岛崖州，过鬼门关时曾写诗一首："一去一万里，千知千不还。崖州在何处，生度鬼门关。"鬼门关的荒僻、路途的艰险以及前路茫茫，使李德裕深感绝望，断定自己可以"生度"，决难"生还"。不幸的是，李德裕一语成谶，最终死在崖州，再也没有北返中原。

---

① 合浦县志编纂委员会.合浦县志[A].南宁：广西人民出版社,1994:81-83.

宋代苏轼被贬海南儋州，其弟苏辙亦被贬雷州。已经 62 岁高龄的苏轼和儿子苏过先到藤州与苏辙一叙，然后乘船走水路直到北流城东沙街码头上岸，穿过阴森恐怖的鬼门关到儋州去。苏轼在儋州生活了 3 年，直到 1100 年，宋哲宗死，宋徽宗赵佶继位，大赦天下，苏轼被改贬到条件好点的廉州，刚到廉州准备上任，再次被赦，准许他北还，任舒州团练副使。于是，苏轼与儿子苏过从廉州出发北上，经博白、玉林、北流，再次经过闻名遐迩的鬼门关，他诗兴大发，挥毫写下了《过鬼门关》："自过鬼门关外天，命同人鲊瓮头船。北人坠泪南人笑，青嶂天梯问杜鹃。"意思是说过鬼门关后，人命就如南方装有人骨的水瓮船一样，在河中凶险地行驶，安全没有丝毫的保障。临近北流县城，他又吟出一句："养奋应知天理数，鬼门出后即为人。"苏轼父子轻松走过鬼门关，再次在北流逗留。据说当时全城老百姓都赶来一睹苏学士的风采，整整一个下午，苏轼在县官和众乡绅的陪同下观赏了北流河的"圭水秋波"，苏轼和大家赋诗唱和，对吟秋风。数个时辰之后，他才依依不舍地告别北流的老百姓。时值圭江水清变浅，不能行船，便在城东的圭江码头雇人扎竹筏。黄昏时分，苏轼与儿子苏过在斜阳中撑开竹筏，顺着清澈的圭江秋波，一路放筏北上。人们为了纪念苏轼，在其登筏北归的地方，建了一座"景苏楼"，并将苏轼乘筏北归的形象镂刻入石，镶在山墙，以供万世景仰。该石像至今保存完好，成为北流的一道人文景观。

明代广东人朱琳，由琼山县（今海南海口市琼山区）卸任后北返，写了一首《出鬼门关》："北流仍在望，喜出鬼门关。自幸身无恙，从教鬓已斑。昔人多不返，今我独生还。回望琼山县，昏昏瘴疠间。"诗人尽情释放着狂喜与激动，似乎远离的不是鬼门关，而是那扇生死荣辱之门。因此，就"鬼门关"所积淀的文化心态来说，商人的心态与文人的心态可能是相反的，商人肯定是满怀希望过鬼门关的，因为货物出海之后就意味着财富收益；文人则是满怀失望乃至绝望过鬼门关的，这不仅是被贬官员，即使是正常任职，因为远离权力中心，加以地远偏荒，难有升迁的希望，于是就形成了一个共同的心理：不是贬谪更是贬谪——希望与失望兼备，这就是最具特色的"鬼门关"文化。而对于现代人来说，这里无疑是一个很好的窗口，从中可以窥见古人的心态及其所展现的文化特质。

二、再劈新道：南北二渠路更宽

从大禹的时代一直到汉魏六朝，湘桂古道北与荆州道相连接，南与"海上丝绸之路"相通，因其处于中国版图的中心地带，加上水路联通的便捷交通，在 2000 多年的历史长河中，始终是中国南北交通的"主动脉"。到了隋唐时代，中国的交通发生了两大变化，一是苏杭大运河的开通，使得南来北往的船只更为方便和快捷；二是造船技术的发展，唐代船体开始采用先进的钉接榫合的连接工艺，甚至出现了斜穿铁钉的平接技术，大大增强了船体的强度。而且，出海船只已达9个密隔舱，提高了海上航行的安全系数。到了宋代，已能造出载重20万公斤以上的大船。大运河的开通，使得湘漓水路往北连通江汉的水上运输线作为南北主要通道的地位降低。抗风浪能力增强的大船可以从东南沿海的港口跨海直航，合浦、徐闻作为"始发港"的地位降低。这两个"降低"，也使得荆州道——湘桂古道——"海上丝绸之路"作为"南北主动脉"地位降低。

（一）北渠——灵渠的维修与畅通

当然，作为南北主动脉的地位虽然降低了，但作为"次动脉"的作用仍然不容忽视。因为这条路不仅在继续使用，而且还使用得很频繁。这从历朝历代对灵渠的不断维修中就可以看出来。

唐宝历元年（825），渠道崩坏，舟不能通。桂管观察使李渤下令垒石建成犁铧形的拦河坝，即大、小天平，使河水分流进入南、北渠道。并在南、北渠道上设置壅高水位以利通航的建筑物陡门。秦监御史禄开凿灵渠的工程设施，只能从通航的可能性来判断拦河坝的存在，经过李渤的改建，才有了关于拦河坝和陡门的记载。时隔40多年，唐咸通九年（868）陡防尽坏，渠道淤浅。鱼孟威刺史将沿河40里用石块砌筑堤岸，用大坚木做成木桩植立为陡门，陡门增至18座，以方便巨舟通行。此次维修用工5.3万个，用钱530余万缗。

北宋庆历四年（1044），桂林衙前秦晟监修灵渠。庆历五年二月竣工，计用工1.085万个，用钱1560余缗。所有工料全由兴安、临桂、灵川3县差拨。时隔20多年，北宋嘉祐三年（1058），提点广西刑狱兼领河渠事李师中再修灵渠，用民夫1400人，34天竣工，共用工4.76万个，此次维修采用"燎石以攻，既导既辟"的方法，清除渠内碍舟礁石，并将灵渠陡门增至36座。140余年后，南宋绍熙五年（1194），广南西路经略安抚使、静江府知府朱晞颜主持修灵渠，于十二月初动工，至月底竣工，计用工25万个，用钱300万缗。

元至正十四年（1345），岭南广西道肃政廉访副使乜儿吉尼修灵渠，于九月动工，至第二年一月竣工，计用工14.8万个，用钱5000缗，修复了铧堤及陡门的溃坏处，舟楫得以顺利通行。

明洪武二十九年（1396），监察御史严震直主持修灵渠，动用民夫9110余人，于九月十一日兴工，十一月底竣工，修成渠堤岸长126丈（约420米），阔6.6丈（约22米）、高5尺（约1.7米），筑渼潭及龙母祠前土堤151丈（约513米）、阔5丈（约17米）、高0.5丈（约1.7米），增高中江石岸45丈（约153米），疏渠道5159丈（约18.2千米），修斜坡、涵坡、泄水坡5处，砌灌田水涵 24 处，砌陡岸 36 处，共用石块石板 2.8 万块，桩木 1.55 万余根，石灰 67.49 万余斤。这次维修，由于加高了大、小天平，2 座溢洪水涵泄水量较小，遇洪水时则冲毁堤岸，洪水尽流向北渠，南渠水浅，既不能通航，又影响农田灌溉。因而于永乐二年（1404）二月，又修复如旧。明代另一次较重要的维修是成化二十一年至二十三年（1485—1487），由于洪水泛滥，渠堤毁坏严重，由全州知州单渭主持维修。"用巨石以鳖铧嘴，措鱼鳞，缮渠岸，构陡门"（明代孔镛《重修灵渠记》），三十六陡中凡有缺坏者均修葺一新。这是有关大、小天平坝上采用鱼鳞石护砌的最早记载。

清康熙五十三年（1714），天平石诸险工倾决殆尽，陡门仅存 14 座，巡抚陈元龙率通省官员捐俸修治，重修被毁的大小天平，原来用巨石平铺的坝顶改砌成龟背形，将累卵状的鱼鳞形石改用长石直竖。陡门修整了尚存的 14 座，将已废弃的 22 座陡门修复了 8 座。凿去湘江及漓江险滩礁石 19 处。陡门过去皆用丛石砌筑，这次全用巨条石合缝浆砌，用银 2.4 万多两。乾隆十九年（1754），两广总督杨应琚奉旨修灵渠，由桂、平、梧、玉观察使富明安任总修官，庆远府同知查礼为协修官，兴安县令梁奇通任承修官。于乾隆十九年十一月十七日至十二月二十八日，和乾隆二十年春至三月二十四日两阶段整修，计修堤和鱼鳞石 102 道，修坝 1 道，修陡门 16 座，并疏浚渠口积沙，天平坝基尽钉松桩，上面用青石密砌，两石相接处均以生铁锭钤锢，共用银 4900 余两。清嘉庆二十四年（1819），广西巡抚赵慎畛捐俸修灵渠，由桂林知府周之域监修。于九月十五日动工，至十一月二十日完工。计用工 1.496 万个，用石 256 丈（约 854 米），用灰 1.2 万余斤，用桩木 560 余根，杉木 64 根，用银 1775 两，主要维修陡门。至此保留陡门 32 座。即北渠 4 座，南渠 28 座。光绪十一年（1885），洪水冲毁分水坝及南北陡堤，广西护理抚院李秉衡请旨奉准修渠。因铧堤旧址填淤，改建于原址下游 30 丈（100 米），大小天平叠石如鱼鳞，接缝处胶以灰泥，外复巨石。并修北渠 3 陡，南渠 19 陡，修四贤祠、飞来石、蛤蟆塘、泄水天平、黄龙堤等石堤 5 道。新建滑石、鸢塘、牛角 3 陡。光绪十一年一月兴工，十二年五月完工，用银 9400 余两。又于光绪十二年十月动工修了社公坝和新陡海底，凿去石门坎、倒脱靴、黑石坝 3 处暗礁，用银 800 两，现今所见灵渠，大致就是这次维修后的面貌。

从以上情况不难看出，历朝历代没有不重视对灵渠的维修的，存在时间较长的朝代，要维修 2~3 次。即使是元代，存在的时间不足百年，也进行了一次维修。每次维修，不是朝廷拨款，就是官员捐款。朝廷和官员之所以如此重视灵渠的维修，无非是因为作为南北水路交通咽喉的灵渠必须保证畅通无阻。这也足可证明，湘漓水路的重要性。

（二）南渠——相思埭的开通与延伸

湘漓水路的重要性，不仅体现在灵渠的不断维修上，更体现在一条新渠的开通——连接漓江、柳江水系的人工运河相思埭。

相思埭又称古桂柳运河、桂柳运河、桂柳古运河，开凿于唐长寿元年（692），距今已有1300多年历史，与灵渠同为广西古代的两大运河。在临桂会仙镇分水塘出水口西侧，一块由市政府和临桂文物管理所设立的石碑上刻有相关介绍："河源于会仙镇狮子岩，汇分水塘，东流至相思江，入漓江；西流折入鲤鱼陡至永福洛清江汇柳江，全长30余里。"东渠全为人工开凿，西渠则以原有沟渠加以疏浚。为调节水位，减少落差，便于通航，设泥湖陡、磨盘陡等22处陡门。为便于行人往来，在渠上建良丰桥、庙门桥等10余座桥。现存陡门、石桥及碑刻文物20余处。

唐代女皇武则天时期是我国封建社会的鼎盛时期，其政治、经济、文化得以高速发展。为了进一步开拓岭西，加强朝廷对西南边疆的控制，朝廷拨款在桂林与柳州之间开凿相思埭，以沟通漓江与柳江的航道。

相思埭的建筑工程基本上是仿照灵渠的模式，有分水塘、分水闸、东西巢、陡门、涵洞桥梁，等等。分水塘起蓄水分流的作用，塘的南面有泄水坝，其功能与灵渠大小天平一样，可以拦水排洪。在东西渠与分水塘的接口处有分水闸，用人工启闭，以调节渠水用量。东西渠中均筑陡门，以蓄水行舟。分水塘于清乾隆二十年（1755），各修筑东西两个水闸以调控水位，三分水东流漓江，七分水西注入柳江。分水闸门至今完好。若遇枯水季节，大批船只滞留在分水塘内候水过闸，岭上的龙王庙就作为客商和守闸陡夫的留宿之地。庙内有碑，碑文记述了运河的历史。

相思埭全长15千米，引临桂区会仙乡辨塘山狮子岩（白岩）之水，分东西流向，东流经桂林南郊社门岭、蒋家坝、汇相思江（良丰河），在柘木附近入漓江；西流至睦洞会小江河至渔家，顺流入洛清江，经永福、鹿寨至柳江。它沟通了漓江与柳江的航道，成为桂林至柳州的航运捷径，再通过柳江与红水河、西江水系连接，可直通云贵。相思埭又与兴安灵渠联成一气，沟通了长江水系与珠江水系，成为古代中原通往岭南（广西、广东）、岭西（云南、贵州）的交通大动脉，保证了中国南北的漕运。相思埭同灵渠一样，能航、能排、能灌，它的兴建对岭南、岭西地区的经济和文化相互交流及农业发展都产生了重要作用。

相思埭在清代进行过3次大修，其中雍正七年（1729），"再次兴工凿疏，与灵渠工役并举"。修后运河宽处达30多米，窄处有6米。沿河全用料石砌就的陡闸有13座。雍正十年又增修鲢鱼七陡。陡闸的作用就是提升或下降运河水位，使船只能够"爬坡"或"下坡"。陡闸设有陡夫管理，陡夫住在陡闸的附近，就是现在西陡门村址。陡夫的职责是管理陡闸的储水、放水，使过往船只安全通行，有点类似于今天的河道管理工和水上警察。陡闸上要点上陡灯，村里也要点上村灯，这些陡灯和村灯，就是相思埭运河上的灯塔。陡闸共有 20 座：良丰河入口陡、四塘桥陡、良丰河陡、社门岭陡、老虎陡、平石陡、乌石陡、石皮滩陡、蚂蟥陡、泥厚陡、东闸陡、西闸陡、陡门陡、新塘陡、石狮陡、鲢鱼陡、上高桥陡、下高桥陡、新寨陡、大湾陡。每陡设陡夫 2 人共 40 名，从分水塘的东西两边又各设渠目一人管理陡夫。20 座陡闸中最为艰险的是鲢鱼陡，有时水枯，河水仅淹鲢鱼背，但为了加快船只通行的速度，陡夫、纤夫就把船上的货物卸下，用人力把船推过鲢鱼陡。每陡设陡夫的人数也不是一成不变的，陡夫由渠目调配工作，各陡也互相帮助。最险的"鲢鱼陡有官设陡夫十余人，以助船过陡"。陡夫每年有固定薪饷，每人"岁工食银六两"。当时临桂县 (今桂林市林桂区) 各江河义渡的渡夫"岁工食银是三两五钱，遇闰年每夫加银三钱"。陡夫的待遇比渡夫高。而当时官府的兵丁俸饷，"守兵月饷 1 两"，比陡夫高一倍。

雍正十三年（1735），贵州榕江九股河地区苗民因反抗征粮而发动起义。苗民起义军 40 余万，围攻厅城，捣毁营汛，攻克凯里、黄平、余庆等县。六月，清政府调集两湖、两广、云贵川七省兵力数万人，对苗民进行镇压。清政府军几万人马从桂林经相思埭运河，开赴贵州。官兵过陡河时正值六月丰水期，但是官兵人马众多，兵器、粮 草过了三天三夜，不少陡夫都累病了。时任广西巡抚的金鉷在《临桂陡河碑记》中云："乙卯岁 (1735)，王师赴黔征苗，粮饷戈甲，飞输挽运，起桂林经柳州者，胥是河通焉。"

清代浙江诗人张炯慕名远道来游相思埭运河，不凑巧遇军需船，因军需船优先通行，张炯只得等待，一等就到了运河的枯水期，行船比步行还慢。好客的西陡门村人留他住了四旬之久。

上述两个事例说明了两个问题：一是湘漓水路到清代的时候仍然十分繁忙，经过相思埭的船只无疑都是经湘漓水路而来；二是相思埭运河的修通，可以更便捷地直通云贵，使得湘漓水路连接的通道更广阔了。

（三）海渠：海上运河舟楫渡

在湘漓水路的最南端，还有一条"海上古运河"值得注意，这就是潭蓬古运河，或称天威遥古运河。潭蓬古运河位于广西壮族自治区防城港市防城区江山半岛中部潭蓬村和潭西村之间，是我国唯一的海上古运河，是广西壮族自治区重点文物保护单位。潭蓬古运河位于江山半岛月亮湾附近的潭蓬村和潭西村之间，又称"天威遥""仙人垅"，因运河所经之处仙人坳全是海石结构的丘陵，工程浩大，若非仙人，实难开凿，故而被称之为"仙人垅"。运河宽数米，长约 10 千米，拦腰穿过江山半岛，直接连通防城港和珍珠港，海水涨潮时可通航。据相关文献记载，东汉伏波将军马援曾率楼船水师，驻泊在今合浦县大风江入海处的大观港。汉军从福建运粮抵此，在乌雷岭附近经常遭遇狂风恶浪打翻运粮船，造成很大损失。马援“苦乌雷岭风涛之险”，于是命水军“夜凿白布峰腰之地，以通粮船”。但由于岩石遍地，工程艰巨，加之战事紧迫，无暇兼顾，不得已半途而废。直到唐咸通七年（860），也就是时隔818年之后，才重新开挖。据五代人孙光宪的《北梦琐言》记载，唐咸通年间（860—874），安南节度使高骈募工开凿。运河凿通后，往来船舶不必绕过江山半岛而直航防城、珍珠两港湾，不但缩短了15千米的航程，而且避开了江山半岛南端白龙尾巨浪的冲击和海盗的袭击，使船舶得以安然航行。《唐书·高骈传》说，运河通航后，往来“舟楫无滞，安南储备不乏，至今赖之”。自10世纪起，安南独立，与宋朝交恶，多次侵边，“天威遥”逐渐被废弃，现只遗留下潭蓬水库一段。

三、路在脚下：挑盐古道艰辛路

在湘桂古道上，还有一种奇特的路——全凭挑夫脚板踩出来的路，这就是挑盐古道。而这条古道的形成，又与合浦盐业的兴盛有关。

（一）合浦盐业与挑盐古道

广西的内河运输在唐代以前，从灵渠下桂江横贯西江中部，经南流江到达北部湾，中间北流河要进行分段运输。到了宋代，广西的水运路线结构发生较大变化，主要特征是普遍开辟水陆联运，以延长运输路线，扩大社会效益。其中，廉州、钦州拥有五条水陆联运航线。据《广西航运史》记载，第一条航路是广西古水道南北干道的最佳航线，即“由桂江跨灵渠入湘江、洞庭湖、长江、大运河到达关中……由灵渠、桂江转入绣江经南流江至合浦出海”。“自汉以来至宋元时期即已巩固的这条水运通道，经过千余年的长期实践，是一条最优的行旅航线”。第二条航路是由廉州的石康出发，“经南流江、绣江至梧州的西盐水路漕运线”“以梧州顺西江进入广东浈水，经南雄、信中、桃江至赣州”。这条航路是广西“秦以来又一古水道，军事物资和贡品多沿此线”。另外，廉州、钦州尚有三条海河水陆联运路线。一是，经钦江至邕江那陈，转入八尺江至郁江的西盐水路漕运线；二是经钦江、沙坪、平塘江至郁江的水陆联运线；三是，由梧州经浔江、绣江、北流江至郁林，再由郁林（今广西玉林）经南流江至合浦出海。这条“海河联运古水道，自秦汉起开发，至两宋千年不衰”。廉州通过上述五条水陆运线，一网将北部湾与广西各条河流联结，将宋代广西的航运推向新阶段。而促使这一新阶段“翻新”的动力，就是合浦盐业的兴起。

从南北朝开始，合浦降格为县，隶属越州。唐代越州更名为廉州，宋代依其旧，合浦属廉州。由于合浦"海岸皆沙土""斥卤之地尤多"，对盐业发展十分有利。据《宋史》卷一百八十三记载："合浦海岸建有许多盐场，廉州官府在白石、石康建有两个最大的盐仓，是全国四大盐仓之二。"南流江则是宋代广西漕盐的主线，宋代周去非《岭外代答》卷五载："盐场滨海，以舟运于廉州石康仓。客贩西盐者，自廉州陆运至郁林，而后可以舟运……自改行官卖……乃置十万仓于郁林州，官司以牛车自廉州石康仓运盐贮之，庶一水可散于诸州。凡请盐之州，曰静江府、融、宜、邕、宾、横、柳、象、贵、郁林、昭、贺、梧、藤、浔、容州，各以岁额请。静江岁额八千笋，融二千七百笋，宜四千三百九十，邕七千五百，宾二千五百，柳三千五百有奇，象三千，横二千七百，贵三千一百有奇，郁林三千，昭三千九百，贺五千，梧二千，藤二千五百，浔三千，容三千。凡五万八千二百笋有奇。取其息，以八分归漕司，二分归本州。"从以上记载看，漕盐由廉州官办"取其息八分归漕司，二分归本州"，这每年给廉州带来了很多的税收。由于廉州沿海以盐为特产，因而廉州石康成为当时广西漕盐的枢纽。当时广西陆路运输比不上内河航运发达，漕盐全靠水运。廉州海盐运抵石康，再由石康输往郁林后通过西江、桂江、左江、右江向各地转运。当时，不仅广西食盐全仰廉州，而且湖南南部也依赖廉州漕盐。由廉州经郁林每年运八万笋食盐抵桂林，再转卖给湖南，每笋纳税 5 缗，广西每年得额外盐税 40 万缗。[①] 广西全境每年销售漕盐才"五万八千二百笋有奇"，而"额外"转卖给湖南的竟然有"八万笋"，这应该不是朝廷分配的"盐引"，而是地方政府"官卖私盐"。这就形成了湘桂古道上的一条独特的路——为转运私盐而存在的挑盐古道。至少，与湘桂古道相关的三条挑盐古道，有两条是与合浦盐业相关的。

合浦盐业的兴盛延续了上千年。明朝中叶以后，合浦港因南流江泥沙的淤塞，其港口地位逐渐被自己的子港口——北海港所取代。但合浦地区漕盐业和珍珠贸易则继续繁荣发展。到乾隆十二年（1747），合浦盐田年产熟盐可达 930 余万斤。清廷在廉州设合浦盐务总局，并允许商贾销售定额外余盐，"准令七折交官，以示奖励"。这样刺激商人的积极性，使漕盐运量大增。

"开门七件事，柴米油盐酱醋茶"，食盐在人们日常生活的必需品中排第四位，老百姓口头常说"柴米油盐"，似乎是酱醋茶还可以省略，但柴米油盐绝不能省略。因此，日常生活中的盐是不可或缺的；而在柴米油盐中，"柴米油"是自产自销、自给自足的，唯有"盐"才是必须购买的。正因为是百姓日常生活的必购商品，其中蕴含极大的经济利益，所以中国的盐业自从汉武帝实行"盐铁专卖"之后，食盐销售一直由政府垄断，而且是分区发放"盐引"，无"盐引"则

---

① 广西壮族自治区地方志编纂委员会.广西通志(海关志)[M].南宁:广西人民出版社,1997.

不能私自运输。湖南不产盐，历代朝廷规定湖南"例食淮盐"。湖南的食盐从江淮漕运而来，因路途遥远且层层抽税，导致盐价昂贵——"三斗米，一斤盐"甚至是"担米斤盐"。如果再遇上战乱，如南宋建炎四年至绍兴五年（1130—1135），钟相杨幺占据洞庭，元代至正年间（1341—1370），陈友谅占据武昌，切断了漕盐的运输，导致湘南"民多淡食"。湘南的百姓在官盐得不到保障的情况下，便以二广私盐作为补充，有时甚至以私盐为主。私盐无"盐引"，不能漕运，全靠肩挑，而且不能走官道，只能走民道或商道。于是，与湘桂古道几乎是相并而行的挑盐古道便应运而生。

（二）一条新道：湘粤古盐道

挑盐古道在全国范围内有很多条，最著名的当是起始于四川自贡的盐运古道：它往东出泸州可达湖北沙市，出泸州往南可达贵州桐梓；往南出宜宾折向东南可达湖南凤凰，出宜宾往正南方向可达云南盐津。这些地方所运的盐，来源于自贡的井盐。但绝大多数省份的食盐还是来自海边。湖南食用的"淮盐"来自东海，"广盐"则来自南海。

与湘桂古道相关的挑盐古道主要有三条：以永州府城为出发点，向东到连州，向南到贺州，西南到桂林。

向东的永连盐道，相对于湘桂古道来说是一条新道，是从清康熙年间才热闹起来的，并成为官盐与私盐结合的一条主要通道，又称为"两广挑盐大路"或"湘粤古盐道"。这条道由永州府城东门出城，经菱角塘、铲子坪、廖家桥、大麻江、侯坪、清水桥、柏家坪、禾亭圩、金田洞、万年桥、猫仔冲、南风坳、钩挂岭，至广东连州星子埠。全程275千米，挑运时间为1个月左右。故俗谚有云："挑盐一百一（斤），往返一千一（里），斤盐担米钱。"永连盐道蜿蜒盘旋于山岭间，多处有青石板铺成，路幅1.5~2米，两人可并肩挑行。从清代到民国时期，连州星子埠是湘南各州县百姓食盐的主要集散地。据光绪《连州志》记载，星子埠的主要货物就是来自广州的食盐，星子埠有一条绵延数里南北走向的直街，另有两条东西向的小街，街上的商业分布有明显的地域特色，湖南人、广东人、江西人在街道的不同地段经营食盐贸易或其他生意。来自湘南地区的盐商于咸丰年间在星子埠建立了楚南会馆，他们从广州运盐至星子埠，然后批发给从湖南来的挑夫。今天的星子埠，有许多居民的祖先就来自湘南，仍然保留有祖籍地的家谱。

连州星子埠之所以能够成为湘南食盐的集散地，是因为得到了官方的支持。明隆庆年间（1567—1572），广西古田县发生农民起义，为了就近筹集军饷，明朝政府就指令湘南地区销售"粤引"。到了明末清初，又恢复销售"淮盐"。清康熙十年（1671），广东巡抚以衡州、永州、宝庆三府改为淮盐区导致粤盐滞销、妨碍完纳饷课为由，请求朝廷准许湘南三府按配额销售粤盐。虽然湘南地区有官员和百姓反对，但均以失败告终，"粤引"成为湘南三府的官盐，连州星子埠的食盐则以官私混合的形式大量销往湘南。因无水路可通，只能依靠肩挑，所以这条盐道上的挑夫分为两种，一种是职业挑盐夫，即受雇于盐商，一年四季，不论寒暑，都要挑盐，按重量计算工钱；另一种是仅在农闲时节挑盐。虽然两种形式不同，但他们的共同点都是来去不空担：去时挑一些农副产品到广东卖，回时才挑盐。挑夫注定是辛苦生涯，来回上千里路，往返皆负重。一根扁担、一副箩筐、两个竹筒，一个竹筒装茶水，一个装干粮（通常是高粱饭），再加一把油纸伞，这就是每次出行挑盐的行当。

在这条挑盐古道上，不仅仅是永州人，宝庆、衡阳、郴州乃至长沙均有人从此路经过前往连州挑盐，只是"唯以永州府辖各县为多"。正因为永连盐道是永州、宝庆、衡阳、长沙等地挑夫商贩南下广东挑盐及商旅的大路，往返人员多，道路繁忙。所以，或官府出面、或商贾出资拓整路面、修沟排水，道路得以改善。例如这条路上有一处险境的解决——万年桥的修建，就是官方与民间共同努力建成的。

永连盐道在蓝山县城西南 10 千米的地方有一条大峡谷——萌诸岭山脉羊车岭峡谷。明朝隆庆年间，羊车岭峡谷是永、宝、衡诸府南下挑盐的必经之道，每天过往客商、挑夫络绎不绝。但最令人犯难的是过舜水河，舜水河上最初只有简易木桥，木桥屡屡被山洪冲毁。于是，修一座永久的石桥成为盐商、挑夫和当地人的最大愿望。清乾隆五十三年（1788），由蓝山县吏梁群长等人发起募捐，雇匠凿石，用工万余人次，耗银千两，于乾隆五十五年（1790）建起了一座石拱桥，这就是凌空飞渡舜水河的万年桥。万年桥桥身造型古朴大方，气贯长虹。万年桥系青石砌单拱石桥。桥基建在舜水河两岸 30 余米高的悬崖上，石桥跨度 17 米，拱顶至河床 14 米，宽 7.3 米，厚 1.1 米，圆弧半径 8 米。河西桥基在悬崖巨石上凿槽而成，河东桥基因正对水流冲击方向，因此除凿槽下基外，还加砌了一堵长 6 米、高 2 米、厚 0.8 米的护基石埠。[①] 石桥下游 30 余米有一瀑布自崖壁上倾泻而下，宛若银河天降。古桥西岸，原有积寿亭供过客休憩，八根方形石柱沿石壁而立，香樟木梁，青瓦盖顶，石板铺地，石条为椅，亭内置有整石凿成的巨型茶缸重约千斤，可盛凉茶七担，供过往行客饮用。因为年代久远，现在桥上已经长满青草和荆棘，石桥与两边的山峦已经浑然一体。岁月悠悠，藤蔓萋萋，却难以掩盖当年人们筚路蓝缕、众志成城兴建"德政"工程的历史。道光六年（1826），当地人彭与龄父子及陈太虚等人在桥面加砌石栏，并立碑于桥西，镌文"万寿无疆"，故俗称"万年桥"。此桥虽经两百

---

① 朱永华,余靓.蓝山万年桥[N].湖南日报,2006-08-01.

多年山洪的冲击，仍然固若金汤，丝毫无损。2011年，万年桥与积寿亭连同湘粤古盐道一起成为湖南省重点文物保护单位。

（三）两条旧道：湘桂古盐道

湘桂古盐道有两条，与湘桂古道基本重合：东线通贺州，西线通桂林。

通贺州的古盐道与潇贺古道的走向有所不同，因为潇贺古道溯潇水而上到道州，需穿越双牌都庞岭阳明大峡谷，这里群峰壁立，山势陡峭，河水穿峡而过，激流飞湍，原是潇水最危险的一段水路（现在因双牌水库的修建，已是高峡平湖），唯一的一条官道傍着潇水西岸穿过峡谷，再无第二条路可走。而挑盐脚夫所挑的盐是私盐，要避开官道上"盐埠"的检查。所以脚夫挑盐的回程不能从此经过，而必须从道州绕道全州再回永州。从道州往贺州的路则基本上与潇贺古道重合。当然，凡官府设有"盐埠"的地方，则仍然要绕道。

2017年7月，湖湘地理记者曾"耗时十四天，两度从道县西关桥出发，分别行走潇贺古道的东线和西线，一直走到海陆丝绸之路早期的始发港合浦"。记者的采访完成后，曾以《古道上最后的挑盐人》为题发表了通讯稿，并描绘了这条古道的路线图：

从上述路线图可以看出，除了从道州到永州的回程要绕道全州外，其余路程则与潇贺古道并无二致。

西线从永州通桂林的古盐道，与湘桂古官道基本重合，但也有一段较官道更近却要翻山越岭因而更艰难的路。这条路兴盛于宋，而且延续了上千年，繁盛期长达500多年，这就与合浦盐业的繁盛有了直接的关系。

根据《广西通志·海关志》的记载，宋代每年要从廉州运8万箩食盐抵桂林，再转销湖南，这似乎不是"官引"，不能走漕运，也不能走官道。于是，从宋代开始，一条湘桂古商道便应运而生。关于这条路诞生的原因，学者大都依据《灵渠文献粹编》记载："自宋代以来，兴安灵渠商旅繁忙，楚米之连舶而来者，止于全州，卒不能进……向来铜船过陡河必行一月……"而人挑马驮走陆路则六七天可到，故而商家和挑夫便抄近道走了这条翻山越岭的路。这种说法有一定道理，但并不准确。

从宋代开始，政治、经济和文化的重心南移，使得湘桂古道特别是灵渠更繁忙，这是毋庸置疑的。但如果是长途运输，灵渠繁忙就算"必行一月"那也得行，原因很简单，不可能将船上的货物卸下让空船返回，然后雇请人挑马驮到桂林的码头再雇船运输。这一是太麻烦，二是成本会更高。因而商家决不会这样做。退一步说，如果仅是为了避开灵渠的拥挤，那就没有必要走这么远的路，在灵渠两头的湘水和漓水什么码头转运就行了——果真如此，则灵渠也就失去了开凿的意义。因此，湘桂古商道的开通，最重要的原因不是灵渠的拥挤，而是因为一种特殊的商品——食盐的运输。由此而论，这条道路，与其说是"古商道"，不如说是"古盐道"。

这条古盐道自宋代开始，起自湘南湘江中上游，穿越都庞岭和海洋山到达桂林的漓江，具体路径是：出永州府城的大西门，过黄田铺、珠山，从枣木铺进入广西，再经全州、兴安、灵川，终点为桂林的"卫星城"大圩古镇。漓江边上的大圩古镇码头，是兴安以南除桂林码头外最大、最好的天然码头，从湘南转运来的货物，在此上船可通往桂江、西江和珠江进入广西腹地，往东可达广东，往西可到贵州、云南，往南通江达海。同样，从各地船运来的货物也可在此上岸，再通过人挑马驮的方式运往湘南各地。这当然是指那些湘南、桂北的短途货物，特别是不能漕运的货物。那每年8万箩食盐的转运，在广西境内得到了地方官府的支持，可以漕运。进入湖南境内则成为私盐，只能靠人挑马驮。又因为食盐的获利很高，所以这条古盐道的形成，不仅带来了大圩码头的繁荣，也带来了诸多古村的繁荣。

大圩古镇居广西四大名镇之首，人口数量与城建规模逼近桂林府。可以想见昔日的繁华和兴旺。尤为值得注意的是，这条道上还有一个保存完整的样本——熊村，因坐落在长岗岭上，所以又叫长岗岭村，在它最繁盛的时候，其规模甚或超过一个小县城。

长岗岭村位于灵川县灵田乡，距桂林市35千米，始建于宋代。该岭原名瑶山岭，明代改称长岗岭。长岗岭因位于湘桂古盐道中间地段，得天独厚的地理优势，当年吸引了大批商贾在此开设商铺，成为商人、脚夫南来北往的中转站、歇脚点。长岗岭村古建筑群坐落在山坡上，呈弧形布局，依缓坡递进相连而建。建筑高大、规整、宏伟，风格统一。陈姓和莫姓是该村最大的两姓。村里的居民主要是经营食盐和桐油获利，后成为灵川巨富，该村也成为当时桂林一带鼎鼎有名的"富豪村"，享有"小南京"的美誉。因四面皆为连绵不断的大山，地处偏僻，避免了兵荒马乱的灾难，得以保存比较完整的古迹古风。村中现存最为珍贵的古建筑有三处：一是"卫守府"官厅，这是因清乾隆末年长岗岭村陈氏第16世祖陈大彪以武生职授卫千总后而称名，该建筑前后四进四天井，前两进始建于清乾隆末年，后两进始建于康熙初年，两侧分立横屋横天井，左侧横屋供仆人生火、下厨、居住等，右侧横屋已毁，是陈府主人读书、赏花的场所；二是"莫氏宗祠"和"五福堂"公厅，同治年间重修；三是别驾第，因清光绪年间陈氏第十八世祖陈凤鸣以皇清太学生例授同知而称名，始建于嘉庆年间，光绪年间进行了修缮补建，前后三进建筑，内侧分立横屋。另外，保存较为完好的还有莫家老院11进建筑，莫家新院10进建筑，陈家大院9进建筑。该村共有明清、民国建筑近60座，民居高大宽敞，布局规整，建筑形式多种多样，其跨度、高度和体量堪称桂北民居之首，也是中国传统村落的典型。

2006 年，该村古建筑群被国务院列为全国重点文物保护单位。

长岗岭村的古建筑见证了湘桂古盐道的繁华，三叠岭古道则体现了其特色。三叠岭当地人称之为三月岭，这大概是因为当地百姓为方便书写所致。据1929 年的《灵川县志》载："三月岭高数百丈，径路陡曲，非三憩不能上。"因山高路陡，从南往北的上山路，需在三处平坦地依次休息，才能登顶到达长岗岭。因有三处平台相叠，故名三叠岭。三叠岭也是一条分水岭，岭北的水流入湘江，岭南的水则汇入漓江。古道由山石铺就，就地取材，虽历经数百年风雨侵蚀、行旅践踏，仍保持着完好的原貌。如今，湘桂古盐道已经被历史的尘埃所湮没，只有三叠岭这一段约 5 千米长的古道，因山高、林密、路陡，尚未被现代商业的触角所涉及，使得其古村、古道、古亭、古桥、古树等得以完整保存，为湘桂古盐道保留了一段完整的样本。

当然，古盐道上的繁华，那只是少数极个别人的事，对绝大多数的挑夫而言，除了由脚板踩出来的那一条路，剩下的便只有汗水和艰辛。有多少人因劳累过度，客死他乡；又有多少人被强盗杀人越货，冤死他乡。因此，在古代的挑夫中，曾流传一段歌谣：

> 你家哥哥真可怜，起早贪黑去挑盐。
> 一根扁担两箩筐，翻山越岭冇得闲。
> 走了好多冤枉路，惹得好多老板嫌。
> 吃了好多糙米饭，睡了好多屋角檐。
> 辛辛苦苦日跟日，风风雨雨年复年。
> 扁担当得摇钱树，盐箩当得早禾田。
> 牙婆穿梭厅堂里，哥哥徘徊在屋前。
> 煮碗汤圆送哥哥，问他团圆不团圆？

显而易见，这是盐夫挑盐人生的真实写照：挑盐无疑是极为艰辛的，但对于那些没有土地依靠的劳动人民而言，也不失为一种收益较好的谋生手段，"牙婆穿梭厅堂里，哥哥徘徊在屋前"，说明凭勤劳立身、靠劳动致富的挑盐人还是颇受欢迎的，故而在娶亲方面，还是很有选择余地。这是挑盐人的最大收获，也是历朝历代挑盐人不绝如缕的原因。

农耕文明与手工工艺

湘漓文化带,不仅交通地位极为重要,文化地位更为重要。从这里,我们可以窥见中华文明的第一缕曙光——稻作文明从这里起步,制陶工艺从这里开端。而且,从玉蟾岩到城头山,可以追溯稻作文明进步的足迹;从甑皮岩到城头山,更是展示了制陶工艺走向成熟的范本。而农耕文明与手工工艺的结合,正是中华文明在数千年的流传中最为稳定也最为突出的文化特色。因此可以说,湘漓文化带,不仅凝聚了湘漓人所创造的文化特质,也奠定了中国传统文化的根基。

一、玉蟾岩：稻作文明之始源

(一) 水稻栽培看中国

中国栽培的水稻属亚洲栽培稻,其祖先为多年生的普通野生稻,其分布区域十分广泛,东起台湾桃园、西至云南景洪、南起海南三亚、北至湖南茶林的广大地区内都有分布。中国野生稻的驯化、品种和栽培技术的进步,都有十分悠久的历史。

稻米产区　中国水稻原产南方,从新石器时代开始,大米一直是长江流域及其以南地区的主粮。唐宋以后,南方一些稻米产区进一步发展成为全国稻米的供应基地。唐代韩愈称"赋出天下,江南居十九",民间也有"湖广熟,天下足"之说,充分反映了江南水稻生产对于供应全国粮食需要和保证政府财政收入的重要性。据《天工开物》估计,明末时的粮食供应,大米约占 7/10,麦类和粟、黍等占 3/10，而大米主要来自南方。黄河流域虽早在新石器时代晚期已开始种稻，但水稻种植面积时增时减，其所占比率始终低于麦类和粟、黍等。

品种演变　中国是世界上最早有文字记录水稻品种的国家。《管子·地员》中记录了 10 个水稻品种的名称和它适宜种植的土壤条件。以后历代农书以至一些诗文著作中也常有水稻品种的记述。宋代出现了专门记载水稻品种及其培育、栽培特性的著作《禾谱》，各地地方志中也开始大量记载水稻的地方品种，已是籼、粳、糯分明，早、中、晚稻齐全。到明清时期，这方面的记述更详，尤以明《稻品》较为著名。历代通过自然变异、人工选择等途径，陆续培育的具有特殊性状的品种很多，如别具香味的香稻、特别适于酿酒的糯稻、可以一年两熟或灾后补种的特别早熟品种、耐低温、旱涝和耐盐碱的品种、以及再生力特强的品种等。现在保存的水稻品种约有 3 万多种，它们是几千年来变异选择的结果。

栽培技术　早期水稻的种植主要是"火耕水耨"。东汉时水稻技术有所发展，南方已出现比较进步的耕地、插秧、收割等操作技术。唐代以后，南方稻田由于曲辕犁的使用而提高了劳动效率和耕田质量，并在北方旱地耕-耙-耱整地技术的影响下，逐步形成一套适用于水田的耕—耙—耖整地技术。到南宋时期，《陈旉农书》中对于早稻田、晚稻田、山区低湿寒冷田和平原稻田等都已提出整地的具体标准和操作方法，整地技术更加完善。

早期的水稻都是分行直播。水稻的移栽技术大约始自汉代，当时主要是为了减轻草害。以后南方稻作发展，移栽才以增加复种、克服季节矛盾为主要目的。移栽需先育秧，关于育秧技术，《陈旉农书》提出培育壮秧的三个措施："种之以时""择地得宜"和"用粪得理"。亦即播种要适时、秧田选择要适宜、施肥要合理。宋以后，历代农书对于各种秧田技术，包括浸种催芽、秧龄掌握、肥水管理、插秧密度等，又有进一步的详细叙述。关于水田施肥的论述首见于《陈旉农书》，其中如认为地力可以常新壮、用粪如用药以及要根据土壤条件施肥等论点至今仍有指导意义。在水稻施用基肥和追肥的关系上，历代农书都重基肥，因为追肥最难掌握。但长时期的实践经验使古代农民逐渐创造了看苗色追肥的技术，这在明末《沈氏农书》中亦有详细记述。

中国水稻的发展还与农田水利建设有密切关系。陕西省汉墓出土的陂池稻田模型中有闸门、出水口、十字形田埂等，生动地反映了当时稻田水源和灌溉的布局。在水稻灌溉技术方面，早在西汉《氾胜之书》中已提到用进水口和出水口相直或相错的方法调节灌溉水的温度。北魏《齐民要术》中首次提到稻田排水干田对于防止倒伏、促进发根和养分吸收的作用，为后世"晒田"技术的滥觞。南宋楼璹曾作《耕织图》，其中耕图 21 幅，织图 24 幅。耕图的内容包括水稻栽培从整地、浸种、催芽、育秧、插秧、耘耥、施肥、灌溉等环节直至收割、脱粒、扬晒、入仓为止的全过程，是中国古代水稻栽培技术的生动写照。

耕作制度 水稻原产热带低纬度地区，要在短日照条件下才能开花结实，一年只能种植一季。自从有了对短日照不敏感的早稻类型品种，水稻种植范围就逐渐向夏季日照较长的黄河流域推进，而在南方当地就可一年种植两季以至三季。其方式和演变过程包括：利用再生稻；将早稻种子和晚稻种子混播，先割早稻后收晚稻；实行移栽，先插早稻后插晚稻，发展成一年两收的双季间作稻和双季连作稻。从宋代至清代，双季间作稻一直是福建、浙江沿海一带的主要耕作制度，双季连作稻的比重很小。到明、清时代，长江中游已以双季连作稻为主。太湖流域从唐宋开始在晚稻田种冬麦，逐渐形成稻麦两熟制，并持续至今。为了保持稻田肥力，南方稻田早在 4 世纪时已实行冬季种植苕草，后发展为种植紫云英、蚕豆等绿肥作物。沿海棉区从明代开始稻、棉轮作，对水稻、棉花的增产和减轻病虫害都有作用。历史上逐步形成的耕作制度是中国稻区复种指数增加、粮食持续增产而土壤肥力始终不衰的重要原因。

(二) 稻作起源属中国

在全世界范围内，水稻是仅次于玉米的第二大粮食作物。水稻的起源对于生物学者和人文学者来说都有重要意义。生物学者希望从中找到它的原始栽培类型和野生近缘种，从而能够方便地利用这些遗传资源的宝库来改良作物品种。人文学者则希望能够借此来构建人类自己的历史以及各个族群文化的叙事，甚至把它用作展示爱国主义、民族主义的舆论武器。

第一位系统地讨论栽培作物起源的学者，是 19 世纪瑞士植物学家阿方斯·德康多尔。在他看来，中国是最早栽培水稻的国度，理由是早在公元前 2800 年"神农皇帝"统治的时期，这种作物在河渠纵横的中国就已经被尊为"五谷"之一了。然而，德康多尔笔锋一转说，尽管印度栽培水稻的时间要晚于中国，但因为在印度发现了很多野生稻，所以印度仍然是水稻的起源地。

全世界的水稻品种虽然很多，小的品种数以万计，但大体上可以划分为两类：籼稻和粳稻。印度栽培的水稻几乎都是籼稻，中国却既有籼稻又有粳稻，二者都培育出了大量品种，我们完全可以认为中国的水稻品种比印度更丰富。中国水稻研究的奠基人丁颖，长期运用生态学观点对稻种起源与演变、稻种分类、稻作区域划分、农家品种系统选育以及栽培技术等方面进行系统研究，取得了重要成果，为稻种分类奠定了理论基础，为中国稻作区域划分提供了科学依据，而且系统地论述了水稻原产中国华南的观点。

20 世纪 50 年代到 70 年代，在中国屈家岭、大溪、河姆渡等多处遗址中不断传来发现稻谷遗存的消息，如此丰富的水稻遗存发现，让水稻在中国的栽培史愈加清晰。与此同时，印度也先后发现了柯尔迪华遗址和马哈加拉遗址，其中的水稻遗存经初步测定分别为约 8500 年前和约 7500 年前。不仅如此，东南亚地区也半路杀出，如 1966 年，在泰国西北部夜丰颂府的神灵洞遗址，发现了据说距今 9000 年的水稻遗存；在泰国东北部孔敬府的农诺他遗址，也发现了据说距今 1 万年的稻谷遗存。不过学术界通过鉴定和测年讨论，否定了印度、东南亚早于中国一说。这样一来，考古证据对中国就变得有利起来。

2011 年，美国圣路易斯华盛顿大学的芭芭拉·沙尔和纽约大学的迈克尔·普鲁加南联合开展了一项大规模的 DNA 研究。他们细心选择了水稻的 630 个基因片段进行分析，最终得出的结论是：野生稻最早在长江中下游地区驯化为粳稻，之后与黍、杏、桃等作物一起随着史前的交通路线，由商人和农民传到印度，通过与野生稻的杂交在恒河流域转变为籼稻，最后再传回中国南方。

2014 年，中正大学郭静云、中山大学郭立新发表《论稻作萌生与成熟的时空问题》，复原和重建了稻作起源的历史过程，以及岭南和长江流域在此过程中扮演的不同角色。

至此，关于水稻是起源于中国还是印度之争，似乎可以得出一个结论：水稻栽培的起源在中国这个"原始中心"和印度这个"次生中心"同时得到发扬。这是目前我们所知的最可靠的水稻起源图景。

关于水稻栽培的起源地讨论，在国外已经形成基本的结论，争论可以告一段落。但在国内，则更是众说纷纭。这是因为，中国的考古发现在不断地刷新记录：20 世纪 70 年代末，对浙江河姆渡遗址的发掘，发现了很厚的人工栽培稻碳化物，以及石磨、骨耜、木铲等水稻生产和加工工具。经测定为距今 6700±200 年，是已经比较发达的水稻；1965 年发掘的桂林甑皮岩遗址，发现石杵、石磨、石磨棒等稻谷加工工具，还有火候较低的陶片，经测定为 10000 年左右，但未发现稻谷碳化物；20 世纪 60 年代对广西南宁地区贝丘遗址的发掘，出土了石杵、石磨、石磨棒等谷物加工工具和大量陶片，经测定为 1 万到 1.1 万年左右，但未发现稻谷碳化物；1996 年，广东英德云岭狮石山牛栏洞遗址出土的水稻硅石断代，有专家认为应该是距今 1.8 万年前；1999 年江西万年仙人洞遗址也发现了一些约 1.2 万年前的水稻细胞"植硅体"化石；2000 年，发掘了近 1 万年前的浙江浦江上山遗址，出土了大量稻壳；2010 年，在浙江省中部的永康市湖西遗址发现了相当数量的、距今 9000 年前的碳化稻谷以及水稻小穗轴。当然，最重要的发现是 2004 年 11 月，中美联合考古队在湖南道县玉蟾岩遗址再次发现了 5 粒古稻谷。2009 年 6 月 5 日，美国《国家科学院学报》刊载了有关玉蟾岩陶片断代的文章，指出玉蟾岩出土的陶片大约距今 2.1 万~1.4 万年，这比世界其他任何地方发现的陶片都要早好几千年。玉蟾岩遗址还出土了几粒古栽培稻，有专家认为，这稻种与同时发现的陶片应是同一时代，为世界上最早的人工栽培稻。

(三) 稻作始源玉蟾岩

早期人类以采集野生果实和打鱼狩猎为生，而从采集渔猎走向农耕时代，是人类经历的第一次革命。对中华文明来说，这次革命发生于何时何地？玉蟾岩遗址的考古发现提供了答案：时间是一万年前，地点在湖南道县。

玉蟾岩遗址，位于湖南省道县寿雁镇白石寨村附近，出土了目前世界上最早的人工栽培稻标本，刷新了人类最早栽培水稻的历史纪录。玉蟾岩遗址在世界稻作农业文明起源以及人类制陶工业起源的过程中具有极为重要而突出的地位，被誉为"天下谷源、人间陶本"。1995 年，被评为"全国十大考古新发现"；2001 年，被评为"20 世纪 100 项重大考古发现"；2001 年，被国务院定为全国重点文物保护单位。

玉蟾岩前后有两个洞口。前洞坐南朝北，洞口呈半圆形，上有莹白的巨大钟乳石悬挂，远远看去像极了蛙类的鼻子，当地居民将其命名为蛤蟆洞、麻拐岩、拐子岩，文人则美其名为玉蟾岩。

玉蟾岩遗址是 1988 年发现的。1993 年和 1995 年，在该遗址连续发掘出了世界上最早的栽培稻标本和最早的陶制品，引起世界轰动。据考古发掘队中方队长、省考古研究所所长袁家荣研究员介绍，此次发掘，集中了当今世界上研究农业起源最权威的专家，其中有美国哈佛大学人类学系终身教授巴耶瑟夫等 4 位外籍专家，中国农业大学水稻史专家张文绪教授，以及来自北大、香港中文大学等高校和科研单位的专家近 30 人，发掘的主要目标是寻找稻作农业起源更早、更多的证据。

经过 1993 年、1995 年、2004 年等三次考古发掘的玉蟾岩遗址，具有旧石器时代向新石器时代过渡的文化特征。三次考古发掘均出土了陶片，但分属不同的个体。

1993 年，考古队员在漂洗玉蟾岩遗址近底部的文化层土样中发现二枚稻壳，颜色呈黑色。出土的陶片大致可复原成釜形器，形态类同，个体略小。北京大学碳十四实验室对这次出土的陶片进行质谱加速器碳十四年代测定，确定了四个数据。其中用陶片上的腐殖酸测定年代为距今 12320±120 年；用陶片基质测定年代为距今 14810±230 年；用同位层的木炭测定年代为距今 14490±230 年。这是当今发现的世界上最早的烧制陶片。

1995 年出土的陶片可复原成一件釜形器，陶釜为侈口，圆唇，斜腹壁，尖圜底。同年，在层位稍上的文化胶结堆积的层面中发现了两枚稻壳，颜色呈灰黄色。

2004 年，中美联合考古队发现了五枚碳化的稻谷。三次出土的稻谷，或碳化程度不一，或颜色各异，是因为标本所处的环境不同。玉蟾岩出土的稻谷是一种兼有野、籼、粳综合特征的特殊稻种，体现了从普通野生稻向栽培稻初期演化的原始性状，经测定，玉蟾岩古栽培稻的年代距今约 1.8 万~1.4 万年，这是世界上发现的最早的人工栽培稻标本。

2004 年还发现了更原始的陶片。为了更精确地测定这些陶器碎片的年代，而且不破坏玉蟾岩的大自然生态环境和小自然生态环境，考古工作人员对陶器碎片出土的周边地层进行了详细的碳年代测定分析。研究人员从周边地层中提取了 100 多个骨碎片和木炭沉积物标本，对其中 29 个样本进行放射性碳测年，从而获取了有关周边不同地层的年代脉络。将陶片与发掘出土地层相对比之后，研究人员初步确定陶器碎片的年代距今 1.8 万年。

2009 年 6 月 5 日，美国《国家科学院学报》刊发了有关玉蟾岩陶片断代的文章，指出玉蟾岩出土的陶片大约距今 2.1 万~1.4 万年，这比世界其他任何地方发现的陶片都要早好几千年，也标志着玉蟾岩人在旧石器时代晚期就发明了陶器。

这些人工栽培稻标本，不仅刷新了人类最早栽培水稻的历史纪录，也是探索稻作农业起源的时间、地点及水稻演化历史的难得实物资料。此外，出土的陶器火候很低、质地疏松、外表呈黑褐色的陶片与江西万年仙人洞等遗址出土的陶片均为中国已知最早的陶制品，对探讨中国制陶工艺的起源与发展具有重要价值。更令人吃惊的是，在这里发掘出大量的螺壳化石，而且去掉了尾端，这说明在古代当地人就懂得吃螺了。

玉蟾岩的文化堆积厚达 1.2~1.8 米，这显然不是短期人类活动造成的，而是长期生活的结果。这里出土了大量的动植物遗骸，因为年代相对较近，保存环境相对稳定，动植物残骸石化程度不深，姑且称之为半化石。动物残骸大体分哺乳类、鸟禽类、鱼类、龟鳖类、螺蚌及昆虫等。

玉蟾岩出土的生产工具主要是石制品、角、牙、蚌制品。石器的组合主要为刮削器、砍砸器、锄形器、石锤，还有少量的亚腰斧形器、苏门答腊式石器、尖头器。其中锄形器、亚腰斧形器、苏门答腊式石器都是原始农业用具。这些工具的出土，更是直接证明了玉蟾岩存在原始稻作农业的事实。

玉蟾岩遗址的历史价值和科学价值主要表现在多个方面：一是玉蟾岩遗存文化单纯，内涵丰富，对于研究 1 万年以前华南旧石器文化向新石器文化过渡阶段的文化特征、经济生活、演化规律具有重要的资料价值；二是玉蟾岩遗址出土了目前世界上最早的栽培水稻实物标本，对探索稻作农业起源时间、地点及水稻演化历史具有重要意义；三是玉蟾岩的陶片是中国目前最原始的陶制品之一，其复原的釜形器是目前中国最早的具有完整形态的陶器，对探讨中国制陶工艺的起源与发展有着重要价值；四是玉蟾岩遗址含有大量种类丰富的动、植物标本，其中有些种类如猕猴桃、梅的果实是目前世界上人工遗存中发现的最古老的标本，不仅反映了原始人类的经济生活，而且对于研究更新世末期至全新世早期的生态、气候环境和探索生物演化历史提供了重要的科学资料。

总之，玉蟾岩遗址是一处由旧石器时代晚期向新石器时代早期过渡的一处文化遗存，它为人们展示了人类水稻农业产生过程的初级经济形态，诠释了人类制陶工业起源的过程，演绎了人类最早的手工工艺的兴起，为人们了解旧石器时代向新石器时代过渡时期的文化及早期陶器、稻作农业起源提供了难得的实物资料。玉蟾岩遗址的发现和成功解读，有力地证明湘江上游和潇水流域在中华远古文明史和世界文明史上所具有的独特而重要的价值。

二、甑皮岩：制陶之始"陶雏器"

（一）"满天星斗"看陶器

陶器的发明是人类文明进程中极为重要的一步——人类第一次利用天然物，按照自己的意志创造出一种全新的东西。陶器是用泥巴（黏土）成型晾干后，用火烧出来的，是泥与火的结晶。我们的祖先对黏土的认识由来已久，他们发现被水浸湿后的黏土有黏性和可塑性，晒干后变得坚硬起来。对于火的利用和认识历史更是非常远久，大约在 205 万~70 万年前的元谋人时代，就开始用火了。先民们在漫长的原始生活中，发现晒干的泥巴被火烧之后，变得更加结实、坚硬，而且可以防水，于是陶器就随之而产生了。陶器的发明，揭开了人类利用自然、改造自然、与自然做斗争的新的一页，具有重大的历史意义，是人类生产发展史上的一个里程碑。

中国考古学界的泰斗苏秉琦，曾根据我国数以千计的新石器遗址提出了满天星斗说，并认为这些遗址可以分为六大板块：一是以仰韶文化为代表的中原文化，也就是传统意义上的黄河文化中心；二是以泰山地区大汶口文化为代表的山东、苏北、豫东地区的文化，其突出特点是不同于仰韶文化红陶的黑陶文化；三是湖北及其相邻地区，其代表是巴蜀文化和楚文化；四是长江下游地区，最具代表性的是浙江余姚的河姆渡文化；五是西南地区，从江西的鄱阳湖到广东的珠江三角洲；六是从陇东到河套再到辽西的长城以北地区，最具代表性的是内蒙古赤峰的红山文化和甘肃的大河湾文化。而划分这些区域的主要依据就是陶器。

从目前所知的考古材料来看，陶器中具有"文化"代表性的有旧石器时代晚期距今 1 万多年的灰陶，有 8000 多年前的磁山文化的红陶，有 7000 多年的仰韶文化的彩陶，有 6000 多年的大汶口的"蛋壳黑陶"，有近 4000 年的商代白陶，有近 3000 年的西周硬陶，还有秦代的兵马俑、汉代的釉陶、唐代的唐三彩等。到了宋代，由于瓷器的迅猛发展，制陶业趋于没落，但是有些特殊的陶器品种仍然具有独特的魅力，如明、清至今的紫砂壶、琉璃及广东石湾的陶塑等，都是别具一格，备受赞赏。因此，陶器不仅可以代表一个时代的特色，还可以代表一种文化的特色。

裴李岗文化 1977 年在河南省新郑县（今新郑市）裴李岗村发现，经碳十四测定距今约 8000 年，是我国目前发现最早的新石器时代遗址。与此同时在河北武安县的磁山也发现同时期的文化遗址，而出土陶器带有一定原始性，曾经被认为是中国发现最早的陶器。

仰韶文化 年代约为公元前 4500 至前 2500 年。因 1921 年首次在河南渑池县仰韶村发现而得名。仰韶文化以半坡遗址的陶器为典型。主要纹饰有动物纹（包括鱼纹、蛙纹）、几何纹。陶器基本为手制，出现了慢轮修整技术；陶质以细泥红陶、夹砂红陶为主，灰陶、黑陶较少，开始出现白陶；陶质松软，烧成温度约 900~1000℃。彩陶艺术是仰韶文化的杰出成就，烧前彩画，不易脱落，以黑彩为主、兼用红色。器型有碗、钵、杯、罐瓮、瓶、釜、甑、尖底瓶等。陶器常饰以线纹、绳纹、弦纹和附加堆文等。

马家窑文化 1924 年发现于甘肃临洮县马家窑村，其范围可达青海、宁夏、四川等省区。器形仍以盆、钵、罐、壶为主，尖底器已基本消失。其年代，据放射性碳素断代为公元前 3300 至前 2900 年。其纹饰有：人物纹，如1973 年在青海大通县上孙家寨出土的舞蹈纹彩陶盆，绘有 15 人分 3 组手拉手跳舞的形象；动物纹，有蝌蚪纹、蛙形纹；最具有时代特征的为漩涡纹和波浪纹，纹饰旋转、起伏，给人以强烈的运动感。

马家窑文化半山类型彩陶，1924 年发现于甘肃和政县（今宁夏回族自治区）半山地区，分布于甘肃及青海东北部。器形有短颈广肩鼓腹罐、单把壶、敛口钵、敞口平底小碗等，据放射性碳素断代，年代为公元前 2650 年至前2350 年。纹饰有锯齿纹、网纹及鱼、贝、人、蛙等形的纹样，尤以锯齿螺旋纹、波浪纹、锯齿纹最为典型。另外，有的器物盖纽还被塑成人首形，形象较生动。

马家窑文化马厂类型彩陶，1924 年秋发现于青海民和县马厂塬。主要分布于青海、甘肃等省。器形基本沿袭半山类型的造型，较之半山显得高耸、秀美。出现了单耳筒形杯，耳、钮的造型富有变化。其年代，据放射性碳素断代，为公元前 2350 年至前 2050 年。纹饰有同心圆纹、菱形纹、人形蛙纹、平行线纹、回纹、钩连纹等。

龙山文化 年代约为公元前 2310 年至前 1810 年。继承仰韶文化因素发展起来。早期主要分布在关中、晋南、豫西、山东一带。晚期主要分布于河南、河北南部。陶质以灰陶为主，也有少量红陶，黑陶数量增加，出现少量蛋壳陶。温度1000℃左右。陶器常见手制轮修，晚期可以见到轮制陶器以及模制陶器。器型有杯、盘、碗、盆、罐、鼎、甑、鬲、鬶等。常见纹饰有篮纹、绳纹、方格纹、附加堆纹等。

齐家文化　年代约为公元前1890年至前1620年。是继马家窑文化发展起来的，主要分布于甘肃、青海、宁夏等地。它以泥质、加砂红陶为主，均用手制，烧成温度800℃~1100℃。器型有杯、盘、碗、盆、罐、豆、盂、斝、鬲、甑等。纹饰有篮纹、绳纹、划纹、弦纹、篦纹、锥刺纹等。彩陶数量下降，以黑陶彩绘为主，红色较少用，图案对称规整。

大汶口文化　年代约为公元前4040年至前2240年。分布于山东、江苏北部、河南东部、安徽东北部。有泥质、加砂陶，早期红陶为主，晚期灰、黑比例上升，并出现白陶、蛋壳陶。手制为主，晚期发展为轮制陶器，烧成温900℃~1000℃。器型有鼎、鬶、盉、豆、尊、单耳杯、觚形杯、高领罐、背水壶等。许多陶器表面膜光，纹饰有划纹、弦纹、篮纹、圆圈纹、三角印纹、镂孔等。彩陶较少但富有特色，彩色有红、黑、白三种，纹样有圈点、几何、花叶等。

屈家岭文化　年代约为公元前2550年至前2195年。主要分布于长江中游江汉地区。早期以黑陶为主，晚期灰陶为主，少量红陶。陶器以手制为主，少量轮修，烧成温度900℃左右。器型有高圈足杯、三足杯、圈足碗、长颈圈足壶、折盘豆、盂、扁凿形足鼎、甑、釜、缸等，其中蛋壳彩陶杯、碗最富代表性。陶器大部分素面，少量饰以弦纹、浅篮纹、刻画纹、镂孔等。有部分彩陶及彩绘陶，色彩有黑、灰、褐等，纹样以点、线状几何纹为主。

河姆渡文化　年代约为公元前4360年至前3360年。主要分布于浙江宁绍平原。以夹炭黑陶为主，少量加砂、泥质灰陶，均为手制，烧成温度800℃~930℃。器型有釜、罐、杯、盘、钵、盆、缸、盂、灶、器盖、支座等。器表常有绳纹、刻画纹。还有一些彩绘陶，绘以咖啡色、黑褐色的变体植物纹。

(二) "五彩斑斓"说陶艺

以上是不同文化类型中的陶器，体现了中国早期陶器的个性。但从制陶工艺发展进步的角度说，不同色彩的陶器更是代表了不同时代的特色。

红陶　红陶是新石器时代陶器的一种。因黏土里含有铁的成分，焙烧时氧化成三氧化二铁，陶器就呈现土红、砖红或红褐色，故此得名。红陶有夹砂陶和泥质陶两种，我国新石器时代早期的手制陶器，以夹砂粗红陶为主。裴李岗文化、仰韶文化、马家浜文化、马家窑文化以及东南地区的山背文化等都以红陶为主。在新石器时代晚期文化中，红陶一般不占主要地位，如山东的龙山文化，中原龙山文化，良渚文化、石峡文化等。由于新石器时代的陶窑建造不够完备，烧成过程中不能严格控制气温，致使出现杂色陶器，红陶往往和红褐色陶同时出现。红陶的使用贯穿整个新石器时代，但进入夏、商时代后，就逐渐衰落。

彩陶 彩陶是仰韶文化的一项卓越成就，是用赭、红、黑等色绘饰的陶器。彩陶艺术，具有浓厚的生活气息和独特的艺术风格。它是在陶器未烧以前就画在陶坯上，烧成后彩纹固定在器物表面不易脱落。有的在彩绘之前，先涂上一层白色陶衣，使彩绘花纹更为鲜明。

彩陶花纹主要是花卉图案和简单几何形图案，也有少数动物纹。几何形图案主要有：弦纹、网纹、锯齿纹、三角纹、方格纹、垂幛纹、漩涡纹、圆圈纹、波折纹、宽带纹，并有月亮、太阳、北斗星等纹样。动物纹样，常见的有鱼纹、鸟纹、蛙纹等。兽纹较多的是猪纹、狗纹和鹿纹，有的奔驰，有的站立。这些动物形象的出现，反映出当时的渔猎在原始社会生活中的重要地位。人物纹样较少见，1973 年在青海大通县出土一件陶钵，其口沿内壁上画有三组跳舞的人群，五人一组，舞人动作整齐、姿态优美，精美异常。植物纹样，在距今 6800 年的浙江河姆渡文化陶器上，发现有稻麦粒、枝叶、花瓣，甚至有些已概括成为几何形体，并和几何形纹混合在一起构成纹样，形成一种独特的风格，别有一番情趣。

黑陶 公元前 2600 年至前 2000 年，在新石器时代晚期，中国文化历史上孕育出了黑陶文化。黑陶文化的发现，标志着中国制陶工艺的发展已达到空前高度，也向后人展示了制陶工艺由实用性转向审美性的历史过程。

1928 年，我国著名考古学者吴金鼎在山东省章丘县龙山镇的考古中，发现了一种从所未见过的史前遗存，色泽漆黑光亮、薄如蛋壳的黑陶是黄河中游原始文化的代表作。通过这次发现，学界将新石器时代晚期的黑陶文化以首次发掘遗址所在地命名为龙山文化。

历史上，黑陶的出现竟然在彩陶之后，这一不同寻常的现象让学者们一时不得其解。随着研究的进一步深入，黑陶制作工艺的繁复先进，让世人无不惊叹这一项古老文明中的精湛技艺。1989 年，黑陶的制作工艺终于被破译诠释——原来是我们的先人已经掌握了先进的封窑技术，让弥漫在窑中的浓烟通过科学的熏烟渗碳原理，将烟中的碳粒渗入坯体而呈黑色。因黑陶的这种制作方式，让我们体会到了颇不平凡的"熏陶"成品、成型的过程，故黑陶的壮美与崇高，让国人感觉到了心灵的震撼与凝重，并在凝神静思中达到宁静而致远的精神境界。黑陶经历岁月的磨砺与呵护之后，其色愈黑、愈亮，更加显现出黑陶的价值空间。现代的秦源黑陶，秉承黑陶工艺黑、薄、光、细四个特点，运用传统工艺手法，结合现代审美观念，在艺术制作上既保持了黑陶"黑如漆、明如镜、声如磬"的尊贵本色而又有所创新，使秦源黑陶这一土与火的艺术，不仅诠释了古老文明，也演绎了现代力与美相结合的精神品质。

印纹陶 中国新石器时代晚期至汉代模印纹饰陶器，也是一种很有代表性的陶器。其做法是：在做好的陶坯上，趁未干前用印模将所需花纹在所定部位按捺上去之后再进行烧制。依其烧制温度的高低，又可分为印纹软陶和印纹硬陶。印纹软陶多流行于新石器时代至商代以前，色彩一般多呈红褐、灰白、灰等色；印纹硬陶是在印纹软陶的基础上发展起来的，约出现于商代以后，因烧制时温度较高，所以胎质坚硬，呈灰色。印纹陶主要流行于浙江、江苏、福建、广东、广西、江西、安徽、台湾等地，器形大都为日常用品，如瓮、坛、罐、盂、钵、杯、盘、豆、簋、尊、罍等。制作法为手制、模制、轮制。其纹饰最初是出于加固陶坯的目的，器物多留有布纹、席纹、绳纹的痕迹，后来渐趋丰富、精美，纹样均为几何形纹饰，主要有水波纹、米字纹、回字纹、方格纹、编织纹、云雷纹等。由于它分布广泛而且很有特色，有人将出有这种陶器的新石器时代文化称之为华南印纹陶文化。

白陶 "白陶"是指器胎的外表里面都呈白色的一种陶器，器胚多以手工捏成，是使用含铁量比陶土低的瓷土或高岭土，烧成温度大约在1000℃左右。商代晚期刻纹白陶的创制和使用，是中国制陶工艺发展史上的新成就。白陶的硬度、耐火度和吸水率都较以往的陶器有了大幅度提高，所以说白陶是陶器向瓷器的飞跃。白陶器因其质地坚硬，洁净美观，做工考究，故而成为奴隶主贵族的专有物品。商代后期的白陶制作过程则更趋精细烦琐，所以白陶器的精品多集中于这一时期。西周以后，由于印纹硬陶和原始瓷器的兴起，白陶器逐渐消失。

俑陶 陶俑是一种很特殊的陶器。中国古代陶俑所盛行的时间，从东周至宋代约1500年，弥补了同时期地面雕塑在种类及完整性上的重大缺憾，为我们勾勒出古代雕塑艺术发展的脉络以及历代审美习尚变迁的轨迹，成为解中国古代雕塑艺术史不可或缺的珍贵实物资料，以秦兵马俑最为著名。西汉早期俑像性质与秦代兵马俑相似，多是用军阵来送葬的模拟物，但在规格上要比秦俑小得多。沿袭秦的风格，造型比较呆板，主要是用整齐的阵列向人们展示为死者送葬的森严军阵。除此之外，也有彩绘女侍俑，模制烧成陶后敷涂色彩，轮廓线条流畅优美，艺术造型超出军阵陶俑，富有生活情趣。延至东汉，这种侍仆舞乐俑成为主流，兵马俑不再出现。造型对象转为舞女、侍仆、农夫和市井等，造型艺术也由呆板变为生动。

唐三彩 唐代陶器唐三彩是一种盛行于唐代的陶器，以黄、褐、绿为基本釉色，后来人们习惯地把这类陶器称为"唐三彩"。唐三彩是一种低温釉陶，在色釉中加入不同的金属氧化物，经过焙烧，便形成浅黄、赭黄、浅绿、深绿、天蓝、褐红、茄紫等多种色彩，但多以黄、褐、绿三色为主。唐三彩的色釉有浓淡变化、互相浸润、斑驳淋漓的效果。在色彩的相互辉映中，显现出富丽堂皇的艺术魅力。唐三彩一般用于随葬，作为明器使用，因为它的胎质松脆，防水性能差，实用性远不如当时已经出现的青瓷和白瓷。唐三彩器物形体圆润、饱满，与唐代艺术的丰满、健美、壮硕的特征相一致。它的种类繁多，主要有人物、动物和日常生活用具。三彩人物和动物的比例适度，形态自然，线条流畅，生动活泼。在人物俑中，武士肌肉发达，怒目圆睁，剑拔弩张；女俑则高髻广袖，亭亭立玉，悠然娴雅，十分丰满。动物以马和骆驼为多。在唐右卫大将军墓中出土了一件骆驼载乐俑。这匹骆驼昂首伫立，通体棕黄色，从头顶到颈部，由下颌至腹间以及两前肢上部都有下垂长毛，柔丽漂亮。驼背上架有平台并铺有毛毯。平台上左右各坐胡乐俑二人，而且是背对背而坐，正在吹打乐器，有一俑站在中央，翩翩起舞。这三个乐俑个个深目高鼻，络腮胡须，身穿绿色翻领长衣，白色毡靴，只有前面一人穿黄色通肩大衣。这件高大的驼载乐舞俑精美绝伦，令人赞叹！

唐三彩的产地主要是西安、洛阳和扬州，这是陆上和海上丝绸之路的连接点。在丝绸之路的陆路上，唐代的交通工具主要是骆驼。可以想见，在沙漠中，人和骆驼艰难跋涉，相依为命，所以人和骆驼有一种亲密感。它那高大的形态和坚毅负重的神情，似乎还带着丝绸古道的万里风尘。

唐三彩是唐代陶器中的精华，在初唐、盛唐时期达到高峰。安史之乱以后，随着唐王朝的逐步衰弱，由于瓷器的迅速发展，三彩陶器的制作逐步衰退。后来又产生了"辽三彩""金三彩"，但在数量、质量以及艺术性方面，都远不及唐三彩。

唐三彩早在唐初就输出国外，深受异国他乡人民的喜爱。这种多色釉的陶器，以它斑斓釉彩、鲜艳明亮的光泽和优美精湛的造型著称于世。因此，唐三彩是中国古代陶器中一颗璀璨的明珠。

中国陶器历史源远流长。从古朴中透着大气，庄重中不失美观。它从远古走来，带给我们的是精致的实用享受和精美的艺术欣赏。

（三）万年智慧"陶雏器"

所谓"陶雏器"是指陶器的"雏形"，它的考古发现是在甑皮岩遗址。甑皮岩遗址位于广西桂林象山区，发现于 1965 年 6 月。1965 年进行小范围试掘，1973 年 6 月至 1975 年 8 月第一次发掘。2001 年 4 月至 8 月，由中国社会科学院考古研究所组织力量再次发掘。2003 年 11 月，中国社会科学院考古研究所、广西文物工作队、桂林甑皮岩遗址博物馆、桂林市文物工作队等单位联合发布中国田野报告集《桂林甑皮岩》，公布了甑皮岩考古发掘的成果。

甑皮岩史前文化遗存可分为五期，第一期距今约 1.2 万~1.1 万年，第二期距今约 1.1 万~1 万年，第三期距今约 10000~9000 年，第四期距今约 9000~8000 年，第五期距今约 8000~7000 年。第五期文化代表了公元前 6000~5000 年间桂林史前文化的最高水平。墓葬发现于第四、五期，墓坑形状均为不太规则的圆形竖穴土坑墓，葬式为其他地方少见的屈肢蹲葬（蹲踞葬），人骨架多数保存较好，一些头骨上有人工穿孔。研究表明，"甑皮岩人"属于南亚蒙古人种，并且具有非洲赤道人种的一些特征，是现代部分华南人和东南亚人的祖先。经多学科的综合研究表明，甑皮岩史前遗址没有稻作农业，没有家畜驯养，也没有家猪饲养。甑皮岩史前文化遗物经数次考古挖掘，目前共出土第一至第五期陶制品 439 件（另有未定名器 45 件）以及大量的陶器碎片。其中，第一期陶器最为原始，第二至第五期陶器在制作工艺上呈现出不断发展进步的特点。

2010 年，以甑皮岩遗址为基础的甑皮岩考古遗址公园成为国家首批 23 个国家考古遗址公园立项名单之一，2013 年被国家文物局评为华南地区首个"国家考古遗址公园"。

甑皮岩遗址第一期发掘的成型陶器仅有一件，简称"甑皮岩首期陶"，为两片陶器残片，呈敞口、圆唇、斜弧壁的圜底釜；器表灰白色，近口沿部分颜色略深，呈灰褐色，器表开裂，呈鳞片状；口径 27 厘米、高 16.4 厘米、口沿厚 1.4 厘米、胎厚 3.6 厘米。甑皮岩首期陶距今 1.2 万年，它烧成温度极低，胎质疏松，遇水易解离，疑似没有完全陶化，历经万年岁月的侵蚀奇迹般留存至今，于 2001 年重现人间。中国社会科学院考古研究所和中国科学院上海硅酸盐研究所对甑皮岩首期陶烧成温度进行测定，证实其未经 250℃以上温度烧制过。

2001 年至 2013 年，中国社会科学院考古研究所与桂林甑皮岩遗址博物馆的专家多次组织开展模拟甑皮岩首期陶的考古实验。实验显示：按照甑皮岩首期陶的制作工艺，将天然泥土与砸碎的石英石颗粒按特定比例配合，加适量水充分揉练形成具有一定黏结力及抗裂性的坯料，用其捏塑而成半圆头盔型、与甑皮岩首期陶基本一样的 "泥塑器"，仅需数日晾干，不用烧制就可用于烧煮田螺等食物，"泥塑器"直至田螺煮熟都不开裂。

2016 年 9 月，中国社会科学院考古研究所、广西文物保护与考古研究所、桂林甑皮岩遗址博物馆、桂林市文物保护与考古研究院、中国民主同盟广西壮族自治区委员会经济委员会联合出具《综合意见书》，形成了关于"陶雏器"研究成果的综合意见。"五方单位"一致认为：甑皮岩首期陶属于甑皮岩先民使用"双料混炼"技术制作成的"陶雏器"。甑皮岩首期陶作为中国乃至世界罕见的"陶雏器"，是特殊的泥塑器，也是特殊的陶器，是陶器的雏形，是陶器研究史上的重大发现，对研究陶器的起源具有重大意义。

关于"双料混炼"及"陶雏器"，这两项称谓的命名者陈向进介绍，"双料混炼"是指利用一种自然泥土与另一种材料（土壤、石料、贝壳或其他材料）以骨肉相融的方式，按照一定比例配比，加适量水互相糜和，经过一定方式混炼后，形成具有一定黏结力及抗烧炼能力的坯料，用其塑制的器物可承受一定程度的高温烧炼甚至炼而不裂的工艺。"陶雏器"则是采用双料混炼工艺制作，通过一定方式成型，未经烧制即可承受一定程度火烧不开裂，具有一定用途，在使用中不断经受火烧并形成一定致密度，尚未完全陶化的夹砂泥塑器。

桂林甑皮岩博物馆馆长周海介绍，甑皮岩发现的"陶雏器"，应该是陶器从无到有的中间产物。目前在中国已公布的考古成果中，最缺乏的就是陶器从无到有的发展阶段中的考古标本，中国已有十多处遗址发现绝对年代超过一万年的陶器标本，但经科学测试，确定其烧制温度不超过250℃而且已经成型的考古标本，目前只见于甑皮岩遗址，可以说是填补了陶器研究史上的空白，这是我国陶器考古首次发现陶器起源过程的考古标本，是陶器考古的新发现。考古实验显示，双料混炼是甑皮岩"陶雏器"制作的关键技术，用这种技术制作的"陶雏器"，仅需数日晾干即具备烧煮田螺的功能，其奥秘在于泥土和石英石颗粒两种材料特定的比例，使之能够达到"骨肉相融"的效果。这种双料混炼技术，是陶器起源研究的一个新认识、新发现。

广西博物馆原馆长蒋廷瑜介绍，甑皮岩的洞壁是石灰岩，但第一期文化层出土了不少小石英砾石，在出土的石器中却没有以石英为原料加工成的器物。蒋廷瑜推断，这应该是万年前甑皮岩先民有意识的行为，他们将天然陶土与砸碎的石英石按特定比例配合，双料混炼制作"陶雏器"，体现出非凡的智慧。

陈向进介绍，"双料混炼"的技术关键是比例，糜和料的比例多一点或少一点都会开裂，只有在比例恰当的情况下，双料混炼至骨肉相融时，"陶雏器"才可以把田螺煮熟而不开裂。这一技术蕴藏着人类的高级智慧，而且是高智商的智慧，代表着人类社会的进步。据此推测，甑皮岩先民具有高智商的思维，是高智商的智慧人。因此，双料混炼技术是万年前人类的科学技术发明，桂林甑皮岩遗址蕴藏着桂林先民的高智商与大智慧，桂林甑皮岩是万年人类智慧的圣地。

三、城头山：农耕手工同兴旺

（一）城市考古新发现

从20世纪末到21世纪初的几十年时间里，如果要问考古学界最大的收获是什么，那肯定是一批古城遗址的发现，从陕北的石峁古城，到晋南的陶寺古城，再到浙江的良渚古城，一直到湖南的城头山古城遗址，这长城内外、大江南北"满天星斗"似的古城遗址，不仅证实了中国五千年文明的真实性，甚或还将中国远古的文明史向前推进了 1000 多年。

石峁古城——龙山晚期到夏早期规模最大的城址。 该城址位于陕西省榆林市神木县高家堡镇石峁村的秃尾河北侧山峁上，地处陕北黄土高原北部边缘。初步判断其文化命名为石峁类型，属新石器时代晚期至夏代早期遗存。石峁遗址是探寻中华文明起源的窗口，可能是夏早期中国北方的中心。据专家研究有可能是黄帝的都城昆仑城。也有人认为是共工氏的都城，还有人认为是游牧民族的都城。

石峁古城遗址距今约 4000 年，面积约 425 万平方米。这个曾经的"石城"寿命超过 300 年。考古勘探确认了石峁遗址由皇城台、内城、外城三座基本完整并相对独立的石构城址组成。内城墙体残长 2000 米，面积约 235 万平方米；外城墙体残长 2.84 千米，面积约 425 万平方米。其规模远大于年代相近的良渚遗址、陶寺遗址等已知城址，成为已知史前城址中最大的一个。

2012 年 10 月，经中国考古学会、国家文物局、陕西省文物局、中国社科院考古研究所、国家博物馆等 40 余位考古专家联合考察认定，石峁遗址是已发现的中国史前时期规模最大城址，对于进一步探索中华文明起源等具有重要意义。同时，其规模宏大的石砌城墙与以往发现的数量庞大的石峁玉器，显示出石峁遗址在北方文化圈中的核心地位。

2006 年，石峁遗址被列为全国重点文物保护单位。2012 年，石峁遗址以"中国文明的前夜"入选该年度"十大考古新发现"和"世界十大田野考古发现"以及"二十一世纪世界重大考古发现"。

陶寺古城——最早的"中国"。 该城址位于山西省襄汾县陶寺村南，东西约 2000 米，南北约 1500 米，面积 280 万平方米。是中原地区龙山文化遗址中规模最大的一处之一。经过研究，确立了中原地区龙山文化的陶寺类型，近年来在对于陶寺遗址的发掘中，结合了磁力仪和探地雷达物探、环境考古、动物考古、植物考古、人骨分析、DNA 分析、天文学等多项科技考古手段，包括碳十四测年技术在内的年代学探讨，进一步判断陶寺文化的绝对年代为公元前 2300 年至前 1900 年之间。陶寺遗址对复原中国新石器时代晚期的社会性质、国家产生的历史以及探索夏文化，都具有重要的学术价值。

在陶寺古城遗址中，还发现了与之相匹配的王墓、世界最早的观象台、气势恢宏的宫殿、独立的仓储区、官方管理下的手工业区等。有许多专家学者提出，陶寺遗址就是帝尧都城所在，是最早的"中国"。根据发掘的成果来看，陶寺社会贫富分化悬殊，少数贵族大量聚敛财富，形成特权阶层，走到了邦国时代的边缘和方国时代 。在这个遗址中，还有几大发现堪称中国之"最"：一是最早的测日影天文观测系统；二是最早的文字；三是中国最古老的乐器；四是中原地区最早的龙图腾；五是世界上最早的建筑材料——板瓦；六是黄河中游史前最大的墓葬。这些发现表明，中国古代文明的起源不是一蹴而就的，它的起源和形成经历了一个漫长的过程，只有文明因素不断发展并积累到一定程度，才能形成成熟的文明。对于国家的形成标志，一些学者提出应当包括文字、城市、大型礼仪性建筑以及青铜器等。而在分析陶寺已发现的遗存之后，可以发现这些文明因素在陶寺遗址中都可以找到原型。而且中国古代的巫文化崇拜、祖先崇拜以及礼乐典章制度的发达也应当肇始于陶寺文化 。

2015 年 6 月 18 日，中国社会科学院考古研究所所长王巍在国务院新闻办举行的"山西·陶寺遗址发掘成果新闻发布会"上，介绍了对陶寺遗址考古的重大成果，认为陶寺遗址就是尧的都城，是最早的"中国"。没有哪一个遗址能够像陶寺遗址这样全面拥有文明起源形成的要素和标志，陶寺遗址已经进入文明阶段。

良渚古城——人类早期城市文明的范例。该城址位于浙江省杭州市余杭区和德清县境内，为新石器时代晚期文化遗址群，年代为公元前 3300 年至公元前 2000 年。遗址群中发现有分布密集的村落、墓地、祭坛等各种遗存。出土文物中，以大量精美的玉礼器最具特色。这些遗迹、遗物的发现，显示出良渚文化遗址群已成为证实中华五千年文明史的、最具规模和水平的地区之一。良渚遗址是"良渚文化"的命名地，它的发现对研究长江下游地区的文明起源具有重要的学术价值。

良渚遗址是人类文明发展史上具有杰出代表性的东亚地区史前大型聚落遗址。良渚文化以全世界最精美的玉器石器所表征的礼制、连续作业之犁耕生产方式、大型工程营建、大规模社会生产组织系统、早期科学技术思想以及丝织、黑陶、髹漆、木器等手工业抑或商业的萌生而著称，是中国文明的前奏，是夏、商、周文明的主要构成因素，在学界素有"文明曙光"之誉。良渚文化以神人兽面纹为代表的纹饰和成组使用的固定形器、具有象形和表意功能的刻画符号所反映的文化形态，对后来中国社会意识和思维的发展影响深远。良渚文化规模农业和大型营建工程显示当时社会剩余劳动力空前增多。社会财富的非平均分配导致社会分化日益加剧并成为普遍现象，使显贵者阶层、准国家制度形成，露出后来中国宗法政治之端倪。良渚遗址所反映出来的"良渚精神"，是中国文明传统的重要组成部分。良渚古城遗址，不仅证实了曾经盛极一时的"良渚社会"，而且是人类早期城市文明的范例，对当今世界仍具有启发意义。

1996 年，良渚遗址被国务院列为第四批全国重点文物保护单位。2019 年 7 月 6 日，中国良渚古城遗址获准列入世界遗产名录。2019 年 9 月 1 日，良渚遗址正式入编《中国历史》教科书。

（二）古城之“古”称第一

上述三座古城遗址，石峁古城距今4000年，存续时间为300年；陶寺古城距今4200年，存续时间300年；良渚古城距今约5300年，存续时间1300年。这里似乎有一个规律：越往南移，古城创建的时间越久远，存续的时间越长久。这一规律还可以进一步得到证实：城头山古城遗址，距今6300年，存续时间2300年。城头山古城，从规模上说虽然远不及上述三大古城，但作为城市的功能则已完全具备。

城头山古城遗址，位于湖南省常德市澧县，是中国南方史前大溪文化至石家河文化时期的遗址，也是迄今中国唯一发现时代最早、文物最丰富、保存最完整的古城遗址，被誉为“中国最早的城市”。

1979年湖南省文物普查时，澧县考古工作者首次发现城头山遗址。1991年至2011年，由湖南省考古所主持，澧县进行了13次考古发掘，发掘面积近9000平方米，先后出土有古城遗址、氏族墓葬、大型祭坛、灌溉设施完备的水稻田等大批珍贵文物。城头山古文化遗址代表了长江流域新石器时代古文明的发展高度，对研究人类文明的起源、早期城池的建立以及阶级、国家的产生具有重要意义。

城头山古城遗址在高出四周平原2~4米的矮岗上，发掘表明，距今7000年前就有人类在这个岗地上居住和从事生产等活动。大约6000年前，人们即筑垣为城，现存墙体宽25~37米，城高2~4米。城址保存较好，平面呈圆形，由护城河、夯土城墙和东、西、南、北四门组成，占地7.6万多平方米（不包括护城河）。城头山西南城墙，发现有四次大规模筑城的过程，形成相应的四期城墙，从下到上累次加高，每期城墙都有内外坡的堆积层。其中第一期城墙年代最久，距今6000年左右，直接筑造在原生土面上，未见明显的夯筑痕迹。南门为古城早期的陆地通道，发掘有大溪文化早期的壕沟，壕沟外坡发现有用竖立木桩，芦席，横木条和子篾扎紧成篱笆状的相当坚实的护坡设施，保存十分完整。壕沟中还发现了一件制作非常精致且保存完整的木桨、艄及壕沟上架设的木桥（已垮塌）。

城内有三座保存较好、规格较高、规模较大的屈家岭文化时期的房址，集中分布在城址中心附近。它们均筑有四面坡的黄土台基，而后再在台基面上挖基槽，修整居住面，然后起建，平面形状为方形或长方形。一座是小型排房，中间为走廊，两边对称分布小房间，单个居室面积仅3~5平方米，表明已有分室而居的现象；一座是套房，前为餐厅，后为有四个连体灶的厨房；另一座是大型殿堂式建筑，室内面积达到63平方米，专家推定或为祖庙。房屋因使用功能不同而出现结构上的分化，是这一时期房屋建筑的一大特点。

城内还有祭坛，设置在城东位置，呈椭圆形，面积达250平方米，附有大量祭祀坑。里面发现了祭师墓葬和大量的殉葬品。在祭坛和城墙附近的墓葬中都发现有用活人祭祀和殉葬的现象（距今5800年左右）。表示等级已分化。三座圆形祭祀坑内各有长形石、圆形石、小卵石一块，似能代表月、日、星之义，表示古人对上天的崇拜。

城头山古城遗址，其年代跨度为距今6400~6300年，而最有代表性的是大溪文化时期。该遗址不仅发现了王宫、神殿、祭坛的遗迹，其墓葬随葬品差距也非常大，少的只有1~2件，多的达100余件，个别的还有杀童殉葬现象。再加上高大的城墙，宽阔的护城河，俨然"一座威武雄壮、气势非凡的古代王城"①。

(三) 小城体现大进步

城头山古城，城市虽小，但城市功能齐全：

首先，人口密集。城头山城市文化群中的石家河遗址群在不到8平方千米的范围内分布着近40余个聚落。城偏西南，还有400平方米的居住区，清理出屈家岭文化早期的有夯土台基的两栋完整房基。还有一条面宽2米、由红烧土铺成、两旁有排水沟的宽阔道路，连通城址的东、西门。其人口密度甚至比现代该地区的村落还密集，令人震撼。

其二，街市成型。有城墙，并设有东南西北四门。城外的护城河长1000米、宽10米、深3~4米。城内有两相对开的民居住房数十间。古城的西、南、北三座城门都比较狭窄，而独独紧靠洞庭湖的东城门非常宽大。城门中还有一条通往洞庭湖的宽达5米的卵石大道，这在此前或此后的城市道路中都极为少见，堪称世界之最。

其三，交易频繁。因为农业的发达，刺激了手工业的分工和商贸的发展。农业发达的表现，主要是稻米充足。从出土文物看，稻田遗址位于东城门北侧10余米处的城垣之下，属于汤家岗文化时期，采取与凹槽两边平行垒筑田埂形成田丘，现已揭露出三丘。这三丘古稻田平行排列着，长度在30米以上，最大的一丘宽4米多。田埂之间是平整的厚30厘米的纯净的灰色田土，为静水沉积。田丘平面平整，显出稻田所特有的龟裂纹，剖面可清晰见到水稻根须。田土中含有不少稻叶、稻茎、稻谷。在距离城头山遗址1千米处，还发现距今约8000年的人工栽培稻。距离城头山遗址10多千米处，则发现了距今约8000年的大量稻田实物标本，其中40%有人工栽培痕迹，有水坑和水沟等原始灌溉

---

① 张晓莲.中国最早的古城遗址城头山[J].新湘评论,2010(11).

系统，是现存世界最早的灌溉设施完备的水稻田。

由于种植水稻，就派生了生产工具，如竹制品、木制品、骨制品、陶制品、纺织品。这就产生了劳动的分工，出现手工作坊，如竹木作坊，能生产竹席、芦席、木板、木椿、榫卯结构的木构件，能生产居室防潮用的红烧土及与今日"三合土"类似的地面加固技术等。在南城门坡面上，竖有木桩，木桩间用横木条、苇席、子篾扎成篱笆状而形成紧实的护坡设施。再如烧陶作坊，在城中部已发掘出 8 座陶窑，其中一座陶窑为屈家岭文化时期，其余均为大溪文化早、中期。这些陶窑，有的专门烧红烧土块作为建筑材料，有的专门烧一种陶器支座。与陶窑组合一起的有料坑、贮水坑、工棚。其快轮制陶技术和破篾技术，在青铜器铁器出现之前，是怎么形成的？至今令人费解！由于生活稳定，稻米充足，城头山便出现了酿酒作坊。滤酒的"漏斗形澄滤器"应该是酒文化的最早见证。发现有斟酒器陶鬶和贮酒器陶瓮，陶鬶、陶觚和陶温锅，说明城头山及周边地区，5000 年前饮酒已相当普遍和讲究，酒文化的发展已达到相当高的水平。而玉石作坊，已掌握了切割、钻孔、雕琢和打磨抛光等要诀，琢玉技法多样，有圆雕、透雕和浮雕。

其四，行政管理。古代部落首领是以神灵来管理社会的。上天第一，本民族首领第二，巫师第三，其余德高望重者，分级拥戴。母系社会，女的为首；父系社会，男的为头。有辱神灵者，当即撤换或诛之。古欧洲政教合一，远古的神州，更是政教合一，或者说，政巫合一。因此，早期的首领也是巫师，这从城中墓葬祭祀规格可了解一二。设置在城东的祭坛遗址，呈椭圆形，面积达250 平方米的古祭坛和大量祭祀坑，里面发现了祭师墓葬和大量的殉葬品。在祭坛和城墙附近的墓葬中都发现有用活人祭祀和殉葬的现象。三座圆形祭祀坑内不同形状的石头，不仅表示古人对上天的崇拜，也可说明所葬之人掌握着祭天的权力，应当是这座城市的最高管理者。

城头山的文明程度，不仅证明了农业与手工业有了明确的分工，还可以证明早期商品贸易的出现，城中陶窑所生产的陶器，绝不仅仅是自产自销，更多的应该是作为商品用来交换的。同时，城头山城址的发现，表明长江流域也是中华文明的摇篮，对研究人类文明的起源、早期城池的起源以及阶级、国家的产生均具有重大意义，并改写了中国的史前史。

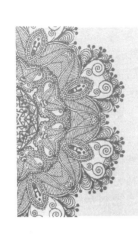

第五章
圣祖崇拜与家国情怀

在湘漓文化带,有极为丰厚的人文底蕴,这里有炎帝、蚩尤、舜帝三位人文始祖的陵寝,在历朝历代的官方和民间祭祀中,特别强化了湘漓人对先祖先圣的崇拜之情;这里还有屈原、周敦颐、王船山等文化"圣人",他们的人格魅力和爱国情怀同样深深地影响了湘漓人。正是在先祖崇拜和文化圣人的引领之下,湘漓人的爱国情怀和担当精神尤为突出。而且,越是在国家和民族"最危险的时候",这种情怀和精神就越强烈。

一、人文始祖三圣帝

湘漓文化带上,因为有神农炎帝、武圣蚩尤、德祖舜帝的藏精之所,故而成为国人寻根祭祖、缅怀先圣的圣地,这一份宝贵的精神财富,是全国任何地方都难以比拟的。

(一)"神农"始祖与"炎陵"

中华民族人文始祖炎帝,名神农氏,号连山,又称火神、太阳神。据史书记载,他始作耒耜,教民耕作;遍尝百草,发明医药;治麻为布,制作衣裳;首辟市场,互通有无;削桐为琴,结丝为弦,做五弦之琴;削木为弧,剡木为矢,弧矢之利,以威天下。他开创了新石器时代的原始农业,是我国农耕文化的首创者,使人们由游猎走向农业,由蒙昧走向文明时代。他和另一个先进氏族部落首领黄帝轩辕氏,先后创造了长江流域和黄河流域的古代文明,为中华民族五千年文明大厦奠定了基石。因此，作为中华民族之根的炎帝故里或炎帝陵，一直是中华民族关注的焦点。时至今日，全国各地标榜为"炎帝故里"或有"炎帝陵"的地方，至少有六个：陕西宝鸡，既是炎帝故里，也有炎帝陵；山西高平，有炎帝陵；河南柘城，有炎帝朱襄氏之陵（朱襄氏为炎帝别号）；湖北随县，为炎帝故里；湖南株洲，有炎帝陵；2005年又出现了一种新观点，湖南怀化的会同县也被认为是炎帝故里。当然，从历史文献和历代祭祀的情况来看，最重要也最为可信的是湖南株洲的炎帝陵。

湖南株洲炎陵县（原名酃县，因炎帝葬于此，1994年更名为炎陵县）城西17千米的鹿原镇有炎帝陵。关于炎帝神农氏安葬地的记载，最早见于晋代皇甫谧的《帝王世纪》：炎帝"在位一百二十年而崩，葬长沙"。宋代罗泌的《路史》记述更具体：炎帝"崩葬长沙茶乡之尾，是曰茶陵"。据《酃县志》记载，此地西汉时已有陵，西汉末年，绿林、赤眉军兴，邑人担心乱兵发掘，遂将陵墓夷为平地。唐代，佛教传入，陵前建有佛寺，名曰"唐兴寺"，陵前"时有奉祀"。

宋太宗太平兴国年间（967—983），有官员奏称炎帝陵地僻路险，舟车不便，特请将炎帝庙迁至茶陵县城南，宋太宗诏许，即移鹿原陂炎帝庙于茶陵县城南五里处。此后凡200余年，朝廷官府祭祀炎帝神农氏的活动，均在茶陵县城南炎帝祠庙进行，而鹿原陂炎帝庙几近湮没。宋孝宗淳熙十三年（1186），衡州守臣刘清之鉴于鹿原陂有炎帝陵却没有炎帝庙，反而保留有唐代的佛寺，有点不伦不类，于是奏请朝廷，废陵前唐兴寺而重建炎帝庙。宋宁宗嘉定四年（1211），析茶陵军之康乐、霞阳、常平三乡置酃县。此后，炎帝陵所在地鹿原陂即属酃县境地，隶属衡州府管辖。至宋淳祐八年（1248），湖南安抚使知潭州陈奏请朝廷为炎帝陵禁樵牧，设守陵户，并对炎帝祠庙进行了一次大的修葺。

元代近百年间，朝廷只有祭祀炎帝陵的活动，而未有诏修炎帝陵庙的记载。

明代，有关炎帝陵庙的修葺，史书记载颇详。较大规模的修葺有三次：第一次是洪武三年（1370）。明太祖朱元璋即位后，诏命遍修历代帝王陵寝，由此炎帝陵庙也得到了一次全面修葺；第二次是嘉靖三年（1524），由酃县知县易宗周主持。这次重修是在原庙旧址上拓宽兴建，基本上改变了旧庙原貌；第三次是万历四十八年（1620）。酃县县令派人于路旁募款，发起重修，规模因循旧制，但面貌焕然一新。

清代对炎帝陵庙的修葺，有据可查的9次。清世祖顺治四年（1647），南明将领盖遇时，屯兵庙侧，炎帝陵庙惨遭破坏。事后，当地官民士绅及时进行了修补，但由于战争频仍，资金缺乏，修葺未能完善。康熙三十五年（1696），清圣祖玄烨遣太仆寺少卿王绅前来炎帝陵告灾致祭。见陵庙栋宇损坏严重，奏请修葺。由酃县知县龚佳蔚督工，整修一新，但未能恢复前代规模。雍正十一年（1733），知县张浚奉文动用国帑，按清廷颁行的古帝王陵殿统一格式重建，陵庙也统称陵殿而正其名。这次修建奠定了炎帝陵殿的基本形制，形成了"前山门——行礼亭——正殿——陵寝"的四进格局。整座陵殿结构严谨，气势恢宏，体现了我国古代建筑的传统特色。清朝最大的一次修复是道光十七年（1837），由知县俞昌会主持、当地士绅百姓募资捐款进行的一次重修。重修工程自孟夏开始，年底竣工，费时8个月有余。重修后的炎帝陵殿，高大宽敞，金碧辉煌，庄严肃穆，蔚为壮观。各附属建筑，依山傍水，错落有致，与主殿相映生辉，形成了一个布局和谐统一的建筑群。

民国年间，炎帝陵殿的修葺活动，据有关文字记载有4次：第一次是1915年，酃县知事瞿燮捐资百元，连同炎帝陵修葺费一起交人筹措修复，土木将兴，旋因湘军驻陵侧，以至无法施工而作罢。第二次是1923年，因连年兵祸，陵庙倾圮在即，酃县政府再次呈文请修，湖南省政府拨款500元，令县长欧阳枚鸠工修葺。第三次是1936年，酃县县长夏礼鉴于"炎陵殿宇年久失修，多已损坏"，于年初组建了修复炎陵筹备委员会。但是半途而废，修复计划未能实施。第四次是1940年，第九战区司令长官兼湖南省政府主席薛岳主持的一次大修。1940年日军犯西南，为防患于未然，薛岳拟将省政府迁酃县炎陵山。是年春，拨专款于炎陵山修建省政府机关办公用房和员工宿舍，修筑了茶陵至酃县炎陵山的简易公路，同时对炎陵殿宇进行了全面修葺。

中华人民共和国成立后，炎帝陵被列为湖南省重点文物保护单位。1954年除夕，因香客祭祀焚香烛，引燃殿内彩旗，不慎失火，致使炎帝陵正殿和行礼亭焚损。此后，部分碣及石雕等陆续散失。炎帝陵殿被焚以后，修复炎帝陵殿已成为中华民族的强烈愿望。党的十一届三中全会以后，修复条件日趋成熟。1986年6月28日，由酃县人民政府主持，陵殿修复工程破土动工，到1988年10月竣工。重修后的炎帝陵殿，规模较前稍有扩大，整个建筑占地面积3836平方米。分为四进：第一进为午门，第二进为行礼亭，第三进为主殿，第四进为墓碑亭，亭后为墓冢。殿外修复了咏丰台、天使馆、鹿原亭等附属建筑。

历朝历代对炎帝陵殿的修葺不断、祭祀不断，说明炎帝在中华民族心目中的分量之重，长期受到这种气氛的熏陶，湖湘人对炎帝的崇敬之情就更为深沉而强烈。

（二）"武圣"之祖与"武陵"

蚩尤在中华民族发展历史上的作用举足轻重，曾创造了数个"第一"：是我国古代冶金的第一人，是我国古代兵器制造的第一人，是我国古代天文气象事业的第一人。蚩尤在中国历史上被尊为"战神""兵主""武圣"，他的陵墓称之为"蚩尤冢"或"武陵"。在全国范围内，蚩尤的陵墓是最多的，超过三皇五帝的任何一人，这大致是与蚩尤部族的迁移和墓葬习俗有关，或者说，蚩尤部族在迁移的同时，连同本部族已故权威人物的墓葬也一同迁走，这一习俗可以从两大考古发现中得到证明。

第一个考古发现是蒋庄遗址的发掘。蒋庄遗址位于江苏省兴化、东台两市交界处，分属兴化市张郭镇蒋庄村及东台市时堰镇五星村、双溪村。以泰东河为界，可将遗址分为东西两区，东区（II区）以唐宋时期堆积为主，面积达45万平方米；西区（I区）以新石器时代良渚文化堆积为主，面积近2万平方米。西区发掘揭露的良渚文化墓地，是蒋庄遗址良渚文化聚落最为重要的内容。随葬玉璧、玉琮的较高等级墓葬主要集中于墓地南部，而"平民墓"主要位于墓地中北部。墓葬形制均为长方形竖穴土坑，葬式多样，一次葬与二次葬并行。一次葬均为单人仰身直肢葬，主要分布于墓地的中北部。二次葬分烧骨葬与拾骨葬两种，随葬玉琮、玉璧的较高等级墓葬均为二次葬。这或许可以说明，随葬有玉琮、玉璧的人是本部落已故酋长，随着蒋庄人的迁移，他们的墓葬也被迁移了过来，所以才有了二次葬。

良渚文化作为蚩尤部族的考古体现，其对"战神"的崇拜也可以在蒋庄遗址中得到证明。遗址中有两个大墓，M111为单人拾骨二次葬，葬具为独木棺，棺痕长217厘米，宽58~67厘米，随葬品共12件，均位于棺内，玉琮、锥、珠各1件；石钺2件、石锛3件、石凿2件；陶鼎、壶各1件。玉琮、玉钺作为"王权"的象征，说明M111所葬之人应该是蒋庄部落的最高统治者，但其墓葬的规模还不如M158大。M158也为拾骨二次葬。巨大的独木棺长238厘米，宽90~96厘米。棺内有两个个体——为墓主及另外一个女性个体，棺外有殉葬的6个头骨，其中6号头骨上有明显的创伤。这6个头骨，应该是墓主人的"战利品"，他能从战场上带回6颗人头，无疑要被尊崇为"战神"。在崇尚武力的蚩尤部落集团，"战神"的地位甚或高过部落酋长，因而其墓葬规格也更大。

第二个考古发现是"古黎国"墓葬的发掘。中央电视台《探索发现》栏目的"2017考古进行时"播放的专题片《神秘的古黎国》介绍，在山西的黎城和长子两县均发现了古黎国的墓葬，其中长子县发现的四座西周时期的甲字型大墓全都尸骨无存。专家推测，四座大墓的尸骨可能是随着古黎人的迁徙而一起迁走了。这种推测应该是正确的。古黎国人是蚩尤部族的后裔，他们与蒋庄人在时间上相差千多年，空间上相差数千里，但在葬式习俗上恰好可以相互印证：蒋庄遗址的大墓是从别处迁葬进来，长子古黎国遗址的大墓则是从此处迁出——本部族敬仰的死人随同活人一起迁移，这可能是蚩尤部族集团与华夏集团相比较最为独特的地方。

了解了死人随同活人一起迁移的习俗之后，蚩尤在全国的墓冢之多就可以理解了。蚩尤战败被杀，其遗族一路败退，只要是稍作停留的地方，就会留下一个"蚩尤冢"。蚩尤被杀后，其遗族一部分散落于"中冀"当地，大部分遗族并未离散，他们收回蚩尤被肢解的尸体，在炎黄大军的逼迫下，向老根据地——东夷之地撤退。退到涿鹿，这是蚩尤集团战胜炎帝并取代其称号的地方，其遗族可能在此停留了一段时间，即将蚩尤的尸骨葬于此地。然后在炎黄大军的追逼之下，再继续东撤，至河南台前，这是蚩尤带领部族集团逐鹿中原的第一站，其遗族在此再作停留，于是将蚩尤的尸骨再次下葬。在台前立足不稳，再退至山东汶上，这是蚩尤部族集团的故地，即"少昊之地"，于是安葬好蚩尤的尸骨，打算重整旗鼓。《龙鱼河图》所载"天下复扰乱"，当也包括蚩尤遗族的再次崛起，其结果是再次被炎黄大军击败，被迫放弃故地，向南方败退。南行过巨野，一定也有停留，因而此处也留下了"蚩尤冢"。在炎黄大军的继续逼迫下，蚩尤遗族继续南行，迁至江汉之地，"左洞庭，右彭蠡"，改称为"三苗"，暂时安顿下来。到尧时，"帝与三苗战于丹水"，蚩尤遗族在多次战争中被屡屡击败，只好再次举族向西南迁徙，到湖南武陵，蚩尤尸骨才得以永久安葬，其墓冢才得以称之为"陵"。其遗族则以武陵为起点，向西南方向迁徙扩散。

从蚩尤遗族的迁徙线路看，湖南西部山区的武陵源必然藏有"武陵"。有人认为，湘西的保靖旧称迁陵，应该与"武陵"有关，"蚩尤冢"从北方迁到南方，经历了多次"迁葬"，故特命名为"迁陵"。又因是"武圣"之陵，故又名"武陵"。蚩尤作为南方九黎部落的首领，对湖南的影响范围甚或超过了炎帝，从常德、益阳、娄底、邵阳再到怀化、湘西、张家界，都有蚩尤文化或曰梅山文化所留下的遗迹。这是湖南西部最有价值的人文资源和精神财富。

（三）"德圣"之祖与"舜陵"

同炎帝陵和蚩尤冢一样，"舜帝陵"在全国也有很多处。按照从西到东、从北往南的顺序排列，依次有：山西运城盐湖区的舜帝陵，保存有明万历年间题刻的"有虞帝舜陵"碑及陵冢，并有相应的陵庙，还建有舜帝陵皇城；河南濮阳舜帝陵，建有规模宏大的帝舜宫；山东菏泽鄄城有舜帝陵并有历山虞帝庙；江苏连云港，当地的地方志记载有舜帝陵；浙江绍兴上虞有舜帝陵，并建有"中华孝德园大舜庙"，绍兴越城区王坛镇有保存完好的明清建筑"舜王庙"；广西梧州白云山，当地的地方志记载有舜帝陵。

历史最悠久、文献记载最丰富的是湖南永州宁远的舜帝陵。该陵位于宁远县城南30千米处的九嶷山，陵庙占地面积5万平方米，分为两个自然院落，九个单体建筑，从外入内有玉带桥、仪门、神道、山门、午门、拜殿、正殿、寝殿、左右厢房、左右碑房和碑廊，三面宫墙环绕，气势恢宏，结构严谨，是我国始祖陵中历史最悠久的陵，被称为"华夏第一陵"。

据《九疑山志》记载，最早的舜帝陵庙建于夏朝，地点在大阳溪。秦代将舜庙迁建到玉琯岩旁。2000年，该舜庙遗址被发现，经湖南省文物考古所勘探试掘，确定占地面积3.2万平方米，叠压文化层最深处约3米。遗址南北狭长，五进，九开间，完全符合古代帝陵"九五之尊"的体制。2006年，该遗址被列为国家级文物保护单位。现在的舜帝陵庙所在位置，是明洪武四年（1371）由玉琯岩搬迁而来，位于舜源峰北麓，坐南朝北。但明代的舜庙因年久失修而坍塌，仅剩一座寝殿。如今的舜庙为 20 世纪 90 年代重建，当时共斥资 3000 余万元，于 1999 年落成。新建成的舜帝陵庙占地 600 余亩，坐南朝北，庄严肃穆。陵庙为仿清式，两重院落，四进建筑，由神道、午门、拜殿、正殿、寝殿和陵山（舜源峰）组成。

最早明确记载舜帝崩葬九嶷的正史文献，是司马迁（前 145—前 90）的《史记·五帝本纪》："（舜）践帝位三十九年，南巡狩，崩于苍梧之野，葬于江南九疑，是为零陵。"永州在秦始皇时设为零陵县，汉武帝时设为零陵郡，司马迁不仅说明了舜帝的崩葬之地在九嶷山，还说明了"零陵"之名的由来，是因为这里有舜帝陵。比司马迁略早的司马相如（约前 179—前 117），在他所创作的《大人赋》中云："吾欲往乎南嬉，历唐尧于崇山兮，过虞舜于九疑。"他想游离南方，到九嶷山来拜访舜帝，说明司马相如也认可舜帝归葬于九嶷山。比司马迁略晚，西汉宣帝刘询时期（前 73—前 49 年在位）的礼学家戴圣，他汇集战国至秦汉年间儒家学者的著作言论编成《礼记》一书，《礼记·檀弓上》云："舜葬于苍梧之野，盖三妃未之从也。"郑玄注曰："舜征有苗而死，因留葬焉。《书》曰舜陟方乃死。苍梧于周南越之地，今为郡。"这足可说明，舜帝崩葬于九嶷，其陵墓名为"零陵"，这在整个西汉时期已经成为朝廷和文人的共识。

在湘漓文化带上，炎帝陵在东部，其影响也主要在东部一线；武陵在西部，其影响也在西部一线；舜帝陵在中南部，其影响也在中南部一线。三位圣祖连同其部族的迁移路线似乎是相同的——从荆州道南下湘桂古道，到达湘漓文化带周边的山区最终停留了下来，不仅将他们的尸骨留存在这里，更是将他们的思想精髓播散在这里，从而为湘漓文化奠定了深厚的底蕴。

二、文脉新创三圣人

三大"圣祖"埋骨湘漓文化带，不仅奠定了湘漓文化的最早渊源，也为后世文化"圣人"的代代相继开启了先河，屈原、周敦颐、王夫子就是其中的突出代表。

（一）屈原：伏清白以死直

屈原历来被视为中国浪漫主义文学的开山之祖，但他为什么能够"浪漫"起来？其缘由就在于他强烈地不满时俗而执着地追求自己的理想。他当时所面临的现实状况是："固时俗之工巧兮，偭规矩而改错；背绳墨以追曲兮，竞周容以为度。"（《离骚》）在屈原所处的时代，投机取巧、弃"直"追"曲"已成为一种普遍的社会现象。面对时俗所趋的这一现状，屈原感到深恶痛绝却又无可奈何，于是便到"先圣"的时代去寻找救世良方："昔三后之纯粹兮，固众芳之所在。彼尧舜之耿介兮，既遵道而得路。"（《离骚》）时俗所"竞"与先圣所"遵"是这样相背相离，使得举世皆浊我独清、众人皆醉我独醒的屈原，专以抗斥时俗为己任；而在抗斥时俗的同时，诗人慕远古之圣祖，上下求索"美人""美政"以慰平生之理想，这就是屈原的求"善"——既是对社会理想的追求，也是对个人理想的追求。

值得特别注意的是，在对远古圣祖的追慕中，屈原虽然是"尧舜"并称，但尤为推崇的是舜帝。在他的诗作中，多处单独提到舜帝，而尧帝则无如此"殊荣"，如"济沅湘以南征兮，就重华而陈词"（《离骚》）。如果说度沅湘而南，"尧舜"中仅有舜帝之葬地，故而只能"就重华而陈词"的话，那么"驾青虬兮骖白螭，吾与重华游兮瑶之圃"，就确乎是对舜帝情有独钟了。"登昆仑兮食玉英，与天地兮同寿，与日月兮齐光"（《涉江》），如此高远美妙的理想之境，只有与舜帝同游时才会有，或者说，诗人只有借助于舜帝之光辉，才能达到美妙的理想境界，才能实现自己的社会理想和人生理想。这恐怕是屈原对舜帝情有独钟的主要缘由。

虽说屈原的一生为求索"美人""美政"而追慕先圣，但舜帝之政绩则未见言及。这大致是因为中国自古以德治天下，"美人""美政"的统一亦以德为指归。因此，舜帝之政绩亦可体现于"德治"之中，屈原所仰慕的，其着重点自然也在舜帝之德。

那么，屈原最仰慕舜帝的，或者说舜帝对屈原的影响最为深刻的该是何"德"？这似乎可以以屈原自己的一句诗概括："彼尧舜之耿介兮，既遵道而得路。"这里的关键词是"耿介"，考屈原之骚赋，"耿介"可以说是屈原所标举的最高道德原则。然则"耿介"一词的含义该如何解释？王逸注曰："耿，光也；介，大也。""耿介"即"光大"之意。对整句诗的意思，王逸释为："尧舜所以有光大圣明之称者，以循用天地之道，举贤任能，使得万事之正也"（《楚辞章句》）。这种解释确实与尧舜之政绩挂上了钩，但作为一个道德概念的诠释，却有点不明不白。考"耿介"之义，《辞海》的解释为："1.光大；2.正直。"《现代汉语词典》则释为："正直，不同于流俗。"耿介的原意为"光大"，何以又引申出了"正直"之义？对此，今人姜亮夫解释："耿介者，光大之义，即《尧典》'光明俊德'之说也。……言有明如天日之德，即儒家'大学之道，在明明德'之谓。"[1]"光明俊德"怎么就与"正直"联系起来了呢？"人之纯德无逾于正大光

① 姜亮夫.三楚所传古史与齐鲁三晋异同辨[A].释中国[M].上海:上海文艺出版社,1998:1847-1849.

明，而其非德无过于阴谋诡诈"，姜亮夫的这一解释也确实说到了根本上。

《尧典》中的"光明俊德"，也应该符合王逸的解释："循天地之道，举贤任能，使得万事之正也。""天地之道"自然是正大光明的，因为有日月可鉴。"选贤任能"则更能切中屈原之心思。屈原被放逐，就因为楚怀王和顷襄王偏听偏信谗言，不能选贤任能之故。比之于《尧典》，则尧舜之禅让，确乎是中国选贤任能最为典型的史例，以后的历史便不再有这样的例子。也正因为不再有，尧舜才成为千古圣君，才成为中国人心目中永不陨落的圣明完人。

然而，真正使屈原倾心的，恐怕还不在于舜帝的禅让（这在屈原的时代已无太多的意义），而在于舜帝的从善如流，能做到"稽于众，舍己从人""无稽之言勿听，弗询之谋勿庸"，能确保"嘉言罔攸伏，野无遗贤"（《尚书·尧典》）。这也就是孟子所说的："大舜有大焉，善与人同，舍己从人，乐取于与人为善。"（《孟子·公孙丑上》）这种美德与楚怀王的刚愎自用反差确实是太强烈了，故而屈原才对舜帝之德是那样心醉神迷。

当然，更让屈原心醉神迷的，恐怕还是舜帝为断绝谗言所采取的措施："龙，朕塈谗说殄行，震惊朕师。命汝作纳言，夙夜出纳朕命，惟允。"（《尚书·尧典》）为防止谗说殄行蛊惑民众，特设纳言官，既传达舜帝的命令，又转告下面的意见，并要保证下传上达的真实性，这确实是确保"嘉言罔攸伏，野无遗贤"的有效途径。同时，舜帝还要求大臣们对自己的缺点也要当面指出，不允许当面顺从而背后又议论："予违，汝弼，汝无面从，退有后言。"（《尚书·益稷》）对于那些爱说谗言的人则要进行惩罚："庶顽谗说，若不在时，侯以明之，挞以记之，书用识哉，欲并生哉。"（《尚书·益稷》）即是说，既要严厉惩罚那些庶顽谗说的人，又要给人以生路，让人能改过自新。这种举措，确实可以说是光明磊落，德被四海的，这也就是舜帝之"耿介"的精髓所在。而作为被谗言所害的屈原，越是感到时俗的幽昧可怕，就越会仰慕舜帝之光大可贵，从而也就更坚定了自己与时俗抗争的决心。

"伏清白以死直兮，固前圣之所厚。"（《离骚》）在屈原看来，只要能得到舜帝等前圣的厚爱，自己的"死直"自然也值得了。这也就是屈原最后的精神寄托所在，而这种寄托反过来更强化了屈原对舜帝等圣祖的仰慕之情。在这里，我们可以看出屈原执着于理想的二重追求：一是执着于对"美政"的社会理想的追求；二是执着于对具有"耿介"之德的理想人格的追求。而在"美政"的社会理想中，"美人"是前提，这种"美人"，也就是具有"耿介"之德的理想人格。因此，屈原的社会理想是"美政"，屈原的个人理想是"美人"。而当社会理想无法实现时，便只能把个人理想——具有"耿介"之德的人格完善作为人生的最后追求，他的怀石自沉，也就是"伏清白以死直"，确保了个人人格的完善，也是个人理想的最终实现。

屈原对后世的影响极为深远，他开创了中国浪漫主义文学一脉，以他为代表的《楚辞》更是成为中国文人创作的奠基之作，尤为重要的是，他将中国的文学创作带入到了"自觉的时代"。屈原对湘漓一带民众的影响则更为深远，这只要看看湘漓人一年一度的端午节及龙舟赛，便可知道屈原在湘漓人心目中的地位。龙舟赛是最为牵动湘漓人之心的，"宁输一甲田，不输一年船"，这不仅说明了湘漓人对屈原的纪念和崇敬，更说明了湘漓人对屈原精神的继承——只要认准了一个理，不计得失也要坚持到底。

（二）周敦颐：爱莲守拙真君子

周敦颐（1017—1073），字茂叔，谥元，学者尊称濂溪先生、周濂溪、周元公、周子。出生于道州营道县营乐里，今永州道县清塘镇楼田村，世称濂溪故里。

北宋嘉祐八年，周敦颐在虔州，与沈希颜、钱拓共游雩都罗岩（今江西赣州于都县），作《爱莲说》，刻于石壁。《爱莲说》短小精悍，全文如下：

> 水陆草木之花，可爱者甚蕃①。晋陶渊明独爱菊。自李唐来，世人甚爱牡丹。予独爱莲之出淤泥而不染，濯清涟而不妖，中通外直，不蔓不枝，香远益清，亭亭净植，可远观而不可亵玩②焉。
>
> 予谓菊，花之隐逸者也；牡丹，花之富贵者也；莲，花之君子者也。噫！菊之爱，陶后鲜有闻。莲之爱，同予者何人？牡丹之爱，宜乎众矣！

这篇仅有119字的短文，按照现在的标准，只能算是一篇小品。但文章不仅说莲，而且说菊说牡丹；不仅说宋，而且说晋说唐，极尽概括，字字精练。其中说莲，接连写出三句警语，有一波三折、一唱三叹的气韵。"说"之文体，大抵以景物说义理，此文寄意君子之志，尤见得其义理中一派正大气象。此所谓言简而意繁，语约而情丰，写抒情散文能达此境界者，可以说前无古人后无来者。

文章一开头即高度概括，给全文确定了基调："水陆草木之花，可爱者甚蕃"。大自然之中，"繁花似锦"，不可尽举，但无非"水陆草木"之类，仅四字便已概括殆尽。而"可爱者甚蕃"，正为下文的选择做好了铺垫。

"晋陶渊明独爱菊。自李唐来，世人甚爱牡丹。"这里的选择，既有历史的变化，也有个人"独爱"与世人"共爱"的差别。但作者只写爱花的"变化"和差别，并不分析其原因。这大致是因为周敦颐不想探究其原因，因为喜爱什么样的花，各人有选择的自由，无须探究其原因。

---

① 蕃：滋生众多。
② 亵：轻慢，不尊重。

而写到自己的"爱莲"，则直抒其原因："予独爱莲之出淤泥而不染，濯清涟而不妖。"这二句，不仅直抒原因，而且直取本质。莲花的外在特征是妖媚妖冶，这也能博得众人之爱。但周敦颐所爱的首先是"出淤泥而不染，濯清涟而不妖"，这是总括莲花的生命形态，而且是最具本质特征的生命形态。此二句，成为古今述写莲花的典范佳句，使后人颇生"眼前有景道不得"之感，更有屈原"举世皆浊我独清，众人皆醉我独醒"之意。

　　接下来的四句就不仅仅是直取莲花的本质，更是盛赞似莲花般的君子人格："中通外直，不蔓不枝，香远益清，亭亭净植"。此四句的意蕴，显然与《中庸》的"君子和而不流，中立而不倚"相通。后人赞赏周敦颐所描述的莲花品质时，注重的往往是"出淤泥而不染，濯清涟而不妖"，而忽略了"中通外直，亭亭净植"。其实，后者才是作者的重点所在，也是作者一生所要追求的人格目标。元代虞集《四爱题咏》说："'不蔓不枝'者，纯一不杂之谓也。'亭亭净植'者，中立不倚之谓也。"元代吴澄《香远亭记》说："曰'中通'，曰'外直'，德之备于己者也。曰'出淤泥而不染'，曰'濯清涟而不妖'，德之不变于人者也。"很显然，"德之备于己"是基础，自己在人格的修养上首先要做到"纯一不杂""中立不倚"，才有可能做到不被环境污染"不变于人"。南宋袁甫《白鹿书院君子堂记》甚至说："先生之学，通贯天地万物，而独爱一莲，何哉？莲亦太极也。中通外直，亭亭净植，太极之妙具于是矣。"由此而论，"中通外直"还是周敦颐一切学术的出发点。

　　"可远观而不可亵玩"则是对君子人格的进一步强化：君子洁身自好，如冰如玉，有一股凛然正气、浩然豪气，不是随意可以侵犯的。

　　简而言之，"中通外直"也就是"中立""中节"，是周敦颐所坚守和提倡的做人原则，与尧舜的"正大光明"之德、屈原的"伏清白以死直"是一脉相承的，所以才是"天下之达道也，圣人之事也"。事实也是如此，周敦颐一生为官清廉，尽心竭力，深得民心；为人光明磊落，正直无畏。周敦颐在南安任司理参军时，有一狱囚法不当死，但转运使王逵却决意杀之，众官虽觉不当，但都不敢出面说话，唯周敦颐据理力争，王逵不听，他便要弃官而去，气愤地说："如此尚可仕乎？杀人以媚人，吾不为也。"（《宋史·道学一》本传）在他的感染下，王逵最终放弃了原来的意图。这就是周敦颐为人做事"中通外直"的具体表现。"莲之爱，同予者何人"？周敦颐的设问，正是希望形成一种共有的人格秉性，以确立一种群体认同的文化特质。

　　与《爱莲说》相类似，能体现周敦颐君子风范的作品，还有一篇《拙赋》。周敦颐素来惜墨如金，这篇《拙赋》更是超级短文。全文如下：

　　或谓予曰："人谓子拙。"予曰："巧，窃所耻也，且惠世多巧者。"喜而

赋之,曰:

"巧者言,拙者默;巧者劳,拙者逸;巧者贼,拙者德;巧者凶,拙者吉。呜呼!天下拙,刑政彻。上安下顺,风清弊绝。"

这篇赋不计标点符号只有 40 字,加上序 25 字,总共 65 字,短得不能再短。但这篇短文,却是体现周敦颐人格魅力的重要文章。

文章一开头,周敦颐就提出一个问题,即有人认为他笨拙,或者说迂腐。他为什么提出这样的问题?北宋治平二年(1065),周敦颐由虔州(今江西赣州)通判平调为永州通判。翌年二月上旬,周敦颐到任。永州与道州相邻。道州故里的乡亲,都想前来看望周敦颐。最先到永州看望周敦颐的,是其同父异母兄长周砺之子仲章。闲谈中,仲章对周敦颐说,叔叔现在身为永州通判,家里一些堂兄堂弟都想请您高抬贵手,给他们一官半职。对此,他严肃地表示不行。仲章住了几天后,要返回营道。为堵住乡亲的求官求职欲望,周敦颐特地写了一首诗《任所寄乡关故旧》:"老子生来骨性寒,宦情不改旧儒酸。停杯厌饮香醪味,举箸常餐淡菜盘。事冗不知精力倦,官清赢得梦魂安。故人欲问吾何况,为道舂陵只一般。"在这首诗里,周敦颐的态度不仅明确而且生硬,劈头就是"老子生来骨性寒"。在周敦颐的诗文中,从无如此生硬的"狂语",此诗之所以要如此"狂",无非是要一次性断绝"乡关故旧"的求官念想。事实证明其效果良好,周仲章回去以后,将周敦颐的诗给乡亲们传阅,从而打消了他们的求官念头。周敦颐这样做,给当时的官场带来一阵清风,但也遭到不少非议。有的人认为周敦颐只知道洁身自好,不谙人情世故,太过拙笨。这篇《拙赋》,实际上就是对这些非议的正面回答。其目的,就是要崇拙而去巧,颂拙而耻巧,从而形成一种"上安下顺、风清弊绝"的局面。

在提出问题后,周敦颐非常明确地亮出了自己的立场与观点:自己以巧为耻,而且担忧现在的"巧者"太多了。在现实社会生活中,巧与拙都有其两重性。一方面,巧代表了聪明能干,如巧手、巧匠、巧妇、巧干等。另一方面,巧也代表虚伪,不诚实,如巧言令色、花言巧语、巧舌如簧等。拙,也具有两重性。一方面,拙代表了真诚谦虚,实事求是,如拙诚相见、拙见、拙作、拙笔等。另一方面,拙也代表愚蠢,如拙劣、拙讷等。在这篇短文里,周敦颐所指的巧,是其虚伪、不诚实的一面;所指的拙,则是真诚谦虚、实事求是的一面。

在亮明自己立场观点的基础上,周敦颐从四个方面,将"巧者"与"拙者"进行了全方位的对比。在言语上,巧者花言巧语,千方百计吸引人们的眼球;而拙者忠厚老实,无须多言,信守"沉默是金"。在行为上,巧者煞费苦心,投机钻营,活得很累;而拙者没有私心杂念,处世泰然,用不着阿谀逢迎,活得自在、坦然。在道德上,巧者损人利己,损公肥私,是地地道道的"贼者";而拙者正大光明,严于律己,是社会所推崇的"德者"。在最终结果上,巧者因多行不义必自毙，必然蹈入凶险之境；而拙者无欲则刚，问心无愧，自然呈现吉祥之态。无疑，周敦颐是"守拙"的，也正因为他的"守拙"，才奠定了他与众不同的人格魅力。

王闿运说："吾道南来，原是濂溪一脉；大江东去，无非湘水余波。"这不仅说明了濂溪文化在中国历史上的影响，也暗含了其现实意义。濂溪先生虽然距我们已有千年，当时的时代背景和社会问题已成过去，但"人化于物"乃至于物欲横流的状况似乎有过之而无不及。因而今天重读濂溪先生的经典，更是备感其思想深邃，洞察人心，让人产生强烈的思想共鸣——这就是濂溪风范所产生的永久魅力！

（三）王夫之：七尺从天乞活埋

王夫之（1619—1692），字而农，号姜斋，别号一壶道人，湖南衡阳人。中国明末清初思想家，哲学家，与顾炎武、黄宗羲同称明清三大学者。晚年居衡阳之石船山，学者称"船山先生"。

清顺治五年（1648），清兵南下，沿途"人民多遭惨杀，田土尽成丘墟"，王夫之的父亲、叔父、次兄，先后死于兵荒马乱之中。消息传来，激起他的极大愤慨，得知湖广明军大举反攻，他深受鼓舞，毅然联络志士，策划在南岳后山方广寺起义抗清，执干戈以卫社稷，试图阻击清军南下，但很快便以失败告终。王夫之遂转徙广东肇庆，投奔南明小朝廷，在永历帝朝中任行人司行人。本希望南明小朝廷能够积蓄力量，东山再起，却目睹永历政权腐败横行。他3次上书，弹劾奸臣王化澄，险遭不测。全赖忠贞营统帅高必正营救，才逃过一劫。到桂林帮助瞿式耜守城，桂林陷没，瞿式耜殉难，王夫之乃决心隐遁，辗转湘西以及郴、永、涟、邵间，窜身瑶洞，伏处深山。几经辗转，直到42岁才定居下来。在南岳之南、湘江之西，有一座山，山坡上有一块巨大的石头，像一只大船倒扣，故而叫作石船山。王夫之在此建起"湘西草堂"，他将自己比作报国无门的三闾大夫屈原，撰写了门联："沅水三闾国，湘西一草堂。"同时又自认为"天降大任于斯人"，要为传统文化注入新的思想与活力，题写了自我激励的堂联："六经责我开生面，七尺从天乞活埋。"他在这里刻苦研究，勤恳著述，垂四十年，留下了400余卷、800余万字的精神财富，建立了一种"坐集千古之智"并能"推故而别致其新"的思想理论体系，将中国古代哲学和思想文化推进到一个新的阶段和水平。

家仇国恨，使他发誓不与清廷为伍。康熙年间，清廷派遣官员来拜访这位大学者，并向他说明：即使他不愿为官，也想赠送一些吃穿用品，以缓解他的生活困难。王夫之虽在病中，但认为自己是明朝遗臣，拒不接见清廷官员，也不接受礼物，并写了一副对联以表明心迹："清风有意难留我，明月无心自照人。"因此，王夫之最为后人称道的，是他的坚贞不渝，即使复国希望已全部破灭，他也不改大明衣冠，平时出门，哪怕大晴天，他都要戴斗笠、蹬木屐，以示"头不顶清朝的天、脚不踏清朝的地"。以至于去世之后，他也要留下"遗命墓铭"，让后人在其墓碑上镌刻下："有明遗臣行人王夫之字而农葬于此，其左则继配襄阳郑氏之所祔也。抱刘越石之孤忠而命无从致，希张横渠之正学而力不能企。幸全归于兹丘，固衔恤以永世。"这是王夫之对自己一生的总结：他有西晋名将刘琨（越石）之"孤忠"但却无从施展；有宋代张载（横渠）"为往圣继绝学"之决心但才力难及。尤为重要的是，他一定要注明"有明遗臣"的字样，这就是一个老人的最后抵抗，终身坚守！

王夫之的流浪生涯，使他更广泛地接触了社会，更深入地体察了民情。他深知民心向背的巨大历史作用，提出"理欲合一"的观点，认为"人欲之各样，即天理之大同"，从而确立了"即民以见天""举天而属于民"的历史动力观。在区别"公欲"与"私欲"的基础上，提出了一套"不以天下私一人"的"公天下"和"有其力者治其地"的均天下的社会改革方案。王夫之在这里同样是以尧舜之世作为自己的政治理想，从"循天下之公"出发，他猛烈抨击"孤秦""陋宋"，深刻揭露秦始皇及历代帝王把天下当作私产的做法。为了总结明王朝覆亡的教训，寻找复兴民族之路的政治动力，他继承和发扬古代朴素唯物主义的优良传统，以"六经责我开生面，七尺从天乞活埋"的创新和求实精神，从哲学上和政治危害上全面清算了宋明理学的唯心主义，以科学方法剖析了宋明理学的理论根源，并以其在批判中建立的"别开生面"的朴素唯物辩证法体系，为统治中国思想界数百年的宋明理学乃至整个古典哲学做了总结。对此，谭嗣同曾给予了高度评价："万物招苏天地曙，要凭南岳一声雷"（《论六艺绝句》）。这一声雷，经过 200 年的沉寂酝酿之后，到了近代再度爆发，其巨大的思想能量更是响彻寰宇，震惊世界！

王夫之对后世的影响，较屈原、周敦颐更直接。梁启超曾说，湖湘学派在北宋时为周敦颐，中间很消沉，至船山而复盛。王船山的思想学说影响了湖南无数后起之秀，包括名臣曾国藩、左宗棠，包括"维新之士"谭嗣同、唐才常，包括辛亥革命中的黄兴、蔡锷，以及青年毛泽东。

曾国藩在《船山遗书序》中认为：王夫之虽"深闭故藏"，其学不显于世，但他在两百多年前所做出的"穷探极论"与近世巨儒的"卓绝"之论"若合符契"，而其"博文约礼、命世独立之君子"精神气象，对今之学者多所裨益。维新志士谭嗣同很早就学习王船山的思想学说，他所理解的船山学说有着"冲决网罗"的革命性和启蒙性。辛亥革命时期，孙中山、章太炎、章士钊等人推崇王船山的民族主义思想，并以此来号召国民投身于反清的民族革命之中。孙中山将王船山视为"恢复中华"的思想先驱。章太炎指出："当今之世，卓然而能兴起顽懦，以成光复之绩者，独赖而农一人而已。"章士钊说："船山之史说宏论精义，可以振起吾国之国魂者极多。" 青年毛泽东在湖南第一师范学校读书时，多次去船山学社听讲，深受船山学说影响。延安时期，在写作《矛盾论》《实践论》的过程中，毛泽东还认真研读了《船山遗书》。

2017年1月1日，习近平总书记在新年贺词中引用了王船山《尚书引义·太甲二》中的"新故相推，日生不滞"，其原意是指新旧事物交替变更，不会随着时间的变化而停滞不前。习近平总书记用王船山这句名言来说明当代中国与世界的深刻变化，借以勉励中国人应顺应时代的深刻变化，与时俱进，以改革创新之精神，去实现中国梦。

三、家国情怀勇担当

圣祖崇拜当然不仅仅是"崇拜"，更重要的是引领了一种家国情怀和担当精神。上古时期，"国之大事，在祀与戎"，祭祀是国家的头等大事，其原因也就是要强化国人的心理认同。《国语·展禽论祀爰居》载："故有虞氏禘黄帝而祖颛顼，郊尧而宗舜；夏后氏禘黄帝而祖颛顼，郊鲧而宗禹；商人禘舜而祖契，郊冥而宗汤；周人禘喾而郊稷，祖文王而宗武王。"从历史意义说，这种祭祀祖先的最后结果，不仅使中华民族形成统一的族群，也使中国形成统一的国度。几千年来，无论是帝王将相还是平民百姓，皆以天下统一为念，以江山分裂为忧，虽然历史上曾有过分分合合，但大势总是和平统一。作为中华民族的心理认同，其主要的表现就是维护和平统一的家国情怀，这是看不见的心理长城，是打不烂、摧不垮的心理长城。而通过对共同祖先的祭祀，正是强化这种心理长城的有效手段。湘漓文化带上有更多的祖先陵庙或宗庙，对祖先的祭祀更多，祖先崇拜更强烈，因而家国情怀更浓郁，"心理长城"更坚韧。

（一）凛然独行的湘漓人

受舜帝和屈原精神的感召，具有强烈的家国情怀和担当精神的湘漓人代不乏人。如宋代的陈遘兄弟可视为古代的代表人物。陈遘、陈适是永州人，宋钦宗时，陈遘由河间知县调到中山任知县。恰逢金兵南侵，包围了中山县城，陈遘冒死入城，率城中军民捍守城池。陈遘之弟陈适，作为朝廷的光禄卿来边关督查防务，恰好也在城中，陈遘对陈适说："吾兄弟当以名义自处。"陈适泣曰："兄当尽力，勿以弟为念。"陈遘率众奋勇拒敌，坚守孤城达半年之久，最后城破被杀。金人见其尸体曰："此南朝忠臣也。"殓而葬之。陈适被俘，亦大骂而死。兄弟一门忠烈，埋骨他乡，正是湘漓文化中强烈的家国情怀和担当精神的集中体现。

湖湘学派的开创者胡宏，一生矢志于道，以振兴道学为己任，他说："道学衰微，风教大颓，吾徒当以死自担"（《宋元学案》卷四十二，《五峰学案》）。

这种担当精神，足可与舜帝、屈原、周敦颐相媲美。而他所强调的"道"，同样是以尧舜时代的社会理想为标杆，在《上光尧皇帝书》中，他详尽地表达了自己的治国理想："臣闻二帝三王，心周无穷，志利虑天下而己不与焉，故能求贤如不及，当是时，公卿大夫体君心，孜孜尽下，以进贤为先务。是时，上无乏才，而山林无遗逸之士，士得展其才，君得成其功名，君臣交欢而无纤芥，形迹存乎其间"。其意也就是希望宋高宗能够效法尧舜等二帝三王之为政要领：志利天下，选贤授能，以成就不朽之功业。宋高宗当然不可能成为再世之尧舜，胡宏的上言，只能看作是他自己对道德和理想的坚守与执着。

胡宏的一生不求名利，严格以道德自律，当时的权臣秦桧请他到朝廷做官，他不屑于与贪官污吏为伍，去信严词谢绝："稽请数千年间，士大夫颠名于富贵，醉生而梦死者无世无之，虽尝百亿，虽当时足以快胸臆，耀妻子，曾不旋踵而身名俱灭。某志学以来，所不愿也。至于杰然自立志气，充塞乎天地，临大事而不可夺，有道德足以替时，有事业足以拨乱，进退自得，风不能靡，波不能流，身虽死矣，而凛凛然长有生气如在人间者，是真可谓大丈夫"（《五峰集》卷二，《与秦桧书》）。这就是他的人生宣言，他用自己的一生实践了这一宣言。当然，他虽然不愿做官，但家国情怀仍然丝毫不减，对社会理想的追求仍然孜孜不倦，还以自己身体力行的担当精神，诠释了湘漓文化的核心价值。

在中国近代史上，有一位孤独的先行者堪与屈原相媲美，他就是郭嵩焘。作为中国第一位驻外公使，他对西方富强之缘由的认识，无疑要超过国人。当总理衙门以练兵、制品、造船等图强措施向封疆大吏们征求意见时，他却大加抨击，认为这些措施是"治末而忘其本"，而"西洋以政教为重，故一切取顺民意"，只有取法西方政教，才是强国之根本。很显然，他所说的"政教"其实是一种民主制度，与当时的专制制度是截然对立的，这确实是说到了根本上。但在当时，是决不会有人敢说、能说的。所以此论一出，朝野上下一片反对之声，甚至湖湘人士也视郭氏为桑梓败类。但郭嵩焘却在"聚诟丛骂"的荆天棘地中孤独奋战，泰然前行，其言行举止大有众人皆醉我独醒的屈原风范。

（二）扎硬寨打死战的湘漓人

湘漓人中的湖南人，更是以敢作敢当、不怕牺牲著称，这种精神曾被陈独秀总结为"扎硬寨打死战"的精神。1919 年 12 月，陈独秀在《新青年》上发表《欢迎湖南人底精神》一文，满怀敬佩之情赞扬说：

> 湖南人底精神是什么？"若道中华国果亡，除非湖南人尽死"。湖南这种奋斗精神却不是杨度说大话，确实可以拿历史做证明的。二百几十年前王船山先生，是何等艰苦奋斗的学者！几十年前的曾国藩、罗泽南

等一班人,是何等扎硬寨打死战的书生! 黄克强(黄兴)历尽艰难,带一旅湖南兵,在汉阳抵挡清军大队人马;蔡松坡(蔡锷)带着病亲领子弹不足的两千云南兵,和十万袁军打死战,他们是何等坚毅不拔的军人!

应该说,无论是"艰苦奋斗"的精神还是"扎硬寨打死战",抑或是"坚毅不拔"的精神,都是以爱国、救国情怀为基础的。而且,每当家国危难、民族危机之时,这种精神、这种情怀就体现得尤为鲜明、突出。陈独秀的文章写在抗日战争之前,如果在抗战之后,他肯定要加上长沙保卫战、常德保卫战和衡阳保卫战,那更是何等的艰苦卓绝,更是何等的"扎硬寨打死战"而坚毅不拔。特别是衡阳保卫战,连进攻一方的日军战报都认为是一场"空前苦难的战役",很难想见衡阳守军艰苦卓绝的程度。这场战役,中方以 1.7 万余人的军队,抗击日军 10 万余众的进攻,并坚守 47 天,最后以 1.5 万比 7.9 万的伤亡,即近 1:5 的伤亡比例,结束了这场战役。衡阳城虽然被攻破了,但衡阳之战却创造了中国抗战史上的一个奇迹,连日本人都慨叹,此次战役"牺牲之大,令人惊骇"。方先觉指挥的第 10 军虽然不一定都是衡阳人,但与衡阳人的支持是绝对分不开的,所以毛泽东当时在《解放日报》发表讲话高度评价说:"坚守衡阳的守军是英勇的,衡阳人民付出了重大牺牲。"当然,衡阳保卫战也有广西桂军的一份功劳,桂军第 46 军参加衡阳外围作战 14 天,参战部队 2 万人,最后伤亡 7000 多人,特别是营长以下军官牺牲 80%,团长的伤亡也很大。因此,这种牺牲,既代表了湖南人的精神,同样也代表了湘漓人的精神。

鸦片战争以来,正是家国危难、民族危机最为深重的时期,也是湖湘人的家国情怀和担当精神发挥到极致的时期,同时还是湖湘人才出现井喷式爆发的时期。岳麓书院门首的对联云:唯楚有才,于斯为盛。此对联无疑代表了办学者育才的美好愿望,但在鸦片战争之前的漫长岁月,直到清代道光咸丰年间,仍然是"湘士殊少知名"亦即人才稀少。据统计,《中国历代名人辞典》收录鸦片战争以前的历史名人 3005 人,湖南籍 23 人,仅占 0.77%。二十四史载入 5783 位历史人物,湖南籍 55 人,仅占 0.95%。但是,从 1840 年到 1919 年,活跃在中国历史舞台的各种知名人物 1238 人中,湖南籍有 116 人,占 9.4%,仅次于广东,居全国第二位;在 761 位历史名人中,湖南籍 83 人,占 10.9%。黄埔军校出身的 330 个名将,湖南籍 81 人,占 24.5%。无怪乎历史学家谭其骧称:"举世无出其右"者。在人才杂志社出版的《中共党史人物简介》一书中列举的 495 名党史人物中,湖南籍有 89 人,占 18%,其中党的杰出领导人和创建时期的主要领导人有 13 人,占 48%;在授衔的中国人民解放军 254 名中将以上的将帅中,湖南籍有 73 人,占 28.74%。这一时期,还涌现了一大批蜚声中外的思想家、教育家和文学艺术家。无怪乎 1986 年 7 月 1 日侨居美国华人主编的《北美日报》社论中也认为:

"湘籍历史名人、学者、政治家人数之多，近百年一直居各省之冠。""若道中华国果亡，除非湖南人尽死"，湖南人刚烈果决，敢任大事，以天下兴亡为己任。湖南人骁勇善战，湘军声名显赫，但却不是鲁莽之辈，从曾国藩、黄兴到毛泽东，大多是雄才大略，而又有儒雅之气——文能治国，武能安邦，这就是"知行合一"的效果：是家国情怀之"知"引领了勇于担当之"行"。正是这种"知行合一"的精神内核铸造了湖南人的灵魂，使湖南人具备了勇于担当、敢为人先的勇气和决心——这才是湖湘文化亦即湘漓文化的核心价值所在。

（三）忍辱负重的湘漓人

湘漓人可以敢作敢为，也可以忍辱负重，这也是舜帝所留下的一笔宝贵财富。据《尚书·尧典》所载，帝尧要四岳向他推荐帝位的继承人，四岳即以虞舜为荐。虞舜在当时只是个平头百姓，为什么要举荐他呢？四岳提出的理由是："瞽子，父顽，母嚚，象傲，克谐以孝，烝烝乂，不格奸。"即是说，虞舜是在父母及弟弟都对他很不友好的前提下，却能与他们和谐相处，像这样孝心醇厚、能够忍辱负重的人，由他来治理国家，应该是不会坏事的。虞舜是如何忍辱负重的呢？《孟子·万章上》云："父母使舜完廪，捐阶，瞽瞍焚廪。使浚井，出，从而掩之。"孟子记载了父母想要害死舜的两件事，但很简略。司马迁的《史记·五帝本纪》则将两件事结合了起来，使之更具前因后果的逻辑性："瞽瞍尚复欲杀之，使舜上涂廪，瞽瞍从下纵火焚廪。舜乃以两笠自扞而下，去，不得死。后瞽瞍又使舜穿井，舜穿井为匿空旁出。舜既入深，瞽瞍与象共下土实井，舜从匿空出，去。瞽瞍、象喜，以舜为已死。象曰：'本谋者象。'象与其父母分，于是曰：'舜妻尧二女与琴，象取之；牛羊仓廪予父母。'象乃止舜宫居，鼓其琴。舜往见之，象鄂不怿，曰：'我思舜正郁陶！'舜曰：'然，尔其庶矣！'舜复事瞽瞍爱弟弥谨。"父母几次要杀他，虞舜死里逃生，但却无丝毫怨恨，还像以前一样孝敬父母，友爱兄弟。只是他更加谨慎，当父母要害他的时候，他便想法躲开；当父母需要帮助的时候，他就会及时出现。正是虞舜的忍辱负重，最终感化了父母兄弟，实现了家庭的和谐。虞舜走向社会，在历山耕田时，将好的田地让给别人；在雷泽打鱼时，讲好的渔场让给别人……一直到将帝位禅让给大禹，自己则远离京城，来到遥远的南方——这一切都体现了舜帝为了家庭、社会和国家的和谐而忍辱负重的精神。

在中国现代史上，能够代表湘漓人这种忍辱负重精神的应该是李宗仁。周恩来曾评价李宗仁一生做过两件好事：一件是台儿庄大捷，一件是回归祖国。当然，即使把李宗仁为统一广西所做的努力、为统一全国参加北伐曾带着桂军打到山海关等"好事"置之不论，仅有这两件"好事"，也足可证明李宗仁那强烈的家国情怀和忍辱负重精神。早在抗战全面爆发之前的 1936 年 6 月，李宗仁说动陈济棠成立抗日救国军第一军团，自任副总司令（总司令陈济棠），并出兵湖南，要求北上抗日。抗日战争全面爆发之后，1937年10月，李宗仁被任命为第五战区司令长官，驻节徐州，才算真正有了与敌决一死战的机会。上任伊始，便立即着手与日军展开大规模会战的部署。1938年3月，台儿庄战役开始，4月，李宗仁下达训令："我国忠勇战士，应深深认识敌军目前正在困境中，全军须协力一致完成其任务，以求最大的战果，为民族独立及抗战大使命尽全力。"在"全军协力一致"的奋战中，战役取得了"最大的战果"——歼灭日军二万余人的重大胜利。这是日军一次战役进攻中的败退，也是日军发动侵华战争以来的首次失败，不仅是兵力数量上的损失，更重要的是精神上的挫折，打破了"大日本皇军不可战胜"的神话。尤为重要的是，李宗仁以偏师弱旅战胜了骄狂不可一世之强敌，在政治上增强了全国军民抗战必胜的信心，鼓舞了抗日军队的士气，用胜利的事实证明了精诚团结的中国人民是不可战胜的。这一胜利还改变了国际上对中日战争前途的悲观看法，1938年4月9日，路透社电讯说："英军事当局对于中国津浦线之战局极为注意，最初中国军队获胜之消息传来，各方面尚不十分相信，但现在证明日军溃败之讯确为事实。"因此，"台儿庄大捷"绝不仅仅是一场战役的胜利，其意义和影响可用周恩来的评价来说明："这次战役，虽然在一个地方，但它的意义却在影响战斗全局、影响全国、影响敌人、影响世界！"或许，李宗仁本人并没有想到这么多，他只想到了"民族独立"的大危难及作为军人的"大使命"，正是因为承担了"大使命"，挽救了"大危难"，所以产生了"大影响"，成就了"大意义"。综观李宗仁的一生，政治上一向与蒋介石不和，但在抗日战争中却与蒋介石配合默契，这也足可证明李宗仁的襟怀：为了民族大利益，自觉地摈弃个人恩怨。

如果说第一件事"台儿庄大捷"还只是需要他摈弃个人恩怨，第二件事"回归祖国"则更需要有忍辱负重的心理准备。在当时，国共的长期对立已势同水火，作为对立一方的败军之将，回归祖国也就意味政治上向对方"投降"，同时也意味着成为原来阵营的"叛徒"，这在特别强调"忠贞"，鄙视"背叛"的中国文化背景下，走出这一步该需要多大的勇气?! 本来，他完全可以在国外过着优裕的生活，写写回忆录，骂骂共产党，就可得到国际社会的支持。但他没有这样做，而是毅然决然地回归祖国。他的回归，也不仅仅是个人的叶落归根，更是一份使命的担当，这也就是他在临死之前的遗信中所念念不忘的："在这个伟大时代，我深深地感到能成为中国人民的一分子是无比的光荣。在我快要离开人世的最后一刻，我还深以留在台湾和海外的国民党人和一切爱国的知识分子的前途为念，他们只有一条路，就是同我一样回到祖国的怀抱。"这是何等的家国情怀，何等的担当精神?! 虽不像屈原怀石沉江那样壮烈，但李宗仁用自己一生的热血和实践所表明的心迹，更加让人感慨万千。

舜帝南巡与社会和谐

　　舜帝南巡，这无论是对中国历史或文化史来说，都是一个极为重要的事件，它不仅对华夏民族的融合产生了深远的影响，也对中国文化特征的形成产生了深远的影响。舜帝南巡所留下的文化精神，至今仍是一笔十分宝贵的遗产。而在这笔遗产中，舜帝南巡所播撒的"和谐文化"基因，为中华民族数千年和谐稳定所奠定的理论和实践基础，则是其中最为珍贵的。

一、舜帝南巡说考据

（一）舜帝南巡之路线图

　　舜帝南巡，首先是对湘漓文化带产生了直接的影响，时至今日，湘江流域、南岭走廊及其周边地区，仍然留存着诸多舜帝南巡的遗迹，流传着诸多舜帝南巡的故事传说，虽经数千年时间之流的冲刷，不仅没有湮没，反而历久弥新，说明其影响力是何等强大。在这里，不妨循着舜帝南巡留下的文化遗迹，并对照历史文献和故事传说，去勾勒一幅舜帝南巡的路线图。

　　舜帝南巡所走的路线，应该是从荆州道转湘桂古道。南巡队伍告别帝都，由风陵渡过黄河，入潼关，经商洛，顺丹江，下汉水，取道荆州，过长江，入洞庭。进入洞庭湖之后，舜帝南巡的文化遗迹就越来越多，越是接近湘桂走廊和南岭山脉，其文化遗迹就越丰富。这一方面说明，舜帝南巡在这一区域所驻留的时间更长；另一方面也可证明，舜帝对这一区域的影响力更大。

在洞庭湖，舜帝登上湖中的一个小岛，教授当地居民制茶的技术。这个小岛因为舜帝居住过，所以叫君山，岛上所产的茶叶，也成为著名的"君山茶"。舜帝来到常德的一座山下，在此讲授修身齐家治国之德，这座山就叫作德山。舜帝来到湘潭，带着乐队登上一座山峰演奏韶乐，这座山峰就叫韶山或韶峰，整个山冲就叫韶山冲。舜帝来到南岳衡山，大会南方诸侯，筑坛祭祀山川，并将玛瑙瓮所装的甘露赐给众人，此坛因而命名为甘露坛。舜帝经过邵阳新宁一处风景绝妙的山，夸赞说："山之良也！"这山就叫作崀山。舜帝在永州东安驻跸了一段时间，所驻的山就叫作舜皇山。

从舜皇山沿着湘桂走廊往南，来到桂林的一座山下驻跸，这座山就叫作虞山，在山上的石洞演奏韶乐，这个洞就叫作韶音洞。从桂林沿漓江继续南下到梧州，从梧州沿贺江向北到贺州，再由贺州向北，经江华到达道县——象封侯的地方有庳，探望多年未见的弟弟象，了却了一桩心愿。再过潇水往东，经宁远过蓝山，来到九嶷山南麓的一个山坳，在此弹唱《南风》，这个山坳就叫南风坳，山坳上还曾建有熏风亭。出南风坳继续往东，来到一座大山的石台上，在此演奏韶乐，此石台便叫作韶音台或韶音石，这个地方就叫作韶州或韶关。从韶关折向英德，经涟水往北返回宁远来到九嶷山。在九嶷山地区，与舜帝南巡相关的文化遗迹就更多了，有潇韶峰、舜源峰、娥皇峰、女英峰、万岁山、五臣山以及舜教农耕的地方"历山头"、舜斩恶龙的地方"三峰石"，等等，不胜枚举。

（二）舜帝南巡之文献记载

舜帝南巡，崩葬九嶷，这究竟是不是历史事实？回答应当是肯定的。上述诸多与舜帝南巡相关的地名，本就是一个很好的证明。另外还有诸多文献的记载，提供了更坚实的佐证。首先是司马迁在经过大量史籍考证和"上会稽，探禹穴；窥九疑，浮于沅湘"的实地考察之后，才得出了"(舜)南巡狩，崩于苍梧之野，葬于江南九疑"的千古定论。司马迁之前，《尚书·尧典》载："舜生三十征庸，三十在位，五十载陟方乃死。"对于"陟方乃死"，孔安国注："方，道也。舜即位五十载，升道南方巡守，死于苍梧之野而葬焉。""陟"有多义：一曰"登"。《说文解字》载："陟，登也。"《诗经·周南·卷耳》载："陟彼高冈，我马玄黄"。二曰"高"。《尔雅·释山》载："山三袭，陟。"三曰"死"。《尔雅·训诂》载："陟，升也。"笔者认为，"陟方乃死"四字应断句为"陟方，乃死"，即舜帝到南方巡狩，并在那里去世。《竹书纪年·帝舜有虞氏》也有这样的记载："三十二年，帝命夏后总师，遂陟方岳。"这里的"遂陟方岳"与《尚书》中的"陟方"是一个意思，都是说舜帝到方国（南方）去（巡狩）。因此，舜帝到方国或南方去巡狩，应该就是当时的历史真实。

司马迁之前的文献典籍还有很多，如《国语·吴语》载："昔楚灵王不君，其臣箴谏以不入。乃筑台于章华之上，阙为石郭，陂汉，以象帝舜。"楚灵王好大喜功。建章华台的目的在于炫耀楚国实力和正统。他仿舜帝陵庙布局和式样设计建造章华台，其前提条件是舜帝陵庙在楚国境内。《山海经》对舜帝卒葬九嶷有多处记载。《山海经·海内南经》载："兕在舜葬东，湘水南。"又云："苍梧之山，帝舜葬于阳，帝丹朱葬于阴。"郭璞注："即九疑山也。"《山海经·大荒南经》载："赤水之东，有苍梧之野，舜与叔均之所葬也。"郭璞注云："叔均，商均也。舜巡狩，死于苍梧而葬之，商均因留，死亦葬焉。基（墓）在今九疑之中。"《山海经·海内东经》载："湘水出舜葬东南陬，西环之，入洞庭下。"《山海经·海内经》载："南方苍梧之丘，苍梧之渊，其中有九疑山，舜之所葬。在长沙零陵界中。"郭璞云："山在今零陵营道县南，其山九溪相似，故云九疑。古者总其地为苍梧也。"这些记载，将舜帝卒葬与湘水、苍梧、九嶷山、零陵等连接在一块，苍梧的范围也就大致清楚了。《战国策·楚策》载："楚地西有黔中、巫郡，东有夏州、海阳，南有洞庭、苍梧，北有汾泾之塞、郇阳。"明确记载苍梧在楚国南部。屈原在《离骚》中写道："济沅湘以南征兮，就重华而陈词。""九疑缤兮并迎，灵之来兮如云。"其指向十分明确，屈原想象自己到九嶷山拜谒舜帝，受到热忱款待。此外，《礼记·檀弓上》载："舜葬于苍梧之野，盖三妃未之从也。"《淮南子·修务训》载："舜……南征三苗，道死苍梧。"这些文献典籍的记载，均在司马迁撰写《史记》之前。

司马迁之后的文献就更多了，有刘向、班固、王充、皇甫谧、郭璞、郦道元等，都以舜帝南巡死葬苍梧为是。《汉书》《说文解字》《皇览》《湘中记》《帝王世纪》《荆州记》《述异记》《水经注》《神境记》《括地志》《元和郡县志》《太平寰宇记》《云笈七签》《古史》《通志》《舆地纪胜》《徐霞客游记》《渊鉴类函》《古书图书集成》《湖广通志》《湖南通志》《永州府志》等，均有舜葬九嶷的载述。

另外，早期地方志书对舜庙变迁也有明确记载。唐代思想家元结任道州刺史时曾奏报朝廷："谨按地图，舜陵在九疑之中，舜庙在大阳之溪。舜陵古老已失，大阳溪今不知何处。秦汉以来，置庙山中，年代浸远，祠宇不存。"《湖南风物志》记载："舜庙，相传秦汉前建在大阳溪，秦汉时移到玉琯岩前，至唐，庙宇已圮毁，元结做道州刺史时，为了便于祭祀，在道州城内另建一座舜庙。唐僖宗（874—888）时，又将庙迁回玉琯岩下，并有敕建舜庙碑文。明洪武四年（1371）邑人重建舜庙于舜源峰下。"清代吴祖传在其所修的《九疑山志》中说："舜庙在大阳溪白鹤观前，盖三代时祀于此，土人呼为大庙，土坛犹存。秦时迁于九嶷山中，立于玉琯岩前百步。洪武四年（1371）翰林编修雷燧奉旨祭祀，迁入舜源峰下。"《宁远县志》与上述说法一致："舜宫，在大阳溪，三代时祀舜处"，"舜祠，在舜峰下，玉琯岩前，秦汉祀舜之处。其龟趺文础磊磊犹存。"

（三）舜帝南巡之考古发现

这些年来的考古发现，也为舜帝南巡提供了实物证明。长沙马王堆三号汉墓出土的世界第一张帛书《地形图》，按现代科学方法测定，对舜帝陵位置、方向的标志与秦汉舜庙遗址完全一致。图中画有紧密并排的九个柱状物，可能是表示九嶷山的九个山峰，旁注"帝舜"二字表示了舜庙所在地。马王堆墓主轪侯利苍死于公元前186年，早于司马迁出生年约半个世纪。2002年，湖南省考古研究所发掘表明，在玉琯岩前有面积达3.2万平方米先秦至宋元时期的古舜帝陵庙遗址，汉代青灰色绳纹板瓦片和魏晋南朝灰黄色瓦片，以及散失于当地的秦砖汉瓦。2005年，在隋唐至北宋文化层中又发现来自湖南本土以外的大量建筑构件，其中有众多标明为安徽"歙州斋造"的筒瓦，说明当时修建舜庙是动员全国人力物力财力的全国性官方行为。中国社会科学院历史研究所原所长、"夏商周断代工程"首席科学家李学勤认为，"古舜帝庙是我国目前发现的始建年代最早的五帝陵庙，也是我国唯一有文献可考的舜帝庙"。

与舜帝南巡相关的还有一个坐果山遗址的发现。该遗址位于东安县大庙口镇南溪村二组的坐果山上。2008年10月，湖南省文物考古研究所会同当地有关部门对该遗址进行了发掘，发掘面积约1000平方米。清理出了一组完整的山地居住遗迹，共发现古人用来支撑房屋柱子留下的柱洞100多个，灰坑（包括火塘）10余个。从柱洞的位置可以看出，生活在坐果山上的商周古人采用山石为墙，在山石之间空地立柱搭棚。从中可以复原商周时期人类依据岩山的自然环境来建筑居室的情形。在遗址内一条长达数十米的自然深沟中，发现文化层厚达3~4米，出土了大量的文化遗物，石斧、石锛、石凿等石器，釜、罐、鼎、鬲、纺轮等陶器，还有少量的青铜矛、镞和玉玦、玉环等。根据发掘出土的大量动物遗骨，可以确定聚落的经济形态是以狩猎为主体。所发现的石器，已构成了一条完整的石器制作加工链，这在湖南考古史上尚属首次。

从目前的发掘情况看，坐果山遗址是一处商周时期南溪河流域的中心遗址，遗址范围约2万平方米。从已出土的文物上，既发现了当地区别于中央王朝的文化特征，也出现了中原文化传播、北方文化南下扩散的交流元素。这种区域文化的分散与聚合、差异与交流，为华夏民族共同体的融合过程、中华文明的形成脉络提供了重要的材料佐证。《湖南日报》2008年12月3日曾报道：《史记》记载的"舜帝南巡"在考古界由于缺乏相应的考古论证，一直只是一个美丽的神话。近日，湖南省文物考古研究所在永州市东安县大庙口镇发现一个大规模商周时期遗址——暂命名为"坐果山遗址"，这一发现将有可能填补舜帝南巡这一千古疑案的实物证明的空白。湖南省文物考古研究所所长郭伟民表示："湖南很多地方都有关于五帝时代的传说，其中最有名的就是舜帝南巡，但是至今除了传说没有任何实据证明。此次考古发现，是否能佐证舜帝南巡的传说,有待进一步考证。在这些出土文物上,既发现了当地区别于中央王朝的文化特征,也出现了中原文化传播、北方文化南下扩散的交流元素。这种区域文化的分散与聚合、差异与交流,为华夏民族共同体的融合过程、中华文明的形成脉络提供了重要的材料佐证。"这次发现,随着一些青铜器的出土以及反映出的商周湘南居民的生活习惯等都与古代中原地区的情形十分相似,这就证明这些人有可能是北方来的,就算不是,至少也证明了那个时候文化交流传播的影响力"。更令人惊奇的是,研究人员发现了南溪村二组一系列完整遗迹,沿台地周围已发现四个同时期遗址。为什么会有这样大规模的商周古人类遗址呢?郭伟民分析,如此多同时期同类型遗址的发现,证明2000多年前这里曾生活着大量的居民,他们形成了一个完整的聚落。湖南省文物考古研究所编著的《坐果山与望子岗——潇湘上游商周遗址考古发掘报告》说得更明白一些:"舜帝南巡,已成为潇湘大地具有标志性的古老传说,反映在考古学上,便是新石器晚期至商周以来中原文明的南浸,以及作为政体边界的确认,秦汉统一便是这种确认的逻辑结果。""随着潇湘上游商周时期文化面貌的逐渐梳理,会使这一段传说的历史背景越来越清晰,从而使它散发出新的历史光彩。"① 需要特别指出的是,这样的考古发现,不仅仅限于潇湘上游,几乎遍布整个南岭山脉,如此完整的聚落,如此宽广的影响,在交通很不发达的史前和上古时代,中原的影响力恐怕还很难深入到如此遥远的"南蛮"之地。因此,这很有可能是舜帝南巡队伍所留下的后裔。

二、德服三苗说族源

(一)舜帝南巡之政治目的

"舜帝南巡"这一事件无论是对中国历史或中国文化都产生了深远的影响。但"南巡"的原因或者说政治目的何在?众多典籍则说法不一。归纳起来,大致有如下三说:

首先是体察民情说。"南巡"是巡视方国以体察民情,这是最流行的说法,无论文献典籍或民间传说,都有这一说法。最早的文献记载是《尚书·尧典》:"舜生三十征庸,三十在位,五十载陟方,乃死。"孔传解释说:"舜即位五十年,升道南方巡狩,死于苍梧之野而葬焉。""陟方"就是巡视方国。《烈女传》卷一《母仪传·有虞二妃》载:"舜陟方,死于苍梧,号曰重华。"《孔子家语·五帝德》曰:

---

① 湖南省文物考古研究所.坐果山与望子岗——潇湘上游商周遗址考古发掘报告(上、下册)[R].北京:科学出版社,2010:633-634.

"（舜）陟方岳，死于苍梧之野葬焉。"不过，三年一巡狩乃是舜帝在位时确立的定制，此时的舜帝已经不在位，为什么还要南巡狩呢？对此，杨东晨的解释是："帝舜即位后，多到黄河流域及江淮地区巡视民情，考察官员政绩，未到过江南，因而在禹摄政后，帝舜和大臣亲到南方去考察'官员'（十二牧中的主南方者）的政绩和民情。"① 此外，九嶷山的民间传说也是如此解释：

> 舜帝禅让后，并没有袖手旁观，而是仍然在考虑国家的兴盛、人民的安危。他想，中原的水害治住了，可是南方的水害怎样呢？他知道，南方原来是多水患、多猛兽、多灾荒的地方，如果南方的灾害不除，那里的老百姓就得不到安定的生活。舜决心亲自到南方巡视，了解南方的情况，好帮助大禹治好整个中国。
>
> 舜回到家里，把自己的想法与二妃娥皇、女英商量，二妃听了大吃一惊。想舜帝这么多年来，为国家操劳，已够辛苦的了，而且如今已经年老体弱，要到那遥远的南方去，多有不便。听说南方不仅水害严重，那毒蛇猛兽猖獗厉害，舜帝去太危险，放心不下。于是苦苦劝阻舜帝："舜帝，你年事已高，况且又已让位给禹，还要去南方干什么？让禹和大臣们去吧！"舜笑了笑说："二妃的心意我领了，我即位三十年，由于全力治理中原的水患，南方没有去成，现在有禹接位，我可以安心去南方了，我现在身体还好，如今不去，恐怕以后想去也去不成了，此生不去南方一趟，那要成为终身的憾事。"②

其次是"南征"或"德服"三苗说。舜帝南巡，有文献记载说是为了"南征"三苗。《礼记·檀弓上》记载："舜葬苍梧之野，盖三妃未之从也。"汉代郑玄注曰："舜征有苗而死，因留葬焉。"汉代刘安《淮南子》亦载："舜南征三苗，遂死苍梧。"晋代皇甫谧在《帝王世纪》中说："……有苗氏叛，（舜）南征。崩于鸣条，殡以瓦棺，葬于苍梧九嶷山之阳，是为零陵，谓之纪市，在今营道，下有群象为之耕。"

但更多的文献所记载的，则是为了"德服"三苗：

> 三苗不服，禹请攻之。舜曰："以德可也。"行德三年，而三苗服。（《吕氏春秋·尚德》）
>
> 当舜之时，有苗不服。禹将攻之，舜曰："不可。上德不厚而行武，非道也。"乃修教三年，执干戚舞，有苗乃服。（《韩非子·五蠹》）
>
> 当舜之时有苗不服。于是舜修政偃兵，执干戚而舞之。（《淮南子·齐俗训》）

---

① 杨东晨.帝舜家族史迹考辨[N].零陵师范高等专科学校学报，2002(1).

② 讲述人：王立生，74岁，男，小学文化，汉族，农民，鲁观乡鲁观村人。整理者：何文孝。

当舜之时，有苗不服。其不服者，衡山在南，岐山在北，左洞庭之波，右彭泽之水。由此险也，以其不服。禹将伐之，而舜不许，曰："吾喻教犹未竭也。"久喻教而有苗请服。天下闻之，皆薄禹之义而美舜之德也。(《韩诗外传》卷三)

蔡靖泉对此进行解释说："武力征伐不能服众，行德喻教方可化民。虞舜弃力征而以德化三苗，足显其明哲贤能之'圣'。虞舜在南国的行德，即如《南风》所云的'解吾民之愠''阜吾民之财'；虞舜在南国的喻教，也即'慎和五典'，使苗民'移风易俗'，明'五常'之义，由野蛮走向文明。"①

其三是被逼避难说。在舜帝"禅让"的问题上，有人持反对意见，认为是禹"逼宫"。与"逼宫"相联系，认为舜帝的南巡也是"被逼避难"。《韩非子·说疑》曰："古之所谓圣君贤王者，非长幼世及以次序也。以其构党与、聚巷族，逼上截君而求其利也。"彼曰："何知其然也？"则曰："舜逼尧，禹逼舜，汤放桀，武王伐纣，此四王者，人臣截其君者也，而天下誉之。"按照韩非子的说法，禅让说充满了欺骗性，舜禹之继承君位，靠暗结党派，拉拢权贵而夺取其政权。再如《汲家琐语》云："舜放尧于平阳。"又说："据《山海经》谓放勋之子为帝丹朱，而列君于帝者，得非舜虽废尧，则云：仍立尧子，俄又夺其帝位者乎？……谓之禅让，徒虚语耳。"唐代刘知几根据《汲家琐语》《山海经》等书的记载，在《史通通释·疑古》中说：舜"何得以垂暮之年，更践不毛之地；兼复二妃不从，怨旷生离，万里无依，孤魂磕尽……斯则险方之死，其殆文命之志乎？"他认为舜帝年老"践不毛之地""二妃不从"，这不合常理，借此来否定禅让。这就意味着舜是被逼让位，然后来到南方避难。近人顾颉刚认为，禅让是墨家为了宣传他们的主张而造出来的。墨家只提出了尧舜的禅让，舜禹的禅让是后人添加上去的。尧舜禅让说是东西民族混合的结果②。今人杨安平认为，舜为东夷族有虞氏部落领袖为现今多数学者所公认。舜以先进的生产技术拓展了有虞氏的领域，壮大了自己的势力。自黄帝打败蚩尤后，华夏族与东夷族已成为联盟关系，所以尧把二女嫁给舜也是自然的。嫁二女是有目的的，一是通过联姻来稳定、安抚有虞氏部落；二是监察有虞氏动向。舜以孝闻是儒家附会，史迁之误，或者由于传说的时间错位所至。舜势力不断壮大，舜的势力可谓无敌于天下，因此"逼尧、囚尧"的悲剧也在所难免了。所谓避让是曲折地反映了传说中的古史，是部落联盟中心由虞舜部落向夏禹部落转移的影史。这种转移不是让于德的结果，也不是避让先王之子的结果，而是各部落势力消长的结果③。

① 蔡靖泉.舜歌《南风》与舜化南国[N].零陵师范高等专科学校学报,2001(1).

② 顾颉刚.禅让传说起于墨家考[A].古史辨(第7册下)[M].上海:上海古籍出版社,1982.

③ 杨安平.关于尧舜禹禅让制传说的探讨——兼谈国家形成的标志问题[J].中国史研究,1990(4).

(二) 舜帝南巡之历史意义

笔者认为，舜帝南巡的真实目的是"德服三苗"，这更符合历史的真实性，也更具有深远的历史意义。

首先，从历史的真实性来看，这是一次美妙的音乐之旅。舜帝此次南巡，我们从文化典籍、民间传说乃至于历史遗迹中，找不到带兵打仗、战争硝烟的痕迹，相反，关于舜帝奏《韶乐》、歌《南风》的留存记载和痕迹倒是屡见不鲜。章太炎《古经札记·舜歌南风解》云："舜南巡苍梧，地本属楚，其歌南风，盖即在南巡时，阙后楚之《九歌》九章，当即南风遗音，故有《湘君》《湘夫人》等篇，即用舜律，而又咏舜事也。且夷乐亦惟南音最合。"杨东晨还据此认为"舜帝南巡，当有亲自去体察南方民风歌乐之意"[①]。除了歌《南风》，就是奏《韶乐》，《春秋繁露》云："舜时，民乐其昭尧之业也，故韶，韶者，昭也。"《韶乐》则是舜帝所创，来自北方。舜帝演奏《韶乐》的地方，现在还留下了韶山、韶关等地名。舜帝就是这样奏着《韶乐》、歌着《南风》，走遍了南方数省，最后将自己的身体也留在了南方九嶷山。

从九嶷山周边舜文化遗迹的情况看，到处建有舜帝庙，而且称之为"大庙"，其地位高过任何其他的庙，足见舜帝在当地人民心目中的地位。不仅如此，永州至今仍保留有多处"夔龙庙"，这在全国的舜帝崇拜和舜文化遗迹中，是独一无二的，这说明当地人民不仅崇拜舜帝，连同跟随舜帝来进行道德教化的夔和龙也一并崇拜。北京大学研究尧舜传说的权威专家陈泳超曾带领自己的研究生来永州考察，他的学生发表《永州舜文化田野调查札记》说："我们在山西调查尧舜传说，关于舜的臣子的遗迹，我们曾到过皋陶庙，也在方志中见到关于稷益庙的记载。而永州地区若干处夔龙庙则是我们在山西、山东所未闻的。按照合理主义的传说逻辑，这当是由于舜带夔、龙二人以礼乐教化南方之故，其他大臣并未跟来。"[②]就舜帝"在位"时身边大臣的地位而言，皋陶、稷、益的地位自然远胜夔、龙，所以山西有皋陶庙、稷益庙而不会有夔龙庙，永州的情况则恰好相反，这种现象只能说是舜帝"德服三苗"古老传统的遗存。

其次，从深远的历史意义说，这是民族融合的一次伟大历程。舜帝将北方的《韶乐》和南方的《南风》结合在一起，这应该是大有深意的：这是南北音乐的融合，更是南北民族的融合。经过漫长的战与和，黄河与长江的远古民族逐渐结合为三大部族：华夏族、东夷族和南蛮族。晁福林认为："部落联盟领导权的禅让制是古代早期国家构建的重要标识。关于尧、舜、禹之间的领导权的传递，《尚书》所载

---

① 杨东晨.帝舜家族史迹考辨[N].零陵师范高等专科学校学报,2002(1).
② 王尧.永州舜文化田野调查札记[N].湖南科技学院学报,2009(11).

言之凿凿，无可置疑。"① 既然国家的权力禅让只在尧、舜、禹之间传递，按照顾颉刚的说法只是"东西民族混合的结果"，这就意味着南蛮族并没有"结合"进去，南蛮族的权利并没有在国家的权力中得到体现。而且南蛮族既有山川之险，又有众多族支（"九黎""三苗"之称就是族支众多的表现），在他们的权利没有结合进国家而又要让他们服从于国家的权力，并让他们心服口服地与北方的两大民族融合为一体，这确实是武力很难解决的问题。正因为如此，所以舜帝南巡一路宣讲着道德教化，同时伴随着音乐熏陶，并以自己的身体力行率先垂范，最终"勤民事而野死"，还将自己的圣体也留在了江南九嶷，再加上二妃的泪洒斑竹、殉情潇湘，他们的事迹使南方的九黎、三苗大为感动，最终心悦诚服地接受了来自北方的王权，三大部族终于"混合"为一体。可以说，如果没有舜帝的南巡，中华民族的大融合、中国大一统国家的形成，都是很难想象的。

（三）德服三苗之心理基础

作为上古时代的舜帝，是中华文明最为关键的奠基人，崔述的《唐虞考信录》说："然则尧舜者，道统之祖，治法之祖，而亦即文章之祖也。"古人将尧、舜视为圣王，而且往往是尧舜并称，在道德与政治的结合中，尧帝的德行或许不在舜帝之下，但他的实践之功却难与舜帝比肩，所谓尧不能为而舜能为之，尧未能成而舜能成之。舜帝南巡，"德服三苗"，实现了华夏、东夷、南蛮三大部族大融合，奠定了中华民族的大一统，这一千秋伟业是尧帝所不可比拟的。可以说，正是舜帝的德行和"德服三苗"的政治实践，才奠定了中国"以德治国"亦即将伦理道德与政治相结合的本质特征，此后的中国文化一直沿着"伦理政治"的主流路径走下去，几千年基本保持不变。也正是因为有了这样的伟业，使舜帝成为中华文明当之无愧的"人文先祖"。

然而，舜帝德服三苗的举措之所以能够实现，亦即舜帝所宣扬的道德教化之所以能够得到三苗的认同，则还必须有一个共同的文化心理和现实基础，这个基础，就是舜帝与南方苗蛮部族的密切关系。这就意味着，中华民族是在认祖归宗的基础上形成了大一统的民族心理认同。与此相联系的，则是对"异类"的排斥。《左传·成公四年》载："史佚之《志》有之，曰：'非我族类，其心必异。'"意思是说，不是我们同一族的人，必定与我们不是一条心。在这种心理因素的作用下，舜帝如果被三苗视为"异类"，则他的一切道德教化都产生不了作用。

南方的三苗来源于九黎，九黎属于东夷集团，舜帝是"东夷人"，亦属于东夷集团，这就从族群的渊源上有了近亲关系，而近源关系则是舜帝南巡之前，早已有两位亲人生活在三苗地区，而且与三苗的关系很融洽。

---

① 晁福林.关于中国早期国家形成的一个理论思考[J].中国历史研究,2010(6).

其一是舜帝将弟弟象分封到有庳。关于封象于有庳之事，古代典籍中曾有两种不同的说法：一说是"放"，一说是"封"。"流放"之说难以成立，因为封象于有庳是在舜帝感化象之后，象既然已被感化，便不存在流放了。但如果说仅仅是"封"也未免简单，因为有虞氏在东夷故地本有封地，象也应该有一块属于自己的地盘，舜帝大可不必把他封到如此偏僻的蛮荒之地。看起来"大可不必"做的事却又做了，说明此事背后一定另有深意，这深意就是：化于苗蛮。也就是说，象所承担的任务不仅仅只是治理有庳这么一个小地方，而在于通过治理这个地方，让苗蛮之人感受到舜帝对他们的重视，化解他们的"排异"心理，逐渐向华夏民族靠拢。如此，象封有庳才更具现实意义。事实证明象做得很好，获得了当地苗蛮的尊崇，鼻亭神庙在当地延续了数千年，足可说明象在当地百姓中地位的崇高。

其二是舜帝之子戏与瑶民的关系。《山海经》载："有易潜出，为国于兽，方食之，名曰摇民。帝舜生戏，戏生摇民。"袁珂按："此乃摇民传说之异闻，故附记于此。其实有易即戏也，易、戏声近，易化摇民即戏生摇民也。"关于戏生摇民，何光岳《南蛮源流史》指出："摇人当属于舜帝之后""摇民的始字为。窑字呈手制瓦器状，传说舜帝曾陶于雷泽，是一个制作陶器的能手，因而舜帝之裔便叫窑民""窑加穴为窑，更证实窑人确实以制造陶器得名"[1]。《说文解字》对窑的解释也证实了这一说法："窑，瓦器也，从缶肉声。"时至今日，具有"千年陶都"美誉的长沙铜官窑，仍尊舜帝为"陶祖""陶神"，可见舜帝在"窑民"中的地位之崇高。瑶族的"瑶"在古代有多种写法，但不管怎么变化，都带有"窑"旁，说明这个民族擅长于制陶，再加上"帝舜生戏，戏生摇民"，说明舜帝和瑶族祖先确实有着某种直接的联系。这种联系应该与"有易潜出"有关。"潜出"肯定不是分封，有可能是出为人质。在秦汉以前，就存在着对蛮族地区的和亲政策，又或安排国家或部落首领子女等作为人质，尧舜之时，此风或已存在，如二妃下嫁于舜或曰舜入赘于尧，就可视为华夏部落与东夷部落的政治联姻。戏"潜出"的最初意愿不管是当作人质还是入赘，最终还是与南方的苗蛮部落联姻了，娶了南方部落首领的女子，生下了具有南方苗蛮部落血统的儿子，于是建立了一个新的方国，这便是"为国于兽"亦即戏于蛮荒之地、野兽出没的地方建立了一个方国——"摇民国"。

《山海经》中提到的"摇民国"，很可能就在衡阳、永州之间。这是隋唐以后称之为"莫徭"支族密集分布的区域。《梁书》卷三四载："州界零陵、衡阳等郡，有莫徭蛮者，依山险为居，历政不宾服，因此向化。"这是隋唐前正史中少有的直接指明莫徭分布地理情况的记载，从中可见莫徭分布于零陵并不是从梁代开始的，"历政不宾服"，说明了莫瑶居于此地的时间久远。《隋书》亦云："长沙郡又

---

① 何光岳.南蛮源流史[M].南昌：江西教育出版社，1988：122-125.

杂有夷蜒，名曰莫徭，自云其先祖有功，常免徭役，故以为名。其男子但著白布裤衫，更无巾裤；其女子青布衫、班布裙，通无鞋履。婚嫁用铁钴䥄为聘财。武陵、巴陵、零陵、桂阳、澧阳、衡山、熙平皆同焉。其丧葬之节，颇同于诸左云。"这里所说的"夷蜒"，当是指东夷人的后裔，莫徭为戏之后裔亦即舜帝之后裔，当然也就是东夷人之后裔。诚如是，舜帝南巡之区域与莫徭之分布区域高度重合，这就不难理解舜帝晚年为何要南巡，又为何要葬于江南九嶷。因为这一行为不仅可以感化三苗，还可以与象、戏重聚。由此还可以理解，舜帝南巡为什么可以"德服三苗"，最终实现南北民族大融合的真实缘由——其实这结果不仅仅是在南巡过程中实现的，而是在此之前就已经做了大量工作。

三、民族融合说和谐

舜帝南巡的历史意义不仅仅是"德服三苗"，更重要的是贯彻了以德治国的理念，播撒了和谐文化的基因，为中国数千年的和谐稳定奠定了理论和实践的基础。

（一）和谐之理论内涵

舜帝很重视"乐教"，《尚书·舜典》中有一段舜帝命夔典乐的记载："夔，命汝典乐，教胄子。直而温，宽而栗，刚而无虐，简而无傲。诗言志，歌咏言，声依咏，律和声。八音克谐，无相夺伦，神人以和。"这一段话的内涵十分丰富，后世学者反复征用，其中说到八音克谐的律音，说到音乐与政治的关系，说到乐教与诗教的关系，说到音乐移风易俗的教化职能，乃至于写音乐史、教育史、文学批评史等，无不从这一段记载开始。而要说到和谐理论，则更是绕不开它。如孔颖达疏解："诗言人之志意，歌咏其义以长其言。乐声依此长歌为节，律吕和此长歌为声。八音皆能和谐，无令相夺道理，如此则神人以此和矣。"这是"和谐"作为复合词的最早出处。"神"在这里我们宁可理解为"天地自然""神人以和"意即"天人和谐"、人与天地自然的和谐，这是"和谐"理论的最高境界。

"和谐"理论最早来源于音乐，"和"的原始本义也是与音乐相关的。《国语·周语下》载："乐从和，和从平"，韦昭注："和，八音克谐也"。《吕氏春秋·察传》载："舜曰：夫乐，天地之精也，得失之节也，故唯圣人为能和，乐之本也"，高诱注："和，调也"。《淮南子·天文训》载："徵生宫，宫生商，商生羽，羽生角，角生姑洗，姑洗生应钟，比于正音，故为和。"王念孙《读书杂志》载："和者，言其调和正音也。"《论语·八佾》载："子语鲁大师乐，曰：乐其可知也：始作，翕如也；从之，纯如也，皦如也，绎如也，以成。"郑玄注："纯如，咸和之矣。"刘宝楠《论语正义》载："谓人声乐声相应而不杂，故为和也。"

"和"不仅与音乐的作用相关，还与乐器相关。"和"字古通作"龢"，其字从龠，禾声，读音与"和"相同，本义也解为"调"。《说文解字》载："龢，调也，从龠，禾声，读与和同。"《尚书·禹贡》："和夷底绩。"陆德明释文："和，又作龢。"《文选·东都赋》"龢銮玲珑"，李善注："龢与和，音义通。""龢"字从"龠"。"龠"是象形字，解为三孔竹管乐器。《说文解字·龠部》载："龠，乐之竹管，三孔，以和众声也。从品、侖，侖，理也。凡龠之属皆从龠。"《慧琳音义》："龠从品，象其三孔也。从侖，调和其声以伦理也。""和"是一种什么样的竹管乐器呢？《尔雅·释乐》载："大笙谓之巢，小者谓之和。"《说文解字》：载"笙，大者谓之巢，小者谓之和。"《太平御览》五八一引舍人云："大笙音声众而高也，小者音相和也。"古代多笙歌，如《诗经》六篇有声无词，与诗相和，均为笙歌。除竹管乐器外，古代还有青铜乐器，铭文称"龢钟"，历代出土较多。"龢钟"意为调和音律之钟。

古人看重"笙"，这除了其"和乐"的作用外，还用更深的含义。笙的本义为"生"，象征万物的萌生，簧管的长短音调对应着正月的时令。《玄应音义》注引《世本》："随作笙，象凤凰之身，正月音也。"宋均注："随，女娲臣也。"《礼记·明堂位》载："女娲氏之笙簧。"《说文解字》载："笙，十三簧，象凤之身也。笙，正月之音，物生，故谓之笙。"《释名·释乐器》载："笙，生也，竹之贯匏，象物贯地而生也，以匏为之，故曰匏也。"《白虎通·卷二》载："笙者，太簇之气，象万物之生，故曰笙，有七政之节焉，有六合之和焉，天下乐之，故谓之笙。"《风俗通义·声音》载："笙，长四寸，十二簧，像凤之身，正月之音也，物生故谓之笙。"《太平御览》卷五八一引邯郸绰《五经析疑》："夫笙者，法万物始生，导达阴阳之气，故有长短，黄钟为始，象法凤凰。"

"乐"不仅与万物萌生有关，还与人事政治相关。《国语·周语下》载："夫政象乐，乐从和，和从平。声以和乐，律以平声。金石以动之，丝竹以行之，诗以道之，歌以咏之，匏以宣之，瓦以赞之，革木以节之，物得其常曰乐极，极之所集曰声，声应相保曰和，细大不逾曰平。如是，而铸之金，磨之石，系之丝木，越之匏竹，节之鼓而行之，以遂八风。于是乎气无滞阴，亦无散阳，阴阳序次，风雨时至，嘉生繁祉，人民龢利，物备而乐成，上下不罢，故曰乐正。"《白虎通·卷二》载："故乐者，所以崇和顺，比物饰节，节奏合以成文，所以合和父子、君臣，附亲万民也，是先王立乐之意也。"古人还认为，音乐是政治道德的一个标志，并且是最为真实、客观的一种标志。《礼记·乐记》载："乐者，德之华也。金石丝竹，乐之器也。诗，言其志也；歌，咏其声也；舞，动其容也。三者本于心，然后乐器从之。是故情深而文明，气盛而化神，和顺积中而英华发外，唯乐不可以为伪。""乐者，德之华"，这实际上已内在规定了从"以德治国"到"和谐社会"的必然逻辑。

上述关于"乐"与"和"的诸多解释，实际上都是对"先王立乐之意"亦即舜帝"乐教"的生发。舜帝之所以重视"乐教",又是与有虞氏的世职相关的。《国语·郑语》载:"虞幕能听协风,以成乐物生者也。"韦昭注:"协,和风也,言能听知和风,因时顺气,以成育万物,使之乐生。"虞幕是舜帝的祖先,作为乐官,其职守既要精通音乐,又要能听出和风的到来,以助生万物,这就与当时的农业生产联系了起来。而协风的到来,正是一年春耕生产的开始,也是一年收成的希望所在,可见乐官的职守正是与"万物萌生"相联系的。《礼记·乐记》载:"地气上齐,天气下降,阴阳相摩,天地相荡,鼓之以雷霆,奋之以风雨,动之以四时,暖之以日月,而百化兴焉。如此,则乐者,天地之和也。"百物化兴(生)的起始是因为"地气"与"天气"的阴阳交合,气动为风,风动为天籁之音,它可以通过人工的乐音分辨出细微的差别,乐官听"协风"也就是要听出这种细微的差别,以便在"万物萌生"时不误农事。这似乎也意味着,音乐天然地联系着物质和精神两大领域,是人与自然最好的调和剂。

音乐与自然之风相联系并进而与万物生长相联系,而音乐与人的喜怒哀乐之情也是相联系的。《礼记·乐记》载:"其爱心感者,其声和以柔。"孔颖达疏:"和,调也。"虞幕听协风,与人的情感是如何"调和"起来的呢?《国语·周语上》载:"先时五日,瞽告有协风至,王即斋宫,百官御事,各即其斋三日……""瞽"为乐官的职衔名,在瞽告知协风到来之前五日,王与百官就要进行斋戒并举行隆重的礼仪。在仪式进行当中,伴有相应的音乐,庄严肃穆的仪式相伴优美动听的音乐,有利于驱除心头的杂念,形成统一的思想感情,进而形成和谐有序的局面。因此,如果说舜帝的祖先从虞幕到瞽瞍所重视的是音乐与"协风"亦即与农业生产的关系,到了舜帝这里所重视的则是"乐教"与人格培养、与和谐的政治局面的关系。《吕氏春秋·察传》载:"夔于是正六律,和五声,以通八风,而天下大服。"这里的"八风"显然不是指自然之中的协风,而是指四面八方的民风民情。夔通过音乐教化来宣扬舜帝的德性、德行和德治理念,于是使"天下大服",实现了和谐如一的天下大同。

"和"不仅是"乐教"的内容,也是"礼教"的内容。柳诒徵说:"《周官》为政书之渊源,而以礼为中枢,揭橥大义,最重中和。《周官》载:'大司徒,以五礼防万民之伪,而教之中;以六乐防万民之情,而教之和。'又,'大宗伯,以天产作阳德,以中礼防之;以地产作阴德,以和乐防之,以礼乐合天地之化,百物之产,以事鬼神,以谐万民,以致百物。'子思作《中庸》,实述其旨,如所谓'致中和,天地位,万物育'者,皆有其位之育之事实,非空言也。"[1] 可见,礼与乐共同使用,手段不同,其目的则是相通的,也就是"事鬼神、谐万民、致百物",最终就是要造就一个从上到下、从内到外和谐融洽的政治局面,

---

① 柳诒徵.中国礼俗史发凡[J].学原,1947(1):19.

这也是中国政治的最重要理想。

由此也可以看出，和与中含义相通，还可组合为中和的概念。《说文解字》载："中，和也。"《国语·晋语》载："夫以回鬻国之中也。"注："中，平也。"《淮南·主术》载："是以中立。"注："中，正也。"《易·蒙》载："以享行时中也。"注："中，和也。"《庄子·在宥》载："中而不可不高者德也。"注："中，顺也。"《汉书·律历志》载："民受天地之中……"注："中谓中和之气。"因此，中、和、中和，不仅三者的含义相通，而且与平、正、顺的含义也相通，均可表示和谐、和平、和顺、中正平和的意思。

古人对和与同的含义则是要严格区别开来的。《论语·子张》载："君子和而不同，小人同而不和。"何晏《论语集解》载："君子心和，然其所见各异，故曰'不同'；小人所嗜好者'同'，然各争利，故曰不和。"除"争利"之外，小人毫无主见，只知随声附和，阿谀奉承，不肯或不能表示不同意见；君子决不盲从，而是审时度势，善其当善，恶其当恶，务求中正平和、恰到好处：这才叫和而不同。

学者们大都认为，孔子的"和而不同"源出于西周末年的史伯，但史伯的"和同"之辨，其内涵却要丰富得多。《国语·郑语》载"史伯论兴衰"："夫和实生物，同则不继。以他平他谓之和，故能丰长而物归之；若以同裨同，尽乃弃矣。故先王以土与金木水火杂，以成百物。"韦昭注："和，谓'可''否'相济。""可否相济"本是晏子的观点，他强调君臣在处理政务时，应该通过"济其不及，以泄其过"的办法来实现"否可相济"的综合平衡，以保持"政平而不干"的和谐统一政治局面（《左传·昭公二十年》）。晏子的观点也是对史伯的继承，但他重点突出了政治上的和谐，而相应地忽略了"成百物"的意义，这也足可证明：和谐理论越到后来越重视政治的功利性。

综上所述，和谐的内涵可概括为三个方面：多种关系的协调，多样元素的合一，多方力量的平衡。概括为一句话就是：万事万物和谐相处。

(二) 和谐之实践价值

"乐教"的核心是"和"，"和"的目的是"事鬼神、谐万民、致百物"；而"事鬼神、致百物"的目的又是为"谐万民"服务的。因此，创造一个和谐安定、和乐如一的政治局面，促成万事万物的和谐相处，这是舜帝及其后继者们数千年来一直孜孜以求的美好愿望。《礼记·乐记》载："乐也者，圣人之所乐也，而可以善民心。其感人深，其移风易俗，故先王重其教焉。""故乐行而伦清，耳目聪明，血气平和，移风易俗，天下皆宁。""乐者，天地之和也。"《通书·乐中》载："乐者，本乎政也。政善民安，则天下之心和。"在这种和谐的社会状态下，万物与我共生，天地与我同在，日月与我同辉，人与自我的身心和谐，人与人和谐相处，国与国和平共处……综合起来看，和谐之价值目标应该包含三个不同的层次：心和、政和与天人之和。

首先，关于心和，也就是人与自我的心身和谐，其价值目标体现在人格的和谐、情感的和谐与心态的和谐等三个方面。

一是人格的和谐，这是"乐教"的第一个价值目标，也就是舜帝所说的"直而温，宽而栗，刚而无虐，简而无傲"。对这一段话，宋代陈经《尚书详解》载："将教人以中和之德而必导人以中和之乐。人之气质有刚柔缓急之不同，舜命夔教胄子，使导达其气质一归于中和。直宽刚简，四者气质之自然，直而教之温，则不失之直情径行好讦以为直，宽而教之栗，则不失之纵放，刚而教之无虐，则不至于暴，简而教之无傲，则不至于忽，此德之中和也。"根据现代心理学的解释，人格与气质是一个包容关系，人格包括气质、性格等稳定的心理特征。人格中的气质是个人在早期生活就表现出来的稳定的个性差异，即那些由遗传和生理决定的心理与行为特征，与平常所说的禀性、脾气近似。在日常生活中可以看到，有的人总是活泼好动，反应灵活；有的人总是安静稳重，反应迟缓；有的人不论做什么事总显得急躁，有的人总是那么细腻深刻。这些特点，与气质相关，具有先天性。而人格的培养就是要祛除那些先天的不足，辅之以后天的良好修养。这种修养，不是统一的标准，而是在各不相同的原有气质之上施以不同的教育，最后才形成"和而不同"的中和人格。

二是情感的和谐，其目标是中和之美，也就是孔子所说的"哀而不淫，乐而不伤"。《中庸》载："喜、怒、哀、乐之未发，谓之中。发而皆中节，谓之和。"何谓"中节"？它是获得"和"或是引向"和"的一种状态，也可以理解为实现善与价值的一种关系。因此，"中节"也可以理解为"中和"，它要求人们在表达其自身的情感和思想时，应该保持其适宜的度，既不能过也不能不及。按照《中庸》的观点，人的内在本性源于自身内在生命力的原始源泉，即天。所以，和谐情感相对于和谐行为而言是基础，是最初的和谐。"中"在这里也可以理解为人的内心之"中"，它提醒人们要认识深埋在人性中的那些本源性的东西，用弗洛伊德的理论来解释或可称之为潜意识，因为它们能产生情感和思想。这也就意味着，同人格的内涵一样，情感也有先天与后天之别。人首先是自然人，然后才是社会化的人。人由自然人向社会化的人的过渡，就要学习社会的道德规范。道德最初或多或少是外在于个人的，是社会强加给个人或作为风俗习惯灌输给个人的。道德的这种社会制约力要想有效地发挥作用，就必须内化为个人的要求，个人把道德当作一种生活需要，一种自己的东西，形成一种道德自觉。有了这种自觉，原来存在于内心深处的先天性情感一旦抒发出来，就可以被后天修养得来的道德自然而然地过滤，这也就是"中节"。因此，"中节"之后的中和之美，在情感表现上既是适宜的，也是包含道德力量的。

三是心态的和谐，其目标是心境平和，也就是《中庸》所说的"素其位，尽其性"。《中庸》载："唯天下至诚，为能尽其性。能尽其性，则能尽人之性；能尽人之性，则能尽物之性；能尽物之性，则可以赞天地之化育；可以赞天地之化育，则可以与天地参矣。"所谓"尽其性"，就是充分地显现自然本性，人与物都有这种自然本性，而且是相通的，因而人只要能"尽其性"，就可以与"天地参"。人如何才能做到"尽其性"？其前提是树立"素位而行"的生活态度："君子素其位而行，不愿乎其外。素富贵，行乎富贵；素贫贱，行乎贫贱；素夷狄，行乎夷狄；素患难，行乎患难。……上不怨天，下不尤人。"（《中庸》）"素"是指平易、平常，"素位而行"也就是用平易、平常之心来对待自己所处的地位，从实际出发，做自己本来该做的事情。富贵者应该以富济贫，贫贱者应该安贫乐道……在上位的人不能欺凌于下，在下位的人也不必攀缘于上，各人都要严正地要求自己而不必求于他人，做到不怨天不尤人，这就是真实自然的人生。有人说，做人的态度应该做到得之坦然，失之泰然，争之必然，一切归之于自然而然。面对人生中的一切，均可做到自然而然，其心境也就平和了，精神也就自由了，也就达到了孔子所说的"随心所欲而不逾矩"的境界。

其次，关于政和，其价值目标可分为人和、家和、与邦和。

一是人和，即人与人之间的和谐。孟子说："天时不如地利，地利不如人和。"这是从人类行为的成功与失败的角度来说明人和的重要性——没有人和，即使有天时和地利也做不成任何事情。人和是人的创造力发挥作用取得成果的一个条件。有了人和，才能考虑天时、地利，分析人和，就是分析人如何在社会交往中实现和谐。孟子认为，统治者要想获得人和或开创社会和谐的局面，就得具备良好的德行，能为和谐生活与和谐行为做出应有的榜样，能够以民为本，关心百姓，这是处理好人与人之间关系的前提条件。再者，考虑到孟子把孔子颂扬为合时宜的圣人，我们还可以看出，真正的更深意义上的和谐来自在适宜的地方、适宜的时间做适宜的事情，其意义就是如何把社会和谐与时间和谐、地点和谐协调起来。这可以说是人际关系和谐的进一步落实。

二是家和，即家庭成员之间的和谐。舜帝在年轻时就以孝著称于世，他在"父顽、母嚚、弟傲"乃至"皆欲杀舜"的险恶环境中，仍能做到"顺适不失子道"，"欲杀，不可得；即求，尝在侧"，这确实体现了他以孝和家的韧性、以"和"兴家的智慧。虞舜之孝，与后世所说的"父要子亡子不得不亡"的愚孝是有天壤之别的，因为他的目的是以孝去感化父母兄弟，他的宽容和忍让是为了求得家庭的和睦，而不是以死去博得孝名。所以，虞舜之孝是求"实"，而不是求名。同时，我们从虞舜之孝中还可以悟出一个这样的道理：清官难断家务事，家庭矛盾是很难用理性的分析判别是非曲直的，家庭成员之间的宽容、忍让与谅解，乃是化解家庭矛盾的最好办法。虞舜是深谙此道的，所以他在践帝位之后极力推行以孝治天下，孝道行则家和，家和则社会和、国家和、天下和；"和则生物"，"致中和，天地位焉，万物育焉"——和的意义如此之大，而其起点又在于孝，所以虞舜要委曲求全、不避风险地厉行孝道。应该说，人类社会只要有家庭这个社会细胞的存在，虞舜的孝道就有它的永恒价值，因为"家和万事兴"应该是人们协调家庭关系的一个永恒主题。

三是邦和，即国内、国际的和谐。《尚书·尧典》载："克明俊德：以亲九族，九族既睦；平章百姓，百姓昭明；协和万邦，黎民于变时雍。"显而易见，"协和万邦"既有国内的和谐，也有国际的和谐。在国内，先要有"九族既睦""百姓昭明"的前提条件，国际上才会有"协和万邦"的力量；而有了"协和万邦"的国际环境，人民的生活才会变得更加和谐美好——"黎民于变时雍"，孔传："雍，和也。"当一个国家的统治者把国内、国际的政务都处理好了，和谐、和平的局面才会持续下去。可见，"协和万邦"的价值目标就是要造就国内、国际的和谐。从这一层次说，前面所讲的心和、人和与家和，均是实现国内、国际和谐和平的基石。尽管尧舜时代的"邦"与现在所说的"国"，其内涵有很大的差别，但作为一种协调和谐的手段，则是完全可以借用的。

实现国内、国际和谐，"天下大同"的理念亦可成为我们的奋斗动力。在《礼记·礼运》篇中，尧舜时代作为理想社会的典范被描绘为"大道之行也，天下为公"。这个理想社会的重要特点是：选出圣人与智者来服务众生，倡导诚信、和谐与友谊。在这样一个理想的世界中，人人都能得到关心，就像在家里一样：人人都关心他人。这个社会被称为大同，用今天的话来说也可以称之为"共和"，可以借用"共和"这个词来说明这个理想国家的特点：天下为公，人尽其才，和谐相处。这也是《中庸》里所描绘的特点："万物并育而不相害，道并行而不悖，小德川流，大德敦化"。从历史真实的情况看，还没有一个国家能达到这种程度，但作为一种社会理想，它可以吸引我们为之奋斗。

其三，关于天人之和，也就是人与自然的和谐，这是和谐的最高境界，同时包含有审美因素。

在中国古人的观念里，音乐天然地联系着人与自然：八音即八方之风，八方之风既包含着自然之风，也包含着风土、民风，同时又更广泛地联系着万物、人神；音乐之起由于人心，而人心亦本于自然。《吕氏春秋·大乐》载："凡乐，天地之和，阴阳之调也。……声出于和，和出于适，先王定乐，由此而生。"所以，音乐也是古代天人合一思想的一种体现，其最初的表述就是舜帝所说的"神人以和"。"神人以和"与"天人合一"可以同义互训，《说文解字》载："神，天神，引出万物者也。"既然是"引出万物者"，所以"神"又有代表自然万物的意思。"天"既可表"天神"，如《尚书·泰誓》载："天视自我民视，天听自我民听"；也可表"自然"，如《易·系辞上》载："乐天知命，故不忧。"二者的区别只是在于：神人以和更具神学色彩，天人合一则更具美学色彩。

执着于神人以和，可以说是中国远古文化所遗留的"善端"。在这里，既没有普罗米修斯式的磨难，也没有拉奥孔式的恐惧，更没有耶稣式的死亡，西方文化中的"原罪"观念——人与自然的原始对立及其所产生的痛苦，转化为人与善神之间的亲和关系及其所产生的悦乐境界。这种远古文化模式，深刻地影响了中国审美文化的发展演变。由于人与神可以亲和相悦，人与自然可以和谐统一，所以远古人类的原始心理体验及审美文化几乎都是以"和"为旨归的。譬如仰韶文化半坡村的人面鱼纹彩陶盆艺术，在粗糙的器皿之上将人鱼画为一体，是人鱼亲善，亦即神人以和、天人合一的符号象征。鱼的生殖力是极其繁盛的，半坡人的以鱼喻人、人鱼同构，体现的是一种原始的宗教祈求：期盼人与鱼具有同样的繁殖力。所以，这个粗糙的彩陶盆，既是一件原始的审美艺术品，也是一件原始宗教的图腾崇拜物，艺术审美与宗教崇拜的统一、人与神的和谐统一、人与自然的和谐统一，在这里得到了集中的体现。这个彩陶盆首先应该是一件日常生活的用品，但画上人面鱼纹的形象之后，就有了观念形态的意味和审美的意味，也就是说，由本是"形而之下"的器提升为"形而之上"的道，并兼有超功利的美；而使三者黏合成一个整体的黏合剂就是"和"。因此，"和"从学理层次分，既是实用理性的器用之和，也是观念形态的道体之和，还是非功利性的审美之和。

以美学的观点来看，"和"包含了内容与形式、自然与人文的和谐统一，也是至美的追求之道。和谐作为一种美的境界，实际上也就是人生的理想。人是唯一能将自身与自然区分开来并形成社会的动物，其他动物不存在与自然、社会的关系问题。"人是目的"这一本质属性，决定了人类所面临的基本矛盾就是人与自然、社会的矛盾。从宇宙自然到人与人的社会关系的普遍实在来看，和谐关系是一种极为深刻、伟大并有着永恒生命力的理念。天体运行有序，四季交替寒热转换，海洋陆地各得其优，山川万物彼此相依……这就是宇宙的和谐；人体四肢配搭天成，经络脏腑各具功能，身心融合浑然一体，这是就人自身的和谐。因此，和谐乃宇宙之根本，它流布于宇宙自然，贯穿于人文世界，作用于大脑思维，影响着一切的一切……

由舜帝所开创的和谐理论，以"乐教"为手段，从培养和谐的人格开始，以心和、政和为价值目标，力图开创和谐稳定的政治局面；以天人合一为最高目标，极力追求万事万物和谐相处的宇宙和谐，这是理论系统的逻辑线索。而在具体的社会实践中，和谐理论则又贯彻到了衣食住行、生老病死的方方面面，落实到了待人接物、言谈举止的各个环节，几乎渗透到了社会生活的每个毛孔。因此可以说："和"包含了中国的精神文化、制度文化乃至于物质文化的一切。失去了"和"，也就失去了中国文化的特质，中国文化也就失去了独立于世界文化之林的依据和价值。

第七章

火神祝融与荆楚文化

在湘漓文化带，有一种特别重要的文化现象不可忽视，这就是荆楚文化。荆楚文化不仅有着昔日的辉煌，更有着永恒的魅力。楚人并不像齐鲁人那样有着三代深厚的文化积累，却创造了与齐鲁文化并驾齐驱的荆楚文化，这是楚人所特有的创造性。楚人之所以有这种创造性，是因为火神精神照耀的结果。楚人作为祝融的后裔，在崇拜火神的同时也熟谙了火的特性和规律，并将这种特性和规律运用于社会生活，使之成为发愤图强的有力武器，从而取得骄人业绩，并形成与火相关的文化特质。因此，火神精神也就是荆楚文化的精魂所在。

一、南岳圣帝说祝融

（一）南岳大庙祀祝融

在湖南省衡阳市的衡山脚下，有一座我国南方最大的宫殿式古建筑群，这就是南岳圣帝庙。该庙始建于唐代初年，占地面积达 9.85 万平方米，主体建筑共分九进，依次为牌坊、古戏台、正川门、御碑亭、嘉应门、御书楼、正殿、寝宫及北后门。据《南岳志》记载，唐初始建司天霍王庙，开元十三年（725）建南岳真君祠，宋代大中祥符五年（1012）建造后殿，后屡经重建与扩修，规模渐大。庙内现存建筑有棂星门、盘龙亭、正川门、御碑亭、嘉应门、御书楼、正殿、寝宫、后门、四角楼等，占地面积达 19.8 万平方米，与山东泰安岱庙、河南登封中岳庙并称于世，是五岳岳庙中规模最大、总体布局最完整的古建筑之一。主体建筑正殿，又称为圣帝殿，亦称大殿，为清代光绪八年（1882）重建，仿照北京故宫太和殿的式样建造，重檐歇山顶，高22米，面宽七间，殿内外共有石柱72根，象征衡山72峰，柱头木雕斗拱，檐下镂雕极为精美，台基四周栏板浮雕花鸟、走兽等图案。嘉应门、御碑亭、寝宫等建筑中还保存有宋、明时代的建筑构件，是研究我国古代建筑艺术的重要实物，具有较高的历史和艺术价值。大庙出色的木刻、石雕、泥塑被誉为"江南三绝"。同时以八百蛟龙为最大特色，无论殿宇的梁柱、屋檐，还是柱基、神座，乃至门框、斗拱，神态各异的蛟龙，随处可见，原来这里自古就有八百蛟龙护南岳的传说。2006年，南岳庙作为明至清时期古建筑，被国务院批准为第六批全国重点文物保护单位。在衡山主峰祝融峰顶，还建有祝融殿，专祀火神祝融。

与祝融峰的祝融殿相对应，山脚的圣帝庙称之为南岳大庙，这也是一座儒教、道教和佛教三教并存的寺庙，中轴线上的棂星门、御书楼、正殿等建筑，与东西两厢的道教八观、佛教八寺等建筑，代表了三教合一的性质，这在全国各寺庙建筑中，堪称一绝。大庙的香火十分旺盛，朝拜的人们不仅有来自湖南、广东等附近省市，也有港澳人士、东南亚华人和日本人。正殿中设有岳神座位，历代统治者对岳神都加赐封号，唐初封为"司天霍王"，唐开元年间又封为"南岳真君"，宋代加封为"司天昭圣帝"等。如今的"南岳圣帝"塑像是1983年复制的，原像毁于"文革"期间。

那么，南岳大庙所祭祀的"圣帝"是谁？这似乎有不同的说法。《六韬》载，南岳神号祝融氏。《龙鱼河图》载，南岳神姓丹名灵峙。《云笈七笺》载，南岳神名泽光。《搜神记》载，南岳神姓崇名罩。《历代神仙通鉴》载，南岳神姓崇名罩。小说《封神演义》则说，南岳神为崇侯虎。民间传说则云南岳神姓伊耆，名石年，号烈山氏。还有说南岳神主天上星象、山川风雨、阴阳气序兼水族鱼龙之事。

唐昭宗天福二年（902），道士李冲昭在其所著的《南岳小录》中说："南岳有司天王庙，原在祝融峰顶，隋代移于山下。"这说明山脚的南岳大庙与祝融峰顶的司天王庙应该是同一个庙，所祭祀的神主也就是司天王。司天王庙迁到山下之后，山顶的庙被废弃，到明代万历二年（1574），湖广按察使李栻曾在此处建云开祠，后又废。清同治十二年（1873）南岳大庙正殿毁于雷火。光绪五年（1879），湖南巡抚李明墀、王文韶奉旨捐修，重建正殿并整修全庙，平江李元度主持监修工程，他利用余款增修了祝融峰顶的祝融殿。这次重修，较以前历次的重修工程都要浩大，其庙貌一直至今未变。与山脚大庙的"圣帝殿"相对应，山顶的祝融殿俗称"老圣殿"。

李元度是一个大学者，除了主持监修工程外，他还遍查文献、遍访南岳，著成《南岳志》一书，他将山顶增修之庙直接命名为"祝融殿"，而民间百姓称之为"老圣殿"，这均可说明圣帝殿和祝融殿所祭祀的都是祝融，因为祝融的职责就是"司天以通神"，所以不管是"司天王"或是"司天昭圣帝"，其地位虽有变，但"司天"的职责始终不变。

（二）火神祝融之精神

荆楚文化本是周代的一种区域性文化，其名来之于楚人楚国，其盛亦在春秋战国之际，但是，如果要追寻荆楚文化发展壮大之缘由，其目光则必须向着更悠久更广阔的时空区域内索求。今天，凡考察荆楚文化发展源头的，一般都要将目光追索到楚人的远祖祝融。

应该说，祝融在荆楚文化中起着核心性作用，究其缘由，乃是由楚人对祝融的崇拜心理所决定的。这种崇拜，可以从楚人的祀典中找到证据。《左传·僖公二十六年》载，楚国的别封之君夔子不祀祝融和鬻熊，楚人认为大逆不道，于是举兵攻灭夔国并俘其国君夔子。夔子却辩解说："我先王熊挚有疾，鬼神弗赦而自窜于夔。吾是以失楚，又何祀焉？"夔子的辩解也恰好证明，只有在"失楚"即不承认自己是楚人的前提下，才可以不祀祝融和鬻熊，那么，凡楚人就不能不祀，由此可见祝融和鬻熊在楚人心目中的崇高地位。

然而，鬻熊的崇高地位是不难理解的，因为他是楚国的开国之君，而且相距的时间也并不遥远。祝融就不同了，他于楚国的建国可以说无寸功可言，而且相距至少也有上千年的历史，但他在楚人心目中的地位甚或超过鬻熊，这就不是"功业"问题，而是一种精神象征，即是说，祝融是以某种精神在影响着楚人的文化心态。

在中国的典籍文献中，对祝融其人其事的解说相当含混，祝融的名称似乎首先是作为人类社会的一个发展阶段而出现的，如《六韬·大明》以赫胥氏、尊卢氏、祝融氏为三王，《庄子·胠箧》则以祝融氏、伏羲氏、神农氏为三皇，《史记》又调换了一下次序，以伏羲氏、神农氏、祝融氏为三皇。这三种说法不管排列的顺序如何，祝融氏所照应的只能是原始部落时期的某个阶段，其时间的古老，若依三皇五帝的排序，还在黄帝之前，因而这里的祝融氏不应该只是楚人的祖先。另据《礼记·月令》的记载，祝融似乎是炎帝的部下："孟夏之月，其帝炎帝，其神祝融。"张虑《月令解》载："南方之神炎帝，乘离执衡司夏也。火性炎上，故曰炎融者，火之明盛也。神必有祝，遂称祝融。"显然，此处的祝融已不是上述的祝融氏，他作为炎帝的助手，其职责似乎是为祝祷"火之明盛"。由此可以说，祝融是以火神的身份相伴炎帝的。但是，在《国语·郑语》和《史记·楚世家》中，则又说祝融是高辛氏帝喾的火正。火正者，生为火官之长，死为火官之神，则祝融又是人（火官）与神（火神）兼备一身了。而在《国语·楚语》中，这个火正则落实到了具体的人：“颛顼受之，乃命南正重司天以属神，命火正黎司地以属民。……以至于夏、商，故重黎氏世叙天地，而别其分主也。”学者们一般都认为，这重黎氏才是楚人的先祖，不管是合称重黎或是分称重、黎，都是祝融氏，都是黄帝之后老童（卷章）的儿子。因此，楚人的先祖其实是属于华夏集团的。但为什么作为火官的“人”与作为火神的“神”有了同样的称号呢？《帝王世纪》解释了其中的缘由：“祝诵氏，一曰祝和氏，是为祝融氏……以火施化，故后世火官因以为谓。”由此可知，火官的称谓源于火神，他们的共同特点是“以火施化”。火对于原始人类的生存来说本就具有决定性的意义，那么原始人类对于掌握着他们的命根子的火官，自然要尊为神圣的，中国的先民本来就有将此岸世界即人的生活与彼岸世界即神的生活混同于一的特点，故而火官和火神也就可以同一了。

原始先民本就尊火官为神圣，而楚人又尊之为先祖，这就使得祝融在楚人的眼中有了双重的光环和加倍的分量，其地位的崇高也就可想而知了。正是在祝融光辉的照耀下，楚人形成了自己特有的文化心态，并进而形成了楚文化特有的内在精神——火神精神。

那么，火神精神的具体内涵是什么？这似乎应该从“祝融”的词义说起。据虞翻《史记集解》的解释：“祝，大；融，明也。”“祝”何以为“大”？《说文解字》云：“祝，祭主赞词者。”《唐韵》则云：“赞主人飨神者。”祭主飨神为祝，神为大，祝自然也为大。“融”何以为“明”呢？这就与火相关了。对“融”的解释，古籍中可说是见仁见智。《说文解字》解为：“炊气上出也。”《左传·昭公十八年》又说：“是谓融风，火之始也。”另外，《左传·昭公五年》有“明而未融，其当旦乎”句，杜预注曰：“融，朗也。”《左传·隐公元年》有“其乐也融融”句，其注曰：“和乐也。”从这些解释看，“融”之含义除“和乐”之外，均与火直接相关；而“其乐融融”与“暖融融”的语义相通，“暖融融”可与火相联系，因而“和乐”间接地也与火相关。由此看来，要真正把握火神精神的内涵，还得从考察火的特性入手。

应该说，原始先民首先是对火的崇拜，然后才有对火神祝融的崇拜。那么，火的特性是什么呢？首先，从火的自然本性来看，其外在特征为柔为弱：体无固形而望风披靡，因对他物（燃料）的依赖性太强而极难保持自我的静态存在，故而其生命力可以说是脆弱的；但是，“火性炎上”，无论火势强弱，也不管迁移何处，宁可绝灭也不可改其“炎上”的本性，这种始终如一不可移易的内在本质，恰好又于柔中显现出其特有的刚性。因此可以说，火的自然本性是刚柔相济的，其形为柔，其性则为刚，或者说，它是以柔为用以刚为性的。火虽柔，但一切坚硬之物都可被它烧为灰烬或熔为流水，这是最为典型的以柔克刚。其次，火能包容一切，任何异质异体的东西经它的焚化和消熔，均可化为同质或同体的东西。其三，火是动态的，正是在动态中保持自我、在流动中发展自我，绝不会自我封闭，更不愿老死一隅。其四，火又有着顽强的韧性和充分的自信，不管处于何种劣势，也不管面临何种困境，均不可堕其志：星星之火，可以燎原。火的这些特征，对于世代以司火为专长的楚人来说，不会没有认识到，而当楚人将这种认识熔铸到对火及火神的崇拜中去之后，就会形成与火相关的文化心态，并进而形成与火相关的文化特质。

火的刚柔相济、以柔克刚的特征，反映在认识论上，就是朴素的辩证法思想，反映在方法论上，便是原则性与灵活性的结合。屈原在《卜居》中借詹尹之口所说的"尺有所短，寸有所长"，便是这种辩证法认识；而《渔父》中渔父所唱的"沧浪之水清兮，可以濯我缨；沧浪之水浊兮，可以濯我足"，也可以说就是原则性与灵活性的结合。火的包容性，则可体现在楚人对待夷夏关系的态度上，楚人念念不忘的是"抚有蛮夷……以属诸夏"（《左传·襄公十三年》），即兼采夷夏之所长而融合之，这与管子所说的"戎狄豺狼，不可厌也；诸夏亲昵，不可弃也"（《左传·闵公元年》），孔子所说的"裔不谋夏，夷不乱华"（《左传·定公十年》），即视夷夏对立而区别之，恰成鲜明的对照，这足可证明楚人的宽容包容心态。火的动态性、流动性特征在楚人的历史上似乎体现得最为明显，楚人似乎是华夏民族中最不安分最爱迁徙的一个部落。楚人在立国之前，整个部落由河南迁到陕西又由陕西迁到湖北，辗转迁徙了十余个地方，在颠沛流离中度过了上千年的时间。立国之后，不能整部族地迁徙，但迁都似乎又成了楚人的一大嗜好，从鬻熊的第一次建都到寿春之郢的破灭，共历八百多年，前后的迁都竟也有十余次，这对于一个以农立国的民族来说是特别奇怪的一种举动。一般来说，华夏民族的共同心态是故土难离、热土难迁，这只要看一看盘庚迁殷、平王迁洛之艰难便可知一般，但楚人的迁徙却要容易得多，似乎不要做任何说服工作，这其中的缘由，除了楚人对火的流动性的认识而形成的开放趋新心态以及在动态中保持自我、发展自我的文化个性外，恐再难找到另外的解释。至于火的韧性与自信，更是深深地积淀于楚人的集体无意识中，"楚虽三户，亡秦必楚"与"星星之火，可以燎原"如出一辙，已足可见出楚人对火的这一特征的认识和运用。

(三) 火正重黎"通地天"

在祝融光辉的照耀下，荆楚文化形成了自己独有的本质特征。要把握这种本质特征并追索其缘由，祝融作为火官与火神的同一亦即人神同体的形象和颛顼"绝地天通"的历史事件值得特别注意，这是楚文化本质特征形成的关键所在。

颛顼"绝地天通"而命重、黎各司天地分属神民，这在上古确实是一个很重大的历史事件，因而很多典籍都对它做过记叙或评析。先是《尚书·吕刑》中提到了此事：颛顼"乃命重黎绝地天通，罔有降格"。这个"降格"是什么?《淮南子·地形训》中提到了"建木"："建木在都广，众帝所自上下，日中无影，呼而无响，盖天地之中也。"《淮南子》成书较《尚书》晚，"建木"之说或许就是对"降格"的解释。既然众神（众帝）可以缘"建木"上下而来到人间，那么众人也就可以缘"建木"而进入天国，神与人可以自由来往，天地间因一"建木"的存在而连成了一体。这种解释虽不免有太多的神话色彩，但却是原始先民的真实想法。到了《国语·楚语》中，观射父对此所发的一大段议论则去掉了神话色彩，力图从历史的角度进行解释：

> 古者民神不杂。民之精爽不携贰者，而又能齐肃衷正，其智能上下比义，其圣能光远宣朗，其明能光照之，其聪能听征之，如是则明神降之，在男曰觋，在女曰巫，是使制神之位次。……民是以能有忠信，神是以能有明德，民神异业，敬而不渎，故神降之嘉生，民以物享，祸灾不至，求用不匮。及少皞之世衰也，九黎乱德。民神杂糅，不可方物，夫人作享，家为巫史，无有要质，民匮于祀，而不知其福。……颛顼受之，乃命南正重司天以属神，命火正黎司地以属民，使复旧常，无相侵渎，是谓绝地天通。

这种解释与神话的原意虽不一定相符，但却更切合历史的真实。颛顼之所以要"绝地天通"，肯定是与祭祀有关的。因为家家有巫史而百姓疲于祭祀，故而要"绝地天通"，这只是理由之一，而且只是表面的理由，更深层的缘由则是：祭祀在当时乃是一种特权，如果家家都可祭祀，便不能显示统治者的权威，因而从礼法上讲是绝不能容许民间滥祀现象存在的。因此，颛顼才"兴礼法"，命重黎氏负责断绝地与天的沟通，这是对滥用巫术的一种纠正措施，其目的就是为了整肃"神治"，即将祭祀的权力收归官府，然后置官员以统治之。在神道设教的远古文明初期整肃"神治"的意义，绝不亚于汉武帝的"罢黜百家，独尊儒术"，故而才有各种典籍的一记再记。

在颛顼整肃"神治"的事件中，楚之先民是最大的受益者，因为重黎氏断绝了百姓沟通地天的权力，而他们自己却又获得了"通地天"的特权，而且这一特权经尧、舜延至夏、商，至周宣王时"失其官守"，重黎氏一直在"世叙天地"。

重黎氏"通地天"的特权对楚文化的影响是至为深远的。表面看来，重黎氏一个"司天以属神"，一个"司地以属民"，二人是"世叙天地"各司其职的。其实，司天者要传神之旨意到凡间，司地者要传民之意愿到天国，二者均要沟通天地，而二者结合成一个整体，也就使天地神民两个世界合成了一个世界。更为重要的是，作为由最高统治者直接任命的"国家级"巫祝，重黎氏本就是集火官和火神于一身的，其职责也是为了沟通天地以协调民神之关系，所以当他们要对某事进行祝祷时，就不能不将民的意愿与神的意愿结合起来进行思考，既要以人的身份考虑人世之需求，也要以神的身份考虑天国之补偿。久而久之，也就形成了一种思维定式：视天国与人世为同一的世界，彼岸世界的鬼神与此岸世界的生民为生死相依的整体。这一思维定式影响荆楚文化的突出表征就是巫风盛行、信神信鬼。

人神同体的祝融形象和"绝地天通"的历史事件，决定了楚人观察世界的视野，并进而影响到他们的思维定式，这种思维定式，也就是楚人掌握世界的思维方式。思维方式的不同，思维成果也就有异，这个"异"，也就是荆楚文化区别于其他文化的不同特质。因此，从根本上说，荆楚文化特质的形成是由思维方式决定的。应该说，楚人的信神信鬼具有原始思维的特征，但楚人信鬼神却并不像原始先民那样臣服于鬼神，楚人相信，真正起决定作用的还是自己的力量，如《左传·桓公十一年》载，武王时，郧、随、绞、蓼等国相约伐楚，斗廉自请夜袭郧国，莫敖屈瑕要行卜，斗廉说："卜以决疑，不疑何卜？"于是夜袭郧国而获胜，其他诸国亦不敢轻举妄动了。如果全面分析楚人的历史和心态，我们会看到，他们既有谄媚鬼神的痴心，也有筚路蓝缕的苦志，发扬蹈厉的豪气，更有"楚虽三户，亡秦必楚"的充分自信。尤为重要的是，楚人有着尚真崇实的求索精神，刻意创新的睿智巧慧，譬如屈原对宇宙人世的一切进行质疑，老子细致入微地辨析道之玄妙，庄子总结养生之道为批郤导窾，这一切，绝不是臣服于鬼神的原始先民所能做到的，更不是原始的思维方式所能取得的思维成果。因此，楚人的思维方式有原始思维的形式却少有原始思维的内容，故不能称之为原始思维，但它也不是科学的理性思维，这种介于原始思维与理性思维之间的思维，我们不妨套用列维-施特劳斯的说法称之为野性的思维。

立国之前的楚人，虽经上千年的迁徙流离，却仍能保持自己的民族特色而不被他人所同化，已见出其顽强的韧性和固有的魄力；立国之后，楚人在北有诸夏、南有三苗、西有巴蜀、东有吴越的四面合围中，仅凭"号为子男五十里"的狭小封地，从夹缝中开出一条生路，不仅能跻身春秋五霸战国七雄之列，而且能创造光耀古今的荆楚文化，这一辉煌的业绩确实令人着迷。这其中的缘由，也就是楚人在娴熟地掌握了火的特性和规律之后，将它运用到社会生活，使之成为发愤图强的有力武器，从而取得骄人业绩。或者说，楚人的辉煌业绩正是火神精神照耀的结果，这或许也就是荆楚文化的精魂所在。

二、柔中带棘说荆楚

火之动态性、流动性的特点反映在早期楚人的生活中，就是整部族地迁徙，而在这迁徙的过程中，楚人除奉祝融为神灵外，还奉一种植物——荆楚为神灵，其表现就是不管楚人迁徙到哪里，都要用荆或楚来命名他们所生活过的山山水水。

（一）"荆楚"地名随人迁

楚人的远祖是黄帝的后裔，与华夏同宗，本起源于西羌，大约是随夏后氏势力的东扩，移居到黄河中下游两岸，"因为这些地方盛产比别处要高大粗壮的荆楚特产，所以居住在这里的部族便以这种荆楚取作本部族的名称。大约于夏初，季连已居于今滑县的楚丘，后来随着部族的迁徙，脑子里念念不忘故地，也就把原地名的荆楚也搬到新住地上来，以后形成国家，也就依百姓称呼的习惯而定为国名"①。这是何光岳对楚国之名的由来所做的推论。何光岳还考证出，楚人在立国之前曾有过10次大迁徙，先是继续东扩，由滑县的楚丘迁到了曹县的楚丘；后因殷商势力的崛起，被逼着不断西迁，由新郑到鄳城再到禹县，至此已不能在平原立足，第6次迁徙便进到了豫西山区的覆釜山，并改名为荆山，仍不能立足，再西迁到渭水之北的荆山，为依附姬周共同抗商，第8次迁徙便到了岐山西北的千阳，并改千水为楚水，至此，楚人终于止住了西迁的脚步。然后，又随姬周的势力而东扩，先是东迁到灞水支流的荆溪河谷，因首领鬻熊被封为楚子，而又不能与姬周在陕中平原争地盘，于是便往南越过终南山，在商县的楚山楚水间建都立国，这是楚人的第10次迁徙，亦是第一次建都立国。此后，为避开与周人的正面冲突，并求得自身的独立发展，楚人脱离黄河流域的故地，向长江流域开拓疆土，并与南方的原住民相融合，形成了非夷非夏亦夷亦夏的文化特色。

考察楚人的迁徙，有一点似乎特别值得注意，那就是楚人总要将旧地名带着走，这除了说明楚人有着强烈的念祖怀旧心理外，更为深层的缘由，恐怕还是在于楚人对火神精神的运用。这种易地不易名的做法，反映了楚人在处理念旧与趋新的问题上的高度技巧性，楚人的迁徙无论是被动性的退守或是主动性的开拓，都比其他部族来得容易，这是因为楚人能够将原则性与灵活性结合得恰到好处。从灵活性方面说，楚人决不固守一隅，在强敌逼压的

---

① 何光岳.楚源流史[M].长沙:湖南人民出版社,1988:178.

情况下可以放弃故地以图自存，在弱敌退避的情况下也可以放弃故地以求发展，正因为不以"故地"为羁绊，所以才能进退自如，非常灵活地选择有利于自己生存和发展的栖居之地，从而使楚人的创业有了可靠的根基；从原则性方面说，"故地"虽可以放弃但"故人"决不可丢失，不管迁徙到哪里也决不能忘记自己是楚人。因此，作为本部落存在标志的荆楚之名，也就必须随着部落的迁徙而迁徙，这种新居地而用旧地名的做法，既切合了楚人念祖怀旧心态，凝聚了全部族的人心，同时也能使楚人对新的环境很快产生认同感，减少了抗拒心理和离散力，缩短了对新环境的适应过程，从而使楚人的图存图强有了文化和心理上的保障。楚人为什么会有这样高度的技巧，能将截然对立的两种因素结合得如此巧妙？其根本原因乃在于楚人对火神精神有心领神会的认识和恰如其分的运用，这其实也就是火神精神的核心所在。

楚人易地不易名的做法映照了火神精神的核心内容，但楚人为什么要以荆楚为名？这又是一个值得特别重视的问题。何光岳认为荆楚之名的由来是因为楚人早年所居之地盛产高大粗壮的荆楚特产，这种解释似乎浅薄了些，未能揭示出其内在实质。楚人视荆楚为圣物，几近图腾崇拜的地步，对这样一种其貌不扬随处可见的普通植物如此崇敬，如果不是与楚人的生存之道密切相关，那就让人难以理解，因此，要明了楚人之所以崇拜荆楚的原因，恐怕仍得到楚之先民的生存状况中去寻找。

（二）荆楚"棘矢"可禳灾

那么，荆楚究竟为何物？似乎有必要先认识一下它的特性。《说文解字》载："荆，楚木也。"而释"楚"则又云："丛木，一名荆也。"也就是说，荆即是楚，楚亦为荆，系一木两名。荆楚还有牡荆、黄荆、小荆之名，系丛生落叶灌木或小乔木，高者可达一丈五（约5米），这是天南地北极为常见、再普通不过的一个树种，它在楚人的眼中之所以显得神圣，是因为与祝融有关。

作为火正的祝融，其职责是司火，而火的主要作用便是"炊"，那么司火者的主要职责也就是司"炊"，所以《说文解字》载："融，炊气上出也，从鬲，虫省声。"作为义符的"鬲"是原始先民最重要的炊具，由此也可证明祝融的现实职责主要就是管炊事的官，一直到楚国的开国之君鬻熊，仍是管炊事的官，如《国语·晋语八》称："成王盟诸侯于歧阳，楚为荆蛮，置茅绝，设望表，与鲜卑守燎，故不与盟。"其实，倒不是因为鬻熊为荆蛮才没资格"与盟"（鬻熊之时楚人尚未与南方的原住民混合，尚无荆蛮之谓），而是因为鬻熊承先人之世职，司炊守燎乃为当然之责，故没空与盟，鬻熊之"鬻"从鬲，亦可证明其司炊的职业。楚人世代司炊，而荆楚恰好也与炊事相关。据何光岳考证："牡荆可编成荆条篮，涂泥以煮食物，没有烟火气，味鲜美，这是原始社会未发明陶器以前的烹调法"。中华民族自古就重视现世生活，为使现世生活过得有滋有味，中国人将吃与炊（烹调）摆在极为重要的地位，从出土文物来看，大量的陶鬲、铜鼎均为炊具，这些东西进入墓葬，说明中国人不仅在生关心吃与炊，死后仍带有现世性，仍十分关心吃与炊。也正因为特别关注吃与炊，所以用来烹调食物的铜鼎才成为国家权力的象征，乃至于楚庄王在国力强大时要陈兵周边，问鼎中原，鼎由一般炊具成了神圣之物。由此，我们是否可以这样推论：在未有铜鼎之前，陶鬲是神圣之物；而在未有陶鬲之前，荆篮便成了神圣之物；那么，用来编织荆篮的荆楚自然也就是神圣之物。

荆楚的神圣之由，恐怕与荆实也有点关系。据陶弘景《登真隐诀》记载，梁武帝曾将粗大的荆实合成神仙饭，作为长寿食品，说明荆实在南北朝时期仍被视为神异之物。楚之先民当然不一定将荆实当作神仙饭，但荆实能食，且能长久保存。在原始社会食品匮乏的情况下，以荆实充饥则不无可能，荆实其味虽苦，但在关键时刻或许还是一口救命粮，也许正是因为荆实能救命，所以到了南北朝时期，人们仍认为它是长寿食品。不论是救命或长寿，其神异之处均是不容忽视的，而这恰好又是与吃和炊相联系的，亦即是与楚之先人的生存之道相联系的，这恐怕才是楚人崇拜荆楚的深层缘由。

荆楚不仅被楚人视为神异之物，也被他国视为神异之物，乃至被用于禳灾辟邪的灵器。《左传·昭公十二年》载，楚大夫子革对楚灵王说："昔我先王熊绎，辟在荆山。筚路蓝缕，以处草莽。跋涉山林，以事天子。唯是桃弧棘矢，以共御王事。"即是说，楚国当时很穷，仅有桃弧棘矢进贡周室。这里的桃弧是指用桃木做成的弓，棘矢则是用荆棘做成的箭，二者均是用来驱鬼除祟的，所以《左传·昭公四年》说："其出之也，桃弧棘矢，以除其灾。"既然连周王室也少不了用桃弧棘矢来禳灾，可见荆楚的神异性已得到各国普遍的认可。

荆楚是因与"炊"相关才显示其神异性的，为什么又被用作禳灾辟邪的灵器呢？这还是与祝融有关，因祝融不仅是司炊的火官，还是通天地鬼神的巫祝，楚人视荆楚为圣物，作为首领的祝融自然也要对它顶礼膜拜的，那么经祝融祝祷过的棘矢也就有了通天地鬼神的灵气，这似乎也意味着，在精神的层面，荆楚与火神精神亦有相通之处。考荆楚之特性，亦是刚柔相济的，木质为柔，故可用来编织荆篮用作炊具，这是柔之用；木形为棘，棘则为刚，人曰"棘手"，鬼祟则更难近，故可用作禳灾之灵器，这是棘（刚）之神。因此，在刚柔相济的特性上，荆楚可以说是火神精神的具象化，诚如是，楚人才在荆篮的使用时过境迁之后的漫长岁月中仍不肯丢失荆楚之名，因为不能丢失照耀他们前进的火神精神。

三、禾神崇拜说分流

考察楚国的历史，还有一点引人注目，那就是楚人对迁都似乎有一种天然的嗜好，但同时，国都虽屡迁，其名却不改，于是就有了多少个同名不同地的"郢都"：既有湖北宜城之郢、钟祥之郢、江陵之郢，又有河南淮阳之郢，还有安徽寿县之郢。这似乎反映了楚人的一种自相矛盾的心理：他们弃首都的故地如敝帚，却又视首都的旧名如神灵。或许，正是在这种自相矛盾的心理底层中，隐藏着楚人创造奇迹的某些秘密。

（一）程与郢：从火神崇拜转向禾神崇拜

值得注意的是：楚人何以要以"郢"为国都之名？本来，楚人开始建都之时定名为丹阳，这名称来源于楚人的远祖老童（卷章）所居之丹阳洞。老童在楚人的心目中不仅是一位祖先，而且还是一位神人，那么他的所居之地自然也就有了神圣性，用作国都之名乃是顺理成章之事。但郢与楚人是什么关系？从楚人念祖怀旧的固有心态来看，"郢"如果不与楚人的祖先相联系，如果不具有某种神圣性，是绝难替代丹阳之名的。

"郢"的神圣性何在？要了解这一问题，先得了解"程"与楚人的关系。据《通志·氏族略》所载："程氏，伯爵，风姓，重黎之后也。重黎为火正，裔孙封于程，洛阳有上程聚，即其地也。"《后汉书·郡国志》亦载："洛阳有上程聚。"刘昭注曰："古程国，《史记》曰：重黎之后伯休父之国也。"由此可知，洛阳的上程聚即程国最初的建国之地，程人乃重黎之后，楚人亦重黎之后，程与楚为同宗亲族。早期的楚人居于河南滑县，与程国相距不远，肯定时常会有来往。而且，重黎作为黄帝的后裔，本与华夏族同宗，程人和楚人可能都是随夏王朝的兴起而从西域迁到了河南。后来，在商灭夏的过程中，他们的经历又相似，作为夏的坚强盟国，程与楚均被逼着西迁，楚人迁到了渭水之北的荆山，程人则迁到了今陕西咸阳市东的鲜塬，重新建立程国，这就是所谓的"毕程"。《路史·国名记丙》载："程，王季之居，在今咸阳故安陵，与毕陌接，所谓毕程。"程本是重黎的后裔所建之国，为什么又成了"王季之居"呢？《竹书记年》对此做了回答："武乙二十四年，周师伐程，战于毕，克之。"姬周原本是程国的西邻，周要向东扩张，程国首当其冲。程国被灭之时，楚人正居于渭水之北，与程国相邻，眼见着同宗亲族之国被灭，楚当时的羽翼未丰，正依附姬周，虽不敢明确地表示什么，但心中不免耿耿，这就为"郢都"之称种下了直接的原因。

那么，"程"与"郢"又是什么关系？据《史记正义》所引《周书》的情况看，"程"亦作"郢"，程、郢古字相通，故"毕程"又作"毕郢"。这或许是因为"程"为国之称，去"禾"加"邑"即为城之称，故都城只能称"郢都"，而不便称"程都"，因为称"程都"会让人误会为"程国之都"。值得注意的是，楚国开始建都之时并不称"郢"，只是楚文王在国势强大、版图扩充、建都江陵之时才开始称"郢"，《史记》称："文王熊赀立，始都郢。"《汉书·地理志》亦云："江陵故郢都，楚文王自丹阳徙此。"在此之前，楚武王已开始称"王"，大有与周王室分庭抗礼之势。楚文王又改国都之称为"郢"，这"恐怕含有追溯同族程被周所灭，而欲与周对抗，以复兴祝融氏之业的意思"。

复兴祝融氏之祖业，这对于念祖怀旧的楚人来说，自然也是神圣的，但楚人之崇"郢"，似乎还有着更深的含义。考"程"之原始字义，像祝者跪于土台上向禾神祈祷五谷丰登之状，在卜辞、古钵及会稽石刻上均可见到程、郢的形状。从这一意义上说，"程"就不仅仅是一个简单的国名，它暗含的是一种禾神崇拜。禾神对于一个以农立国的民族来说确实是太重要了，所以禾神崇拜是农耕文明的一种悠久而漫长的心理崇拜。延至今日，这种崇拜的余绪仍在，如湘西土家族至今还保留着的"毛谷斯"大会即具有这种意义，跳舞者全身披满禾谷，象征禾神保佑丰收。因禾谷的生产过程是春种夏管秋收冬藏，按季节次第进行，故而"郢"又被用作节气名。《管子·幼官》有"十二小郢，十二中郢"之谓，《字汇补》曰："郢，节气名。"因此，程郢的深层含义是禾神崇拜，而这种崇拜又与楚人的祖先——作为火神的祝融联系在一起。

据《国语·郑语》记郑国史伯之言："夫黎为高辛氏火正，以淳耀敦大，天明帝德，光照四海，故命之曰'祝融'，其功大矣！"其功大在何处？史伯曰："祝融亦能昭显天地之光明，以生柔嘉材者也。"作为火正的祝融，其实具有双重的任务："昭显天地之光明"。其一是管"地火"，主要的职责就是司"炊"；其二是管"天火"，主要是管"火星"与农事的关系，这里的火星不是指太阳系中的那颗行星，而是指被称为"大火"和"鹑火"的恒星。《左传·襄公九年》云："古之火正，或食于心，或食于咮，以出内火。是故咮为鹑火，心为大火。"即火正的一项重要职责是观象授时，也就是观察"心星"（大火）或"咮星"（鹑火）在天空中出现的位置以确定农时，如果"心星"或"咮星"恰好在黄昏时从东方升起即"昏见"，便"出内火"——将保存了一冬的火种引出来，点燃春耕烧荒的第一把火。所以《礼记·郊特牲》说："季春出火，为焚也。"这里所说的虽是周代"出火"烧荒的仪式，但其生产习惯应该是在远古时代形成的。作为火正的祝融，他所点燃的第一把火关涉到一年是否误农时，是否有收成，这一把火也就具有了特别神圣的意义。这一把火自然是"地火"，但它又是与"天火"（"火星"）联系在一起的，也正是二者的结合即同时"昭显天地之光明"才能"生柔嘉材",才有农作物的好收成。那么，兼管"地火"与"天火"的祝融虽是火正火神，却也具备了禾神的性质。而且，为求得本年度的五谷丰登，第一把火点燃之时还要举行隆重的仪式，这种仪式也必定由火正主持，因此，"程""郢"的祈祷之状，或许正是祝融"出火"时祭拜仪式的具象描绘。诚如是，程人才将"程"定为国名，楚人才将"郢"定为都城之名，二者均为纪念其先祖祝融。

值得特别注意的是，从火神崇拜到禾神崇拜，似乎也暗含了一个重大的历史转折：程人和楚人的先祖祝融由祷火的巫祝演变成了祷禾的巫祝。这也体现了农耕文明越来越重要，农作物在经济生活中越来越占据主导地位。这一特征反映在楚文化之中，便是由"火性"开始向"水性"侧重。

早期的楚人，运用火神精神使自己于柔中显刚从弱中转强，对此，楚人曾有过理论上的总结，如《列子·黄帝》引鬻子曰："欲刚，必以柔守之；欲强，必以弱保之。积于柔必刚，积于弱必强。观其所积，以知祸福之乡。强胜不若己，至于若己者，刚。弱胜出于己者，其力不可量。"即是说，"强"可胜不如己者，若碰到亦如己者，则两强必有一折（"刚"），可能是对方折，也可能是自己折，所以"强"不是常胜之道。"弱"则既可胜不如己者，亦可胜超出己者，所以"弱"才是常胜之道。这个常胜之道，也正是楚人的兴国之道。楚先人熊绎跋涉山林以事天子，熊渠整肃江汉以收民和，这都是积于柔弱的阶段，有了这一阶段，才有跻身春秋五霸战国七雄的辉煌。因此，楚人从火的特性与规律中悟出了柔弱转化为刚强的辩证法，这也就是祝融之火神精神的核心内容，楚人将它运用于兴国之道，从而创造出辉煌业绩。

（二）屈原与老庄：火神精神与禾神精神之分流

楚人在火神精神的照耀下取得了辉煌的业绩，楚文化也就具有了"火性"特质，但到后来，这一特质在禾神崇拜中开始发生流变。本来，禾神精神的最初内涵是兼容水火的，这大致是因为楚人的耕作方式同时要依仗水火之故，这也就是所谓的"火耕水耨"，其方式据裴骃《集解》引应劭的解释为："烧草，下水种稻，草与稻并生，高七八寸，因悉芟去，复下水灌之，草死，独稻长，所谓火耕水耨也。"这种水稻的耕作方式固然简单，但因为要水火并用且以水为主，相对于北方以粟为主的刀耕火种来说，水的作用确实更为重要。"有收无收在于水"，楚人的生存依赖于水稻，而水稻的生长要依赖于水，水成了楚人命根的命根，那么楚人对水的特性和规律的认识也就是洞彻事理的，由此又形成了楚文化中的"水性"特质。从此，楚文化似乎出现了二流并进的趋势：偏重于火性、刚性的屈原精神和偏重于水性、柔性的老庄哲学。

楚文化发展到屈原的时代，似乎火神精神被基本丢失，禾神精神则泛滥成灾，其具体表现就是屈原在《离骚》中所痛斥的："固时俗之工巧兮，偭规矩而改错。背绳墨以追曲兮，竞周容以为度。"时俗竞相"追曲"而背弃了"绳墨"（直），这似乎不是火神精神的体现。火神精神所强调的虽是以柔克刚以弱制强，含有以"曲"胜敌的意思，但"曲"只是手段，"刚、强"才是目的。火之特性和规律也是如此，它虽是以柔为用，但"火性炎上"，宁可绝灭也决不可改其"炎上"的本性。所以，火之形为柔为曲，火之性则为刚为直，这才是真正的刚柔相济。而时俗将"追曲"作为目的，完全背弃了刚直。屈原以抗斥时俗为己任，他要维护的也就是火神精神刚直的一面。

屈原为与时俗抗争，标举的旗帜是"耿介正气"。"耿介"是正大光明；"正气"则是屈原的自励自勉之词："意荒忽而流荡兮，心愁凄而增悲。神倏忽而不反兮，形枯槁而独留。内惟省以端操兮，求正气之所由。"（《远游》）屈原在世俗环境的强大压力下心伤神悲，精神几乎支持不住，但他决心内省端操再求正气，以坚定自己的意志，其精神动力则仍需到尧舜等先圣中去寻找："跪敷衽以陈词兮，耿吾既得此中正。驷玉虬以乘鹥兮，溘埃风余上征。（《离骚》）""得此中正"才能"上征"，屈原终于找到了精神支撑，而此"中正"亦是从尧舜等先圣那里来，与耿介之德同义。所以，尧舜等先圣的耿介之德，影响到屈原身上，便是中正之气，这也正是屈原所求的"正气之所由"。有了这股正气的支撑，屈原便可义无反顾地直道而行："伏清白以死直兮，固前圣之所厚。"（《离骚》）屈原宁可"伏清白以死直"，也不愿"同于流俗"，这既可见出楚文化中原有的火性刚性程度，亦可见出时俗"追曲"的严重程度。

时俗的"追曲"上升到理论层面，便是老庄哲学所提倡的"批郤导窾"，这也是禾神精神侧重"水性"的理论写照。水的外形特征亦为柔，亦可以柔克刚，这是与火相似的。但"水性润下"，与"火性炎上"恰成鲜明对照。与"水性润下"的本质特征相联系，水又具备了三个对人类有启发意义的实用性特征，即处卑不争、避实就虚和因势就道。老庄哲学的基本内涵，可以说就是对这三个特征的理论阐释。

首先，老子哲学最为看重的就是"水性"的处卑不争。《老子·八章》云："上善若水。水善利万物而不争，处众人之所恶，故几于道。……夫唯不争，故无尤。"这里，与鹖子所提倡的"积于柔必刚，积于弱必强"具有明显的差别，鹖子的柔、弱只是刚、强的准备，不是"不争"，而是要"争胜"。老子则立意要追求柔、弱，尽量使自己处于众人所不愿处的卑下地位，只讲"利万物"而不讲利自己，力图用"不争"来保证自己的"无忧"，这是弱者的自保之策而绝非强者的求胜之道。所以，《鹖子》一书尽管被历代视为道家思想的渊源所在，但在精神内核上与《老子》绝不相同。这两部书也恰好照应了荆楚文化由火神精神向禾神精神亦即由"火性"向"水性"的转化，是楚文化分流变化的显著标志。

其次，庄子哲学最为看重的是"水性"的避实就虚。庄子将老子的"水性"哲学加以发展并运用到为人处世方面，形成了颇具特色的保身全生哲学。在《养生主》中，庄子借庖丁解牛之技来解说保身全生之道，其要领就在于"批大郤，导大窾"，这其实是将"水性"的避实就虚之规律运用于人类的生存之道，所图的仍是以保全自己为目的，故仍是弱者的自保之策。但相对于老子一味地只讲处卑不争，似乎有了些许积极进取的意味，只是在这种积极进取中又不免有钻空子、耍机巧之嫌。

再次，老庄哲学所共同看重的还是"水性"的因势就道，这也是老庄哲学风行二千多年乃至今日仍有着积极意义的缘由所在。"水性"的因势就道也就是因其自然，"润下"的自然本性决定了水往低处流，它能停留于众人所不愿停留的卑下之处，也是因其自然本性而并非有意为之，所以才"几于道"。"道"本身也是因其自然，《老子·二十五章》说"人法地，地法天，天法道，道法自然"，便是强调万物的本根是因为道亦即因其自然，这个自然法则可以说是老子对水的特性和规律的总结。老子为什么强调"上善若水"？因为"水善利万物而不争""夫唯不争，故天下莫能与之争（《老子·二十二章》）"，这也就是道之用：以无为"为""为"，最终达到无为而无不为的目的。庄子承老子之余绪，亦强调因其自然，庖丁解牛批郤导窾，亦是"因其固然"，只是庄子比老子更强调道之用。

如果从道之用的角度说，老庄哲学归结到一点，可以说就是批郤道窾，即将水的处卑不争、避实就虚和因势就道的特性和规律运用到社会人生，认为只要带着顺其自然的淡泊心态，能处众人所不愿处的卑下之位，能行众人所不愿行的虚空之道，就可以在看似无为的境界中，达到自己无不为的目的。

总之，屈原的"耿介正气"与老庄的"批郤导窾"标志着楚文化发展的分流，尔后的楚文化便有了水火不容的分流并进的发展趋势。

（三）楚南与楚北：火性人格与水性人格之分野

荆楚文化从火神崇拜转向禾神崇拜，并进而有了火性与水性的分流，影响到精神文化层面就是屈原精神与老庄哲学的分化。又因为屈原被流放到楚南，最后怀石沉江亦在楚南，楚南人在屈原精神的感召之下，形成了偏重于火性的人格秉性；楚北因长期受老庄哲学的浸润，故而形成了偏重于水性的人格秉性。"天上九头鸟，地上湖北佬"，或许可看作水性人格的具象表现；"湖南騾驴"或"湖南骡子"，则可看作是火性人格的具象表现。只是，对于"九头鸟"的称谓，湖北人少数认可，多数排斥；对于"騾驴"或"骡子"的称谓，湖南人则大都引以为傲。

关于"九头鸟"的来历，一般都要追溯到《山海经·大荒北经》："大荒之中，有山名曰北极天柜，海水北注焉。有神，九首人面鸟身，名曰九凤。""其志大兮，其慧远兮。"楚地的民间传说也说：上古时期，黄帝到南方巡游时迷失了方向，于是请祝融帮他引路，祝融化身为凤凰，降落于南岳的最高峰，黄帝辨出了南岳的方向，后来便将祝融封到楚地，祝融因此成了楚人的祖先，凤凰也因此成为楚人信奉的神鸟。楚人本是属于华夏集团，其祖先重黎是颛顼的火正，屈原《离骚》开篇就说"帝高阳之苗裔兮，朕皇考曰伯庸"。屈原所说的"高阳"也就是颛顼，说明楚人也认高阳为自己的祖先。既然认颛顼为祖先，就应该以龙为图腾，但楚人却崇拜凤，这大致是因为楚人受到西周王室的长期打压而又与南方苗蛮集团长期融合的结果。这从九头鸟的另一个传说中也可以反映出来：根据汉代《小说》记载，周公居东周，恶闻此鸟，命庭氏射之，血其一首，余九首。射掉的一首，长年流血不止，必须摄人魂魄才能生存。于是，本是美好的"九凤"变成了恶鸟。这个传说，从历史的角度说，暗含了楚人与周人交恶的史实；从现实的角度说，则反映了楚人不愿接受"九头鸟"之称谓的缘由。

《白虎通·卷三》说祝融"其精为鸟，离为鸢"，鸢便是凤，故楚人对凤总怀着一种深厚的感情。他们尤其喜欢以凤喻人。传说楚庄王刚刚即位时，整天寻欢作乐不问国事。伍举便进谏问："有鸟在于阜，三年不蜚不鸣是何鸟也?"庄王答曰："三年不蜚，蜚将冲天；三年不鸣，鸣将惊人。"伍举以鸟喻庄王，庄王也以鸟自喻。这鸟飞能冲天，让人联想起楚人所景仰的那个大得"不知其几千里""怒而飞，其翼若垂天之云"的大鹏，"鹏者，凤也"。从这里不仅可以看出楚人对凤的崇拜，更重要的是反映了"凤"亦即"九头鸟"的一种智慧——它可以因势利导，蓄势待发，待时机成熟时，然后一鸣惊人，一飞冲天。这就是《庄子·人间世》所说的："知其不可奈何而安之若命，德之至也""且夫乘物以游心，托不得已以养中，至矣"。也就是说，道德修养的最高境界就是知其无可奈何时能够顺其自然。但是，顺其自然不是消极逃避，而是要让自己的心境能够"乘物"以遨游，亦即在精神自由中养精蓄锐，从而为一鸣惊人，一飞冲天打好基础。除楚庄王以外，湖北历史上还有两位人物堪称代表。

被称之为"现代讲史第一人"的黎东方，在其《细说明朝》中曾这样评价张居正："以施政的成绩而论，他不仅是明朝的唯一大政治家，也是汉朝以来所少有的。诸葛亮和王安石二人，勉强可以与他相比。诸葛亮的处境比他苦，不曾有机会施展其经纶于全中国。王安石富于理想，而拙于实行，有本事获得宋神宗的信任，而没有才干综核僚佐与地方官的名实。"按照黎东方的观点，中国历史上能真正称之为"大政治家"的仅有三人；而就在这三人中，王安石因"富于理想，而拙于实行"，所以难与张居正并驾齐驱，剩下的便只有诸葛亮，这两人恰好都是"湖北人"。

当然，诸葛亮能否说是湖北人？这是一个颇有争议的问题。首先，他的出生地不在湖北（尚有山东临沂与山西临猗之争）；其次，诸葛亮自己在《前出师表》中说："臣本布衣，躬耕于南阳。"这个"南阳"究竟是湖北襄阳还是河南南阳？其争议就更大。司马光《资治通鉴》载："诸葛亮寓居襄阳隆中，每自比管仲、乐毅。"但河南南阳从魏晋时期开始就建有武侯祠，传说还是诸葛亮的老部下黄权曾率族人在此修建，时称"诸葛庵"。其实，无论是湖北襄阳或是河南南阳，都曾经是楚国的属地，都受荆楚文化的影响。因此，说诸葛亮的人生经历更多地体现了楚北文化的特点可能更为准确。

楚北文化偏重于"水性"，重视"批郤导窾"的人生之智，诸葛亮作为智慧的化身，自然堪称其中的代表。从 17 岁到 27 岁，诸葛亮躬耕南阳足有十年，这正是人生中最为关键的时刻，对他的人生观、价值观和世界观的形成具有决定性的影响。在这十年当中，他成家立业，博览群书，广交楚地名士，正是"乘物以游心"的蓄势待发时期；作为一介贫民，他的准备期自然更长一些，可以说是"十年磨一剑"，然后一鸣惊人。更为关键的是，诸葛亮之智，体现在治军或治国上，就是善于抓住薄弱环节，收到事半功倍的效果。赤壁之战用火攻，就是抓住了曹军不善水性的弱点。特别是五次北伐中原，就是为了打破蜀国偏居西南一隅的僵局。成都平原虽说是天府之国，但只有在战乱之时是天堂，在天下一统之时则成了牢房。因此，诸葛亮必须以"兴复汉室"为号召，以"北伐中原"的手段来激励蜀国人的意志。否则，蜀国可能很快就会被魏国或吴国所灭。这是诸葛亮明知其不可为而又不能不为之的"曲线救国"手段，也正是"批郤导窾"之智运用在治国上的体现。

与诸葛亮有所不同，张居正出生于荆州江陵，是地地道道的湖北人，少年时代即以"神童"闻名乡里，23 岁中进士步入官场，深谙为官之道。他在政治的风浪中摸爬滚打，采取内抱不群、外欲浑迹、相机而动的策略。嘉靖二十八年（1549），张居正以《论时政疏》首陈"血气壅阏"之一病，继指"臃肿痿痹"之五病，系统阐述了改革政治的主张，但并未引起明世宗和严嵩的重视。此后，在嘉靖一朝 20 余年的任职中，除例行章奏以外，张居正再没上过一次奏疏。这是另一种形式的"乘物以游心，托不得已以养中"，他在苦闷中思索，并利用给裕王朱载垕做侍讲和任国子监司业的机会积累人脉，直到隆庆元年（1567），张居正以裕王旧臣的身份，擢为吏部左侍郎兼东阁大学士，进入内阁，参与朝政。同年四月，又改任礼部尚书、武英殿大学士，他终于在暗暗的较量中"直上尽头竿"了。进入内阁之后，他推行"考成法"以改革吏治，推行"一条鞭法"一举扭转了朝廷的财政危机，为富国强兵打下了基础。

从历史大局看，张居正的新政是继商鞅之后直至近代前夜影响最为深远、最为成功的改革，不仅为明代当时萎靡不振的政坛注入了一针强心剂，力挽狂澜于既倒，还奇迹般地在北疆化干戈为玉帛，在一定程度上缓解了国内的阶级矛盾和民族矛盾，延长了明王朝的国祚。张居正所处的时代是一个守成的时代，不像商鞅变法有天下大变的背景，因而守成时代的改革需要更多的智慧。《明神宗实录》说张居正"性沉深机警，多智数"。《明史》也说"张居正通识时变，勇于任事"。而他的"沉深机警""通识时变"之"智数"，无疑也是老庄水性哲学浸润的结果，特别是从批郤导窾的角度说，张居正也正是抓住了首辅高拱与掌印太监冯保的矛盾，并利用万历皇帝冲龄即位、想要有所作为的有利条件，积极推行新政改革，从而收到了一鸣惊人的效果。

与湖北人的"沉深机警"之"智数"不同，湖南人则以倔强闻名。有人说世界上最倔强的有三大人群：英国的爱尔兰人，德国的普鲁士人，另外就是中国的湖南人。为什么有这种说法？因为"认死理"，九头牛都拉不回头，就是湖南人的生动写照。对湖南人来说，只要认定一个目标，就一定要走到底，不管前面是刀山火海或是万丈深渊，都将勇往直前，百折不回！正是这种天生禀赋，让湖南精英豪杰们在近代以来的历史上，叱咤风云，呼风唤雨，改写了中国的历史：曾国藩以几千"湘勇"起家，屡战屡败而又屡败屡战，最终扫灭了不可一世的太平天国；自称为"湖南骡子"的左宗棠，率领以湘军为骨干的"西征军"，抬着棺材，深入戈壁沙漠，收复了新疆；黄兴历尽艰难，带一旅湖南兵，在汉阳抵挡清军大队人马；蔡锷拖着病体，亲领子弹不足的两千云南兵，和十万袁军打死战，如此等等，特别是 14 年抗战时期，湖南是抗日主战场，在日寇一路攻城掠寨，先后占领上海、南京、徐州、武汉等重镇之后，待到进攻长沙时，三湘军民终于成功地迟滞了日军进攻的步伐，取得了第一次长沙会战的胜利。而此战的胜利也成为抗日战争的转折点，中国的抗战由此进入相持阶段。湖南人的血性令敌人都感到钦佩。

第八章

盘王崇拜与瑶族文化

我国瑶族主要集中在湖南、广西、广东、云南、贵州等地。据 2010 年人口普查数据,我国的瑶族人口为 279.6 万,其中有 52.6% 在广西壮族自治区(147 万),25.2% 在湖南省(70.5 万),7.3% 在广东省(20.3 万),6.8% 在云南省(19 万),1.6% 在贵州省(4.4 万)。尤为值得注意的是,广西、湖南两省区约占瑶族总人口的 77.8%;在全国 12 个瑶族自治县中,两省区占有 7 个县,而且全都分布在湘漓文化带上或周边地区,而位于潇贺古道上的湖南江华瑶族自治县,其瑶族人口为全国之最,因而被誉为"神州瑶都"。千百年来,瑶族人民以自己的勤劳和智慧,创造了独具特色而又五彩斑斓的瑶族文化。

一、岭南岭北瑶族圈

(一) 众说纷纭说起源

瑶族源自黄河流域。在漫长的历史发展长河中,由于部落、诸侯割据,战事连年不断,瑶民被迫逐步迁入中国南方及东南亚国家,他们大都居住在边远的高寒山区或深山密林,以刀耕火种、不固定的游耕农业经济为主。关于瑶族的起源与形成,据王施力、王明生《永州瑶族》一书的归纳,主要有以下诸说。

1. **尤人说**。瑶族原始居住地在黄河下游与淮河流域之间。瑶民自称"尤勉",其"尤"为自称,"勉"为附加词,"尤"为古"犹"字。尤人应该是古代以犬为图腾、以游牧为主的部落，可能是炎帝的后裔，夏代在黄河中下游建立过攸、鬷等国。从图腾崇拜看，古代尤人和现代瑶族都以"犬"为图腾；从迁徙路线看，古尤人从黄河中、下游地区迁往江汉平原，这与现在瑶族同胞的口头传说及历史文献相符，与蚩尤部族的迁徙路线也相符。因此，这里的"尤人"，或许就是蚩尤部族的一个支系。另外，古尤人是"蛮"的一个重要组成部分，在秦汉以前曾组成建立过盘瓠部落集团，后来部分北上，部分居于洞庭湖一带以游耕渔猎为生，是为史籍中记载的"莫徭"。

2. **山越说**。有人认为瑶族发源于现浙江会稽一带，其理由有三：首先，从《后汉书·南蛮传》《山海经·海内北经》《路史》等文献资料记载和现存瑶族的口传文学以及口碑传播来看，瑶族先祖盘瓠受封于会稽。其次，江苏、浙江一带为"百越"之地，春秋时有"于越"，战国时有"扬越"，以及秦汉时的"瓯越"和三国时的"山越"，都以狗为图腾，与后之瑶族同。最后是从语言学的角度来讲，"越"是"瑶"的长音，"于越"合音即为"瑶"，"山越"合音即为"畲"。"畲族"其实是广义的瑶族。而且自古以来畲族也自称山瑶、瑶家、瑶人等，瑶族和畲族，都有盘王图腾及盘、蓝、雷、钟四大姓。

3. **长沙蛮、武陵蛮说**。有人认为瑶族起源于武陵山区，其理由是：其一，从瑶族许多支系的自称来看，瑶族自称"勉"。据考证，"勉"是古汉语中"慢"或"蛮"的变音。另，《后汉书》《晋书》《南史》等文献资料载："盘瓠，武陵蛮。"也就是说，瑶族先民起源于武陵山区。其二，瑶族的很多生活习性也与《搜神记》《文献通考》中的武陵蛮记载基本相同，如："武陵蛮绩织木皮，染以草实，好五色衣服，裁制皆有尾形。"再如《后汉书》载："衣裳斑斓""好入山林，不乐平旷"。其三，古代瑶民是经过迁徙才演变成今天这种分布状况的，其迁徙路线为向南向西迁徙。

4. **古"摇民"说**。有人坚持瑶族来源于古代"摇民"的观点。他们认为《山海经·大荒北经》中"困民国"的"困民""摇民"等与现在瑶族的关系密切。据吴其昌考证，"困民"之"困"为"因"之误读，"困民""摇民"是同声转音，故"困民国"即为"摇民国""摇民勾姓"。《世本》载："摇民，东越王摇，勾践之后，其后以摇为氏。"《山海经》载："帝舜生戏，戏生摇。"同时，还可以从《越绝书》等文献中看出春秋时代越摇人为瑶族先民。

5. **零陵蛮说**。有人认为宋代"瑶"的先民是南北朝的"莫徭"。而"莫徭"的先民是汉代的"零陵蛮"。"零陵蛮"的先民是夏商周时的荆楚，荆楚的先民是尧舜时代的三苗，从三苗再往前追溯就是零陵一带的原始先民。因为《梁书·张缅传》最早提到"莫徭"，这是瑶族最早的族称，始于南北朝，终于五代。宋以后称"徭"，不再称"莫徭"。而"莫徭"在南北朝时期生活的地域是零陵、衡阳等地区的山区。除零陵、衡阳之外，其他地方的"蛮"当时没有"莫徭"

之称。

6. 多源说。 大多数学者认为，瑶族先民一部分来自长沙蛮、五陵蛮，也有一部分来自江浙一带的山越蛮。"尤"是瑶族最早使用的自称，"瑶"是瑶族最早出现的他称。

7. 民间传说。 实际上，在瑶族中普遍流传着民族起源的传说。这在瑶族《过山榜》(《评皇券牒》)瑶族史诗《盘王大歌》均有记载。

传说的大致内容是：古时，高王和平王争天下（高平二王是兄弟），平王势小，便出榜招贤，谕示国中：能除掉高王者，赐地封王，并许配公主为妻。平王招贤的消息传上天庭，天帝派太白金星化为龙犬下凡，到人间查看乱世的根源。龙犬知道缘由后便揭了榜，在平王面前拜三拜便到高王宫殿里去了，龙犬每天"忠诚"地陪伴高王闲游，获得了高王的信任。有一天，趁高王酒醉时，龙犬斩杀高王，将头颅献给了平王，平王兑现榜文诺言，许配公主花英，并赐龙犬为盘护（瓠）太宁之名。盘瓠与公主成亲后即来到白云山（一说会稽山）男耕女积，后来生下六男六女，平王得知，赐给十二姓，即"盘沈包黄李邓姓，赵胡雷唐冯周人。"于是"十二兄妹十二姓，女人招婿男娶亲，天下江山据守好，兄妹分居守四边。"

这则瑶人出世的传说，很早以前便流传于民间，古籍中亦有收录，其中最早的记载当是东汉应邵的《风俗通义》："高辛之犬盘瓠，讨灭犬戎，高辛以少女妻之，封盘瓠氏。"晋干宝在《搜神记》中写道："高辛氏有老妇人，居于王宫。得耳疾，医为挑治，得一虫大如茧。妇人置于瓠中，复之以盘，俄顷化为犬，因名'盘瓠'。时犬戎强盛，数侵过境。乃募天下有能得戎吴将军首者，赐金千镒，封邑万户，又赐以少女。后盘瓠衔得一头造王阙。王诊视之，即是犬戎吴将军……盘瓠得女上南山，入谷止于石室之中。盖经三年产六男六女，自相偶配……"此外，南朝范晔《后汉书·南蛮西南夷列传》，北魏郦道元《水经注》，以及《武陵记》《蛮书》《唐书》《溪蛮丛笑》《广异记》《洞溪纤志》等历史古籍中均有类似的盘瓠传说记载。这充分说明，历史上的盘瓠传说几为历代史学家公认，这种说法从东汉应邵开始至清末民国均予以认可（其间曾有唐代杜佑、宋代罗泌提出过异议）。因此，盘瓠传说绝不是一般的逸闻传说，极有可能是瑶族历史演变过程中的一则珍贵史料。另外一点值得注意的是，十二姓瑶人，因先父有功，母又是帝之女，他们田作贾贩，可以免除租税之赋。这一点范晔《后汉书》有记载，瑶族故事传说及《过山榜》中亦有讲述，可互为印证。据此可知，瑶族此时开始从华夏诸族中分化出来，成为具有独特民族性的一支少数民族。所以，在后世的《梁书·张缵传》中第一次出现了"莫徭蛮"的专称，隋唐则沿称"莫徭"（亦即免徭役赋税），宋代简称为"徭"。元时因民族压迫，元人改称"猺""蛮猺"的侮辱性称谓（但客观上而言，也与瑶人崇拜龙犬有关）。

明清至民国继续沿用"猺",中华人民共和国成立后实行民族平等,改"猺""徭"为"瑶"。

(二)瑶族分布支系多

瑶族是一个跨国民族,以中国为祖居地,主要分布在中国南方的湘、桂、粤、黔、滇等省区以及越南、老挝、缅甸、柬埔寨、泰国、美国、加拿大、法国等国。

瑶族第一次从祖居地南迁大约是在隋唐之际,其后,经元、明、清各个朝代的多次迁徙,并伴随着社会生活的发展变化,各支系瑶族在称谓、风俗习惯、经济生活等方面逐渐形成了自己的风格与特色,并演变成今天瑶族的分布状态。

1. **平地瑶、民瑶分布**。宋元时期,在湘桂粤边界已经聚集了不少的瑶族人口,他们主要是过着刀耕火种生活的盘瑶和过山瑶,即当时人们所称的"高山瑶""生瑶"。明清两代,因官府的围剿、镇压和招抚,部分瑶族下山移迁到丘陵谷地定居,长期与汉壮民族杂居交往,民族文化互相交融,如史书所言其语言习俗"已与齐民同",成为耕种水田、旱地、纳租税的平地瑶和民瑶。是以汉族方言语支交流的瑶族支系。这部分瑶族主要分布在广东西北部、广西东部和湖南南部三个地区。民瑶、平地瑶虽然在风俗习惯上保留的民族特色不明显,但一直保留着与瑶族认同的心理。平地瑶和民瑶由于开始逐步定居,主要种植水稻、畬禾及薯、豆、芋等农作物。这部分瑶族大多数被编户入籍,供赋税,故史籍又称其为"熟瑶""良瑶"。因长期与汉族接触,受汉文化影响较深,其文化发展亦较快,瑶族地区的社学、义学也大多办在平地瑶、民瑶地区。清代郴州等地的平地瑶中还有人中过举人、进士。

值得指出的是,明代以来又以"四大民瑶"专指位于湖南省永州府永明县(今湖南省江永县)西南部、紧依都庞岭东南麓、居住在平地、由汉族及瑶族相融合而构成的族群,因其编入民籍,故称"民瑶"。根据清康熙及光绪年间先后修纂的《永明县志》及当地碑刻记载,"四大民瑶"的称谓得自明洪武初年,其中的"古调瑶"有同治十一年(1863)碑刻:"洪武九年归化,封清溪、古调、扶灵(源口)、勾蓝为四大民猺,其所居为邑门户者,镇守湘粤隘口,最为得力,为表彰其功,以示羁縻,每岁司犒花红牛酒,至朝恩尤厚。二十九年,尤与编成册,安抚生息,给之廪饩,每瑶立瑶长总之,瑶目以佐之……""四大民瑶"有其独特的性质和地位。湖南江永的民瑶是在"以瑶制瑶"的政策中成为扼守湘粤边境,防御广西富川、恭城等地瑶民越境的军事力量,这使得这一族群在与汉族及周边族群的关系中呈现出既密切又矛盾的特点。

2. **盘瑶分布**。盘瑶是瑶族传统文化的主干支系,它包含了瑶族的大部分人口，主要操苗瑶语支瑶语支"勉语"或"标敏"方言，过山瑶、山子瑶、排瑶等属于盘瑶支系系列。盘瑶，顾名思义，其支系中有较多的盘姓瑶族。隋、唐时期，生活在湘、桂、粤边境及两广地区的瑶族先民，过着刀耕火种、采集狩猎的生活，信仰盘王为祖先，隔三五年逢农历十月十六，便击长鼓祭祀祖先盘王，后被人们冠名为盘王节，因以祭祀盘王而被称为盘瑶。盘瑶分布较广，东起广东的始兴，西至云南的勐腊，南达广东的海南岛，北迄贵州的榕江，都是盘瑶迁徙辗转繁衍生息的区域。盘瑶分布的地理特点，一般都选择在有水土的高寒山区或半丘陵地区，少部分居住在高寒的半石山半土山地带；盘瑶分布的另一特点是跨国而居，在我国与越南、缅甸、老挝三国4000多千米的国境线两边住居着数十万盘瑶人民，人们说的"瑶族是个跨国民族"，主要是指盘瑶。

3. **布努瑶分布**。宋代，已有部分瑶族分布于广西境内的庆远府（今广西河池市一带）。明时，到庆远府一带居住的瑶族逐渐增多，这部分瑶族在长期的迁徙过程中不断地与其他民族特别是苗族交往接触，民族文化在互动和传承过程中传统因素发生了变异，尤其是语言发生了较大的变化，语言向苗语支靠拢，史学界将其统称为"布努瑶"。中国社科院民族学与人类学研究所的专家，从布努瑶语言变化的文化现象，分析研究布努瑶先民的迁徙路线，大概是顺苗族迁徙路线的东南边方向，沿着湘西南的雪峰山地区，向西南移动，然后经黔南的苗岭南麓到达贵州的都匀府南部一带。后来被当地土司驱赶，蒙、罗、蓝等姓的瑶族才又转往南，迁徙到桂西北一带的山区。

布努瑶支系主要说苗语支布努语，布努瑶大多分布在桂西和桂西北的大石山区，布努瑶族的生活习性与瑶族其他支系大相径庭，主要种植薯、芋、豆类等农作物。周围广阔的大石山区域，石多土少，干旱缺水，是布努瑶地理环境的基本特征。由于自然条件差，经济落后，人民生活比较贫困。

4. **茶山瑶分布**。据茶山瑶民间传说、族谱记载和有关学者考证，茶山瑶大约在明朝初年，分别从广东和湖南进入广西大瑶山居住。从广东来的苏、莫、钟、陶、兰、龚等姓瑶民开始在藤县等地居住，后被当地土司覃千户赶入平南，再转入大瑶山，分散于古卜、六寨山，金秀、白沙、六拉、昔地、田地、平林、六竹、罗孟、岭祖、巴勒、上下卜泉等地居住。从湖南来的苏、莫、陶等姓氏的后裔进入广西后，先后在南宁、百色、浔州、贵县、象州等地居住，后才进入大瑶山的六段、六定、寨保、长二、长滩、土献、长峒、滴水、花阳、道江、六拉、金田等地居住。

茶山瑶主要集中在广西大瑶山腹地，山内还有盘瑶、山子瑶、花蓝瑶、坳瑶等来自不同地区的瑶族支系，这些来自不同地区的部族或族群进入大瑶山后长期共同居住在一起，有着大致相同的社会经济生活环境，经过长期的文化接触，打破了原有的族群壁垒，相互产生了民族认同感，为民族融合提供了基础。

由于大瑶山特殊的地理环境，山外对山内的少数民族始终抱有歧视态度，为了共同面对山外相同的民族压迫和民族剥削，山内五大族群为了生存，被迫自觉或不自觉地团结一致，形成一股自卫力量，反对山外压迫势力。这种凝聚力使他们聚集在一起，组成一个在共同区域内生存发展的新的共同体，共同接受山外汉族给予他们的称呼——瑶族，从而形成了以瑶族主体文化为代表的区域民俗文化。但又因为他们相互在文化上还存在差异，人们又将他们称为不同的瑶族族群。茶山瑶就是在这种情况下，从明初进入大瑶山后，逐渐由越人后裔演变为今天的茶山瑶。茶山瑶族语言属壮侗语族侗水语支。茶山瑶最具支系文化特色的就是石牌律。它是金秀地区茶山瑶、山子瑶、花蓝瑶、坳瑶等族群民间特有的社会法律，是经过群众议事会商定的维护生产和社会秩序的条文，是镌刻在石板上或书写在木板上、纸上的成文习惯法。

(三) 岭南岭北瑶族县

据 2010 第六次全国人口普查数据显示，瑶族是我国的一个少数民族，人口约为 285.3 万，占全国总人口的 0.2098%，在所有少数民族中排在第 12 名。而对于瑶族，我国也是给予了充分的自治权利，在全国设立了 12 个瑶族自治县，其中，位于湘漓文化带上的有 7 个县。

湖南省瑶族人口有 70 多万，但瑶族自治县只有一个。永州市江华瑶族自治县是一个很古老的县，唐武德四年 (621) 析冯乘县置江华县，1955 年 11 月 25 日成立江华瑶族自治县，是永州市唯一的少数民族自治县，是湖南省唯一的瑶族自治县，全县总面积 3248 平方千米，下辖 22 个乡镇、1 个国有林场，全县总人口 51 万，其中瑶族人口 34 万，占全县总人口的 66.66%，是全国 12 个瑶族自治县中瑶族人口最多的县，被誉为"神州瑶都"。

广西壮族自治区瑶族人口 170 多万，有 6 个瑶族自治县。这 6 个县分别为：恭城瑶族自治县，隶属于广西桂林市，总人口 30 多万，其中瑶族人口约占60%；富川瑶族自治县，隶属于广西贺州市，总人口约为 32 万，其中瑶族人口占全县总人口的 47.5%；巴马瑶族自治县，隶属于广西河池市，是有名的"世界长寿之乡"，其中瑶族人口占全县总人口的 17.31%；都安瑶族自治县，隶属于广西河池市，全县总人口 72 万，瑶族约占全县人口 22%；大化瑶族自治县，隶属于广西河池市，是世界瑶族文化之乡，同时也是中国观赏石之乡，全县总人口 46.15 万，其中瑶族人口占全县总人口的 20.72%；金秀瑶族自治县，隶属于广西来宾市，全县总人口约为 15.46 万人，其中瑶族人口占 34.8%。

广东省瑶族人口 20 多万，但瑶族自治县有 3 个，分别为：连南瑶族自治县，隶属于广东省清远市，瑶族居住的地方占全县 80% 的面积，在连绵百里的高山峻岭上，到处是瑶家村寨，故连南有"百里瑶山"之称，全县总人口 15.65

万，其中瑶族人口占总人口的 50.73%；连山壮族瑶族自治县，隶属于广东省清远市，全县总人口约 9.34 万人，少数民族人口 7.33 万人，其中壮族 5.51 万人，瑶族 1.79 万人，少数民族人口占 78.5%；乳源瑶族自治县，隶属于广东省韶关市，全县总人口 20.5 万，其中瑶族人口占总人口的 12.2%，客家人占总人口的 80% 以上。

以上 10 个县均位于南岭山脉，在湘漓文化带上或周边，只有云南的两个县距离稍远。这两个县分别为：河口瑶族自治县，隶属于云南省红河州，全县总人口 10.46 万，汉族人口占总人口的 38.42%，各少数民族人口占总人口的 61.58%，其中瑶族人口占总人口的 22.96%；金平苗族瑶族傣族自治县，隶属于云南省红河州，全县总人口约为 35.62 万，少数民族人口为 30.42 万人，占总人口的 85.54%，其中，苗族人口占总人口的 24.99%，瑶族人口占总人口的 12.89%，傣族人口占总人口的 5.50%。

在岭南岭北的瑶族文化圈中，盘瑶是瑶族的主干支系，人口最多，盘王崇拜的影响最大，在湘漓文化带上既独树一帜，又融会其中，是湘漓文化中不可多得的组成部分。

二、千家峒中说历史

（一）千家峒简介

千家峒位于湖南永州市江永县城北 11 千米处，地处都庞岭三峰山下，东北毗邻道县，北面与广西灌阳县交界，是瑶族祖居故地之一。现代千家峒位于千家峒瑶族乡为中心的江永、道县、灌阳三县交界处，为联合国非物质文化遗产保护地。传说中的千家峒是一个与世隔绝的人间仙境，四周被五岭中的都庞岭与萌渚岭环抱，仅有一个岩洞维系着与外界的沟通，这个岩洞指的就是千家峒入口处的穿岩。如今虽已被弃置，但它依然完好地存在着，依然坚强地见证着千家峒的沧桑变化岁月轮回。千家峒由上、中、下峒三个盆地组成，总面积200 平方千米。四周崇山峻岭，平均海拔千米以上，有 8 万亩原始次生林，仅有"穿岩"唯一通道进入盆地。境内山幽、林深、洞奇、瀑美、泉温，瑶族风情浓厚。这里至今保存着"盘王庙""盘宅妹墓""平王庙"等瑶族历史文化古迹，流传着神奇动人的民间传说。鸟山、白鹅山、白鹅洞、双塘映月、马山、狗头岩、大泊水瀑布、金童放牧、天女散花、三峰雾雪、仙人桥等自然景观更是迷人，宛若仙境，被喻为瑶族的"桃花源"。

在瑶族的语言中，"峒"是群山环抱之中比较宽阔的平原，千家峒就是指生活着上千户人家的山间小平原。《千家峒源流记》载，千家峒是瑶族先民繁衍生息、安居乐业的聚居地之一，只有一个石洞入内。峒的四周高山环绕，森林茂密，怪石峥嵘，瀑布高悬；峒内田土宽广，土质肥沃，有一条河流贯穿峒中。千余户瑶民同生活，共耕种，过着自由富裕的生活。到了宋、元之际，官府发现了这个地方好，派官差入峒征收粮赋，瑶民热情款待，久留不归，官府误以为官差被杀，于是派兵围剿。吊脚楼被焚毁，古老的长鼓被焚毁，古朴缠绵的瑶歌被焚毁，宁静平和的生活被焚毁……瑶佬吹起牛角，把十二姓瑶人召集在一起，他告诉大家，千家峒的历史结束了，鸟有鸟道，兽有兽道，各自逃命去吧。并将牛角锯成十二截，每姓瑶人一截，相约 500 年后，千家峒的子孙重新回来相聚。于是，峒内瑶民纷纷出逃，背井离乡，流散到我国南方各地的大山中去。这悲壮的一幕，深深烙印在瑶民心目中，也深深烙印在历史的屏幕上。从那以后，千家峒就成了瑶民子子孙孙心中一个难以解开的结，一个永远难以抑止的痛。

临穿岩的古战场据说是千家峒瑶民与元朝官兵生死抗衡之地，往昔战马的嘶鸣与兵器的碰撞只能借着巨石垒就的战墙去想象了，在犬牙交错般的岩石上游走的山羊倒是带来了一派祥和的气氛。这里其实是一个很好的观景之地，站在古战场上，千家峒的大半个身影即刻现于眼底。千家峒人文古迹多，旅游资源丰富。千家峒古文献记载的峒口、四块大田、九股水源、枫木凹、白石岭以及造型奇特美观的鸟山、马山、石狗山等地形地貌特征就在江永千家峒内。元大德九年瑶民为抗击官兵围剿，在峒口的石山上筑起的古石墙仍然依稀可见，现已成为千家峒的历史见证和奇特的旅游景点。境内出土的古剑、古砖、火管、石碾、酒具以及最近发掘的湘南第一大古民窑遗址，更增添了千家峒的神秘。

进入千家峒，沿途看到景象与古文献上提到的千家峒口、四块大田、鸟山、马山、石狗等景观均可相互对应。中南民族学院宫哲兵说："《千家峒》文献中的多数地名物名，在江永县大远乡内，说明文献的作者，可能是大远乡逃亡瑶民的后裔。文献中对千家峒的描写实际上是对大远乡的描写。"（《千家峒运动与瑶族发祥地》）"大远乡"是 20 世纪 80 年代曾有的名字，今天的"大远乡"已更名为"千家峒瑶族乡"。时隔数百年，其地名特征仍然可以与《千家峒》文献的记载相对应，由此可见千家峒在瑶民心中占据何等重要的位置。这些地名不仅仅是地名，其中包含了许多古老而真实的故事、美丽而神奇的传说，可以让后人从中领悟到：在"千家峒时期"，这里曾经是一个政治稳定、经济文化繁荣的都市，是瑶族人民用汗水浇灌出来的美满幸福的乐园。

千家峒北依都庞岭，地势险要，山深林密，红军长征曾经过此地，在海拔1528 米的三峰山石壁上还刻有"中国工农红军万岁"的大字；山上有原始次森林 8 万亩，有国家保护的一、二级林木 27 种，珍稀动物 28 种，被称为"南方动植物资源基因库"，属国家重点保护的二级珍贵植物有福建柏，三级保护的有长苞铁杉、南方铁杉等；属国家二级保护的珍稀野生动物有小灵猫、猕猴、穿山甲、锦鸡、水鹿、大鲵等。

山涧溪水纵横，瀑布高悬，还有一处温泉，九股水源注入中峒，山清水秀，灵气无比，尤其是大泊水瀑布，更是一处绝佳的风景。大泊水瀑布位于霸王祖村后，距千家峒乡政府11.5千米，大泊水瀑布是一组瀑布群，一条山谷深达2千米，沿途有七级倾泻的姐妹瀑，一瀑一形、一瀑一潭、一瀑一景，段落分明，自成首尾。到终端就是大泊水瀑布。此瀑布高100余米，宽30米，四季不涸，颇为壮观。远看，从上而下笔直，如一条白练悬挂天空；近观，丝丝银线，白雾茫茫。瀑布下有一水潭，宽约100米。瀑布从上而下冲击水潭，浪花飞溅，若是暑夏时节置身潭边，立感凉风习习，沁人心脾。瀑布两边各有一石台伸出，形如两个小平台，可供游人观赏，如将瀑布与两边的石壁组合起来观赏，犹如一只巨大的山鹰，展翅飞翔。

由于千家峒被誉为"世界瑶族发祥地"，是瑶族人的"桃花源"，如同很多地方都在争夺"桃花源"的地名一样，"千家峒"的地名也不止一处。例如，位于都庞岭西面的灌阳县就认为千家峒在他们县境内：在中国南方巍峨的五岭之都庞岭腹地，有一座高矗入云的山峰——韭菜岭，海拔2009.3米，是仅次于华南第一峰猫儿山的华南第二高峰，山的西麓有一个面积3平方千米、四周高山原始森林环绕、绿草繁茂、碧水涟漪的"一串葫芦形"的盆地，它就是数百年来瑶族几度寻根、向往回归的圣地——千家峒。据多种家谱记载：千家峒曾经住有上千户人家，因税收问题被官府追杀，逃离故地，至今田地屋基残存，有悲惨的"九截牛角"的传说，是瑶族迁徙的一部苦难史，是海内外瑶胞向往回归的圣地，散居在国内外的瑶胞都认定自己的祖先是从千家峒迁徙出来的，历年来常有瑶胞到此来寻根问祖。为了研究瑶族苦难的迁徙历史，寻找瑶族迷失的祖居地，由武汉大学哲学系、广州中山大学人类学系、广西瑶学会、灌阳县委县政府组织的"中国灌阳都庞岭千家峒研讨会"于1998年5月5日至7日在灌阳召开，到会专家学者一致认为：千家峒就在以都庞岭的韭菜岭为中心的周边地区，离灌阳县城5.5千米处，就是千家峒的入口。灌阳县依托千家峒国家级自然保护区的原生态景观和世界瑶族发祥地的深厚文化底蕴，以瑶族建筑、特色服饰等民俗文化遗产为彰显形式，构筑历史文化传统与自然山水田园相融合的世外桃源。景区一期工程总投资1.2亿元人民币，打造集食住行游购娱为一体的大型综合性生态旅游景区。二期工程计划投资1.5亿元人民币，规划建设大型的瑶族综合性生态朝圣区，利用自然保护区优势的森林资源打造中国南方户外徒步群体梦萦魂牵的挑战美地，并以其生物多样性和地貌奇特险峻性形成集休闲游、生态游、探险游、瑶族族源探秘游为一体的景区灵魂核心。

所谓"文化搭台，经济唱戏"，千家峒作为世界瑶人所向往的精神圣地，在今天全民旅游、全区域旅游的背景下，同时被当作旅游胜地，也是顺理成章的。

（二）千家峒传说

20世纪八九十年代，陆陆续续发现了几十本《千家峒》和《千家峒源流记》手抄本，均记载了瑶族的历史和千家峒的兴衰过程，而且大同小异。根据这些手抄本的记载，千家峒是一处只有一个石洞通向外界的山间盆地。自古有十二姓瑶民在这片美丽富饶的土地上，辛勤耕耘，繁衍生息，发展到一千户人家，故取名千家峒。传说的内容如下：

相传古代，平王豢养了一只五色斑纹的龙犬，平王爱犬如宝。一年，高王强兵侵扰平王国土，满朝文武大臣无一敢于出征讨伐，平王为此忧心忡忡，于是贴出招贤榜：谁能应征打败高王，就将三公主许配给他，并封他为王。此时龙犬挺身而出，揭了皇榜，愿为平王迎战顽敌，保卫国土。随后，龙犬深入敌巢，施计咬死高王，并将其首级衔回向平王报功。平王为酬谢龙犬立下的功劳，兑现诺言，将三公主嫁与龙犬，并封其为盘护王，即是盘王。可龙犬终归是犬，即使晚上他是一个漂亮后生也是犬。为了皇室尊严，平王将盘王与三公主送到了与世隔绝的千家峒，盘王与三公主结婚后，生下六男六女，平王各赐一姓（即瑶族最早的12姓）。他们在千家峒繁衍生息，把千家峒开得美丽富饶：那里四周环山，森林茂密，山花四季不败，百鸟争鸣；无数清澈的小溪汇成河流纵贯于峒中；峒中有四块大田，土质肥沃，一千户人家共耕种，田里长的谷粒有花生米大小。大家生活很富足。后来千家峒被官府发现了，派粮官进峒收租，热情好客的瑶人家家把他当贵客，在一家吃一天，眨眼就是三年，他和千家峒的瑶人搞得蛮熟，舍不得回去。官府以为粮官已被千家峒人杀死，便派兵攻打报复。元朝大德八年（1305），官兵攻打千家峒，从下峒一直打到上峒，瑶民首领自知不敌，于是吩咐瑶民从一个通往道县的山洞里逃走。瑶民在离开千家峒前，将一只牛角锯为12截，每姓瑶民保存一截，又将祖先偶像埋在平石岩下的山洞里，洞有一座"石童子"为标记，并立下盟约，约定500年后，瑶族子孙要返回千家峒，将12截牛角拼合吹响，待峒门自开，将祖先神像取出祭拜。出逃的瑶民大多散居在大山中，岁月变迁、不断迁徙，千家峒的确切位置最后竟迷失了。但他们向往失落的家园。回到千家峒去，便成了一代又一代瑶民顽强生存的精神寄托。

（三）寻找千家峒运动

自此之后，不论瑶人迁徙到何处，也不论相距多么遥远，各地的瑶人都一致认为他们来自一个叫作千家峒的地方，他们是峒中一千户瑶人12个部落的后代。他们说，当年瑶人离别家乡的时候，把一只牛角分割成 12 截，每个部落的首领各执一截，相约 500 年后各部落凭此回峒中相聚，然后瑶人们才离开家乡。后来在明、清两朝，各地的瑶人为了返回那个叫作千家峒的地方，举行过多次大规模的起义，成千上万的瑶人血染沙场。在不同时期也有各地的瑶人千里跋涉，寻找他们的圣地千家峒。可是千家峒究竟在哪里，究竟有没有那个叫作千家峒的地方，无人能说清楚。

20 世纪 80 年代，瑶族人的这个传说和精神寄托，引起宫哲兵的注意，他经过多方寻找，走访瑶族师公，翻阅了许多瑶族师公的手抄本，甚至到海南岛和西沙群岛探寻，终于在湖南省道县与江永县交界的大山中找到了一处与传说中的地形地貌基本相符的区域。首先，发现这里的地貌特征与《千家峒源流记》《千家峒》等手抄本的记载基本相符，这里有峒口、四块大田、九股水源、枫木凹、白石岭以及造型奇特美观的鸟山、马山、石狗山等地形地貌特征，且在峒四周山里险要之处的荒草林木中发现了古人用石头垒成的用于防御的屏障的石墙，很明显这里发生过与峒外人的战争。

其次，据峒里人说，直到"文革"以前，乡里干部要来检查和布置工作，都只能从山外经一个极窄的山洞进峒。他找到了这个山洞，洞口竟也有古人们用石头垒成的墙。他们打着手电蹚着没膝的积水穿越了这个极狭窄的山洞，山洞的另一端出口就在 20 世纪 70 年代政府修建的公路旁。没有这条公路，要想进入峒中就只能从那个山洞穿行。而且在峒四周的山里发现了一个山洞，洞口外也有古代石墙隐藏在参天的枯藤林木之中，洞口且有人工凿刻的痕迹，他深入洞底，发现了一块有四条腿的狗形的巨石，四周有大量炭灰积层，很明显这里曾举行过祭祀活动。

最后，峒中还发现了古窑遗址，在大量的古瓷残片中竟有"大十二"的字样。经考古人员发掘，此窑址源于宋，在元朝中期不知什么原因突然遗弃。尤其是经考古人员发掘，共有 12 座古窑遗址！古瓷残片上"大十二"的字样、传说中的千家峒 12 个部落、各地瑶族妇女胸前分割成 12 个部分的牛角形胸饰，终于能连结成一个结论：这里就是瑶人传说中的千家峒。也正因为有了这一发现，"千家峒的传说"便不再是传说，而是一段真实的历史，或者说，是瑶族历史上一段苦难史的真实记录。

在《千家峒运动与瑶族发祥地》这部书里，宫哲兵认为千家峒运动是 19 世纪兴起、20 世纪达到高潮的全球性民族复兴运动，它与同时期世界各地发生的本土运动有特别相似之处。运动的功能是复兴民族意识与民族性格，提高生存能力，推动迁徙热情。同时他静态地考证了千家峒的地理位置，运用大量的田野调查资料，以及县志、地图、地名、族谱、碑文、出土文物，以及很有说服力的推理论证，认定瑶族世世代代寻找的圣地千家峒，就在广西灌阳、湖南江永、道县交界的都庞岭地区。书中对这三县千家峒的地域范围、风光景色、民族民俗，均做了详尽的介绍，把一个美丽、古朴的自然人文景观生动活泼地展现在读者面前。由此，宫哲兵断定："《千家峒》文献中的多数地名物名，在江永县大远乡内，说明文献的作者，可能是大远乡逃亡瑶民的后裔。文献中对千家峒的描写实际上是对大远乡的描写。"

1986年，中南民族学院和江永县人民政府联合在江永县召开"瑶族千家峒故地问题座谈会"，来自北京、湖北、广东、广西、云南、贵州、湖南7个省、市、自治区研究瑶史的专家、学者，经过实地考察和反复论证后，取得一致意见，认定江永县大远瑶族乡就是千家峒故地。1987年，根据瑶史专家、学者的建议和广大瑶族群众的迫切要求，经湖南省人民政府批准，大远瑶族乡改名为千家峒瑶族乡。1998年千家峒被认定为省级风景名胜区。

三、《盘王大歌》唱风俗

(一)《盘王大歌》简介

《盘王大歌》是一部瑶族民间诗歌总集，主要流传于南岭山脉的瑶族居住地区，诗集中既有关于瑶族人民世世代代祭祀盘王礼仪活动的记载，也有瑶族人民生产、生活真实情况及风俗民情的反映，是一部具有鲜明民族特色的民间文学作品。它最早应该诞生于原始社会末期，到晋代出现雏形，形成于唐宋而成熟于明末清初。它以奇丽的想象和巧妙的艺术手法叙述了人类、民族、天地万物的形成和发展，特别是叙述了人类始祖创世的艰辛历程。在叙述"创世"历史的过程中，鲜明地塑造了伏羲、刘王、盘王、唐王、竹王、暖王、鲁班、刘三、李广等人物形象，深情地讴歌了为民造福、敢于斗争的英雄人物和劳动人民，热情地歌颂了善与美，无情地抨击了鱼肉人民的统治者和盘剥人民的奸狡豪富之徒，对那些游手好闲、好逸恶劳者也进行了辛辣的讽刺和鞭挞。2014年，《盘王大歌》被列入第四批国家级非物质文化遗产名录。

《盘王大歌》又称《盘王大歌书》《流乐书下卷》，约8000行。很早就有抄本，现在发现的最早的抄本是清乾隆年间的，但主要流传于口头上。有三十六段、二十四段与十二段三种版本，后两种版本是前一种版本的摘选本。三十六段版本包括三十六歌、七曲，每一段都有3000行以上，由绪歌、插歌、正歌和杂歌组成，内容主要包括瑶族先民的自然观、人类起源说、瑶族的产生与迁徙、瑶族的婚恋、瑶族的创业史等，号称瑶族的"懂宗收"亦即百科全书。《盘王大歌》之所以有如此庞大的规模，就是不断地把人们在"还盘王愿"时所唱的各种歌谣收入集子，形成了歌体多样、内容繁杂的《盘王大歌》手抄本。

《盘王大歌》采用了独特的比兴手法，用世代锤炼的民族语言，通过奇丽的想象与生活实际相结合，揭示了生活的本质和内在感情，用源于生活而又高于生活的浪漫手法塑造了具有仙幻魅力的艺术形象。歌唱时用本民族的传统唱腔，男女对唱，抑扬顿挫，起伏跌宕，生活气息十分浓厚，民族特点鲜明突出。《盘王大歌》是瑶族历史文化的浓缩和反映，是研究瑶族文化的活化石，对增强民族归属感，振奋民族精神，加强民族团结，构筑和谐社会，增强民族凝聚力和瑶族经济社会可持续发展都有非常重要的意义。

2018 年 5 月 22 日，江华瑶族自治县文艺工作者在收集民间文化资料时，在县城沱江镇 68 岁的赵庚妹家里，看到了三本《盘王大歌》手抄本，最早的一本手抄于清嘉庆年间，距今已有 200 多年，这也是目前能见到的最早的瑶族《盘王大歌》手抄本。另外两本《盘王大歌》手抄本，一本手抄于清光绪年间，一本手抄于清宣统年间，三本均由毛笔楷体书写，每本字数都在 6000 字以上。

（二）"还盘王愿"与盘王节

《盘王大歌》中记载最多的是祭祀盘王的礼仪活动，因而它是与盘王节紧密相连的，一年一度的盘王节是瑶族人民祭祀祖先盘王的民间盛大节日。盘王节，又叫"做盘王""调盘王""跳盘王""还盘王愿""打盘王斋""祭盘古"等，迄今已有 1700 多年历史。时间是每年的农历十月十六日。2006 年，"盘王节"被列入第一批国家级非物质文化遗产名录。

关于盘王节的来历，民间说法有二：一是盘王遇难日，说是盘王与六个儿子上山打猎，追赶一只受伤的山羊，不幸被羊角所伤，跌下山崖摔死，尸体挂在一棵树上，儿女们将树砍下做鼓身，剥下羊皮蒙上，制成长鼓，他们背起长鼓，边敲边哭边唱，追念盘王，以后，每逢这天，瑶民便汇聚一起载歌载舞，纪念、祭祀盘王便成为盘王节的重要内容；二是盘王生日，盘王救世日。据民间传说《十月十六调盘王》的说法，相传在远古年代，瑶人乘船漂洋过海，遇上狂风巨浪，船在海中飘了七七四十九天不能靠岸，眼看船毁人亡。这时有人在船头祈求始祖盘王保佑平安。许愿后，风平浪静，船很快就靠了岸，瑶人得救了。这天是农历十月十六日，恰好又是盘王的生日。从这以后，瑶民就把这一天定为盘王节，瑶族男女老少都要穿上节日盛装聚会在一起唱盘王歌、跳长鼓舞，庆祝瑶人的新生和盘王的生日。

盘王节仪式由 4 名正师公主持，师公各司其职。这四名师公分别称为还愿师、祭兵师、赏兵师、五谷师，每名师公带 1 名助手，共 8 人。此外还有 4 名歌娘歌师、6 名童男童女、1 名长鼓艺人和唢呐乐队参与。其仪式主要分两大部分，第一部分是"请圣、排位、上光、招禾、还愿、谢圣"，整个仪式中唢呐乐队全程伴奏，师公跳《盘王舞》(《铜铃舞》《出兵收兵舞》《约标舞》《祭兵舞》《捉龟舞》等)；第二部分是请瑶族的祖先神和全族人前来"流乐"，流乐的瑶语意思是玩乐。这是盘王节的主要部分，恭请瑶族各路祖先神参加盘王节的各种文艺娱乐活动，吟唱表现瑶族神话、历史、政治、经济、文化艺术、社会生活等内容的历史长诗《盘王大歌》。流乐仪式一般要举行一天一夜。盘王节除祭盘王、唱盘王、跳盘王外，有的地方还跳花棍，放花炮，唱情歌。

瑶族崇奉"盘王"或"盘古王"为本民族始祖，盘王节起源于对始祖的祭祀，经过长期的发展变化，盘王节演变成怡祖、娱神、乐人兼有的民间节日。当今盘王节，其形式和内容均有变化和创新：一方面，过去盘王节冗杂烦琐的宗教仪式已经逐步改革，大操大办，靡费烦琐之风也有所节制；另一方面，盘王节中表现瑶族文化精粹的歌舞如歌颂其祖先创世、迁徙、耕山、狩猎的《盘王歌》和表现其生产生活的《长鼓舞》等内容得到继承、发展和提高。今天的盘王节不仅发展为庆祝丰收的联谊会和青年男女寻觅佳偶的契机，节日期间还举办文化研讨会、文艺作品研讨会、地方发展研讨会、招商会、民间文化交流会以及物资交流、商品展销及各项文体表演竞技活动，观者云集，盛况空前。盘王节作为历史悠久、分布广泛的大众节庆活动，集瑶族传统文化之大成，是一种增强民族向心力、维系民族团结的人文盛典。

(三) 瑶家特有的节庆风俗

节庆风俗，除前面介绍过的盘王节外，具有浓郁瑶族特色的还有耍歌堂与坐歌堂、赶鸟节、洗泥节、四月初八牛过节、六月六尝新节等。

耍歌堂与坐歌堂 耍歌堂是瑶族的文化大餐，是传统的民俗节日，分大歌堂和小歌堂。大歌堂历时三天九日，每十年举行一次。小歌堂历时一天，三年五载举行一次。举行大或小歌堂，由瑶族民众商议决定，但时间都定在农历十月十六这天。这一天，也是全国瑶族共同的传统节日"盘王节"，加上五谷归仓，因此耍歌堂也有庆祝丰收、预兆来年风调雨顺的意味。节前，各家各户事先告知亲戚朋友，邀请他们届时来玩耍，同时要宰牛猪，杀鸡鸭，磨豆腐，做糍粑，酿米酒，以招待四方来客。

耍歌堂第一个仪式是游神大典，三声土铳炮响开道，接着由瑶族一老人，即村上最有权威的人，鸣锣率众，抬着祖先的神像，过街串巷游行。游神结束，众人先分享酒饭佳肴。痛饮一番之后，人们来到歌堂，唱歌跳舞。瑶族的姑娘身穿盛装，颈系银圈，头盘野薏米穿的珠子，成群结队而来，排列在歌坪上方。先由司仪走进歌堂坪中间，引吭高歌，众人同声和唱，歌声震撼群山。随后，瑶族青年男子三五成群，身穿盛装，腰挂长鼓，呼哨而来，向着姑娘们跳起粗犷、刚健的长鼓舞，边舞边唱。一般先从催请歌唱起，然后唱盘问歌，继而唱初交歌、深交歌。姑娘们与他们互相对歌问答，形象生动的比拟，幽默诙谐的玩笑，生动深刻的警句穿插其中，妙趣横生。未婚男女倾吐衷肠，借此机会选择佳偶，热闹非常。最后一个仪式是送神，即将祖先神像送回庙里去。当夕阳西下时，集体参加的各种仪式已经结束，人们各自归家张罗晚餐。晚餐席间，宾主开怀畅饮。有的瑶佬当着六亲边饮边唱，内容多是叙述历史或神话故事。耍歌堂实质上是排瑶的宗教信仰大演习、民族服饰大展览、民间文艺大会演、民俗习惯的集中体现，是一个民族文化综合体的大展示。

坐歌堂是瑶族婚俗的一个程式。在姑娘出嫁的前一天晚上，以新娘和伴娘为一方，以新娘的嫂嫂、婶娘和已出嫁的姐妹为一方，互相对歌。对歌分说郎、道情、盘歌三部分。"说郎"由婶、嫂一方提问，新娘一方回答新郎的人品、外貌及恋爱经过。"道情"是对歌的中心。双方运用大量的比喻、双关等手法，回忆共同相处的美好岁月，表示依依惜别之情。父母兄嫂在道情中，把如何待人接物，尊老爱幼，勤俭持家，处理好婆媳、夫妻关系等唱给新娘听，新娘都一一作答。这实际是新娘离家前，长辈对她进行文明礼貌教育。新娘也可以对父母兄嫂提意见，无论多尖锐，父母兄嫂也不能发脾气。这些都可以说是瑶家的好传统，也是瑶家母女恩爱、姑嫂和睦的重要原因。"盘歌"则是对歌双方互相猜谜，歌声委婉悦耳，歌堂呈现一派热烈欢快气氛，一直唱到雄鸡报晓，接新娘的人们到来为止。

赶鸟节　这是瑶族重要的民俗传统节日，广泛流传于永州瑶族和广西贺州瑶族中。每年农历二月初一，不管天晴下雨，方圆五六十里的山寨男女青年，穿上节日民族服装，扎着彩色的头帕，套着绣花的鞋袜，撑着青布洋伞，一群群，聚会山头路边。对男对女，或四男四女，对坐于青草坪、岩头上，或依偎茶树苑、松树下，甜蜜地对唱情歌、山歌、猜字歌、谜子歌，从日出到月升，渴了，喝一捧清泉；饿了，吃几个粑粑。鸟雀忘了归巢，唱歌人不想回家，直到夜露湿透了头帕，他们才男送女，女送男，送过岭，送过山，送一程，唱一段，快进寨门了，才含情脉脉，依依不舍地分开。随着历史的演变，赶鸟节除了其历史民俗意义以外，一定意义上成了瑶族的情人节。

这一天，在青年们忙着赶会对歌、寻找知音的同时，老年人便在家里，把连夜舂出的糯米粑粑，捏成铜钱大小，戳在竹枝上，插在神坛边或堂屋门旁，名叫"鸟仔粑"，说是鸟雀啄了粑粑，就会把嘴壳粘住，再也不会糟蹋五谷了。到晚上，瑶家人还走村过寨地串火塘，品尝各家的"鸟仔粑"，祈祷不生天灾人祸，辛苦一年能有一个好光景。

赶鸟节的最早起源本是为了治鸟害，但却演变成美丽的情人节。相传，在很久很久以前，南岭山区林木茂密，很适宜鸟雀繁衍生息。以五谷为食的山雀、野鸡、斑鸠等熬过了严冬，看到山桃花开了，伸动翅膀，飞上天空，能遮住太阳，落到地上能把人们播下的阳春种子吃光。所以，鸟害成了耕山人的一块心病。山地里没有了收成，耕山人只有吃蔬菜，官府的钱粮赋税也收不上来。皇上发下圣旨："谁制住了鸟害，赏林九架，免税九年。"

圣旨传下来之后，瑶人都想开了办法。盘云寨有个瑶姑妹叫盘英姑，因排行第三，也被称为三妹姑娘。她很爱唱歌，瑶家后生听了她的歌，心里像溶了一块蜜。她向着山泉唱，山泉都停止了流淌；她向着山林唱，鸟雀们都羞得不敢开口，盘英姑的歌停了，鸟雀们还久久不肯离开。就在皇上下圣旨这一年的二月初一，三妹邀请九冲十八寨的青年男女唱歌，三妹站在最高的山头，亮开歌喉，周围几十里、几百里的鸟儿都飞拢了来，三妹看到鸟儿越来越多，心里特别高兴，她领着大家从日出唱到日落……鸟儿听了她的歌，如痴如醉，半月不醒。等到鸟儿醒来时，瑶人播的阳春种子已发出了嫩芽。这一年，瑶家获得了好收成。从此为了纪念三妹姑娘，瑶家人把这一天定为赶鸟节。而赶鸟节也赶出了好收成，赶出了瑶家姑娘的美、小伙的帅，赶出了青年男女的美丽自由的爱情，赶出了具有瑶家特色文化的情人节！

洗泥节 洗泥节又叫苦瓜节，是每年春耕忙种之后所举办的农耕庆典活动，属于平地瑶民俗文化活动项目之一，主要流传在湘南边陲的勾蓝瑶古寨。相传洗泥节起源于唐代，流传于湘桂粤交界的100多个平地瑶村寨。

江永县勾蓝瑶是瑶族的一支，明洪武二十九年（1396），受朝廷招安，命名"勾蓝瑶"，现有蒋、欧阳、黄、何等13姓2500余人。每年春耕忙种之后的农历五月十三，是兰溪瑶胞延续千年的传统农耕庆典节日"洗泥节"。在春耕生产结束后，族人将人、牛身上的泥和犁耙上的泥巴都洗干净，这就是"插田上岸，功夫一半，牛补青食，人换新装，家人团聚，举族联欢"的节日。旧时，勾蓝瑶的田地离村寨较远，瑶民们在田地里盖起"牛庄屋"，一层关牛，二层住人。农忙时节男人住在"牛庄屋"，方便生产。忙完了春耕，男人就可以洗清脚上的泥，回家歇上一阵，洗泥节正是瑶民们庆祝男人回家夫妻团聚的节日，它属于平地瑶民俗文化活动项目之一，是勾蓝瑶在长期农耕生活和稻作习俗中形成的以娱神、娱人为内容，以歌舞、崇祀活动为载体，含有历史、宗教、民俗、艺术、体育等诸多文化内容的瑶族传统民间文化活动。

在洗泥节当天，瑶胞们身着节日盛装，按照传统又隆重的礼仪，迎接来自四面八方的宾客。节日里除了"洗泥摸鱼"这一核心内容，还有"开门迎客""瑶寨探宝""龙狮拜门楼""祭拜谷神""女子拳术""洗泥酒宴"等活动。洗泥节的高潮是在瑶寨井水池中举行的"洗泥摸鱼"活动。瑶民认为，摸到的鱼越多，寓意收成越好。在活动中瑶汉同胞纷纷跳入宽阔的井水池中，用双手在水中摸索，不时会有人兴奋地将摸到的鲤鱼举过头顶，一脸喜气。

洗泥节活动包含了勾蓝瑶的饮食、婚姻、生产、生活、节庆等传统文化内容，她承载着勾蓝瑶人许多重大历史文化信息和原始记忆，并以一种潜移默化、寓教于乐的形式，来展示勾蓝瑶人的精神世界，表达勾蓝瑶人对美好理想、智慧与伦理道德的追求和向往。洗泥节所表现的内容与形式，对于民族学、民俗学、人类学、历史学和艺术学等学科具有杰出的研究价值，她是弘扬瑶族优秀传统文化和传承中华传统美德的重要载体，更是促进民族团结、构建平安和谐社会的桥梁和纽带。

四月初八牛生日　瑶家有一传说：有一年，太白金星下凡察访民情，看到瑶家人世世代代生活在崇山峻岭之中，刀耕火种，生活艰难，于是禀告天庭。玉帝就派禾王送禾到人间和牛王下凡来耕田。自从牛王来到人间后，瑶家人就开始以牛耕田、水田插禾，并年年风调雨顺，五谷丰登。为了感谢牛王，瑶家人就把牛王下凡的那天（农历四月初八）作为传统节日牛生日。

瑶家有一首民谣："四月八，丢犁耙；七月半，谷满仓。收回万担粮，全靠牛帮忙。"四月初八这天，瑶家人最爱护牛，把牛当作神明来祭拜侍奉，要让牛丢下爬犁休息一整天。这天，任何人都不准鞭打牛，不准斗牛，更不准杀牛，连骂牛亦不准。头一天，家家户户都要给牛洗一次热水澡，将牛全身梳刷得干干净净，还要将牛栏摆弄得整整洁洁，铺换一次新草，用红纸画上或者剪成符咒贴在牛栏上，驱邪祛病送瘟神，保佑牛的健康。这天清晨，人们争先恐后地把牛放出去吃露水草，越早越好。上午，要用糯米酒糟煮鸡蛋给牛吃。在瑶家，小孩过生日有吃鸡蛋的习惯，可见对牛的崇拜。瑶家有句俗话说："人过生，吃人参；牛过生，吃苦参。"下午，就用苦参熬泥鳅喂牛，使牛健康长寿。到晚上，瑶家人还要选出最好最强壮的牛来聚会，瑶家人穿着节日的盛装，围着熊熊的篝火，敲着长鼓，唱着欢快的歌儿翩翩起舞。

六月六尝新节　尝新节，俗称"吃新节"，是湘、黔、桂等省区瑶族和仡佬族、苗族、布依族、白族、壮族的传统节日。瑶族过节的时间是每年六月初六，其他民族多半是每年农历七月初七。节前，主妇们到田间摘新谷，舂出喷香的白米。节日早晨，各家主妇蒸好新米饭，杀鸡宰鸭，举行家宴，以此预祝五谷丰登。

尝新节的来历有祭祖祷神的意味，充满着感恩的文化内涵。据瑶族民间传说，稻种是狗从天上偷来的。当时世上没有水稻，狗漂洋过海跑到天上，在谷种上打了个滚，浑身上下沾满了谷粒，回来游过天河时，身上的谷粒被水冲洗掉了，仅有翘着的尾巴上剩下的谷粒。狗将这些谷粒带回人间后，才有了水稻。节日这天，把成熟最早的苞谷、稻谷等，摘下来做成饭食先喂给狗吃，然后全家才能进食。另一个传说是说在很久以前，瑶族先民在迁徙途中，因遇风浪，船被打翻，粮食全部落入海中。正当人们为将来的生活发愁时，有人惊喜地从狗尾巴上找到了几粒谷种，于是把它种在地里，精心护理，秋后收获了许多粮食，瑶族人民渡过了难关。为记住狗的恩德，人们每年将新米做成的饭先给狗吃，以示酬谢。应该说，前一个传说是南方水稻栽培区所共有的，后一个传说才是瑶族人所特有的。笔者年少时也听老人说过狗从天庭盗谷的故事，笔者的老家也有"尝新节"。两个文本虽然有些不同，但母题却是一致的。

度戒仪式 普通的说法是成人礼。在瑶族地区，凡年龄十三四岁的男孩，都要经历一次受戒仪式，举行过仪式的男孩表示已经成人了。度戒有许多宗教仪式，主要是具有原始宗教色彩的道教仪式。度戒时，师父传给弟子许多戒律，实际上也就是道教的戒律。从经书记载的时间看，早在明朝就有了度戒仪式，其目的就是通过宗教的形式，对后辈进行族史、族规、礼仪、道德的教育，让青年人遵守做人的准则，并接受种种考验，以培养真正的男子汉。在"度戒"中接受的规矩、戒律，将约束受戒人一生的言行举止。只有经过"度戒"仪式的男子，才能被承认是瑶族祖先盘古王的子孙，算是成年人了，受到公众的信任和社会的尊重。

度戒仪式最为关键的有上刀山、过火海、翻云台三关。"上刀山"，就是在 81 把刀扎成的"刀山"云梯上，沿着刀刃一级一级地往上攀到顶端，然后再走下来。"过火海"则有几种形式，一是走过燃烧木炭的"火海"或是将若干个铁犁头烧得通红，度戒弟子将赤足一步一步踏在上面疾行而过；再有就是"走足灯"，即用竹筒做成的灯排成行，一步踏一灯地走过，灯火依然熊熊。"翻云台"就是以四条长木为柱，高三米至四米，上铺木板，在一边扎有横木为梯，以便攀登的方形的高台，度戒弟子们一个个蹲下闭目，手抱双膝，从台上侧翻跳下，落在铺有棉絮或稻草的藤网之中。这些仪式除了寓意经过火的洗礼，净化人的灵魂，消灾灭难外，更锤炼了人们不怕艰难险阻勇往直前的大无畏精神。

度戒是培养和造就瑶族宗教和文化传统的继承人和传播者的重要途径，它维护着瑶族社会的伦理道德。瑶族度戒仪式中保留诸多道教因素及象征意涵，说明瑶族是南岭走廊地区受道教影响最深的族群。或者也可以说，湘漓文化带上的古老文化因素，更多地保留在瑶族族群和瑶族文化之中。

第九章
畅神山水之旅

　　湘漓文化带上，山清水秀，风光无限。这里的山，重峦叠嶂，茂林修竹，有罗霄山脉、武陵山脉、雪峰山脉纵列南北；蒙渚岭、都庞岭、越城岭横亘东西；桂北以凤凰山、九万大山、大南山和天平山为骨架，地势由西北向东南倾斜。这里的地貌为全国所独有，总体上是中部高，北部和东、南部低，导致这里水的流向也绝非仅是"一江春水向东流"，而是流向北、东、南三个方向。除大江大河外，这里北有"白银盘里一青螺"的洞庭湖，南有"沧海月明""珠还合浦"的北部湾——水景景观齐全。尤为重要的是，这里特有的喀斯特地貌，形成了"甲天下"的桂林山水。因此，特有的山、独特的水，是湘漓文化带上最珍贵的旅游资源，可以开发为独一无二的畅神山水之旅。

一、名山之旅：从君山到涠洲岛

仅从地形地貌上看，湘漓文化带上的山是颇具特色的。更为独特的是，这些山还蕴含有丰富的人文内涵。看这里的山，不仅可以怡情，还可以养性。

（一）山之概貌：自然之山与人文之山

湘漓文化带的自然之山，山系复杂。北部湖南，东部有幕阜-罗霄山脉，主要山峰海拔多在1500~2000米，其中位于浏阳的大围山海拔1607米，每年5月杜鹃花开遍山坡，连绵数十里；位于罗霄山脉中段的神农峰，又名酃峰，峰顶海拔

2115 米，为湖南最高峰，群山竞黛、云海茫茫、风光无限；西部则是湖南山峰最密集、景色最雄奇的区域，著名的张家界、凤凰皆位于此处，两条巨大的山脉，武陵山脉、雪峰山脉，构成了整个湖南西半部的骨架，其中雪峰山脉是中国第二、三阶梯的分界线，南段绥宁县境内的牛坡头海拔1913 米，雾凇披挂山坡、一片晶莹的世界；南部则是著名的南岭山脉，峰顶海拔都在 1000 米以上，呈东西向延伸，这里接近北回归线，是中国有冬季的最南端地区之一。在自然之山中，最负盛名的张家界，1982 年由国务院委托国家计委批准成立中国第一个国家森林公园，1992 年 12 月，因奇特的石英砂岩大峰林被联合国列入《世界自然遗产名录》，2004 年 2 月被评为"世界地质公园"。公园自然风光以峰称奇、以谷显幽、以林见秀。其间有奇峰 3000 多座，这些石峰如人如兽、如器如物，形象逼真，气势壮观。峰间峡谷，溪流潺潺，浓荫蔽日。有"三千奇峰，八百秀水"之美称。与张家界相互映衬的，还有同属于世界自然遗产、国家地质公园、国家 AAAAA 级景区的崀山。崀山属于中等侵蚀程度的丹霞地貌，正处在"风华正茂"时期。这里的红色岩层被流水侵蚀得恰到好处，高低错落的丹霞峰丛与纵横的沟谷交替排列。形态多样的石峰、石柱绵延不绝。高大的崖壁与深邃的峡谷随处可见，一些巨大的石峰如"辣椒峰""蜡烛峰""骆驼峰"等赫然耸立。石峰石柱的周围是壁立的悬崖，裸露出红色的岩石。而峰顶平坦之处却生长着一簇簇葱绿的森林。这些长在峰顶的森林，像一个个时髦的"朋克头"，构成一道奇特的风景。

湖南更负盛名的则还是那些人文之山，中部有南岳衡山。南岳衡山共有 72 座山峰，分别散布在衡阳、衡山、衡东、长沙、湘潭等县，方圆八百里，南以衡阳回雁峰为首，北以长沙岳麓山为足。以祝融峰为中心，分布在祝融峰前者 16 峰，峰后者 13 峰，峰左者 12 峰，峰右者 19 峰，峰东者六峰，峰北四峰，峰南一峰。以主峰祝融峰最高，海拔 1300 米。回雁峰海拔 96.8 米，山虽不高，但因历史上有诸多名人以它为典故写诗著文，文因景成，景借文传，遂使回雁峰名扬天下。北部有君山、桃花源，南部有九嶷山、舜皇山、阳明山等。这些人文之山，更增添了自然之山的厚重。

广西的山系较湖南更为复杂。广西地势由西北向东南倾斜，呈一个不完整的盆地状，因而广西的山脉也分为盆地边缘山脉和盆地内部山脉两类。边缘山脉有：在桂北以凤凰山、九万大山、大南山和天平山为骨架；桂东北主要有猫儿山、越城岭、海洋山、都庞岭和萌渚岭等，其中猫儿山主峰海拔 2141 米，为南岭及广西最高峰；在桂东南有云开大山；桂南有大容山、六万大山、十万大山等；在桂西则多为岩溶山地；桂西北为云贵高原边缘山地，如金钟山、岑王老山等。内部山脉有：东翼为东北至西南走向的架桥岭、大瑶山和莲花山，西翼为西北至东南走向的都阳山和大明山，东西两翼在镇龙山会合，构成完整的弧形。弧形山脉内缘，构成以柳州为中心的桂中盆地；弧形山脉外缘构成沿右江、郁江和浔江分布的百色盆地、南宁盆地、郁江平原和浔江平原。广西喀斯特地貌分布遍及 83.9% 的县份，面积约占自治区总面积的 51%，是中国喀斯特地貌分布广、发育典型的地区之一。全区喀斯特地貌按其发育程度大致可分为峰丛洼地、峰林谷地和残峰平原等三类。全区工农业生产和交通运输，虽均在不同程度上受到其深刻的影响，但其所形成的独特景观，却是广西的宝贵旅游资源。其中尤以桂林、阳朔附近最为典型，素以山青、水秀、洞奇、石美的奇特风光著称于世，"桂林山水甲天下""阳朔山水甲桂林"是对这种山水地貌特征的真实写照。

（二）"珠联璧合"：湘漓带上"名山链"

湘漓文化带上及周边多大山、名山，不少地方已成为旅游胜地，如张家界、崀山、南岳衡山等，已是天下闻名的胜景，对此无须多加介绍。这里选择湘漓带上的几颗"小珠"穿成"名山链"，以期能形成"珠联璧合"的文化旅游线路。

君山　君山位于岳阳市西南 15 千米的洞庭湖中，古称洞庭山、湘山、有缘山，是八百里洞庭湖中的一个小岛，与千古名楼岳阳楼遥遥相对。总面积 0.96 平方千米，被"道书"列为天下第十一福地，现为国家级重点风景名胜区，国家 AAAAA 级旅游区。传说这座"洞庭山浮于水上，其下有金堂数百间，玉女居之，四时闻金石丝竹之声，彻于山顶"。后因舜帝的两个妃子娥皇、女英葬于此，故后人将此山改名为君山。据《巴陵县志》记载：君山原有三十六亭、四十八庙、五井、四台等众多名胜古迹，现已修复的有二妃墓、湘妃祠、柳毅井、传书亭、朗吟亭、飞来钟等古迹。新建的洞庭山庄，茶楼、酒店，玲珑雅致，别具一格。君山由 72 峰组成，峰峰灵秀，"烟波不动景沉沉，碧色全无翠色深。疑是水仙梳洗处，一螺青黛镜中心"。这灵秀之景不知陶醉了多少文人墨客，那神奇美妙的传说，更引人遐想。历代文人墨客围绕君山的"奇""小""巧""幽""古"，或著文赋诗，或题书刻石，特别是自唐代以来，李白、杜甫、黄庭坚、辛弃疾、张之洞等墨客骚人都曾登临君山览胜抒怀，留下了无数千古绝唱，李白的"淡扫明湖开玉镜，丹青画出是君山"、刘禹锡的"遥望洞庭山水翠，白银盘里一青螺"更使君山声名大噪。岛上古木参天，茂林修竹，仅名竹就有 20 多种，神奇而多情的斑竹就生长在二妃墓的周围。君山茶更是一道亮丽的风景线，层层茶园像条条碧绿的玉带围绕在大小山头，中国十大名茶之一的君山银针就产自这里。君山是一部神奇的书，君山是一幅多彩的画，君山是一座爱情岛，爱情诗、神话境、丹青卷在此达到了和谐完美的结合。

岳麓山　岳麓山位于长沙市岳麓区，海拔 300.8 米，占地面积 35.20 平方千米，为城市山岳型风景名胜区，是中国四大赏枫胜地之一，国家 AAAAA 级旅游景区。岳麓山融中国古文化精华的儒、佛、道为一体，包容了历史上思想巨子、高僧名道、骚人墨客共同开拓的岳麓山文化内涵。景区内有岳麓书院、爱晚亭、麓山寺、云麓宫、新民学会旧址、黄兴墓、蔡锷墓、第九战区司令部战时指挥部旧址等景点。岳麓山为南岳七十二峰最后一峰，称为灵麓峰。岳麓山东麓的岳麓书院，早在宋代就是全国"四大书院"之一，其古建筑群是以教学、藏书、园林、纪念为主，现存的大部分建筑都是明清的遗物，古建筑布局采用的是对称、纵深多进的院落形式。这座千年学府，也是三湘人才辈出的见证，书院至今还保存着大量的碑匾文物。岳麓山云麓峰左侧峰峦上著名的"禹王碑"是岳麓山古老文化的象征，是宋代摹刻至此的。这块碑石刻有奇特的古篆字，字分9行，共77字。东汉赵晔《吴越春秋》载："禹登衡山，梦苍水使者，投金简玉字之书，得治水之要，刻石山之高处。"这就是南岳岣嵝峰的《禹王碑》。唐代韩愈曾登临岣嵝峰寻访禹碑，虽未亲见，却留下了"蝌蚪拳身薤叶拨，鸾飘风伯怒蛟螭"的诗句。宋嘉定五年（1212），何致游南岳，在岣嵝峰摹得碑文，过长沙时请人翻刻于岳麓山巅。岳麓山还有一块著名的碑刻——麓山寺碑。其规模宏伟，碑高近3米，宽1米多，由唐代著名文学家、书法家李邕撰文和书写，黄仙鹤刻石。碑额篆书"麓山寺碑"4个大字，碑文共1400余字，骈散文体兼用，叙述了麓山寺自晋泰始（265—274）年间建立至唐开元（713—741）立碑时500年间的兴废修葺、历代禅师宣扬佛法的经过，以及岳麓山的佳丽风光。由于此碑的文采、书法、刻工都精湛独到，所以人们又称它"三绝碑"。"三绝碑"在中国古代碑刻艺术中声誉很高，碑字用行书是此碑新创，笔力雄健浑厚，后起书法大师，如苏轼、米芾等都沿袭其法。元代书法大家赵孟頫自言："每作大字一意拟之。"自古至今，许多著名文人游览岳麓山时都特意来观摩此碑，宋代的张栻、明代的李东阳等都留下了吟咏它的诗篇，可见其对后人影响之大。

九嶷山 又名苍梧山，位于永州市宁远县城南，属南岭山脉之萌渚岭，这里峰峦叠嶂，深邃幽奇，千米以上高峰有90多处，多为砂页岩、花岗岩、变质岩组成。素以独特的风光，奇异的溶洞，古老的文物，动人的传说而驰名中外，令人神往。在九嶷这块神奇而美丽的土地上，留下了舜帝诸多的动人故事，留下了不少文人骚客仰游九嶷山的幽怨、怀念和美好的赞誉，一代伟人毛泽东曾挥笔写下了"九嶷山上白云飞，帝子乘风下翠微"的壮丽诗篇。《水经注》载："苍梧之野，峰秀数郡之间，罗岩九峰，各导一溪、岫壑负阻，异岭同势。游者疑焉，故曰：九嶷山。"传说，舜帝死后，二妃娥皇女英千里迢迢前来寻觅，溯潇水而上，沿大小紫荆河而下；由于九峰相仿，令人疑惑，终未得见。九嶷山九峰耸立，舜源峰居中，娥皇、女英、桂林、杞林、石城、石楼、朱明、潇韶八峰，拔地而起，如众星拱月，簇拥着舜源峰，紧紧依偎在两旁的娥皇峰与女英峰，特别端庄秀丽，婀娜多姿。登临舜源峰，极目远眺，莽莽群山，绵延起伏，如千帆竞发，奔腾而来，不禁使人想起"万里江山朝九疑"的佳句（注:九疑山，今多称九嶷山）。九嶷山又有紫霞岩、玉琯岩、凤凰岩、读书岩、象岩、桃花岩等多个岩洞，有的幽深奇绝，有的姿态万千。九疑山的云雾变幻莫测，霞光更是变化万千，置身九疑山，如同身处仙境间；九疑之峰、之石、之林、之水各具特色，山在水中生，水在山中流，森林茂密、林海莽莽，是大自然的天然氧吧。

姑婆山 姑婆山位于广西东北部，在湘、桂、粤三省交界处的萌渚岭南端位于广西贺州市境内，距市区 26 千米，地处香港—广州—桂林黄金旅游线中间站上，总面积 8000 公顷，具有峰高谷深、山势雄伟、森林繁茂、动植物资源丰富、瀑飞溪潺、环境幽雅等特点，集"雄、奇、秀、幽"于一体，兼有山水型、城郊型公园之特点。据权威科研机构测定，姑婆山负氧离子含量最高达每立方米 16 万个，因此而被称为华南地区最大的天然氧吧。姑婆山名称的由来有一个神话传说。相传在隋末唐初，湘桂大地发生瘴气（瘟疫）危害一方，在萌渚岭南端的天堂山有妙药灵芝能驱瘴气治瘟疫。中医世家的青年阿满在未婚妻妙虹姑娘的支持下，决心到豺狼虎豹出没无常的天堂山悬崖腹地采集灵芝仙草。谁知一去便杳无音讯，妙虹姑娘思念心切，便只身前往天堂山寻找。七日七夜过去了，她未能找到未婚夫阿满，但却找到了成片的灵芝。她将灵芝采集回去配以中草药熬成汤汁让患者饮服，患者药到病除。众乡亲得救了，但妙虹姑娘却发誓找不到阿满终身不嫁。年复一年，妙虹从"姑娘"变成了"姑婆"。终于有一天，"妙虹姑婆"不见了。王母娘娘托梦给当地一位德高望重的长者：妙虹姑婆已被她召至上天，册封为仙姑。众乡亲为怀念妙虹姑婆，便把天堂山改名为姑婆山。明代万历年间，在湖南江华与广西贺州交界处建有一座仙姑庙，后人为方便供奉，将仙姑庙搬迁至现在的仙姑大草坪东侧山麓。

石表山 石表山位于广西东部的梧州藤县境内，总面积约 1580 公顷，处在珠三角经济圈和北部湾经济圈的交汇点，距梧州市区 88 千米，旅游资源丰富，类型多样，包括原生态水域景观、沙滩景观、丹霞地貌景观、历史人文景观、田园村落景观等，是丹山、碧水、沙滩、翠竹、村落完美组合的地方，是集休闲、度假、览胜于一体的天人合一山水诗画景区。明澈的河水、洁净的沙滩、深幽的峡谷、青葱的竹林、神秘的山寨、鬼斧神工的丹霞景观、古朴天成的村落，融合了自然的灵秀、文化的气韵和历史的沧桑，使得整个景区独具特色，魅力无穷。因山势险要，石表山还是天然的军事要塞，在秦汉时期便有人在山上筑寨而居，至今山上仍留存有古人构筑的古寨门、古石墙、古城堡、古石井等遗迹。隋唐以来，历朝均在此设立驿站，现村中尚存多处文物古迹，隋时护城河、唐时通济桥、清时福隆庄等仍保存良好。景区内的思罗河漂流属于原生态休闲漂，全程约 7 千米，丹山、碧水、金滩、翠竹把思罗河点绘成了一条如诗如梦的立体画廊，那里空气明净，环境清幽，河水清澈，翠竹葱郁，是天然的大氧吧，坐在竹排上悠然而漂，还可领略当地原汁原味的水上风情，是不可多得的放松身心、亲近自然的好去处。石表山景区内道家沙滩公园堪称中国内河第一滩，滨临于素有"古代南方水上丝绸之路"美誉的北流河。沙滩的沙子中含有丰富矿物质，利用这些天然河沙进行沙疗，有十分明显的理疗效果。园内还设有沙地拓展营地、沙地露营、沙地娱乐、沙地美食、水上乐园等项目，在园内可踏沙戏水，是理想的观光、娱乐、休闲、疗养场所。景区内的石表山寨属典型的丹霞地貌，集"雅、幽、奇、险、神"于一体，山上植被丰富，城墙式的丹崖绝壁及险峻幽深的额状岩廊随处可见，站在山上还可领略山下如诗如画、如梦如幻的田园风光。石表山寨是丹霞地貌、生态知识、历史文化修学旅游的绝好去处。

涠洲岛　北海呈现出来的是一个半岛的形状，三面围海，海洋资源十分丰富。由北海向南远眺，在天气好的情况下隐约能够看见远在蔚蓝海洋中央的美丽小岛——涠洲岛。涠洲岛是由万千年前火山喷发而形成，是大自然馈赠的珍贵礼物。涠洲岛气候宜人，年平均温度在23℃左右，非常的适合人类居住。在这个总面积不足2500公顷的小岛上，海景旅游资源异常丰富。其中鳄鱼山景区是观赏火山岩石与美妙海景的绝佳去处。从西南远望，鳄鱼山景区宛如一只"绿色巨鳄"潜伏于海岸之上，或许在准备捕食过往的渔船，或许在张望汪洋大海，备感茫茫。"绿色巨鳄"张开双臂，似要将大海揽于胸前，那千万年前将熔浆喷薄而出的火山口，似乎蕴藏着丰富的生命宝藏。站在鳄鱼山偌大的火山口，当年磅礴大气的火山喷发景象轰然而现，闭上双目似乎仍能够感受那种壮观与美丽。鳄鱼山上树木葱郁，站在山上，万千海洋尽收眼底；鳄鱼山脚奇石怪岩，经过千百年的水蚀风刻情态各异，十分具有观赏价值。观赏鳄鱼山景区的最佳旅游时间为每年的4至11月份，尤其是在起风的时间过去游览为最佳。大浪拍岸，激起千层水花，甚是壮观。涠洲岛珊瑚礁国家海洋公园，是全国10个获批建设的国家级海洋公园之一，总面积2512.92公顷，其中重点保护区1278.08公顷，适度利用区1234.84公顷。涠洲岛珊瑚礁主要分布于涠洲岛北面、东面、西南面，是广西沿海的唯一珊瑚礁群，也是广西近海海洋生态系统的重要组成部分。珊瑚分属26个属科、43个种类。珊瑚礁生态系统是南海区特色生态系统，具有高生物多样性、高生产力的特点。涠洲岛最著名的人文景观是盛塘天主教堂，位于涠洲岛盛塘村，是晚清四大天主教堂之一。教堂由法国巴黎传教士建于1853年，历时十年建成，主体建筑保存较为完好。整座建筑主要取材于海底珊瑚沉积岩，运用周密的力学设计建成，是典型的文艺复兴时期法国哥特式教堂，外表高耸的罗马式尖塔有着"向天一击"的动势，造成一种"天国神秘"的幻觉。教堂高13.5米、长56米、宽17米，全用岩石、珊瑚粒及竹木瓦建造，建筑面积为1500平方米，教堂内可容纳教徒1500人。盛塘天主教堂是全国重点文物保护单位。

（三）"名山串游"："明珠"投"明"连周边

君山、岳麓山、九嶷山、姑婆山、石表山、涠洲岛等座座名山，犹如镶嵌在湘漓大地上的明珠，如何借助旅游东风，让其独特的文化价值和旅游价值发挥成效，这是一个亟待解决的现实课题。散落的珍珠要紧贴区域旅游发展战略，找准定位，积极融入，让散落的珍珠发挥整体的功效。

君山应该借助洞庭湖环湖度假旅游区建设的契机，大力挖掘自身文化内涵，与益阳文化生态旅游综合开发、屈子文化园旅游开发、常德城头山旅游综合开发等文旅项目协同发展，共同打造环洞庭湖度假旅游区，突出"湖光山色"的旅游体验。

岳麓山要在打造长株潭都市休闲旅游区过程中，积极与新华联铜官窑国际文化旅游度假区、浏阳河文化旅游产业带、神农谷国际文化旅游度假区、潮宗街历史文化街区、昭山特色文化旅游商业街区等项目同频共振，主动承担起文化灯塔的角色。

九嶷山要对接广东、广西两省区，依托湘桂高铁，与阳明山阳明溪谷、江华瑶族文化博览园以及江圩镇、沱江镇、九嶷瑶族乡、茶林镇等一批旅游小城镇协同发展，致力寻根祭祖、康养、研学、自驾车（房车）营地等旅游新产品开发，在打造特色鲜明的生态文化旅游区过程中发挥核心作用。

姑婆山、石表山要全方位融入"梧州—贺州—贵港—玉林—柳州—来宾—南宁—崇左—百色—河池"等旅游发展带建设，借力"广州—梧州—贵港—南宁—百色—昆明"旅游大通道，乘势打造桂东岭南文化旅游风光带，重点在岭南文化寻根、客家文化怀古、美食文化体验等方面完善接待服务设施和旅游公共服务体系。

涠洲岛所在区域为北部湾国际旅游度假区中心地带，海滨风光、边境风情和人文历史特色鲜明。涠洲岛要加快与北海银滩、娘湾、茅尾海、江山半岛、京族三岛和北仑河口协同开发步伐，通过海陆联动、中越联动，大力发展滨海休闲、避寒养生、海岛度假等特色海洋旅游产品，打造精品旅游线路。

二、秀水之旅：从洞庭到北部湾

"洞庭波涌连天雪，长岛人歌动地诗"[1]，洞庭湖本来是平静的，但在毛泽东的笔下却可以翻起连天的波浪；"云散月明谁点缀，天溶海色本澄清"[2]，

---

① 毛泽东.七律·答友人.毛泽东诗词全集[M].北京：东方出版社，2016.

② 苏轼.六月二十日夜渡海.苏轼诗集（卷四十二）[M].北京：中华书局，1982.

北部湾海面本是波涌浪翻的，但在苏轼的笔下却又平静得出奇。因此，"水无常态"，在不同心境、不同时段、不同条件下看水，水的形态肯定是不一样的。这里选择那些与水相关的趋于"常态"的东西，让游客在看水的同时，更要看水的历史和文化。

（一）水之流向：碧水纵横南北东

关于"水"，湖南有"三湘四水"之说。"三湘"有多种说法，现在最通行的说法是"潇湘""蒸湘""沅湘"；古时最通行的说法是"漓湘""潇湘""蒸湘"，此"三湘"全在古"零陵郡"境内，也就是说，"三湘"最早是指零陵。明代才开始有"湖南"行政区划，明洪武年间，桂林划归广西之后，为了让"三湘"全都圈在湖南境内，特去除"漓湘"而加上了"沅湘"。当然，"三湘"还有湘潭、湘乡、湘阴，或湘南、湘中、湘北等多种不同说法，大都是臆测，不足为据。"四水"则基本没有歧义，指的是湖南境内四条著名的河流：湘江、资江、沅江、澧水。"四水"并行北流，最后都汇入洞庭湖。

与湖南之水的流向不同，广西则相对复杂。广西的主要河流是西江水系，集中了自治区流域面积在 50 平方千米以上的河流中的 80%以上，其集水面积达 20 万平方千米，占广西总面积的 85.7%，年均总水量为 1499 亿立方米。西江主源南盘江，发源于云南东部曲靖市沾益区马雄山，在黔桂边境附近纳北盘江后称红水河，至象州县石龙三江口纳北来的柳江后称黔江，至桂平纳郁江后称浔江，至梧州纳桂江入广东境内始称西江。西江与东江、北江及珠江三角洲诸河合称珠江，为中国第四大河流，长度仅次于长江、黄河、黑龙江。航运量居中国第二位，仅次于长江。西江水系向东流。其次是发源于桂北的湘江、资江，向北汇入洞庭湖，其流域面积在广西境内达 8000 多平方千米，占广西总面积的 3.5%，年均总水量83 亿立方米。向南流的则有两大水系：一是桂南沿海诸河系，流入北部湾，流域面积在 50 平方千米以上的有 100 余条河流，流域总面积 2.4 万平方千米，占广西总面积约 10.2%，年均总水量约 258 亿立方米。其中以南流江为最大，其次为钦江和茅岭江；二是百都河水系，包括百色地区那坡县南部，流入越南的甘河，经红河出海，流域面积 1454 平方千米，占广西总面积 0.6%。

（二）水之历史：河埠码头留古韵

湘江与漓江水系，曾经是中国航运交通的主动脉，一直到明清之际，灵渠之上仍然是"巨舟鳞次""舳舻相望"。繁忙的航运，留下了诸多河埠码头，促成了许多商业古镇的兴盛。这里选取几处有特色的并具有重要旅游价值的古镇码头予以介绍。

十里陶都铜官镇 铜官镇位于望城区北部湘江东岸。铜官镇古产铜，安徽寿县出土的《鄂君启节》中曾提到湘水一个叫"蝶"的地方，鄂君名启，系楚怀王的弟弟，拥有150只商船，在楚国范围内广泛地做生意。当时的"蝶"应是楚国铸铜币的场所，在这里置管理铸铜事务的"铜官"，便是铜官地名的由来。还有一说：三国时期，铜官为吴、蜀分界处，相传吴将程普与蜀将关羽约定互不侵犯，共铸铜棺为信，故地名亦为"铜棺"。后因忌讳"棺"字不吉利，去掉"木"旁，改作"铜官"。

今天的铜官古镇，主要是以陶瓷驰名天下。全国重点文物保护单位铜官窑是一座民间陶瓷窑。根据考古发掘的地层关系和出土的"元和三年"（808）罐耳范、"大中九年"（855）釉下彩绘飞鸟瓷壶等纪年铭文，可知铜官窑的烧瓷历史早于盛唐，兴于中晚唐，衰于五代。长沙窑是中国釉下彩陶瓷的发源地，也是世界陶瓷"丝绸之路"的起点，其陶瓷产品远销世界各地。铜官镇现建有陶城公园，充分运用陶瓷装饰艺术，显现陶都特色。铜官老街依山傍水，房屋多用废弃陶缸等垫基为墙，陶瓦盖顶，独具一格。铜官镇为长沙市历史文化街区，湖南省首批历史文化名镇。

千年辉煌"小汉口"　靖港是"中国历史文化名镇"，原名芦江，又名沩港，位于沩水入湘江口。《大明一统志》载："唐李靖讨萧铣驻兵于此。"当地百姓为纪念李靖，遂改"沩港"为"靖港"，并立李靖祠以祀。祠内旧有戏台，其联云："溯湘水南来，百里河山，仗此楼台锁住；唱大江东去，九天烟云，好凭弦管吹开。"此联大气磅礴，颇能体现李靖的丰功伟绩和靖港的历史地位。

靖港地处湘江西岸，东望铜官，昔为天然良港，水路畅通，帆影不绝。曾为湖南四大米市之一，又是省内淮盐主要经销口岸之一，商贾云集，市场活跃，为长沙县原第一繁荣集镇。清光绪二十四年（1898），即有客轮停靠，在此设"洋棚子"接送旅客。往来于沩水、湘江宁乡的"乌舡"船有3000多艘，平日停靠船只千艘左右。民国中期，与津市、洪江同为湖南繁盛三镇，有"小汉口"之称。

千年古镇连潇湘　潇湘古镇，位于永州古城以北潇湘二水汇合处，起源于唐代，兴盛于五代，延续于宋、元、明、清，而衰落于民国初年，先后经历了七个朝代1200余年，是名副其实的千年古镇。潇湘镇老埠头码头余存有六通古碑，其中之一载："潇水自九疑百折而入，于永州北十里之老埠头，与湘水汇合，为最古之名区。五代时设镇司，谓潇湘镇。明时改设驿丞，称湘口驿。"自古以来，这里即为湘、桂、粤水陆之要冲、交通之枢纽。唐代时建有湘口馆，引柳宗元等无数迁客骚人多会于斯；北宋宰相范纯仁谪居永州，曾大笔题书"江天一馆"金匾，传为佳话；大画家宋迪的一幅潇湘夜雨图，更使潇湘山水名满天下；而祭祀舜帝二妃娥皇、女英的潇湘庙，更是常年香火旺盛，历久不衰。

潇湘镇作为交通要驿和零陵县城关厢重要的人流、物流集散地，其街市拓展延伸，自南而北，纵深长达 3500 米，并跨越湘江，形成了"半边铺子一条街，一镇通达湘两岸"的历史格局。潇湘古镇曾经的繁华景象延续了千年，如今，给后人留下深沉的履痕：古旧的驿道仍保留着它往日的格局，几处保存完整的青石板路面，光滑锃亮，规则有度，成为历史古街的缩影；跨越小涧的五处古石拱桥和地处湘江两岸的石级商埠码头，依旧保存了它们原有的模样；在老埠头湘江码头两岸，还保存了完整的 80 米古式商业街道和 20 余栋古色古香排列有序的商铺客栈与民居合一的建筑，特别是临街的铺面、柜台和客馆吊脚楼阳台以及青砖青瓦、飞檐翼角的建筑风格，依然风韵犹存；尤其是书写在这些建筑山墙影壁上的经营招牌字号和竖立于山墙上、码头边的六通石碑，诸如《重修老埠头碑》《老埠头义渡始末记》碑、《老埠头新加义舟记》碑……则准确无误地告诉后人：这街叫潇湘街，这镇叫潇湘镇以及这街、这镇、这码头的来龙与去脉。

"画扇之乡"福利镇　福利镇位于广西阳朔县城东部的漓江"钻石水道"，有"三山环古镇，一水抱绿洲"之称。福利镇不仅是风光秀丽的旅游名镇，而且是全国最有名的国画镇之一，被称为"中国画扇之乡"。

福利是漓江水运的码头，也是珠江水系的古埠头，漓江是沟通长江和珠江的唯一通道，福利潭深水湾是躲避风雨的良好港湾。由于这一带地形复杂，历代受战乱破坏较少，许多广东、湖南、江西、安徽、福建等地的人逃难避乱到此，故而有一半人口是外来人口。福利镇的文化复杂，至今还保留有原始部落文化——古傩文化，这里的傩乐、傩舞保存完好，傩乐还被茅山教作为教课音乐。广东、福建人逃难到此，把他们的神也带来了，这是在祖国内地少有的有妈祖文化的地方，海边的神在这里香火很旺，每年的五月初八，镇上就举行盛大的庙会。福利码头对岸村庄叫渡头村，村前青山倒映，漓水萦回，后面是翠竹成林，屋宇村舍。电影《刘三姐》中的刘三姐家就住在这里。

文化古镇有瓷都　北流河河口的藤州镇，是一个文化古镇，众多流寓人士经北流河进入古藤州，留下了诸多诗词歌赋。唐朝开国功臣李靖曾驻军藤州，坐镇于北流河畔的县衙里，佑护着藤州百姓，留下了真迹"国公碑"。鉴真六次东渡日本，与北流河结下不解之缘。1097 年，62 岁的苏轼被贬途中与弟弟苏辙相会于藤州北流河畔的江月楼，描绘了"孤城吹角烟梅里，落日未落江苍茫"的美景，留下了"鸳鸯秀水世无双"的感叹；苏辙在"江吹虚阁雨侵廊"的夜晚，却闻到了"晨炊稻饭香"，看到了"荔饷深红""桂醅淳白"。1100 年，秦观从被贬地雷州放还，八月到藤州，寄情藤州山水，遍踏藤州古迹，煮酒唱吟了《江月楼》《光华亭》《流杯桥》《玉井泉》《好事近》等诗词。某日与友人相聚，满眼是沾满雨露的山花，留下了"醉卧古藤荫下，了不知南北"的得意之作。没想到一语成谶，尚未来得及与妻儿相聚、品味苦难后的甘甜就"笑视而卒"，在北流河畔留下了一缕英魂；南宋时，李光为秦桧所害，被贬藤州，居"寓亭"

（横江亭），留下随遇而安的旷达身影和优美的诗作；明代时，解缙寓于藤城水月岩十多天，写下多首诗文……

从藤州镇溯北流河而上约 10 千米处，一个小村落静静地卧在河边，石板铺就的古码头古朴而凝重，见证了宋代一个著名瓷都的兴衰。小村名叫中和村，折中致和，似乎正应和了小村淳朴的民风，使之天降大任般在宋代成为与景德镇齐名的瓷都。据考证，中和窑一座窑口一年可烧两万余件瓷器，这里有二十多座窑口昼夜不息，从北宋延至宋元之际，如此大的产量，主要是出口外销。瓷器种类繁多，几乎涵盖所有日常用品，所产瓷器细腻洁白，胎骨薄而坚硬，品质上乘。目前国内仅存几件中和窑瓷器，而在泰国、马来西亚等东南亚国家的皇宫、博物馆却有不少藏品。可以想象，精美的瓷器走下中和村青石板的古码头，登上货船，溯北流河而上，过鬼门关，下南流江，经合浦入海。这条古代南方丝绸之路，把中和窑的瓷器带到了世界各地，装点着各式风格的庭院。有关中和窑瓷器的传说很多，据说精品"九龙杯"流传到了日本，盛满水后，杯中九条龙的龙须、里面的鱼虾都会款款而动；在炎热的夏天，用中和窑生产的瓷钵盛白斩鸡到香港，两三天都不变味；据说……今天，中和窑瓷器遗址分布密集，范围长 2000 米，几乎把当今的中和街包围。遍野的残破瓷片满山堆积，有的成为农民建房的材料，学校和农舍周围都是文物，人们只要出门就会踏着文物。中和窑现为广西壮族自治区重点文物保护单位。

花山岩画"红"遍天　花山岩画是左江流域岩画群的代表，也是目前为止中国发现的单体最大、内容最丰富、保存最完好的一处岩画。花山岩画位于宁明县城中镇耀达村明江西岸，是战国至东汉时期岭南左江流域壮族先民骆越人巫术活动遗留下来的遗迹、国内外著名的古代涂绘类岩画点，至今已有 1800~2500 年的历史，以规模宏大，场面壮观，图像众多成为广西左江流域岩画的典型代表。1988 年，由国务院批准为全国重点文物保护单位。1998 年，以花山岩画为中心的花山风景区被定为国家级风景名胜区。2016 年 7 月 15 日，经世界遗产委员会会议审议，"左江花山岩画文化景观"正式被列入世界文化遗产名单。

花山，壮语称为 pay laiz（岜莱），即画得花花绿绿的山，是一座峰峦起伏的断岩山，高 270 米，南北长 350 余米，临江西壁陡峭，向江边倾斜。岩画以赤铁矿和动物胶、血混合调制的颜料绘制，呈红色。画面宽 170 余米，高 40 余米，面积约 8000 多平方米，除模糊不清的外，可数的图像尚有 1800 余个，大约可分为 110 组图像。画面从山脚 2 米开始绘制，以 5~20 米高的中间部分的画像最多。岩画以人像构成主体，人像一般作正面、侧身两种姿势，皆裸体跣足，做举手屈膝的半蹲姿势，辅以马、狗、铜鼓、刀、剑、钟、船、道路、太阳等图像。每一组正中或上方位者多为腰挂刀剑、头上有兽形装饰，配有坐骑的数米高巨人，威风凛凛地居高俯视着击鼓弄乐、纵舞狂欢的人群，应为部族首领或活动的指挥者。这些岩画构图与人物造型勾画出一幅幅内容丰富、意境深沉的画面，真实地反映了已经消逝久远的骆越社会活动情景。花山岩画融整体的规模宏大、单体的气势雄伟、个体人物体形硕大之"三大"特征于一体，其雄阔气势为其他岩画所不能比拟。花山岩画的图像大多采取平面塑造即投影单色平涂的创作方法，用特制的软笔在岩壁上涂抹图像轮廓，形成"剪影"般的艺术效果，造就了花山岩画粗犷的外貌及活跃的动感，具有极其强烈的艺术感染力，是壮民族先民绘画艺术的不朽杰作及传承基础。

花山岩画呈红色，而今正在"红遍天下"，但作为旅游资源的开发，如能根据岩画所描绘的场景，再现当年的祭祀盛况，当有更好的发展前景。

（三）水韵诗画：潇湘八景传天下

湘江流域最著名的景致莫过于"潇湘八景"。而"潇湘八景"最初为文人依据潇湘流域的自然风光而绘制的八幅山水图画，画的是洞庭以南整个湖南地域所独有的烟雨飘零、万山寂静、雄风漫起、行云入梦、波映秋月、空谷梵音、渔家灯火等景色，似幻若真，美不可言。南起潇湘交汇处，北至洞庭湖滨，西至沅江河畔，每景一图，一共八幅。北宋书画大家米芾见图兴起，一一赋诗，并题写序跋。其八处景观及米芾的题诗分别是：

潇湘夜雨 "大王长啸起雄风，又逐行云入梦中。想象瑶台环佩湿，令人肠断楚江东。"潇湘夜雨描绘的是蘋洲岛上的景象，潇湘二水在此交汇，烟雨空蒙，梧桐滴晚，细雨飘零，寒风瑟瑟，渔火阑珊。元代揭傒斯的《潇湘八景诗》曰："涔涔湘江树，荒荒楚天路。稳系渡头船，莫教流下去。"这种凄凉无助的心境，就像《红楼梦》里林黛玉于潇湘馆所吟的《秋窗风雨夕》一样哀婉缠绵。潇湘夜雨是人间真情的表达，也是心中愁绪的倾诉。

平沙落雁 "阵断衡阳暂此回，清明水碧岸莓苔。相呼正喜无征徼，又被孤城画角催。"平沙落雁描绘的是衡阳回雁峰前的景致。古人认为大雁到衡阳不再南飞，故有回雁峰之名。回雁峰又是南岳七十二峰中的南边第一峰，与祝融、天柱、岳麓诸峰齐名。如王勃《滕王阁序》曰："雁阵惊寒，声断衡阳之浦。"杜甫《归雁》有："万里衡阳雁，今年又北归。"清代毛会建诗曰："山到衡阳尽，峰回雁影稀。应怜归路远，不忍更南飞。"平沙落雁，是大雁倦飞的写照，更是游子怀乡的怅惘。

烟寺晚钟 "绝顶高僧未易逢，禅林常被白云封。残钟已罢寥天远，杖锡时过紫盖峰。"这里言说的是衡山县城北清凉寺的钟声。湘江曲曲折折，汇蒸水，是为"蒸湘"；过衡州古城，进入衡山地界，衡山县城北有一古刹，名曰清凉寺。夜深人静，万物入眠，清凉寺院里的一尊古钟，不时撞击，传来阵阵钟鸣，清越缥缈而又悠扬，好似不知疲倦的佛陀在为江上的行者送去平安。元代陈孚的《烟寺晚钟》云："山深不见寺，藤阴锁修竹。忽闻疏钟声，白云满空谷。老僧汲水归，松露堕衣绿。钟残寺门掩，山鸟自争宿。"烟寺晚钟，是佛界梵音的描绘，是人间仙境的写照，是入世仕子的回眸，是出世僧侣的坚守。

山市晴岚　"乱峰空翠晴犹湿，山市岚昏初觉摇。正值微寒堪索醉，酒旗从此不须招。"山市晴岚言说的是湘潭、长沙间的昭山景致。湘江从昭山边缓缓流过，紫气缭绕，岚烟袭人，云蒸霞蔚。一峰独立江边，秀美如刚出浴的仙子，这就是昭山。昭山之名，相传始于周昭王南征之事。周昭王南征至此，殁于山中，故有此名。马致远于《寿阳曲》中赞曰："花村外，草店西，晚霞明雨收天霁。四围一竿残照里，锦屏风又添铺翠。"清《长沙府志》载："秀起湘岸，挺然耸翠，怪石异水，微露岩萼，而势飞动，舟过其下，往往见岩牖石窗，窥攀莫及。"明末王夫之《昭山孤翠词》曰："日落天低湘岸杳，迎目茏葱，独立苍峰小，道是昭王南狩道，空潭流怨波光袅。"

江天暮雪　"蓑笠无踪失钓船，彤云暗淡混江天。湘妃独对君山老，镜里修眉已皓然。"江天暮雪描绘的是长沙橘子洲的景致。橘子洲位于长沙市区的湘江上，是湘江下游众多冲积型沙洲之一，也是世界上最大的内陆洲。在唐代，因这岛上盛产南橘而名。唐末李殉有诗曰："荻花秋，潇湘夜，橘洲佳景如屏画。碧烟中，明月下，小艇垂纶初罢。水为乡，篷作合，鱼羹稻饭常餐。酒盈杯，书盈架，名利不将心挂。"行走于洲渚之上，西望岳麓山，东临长沙城，四面环水，绵延十数里，形若一叶浮于天宇的扁舟。尤其是秋冬时节，麓山凝红，层林尽染。大雪纷飞，银装素裹，江天浑然一色，世间寂寥，万籁俱寂。马致远的《寿阳曲·江天暮雪》云："天将暮，雪乱舞，半梅花半飘柳絮。江上晚来堪画处，钓鱼人一蓑归去。"于此，无论是江天暮雪图的意趣，还是米芾、马致远的诗词意境，都明显地受到柳宗元《江雪》诗的影响。

远浦归帆　"汉江游女石榴裙，一道菱歌两岸闻。贾客归帆休怅望，闺中红粉正思君。"远浦归帆描绘的是一幅充满诗情画意的水乡晚归图。其图景取于湘江尾闾、湘阴县城的湘江边，因其景观独特而蜚声天下。滚滚湘江经长沙橘子洲向北而去，一百余里，便到湘阴。每当黄昏，远山含黛，岸柳似烟，归帆点点，渔歌阵阵，等待归船的渔妇和孤寂中的怀春少女站在晚风斜阳中，衬托出一片温馨怅惘的繁忙渔家景象。马致远《寿阳曲·远浦归帆》云："夕阳下，酒斾闲，两三航未曾着岸。落花水香茅舍晚，断桥头卖鱼人散。"

洞庭秋月　"李白曾携月下仙，烟波秋醉洞庭船。我来更欲骑黄鹤，直上高楼一醉眠。"洞庭秋月描绘的是洞庭波涌、秋月长空的景色。湘江由湘阴继续北去，便进入烟波浩渺的洞庭湖。秋天的夜晚，月色如银，天空不杂任何痕迹，八百里湖面，碧水如镜，风息浪静。天空和湖面相互映照，月光和湖光相互交融，泛舟湖上，则别有一番情趣。若是此时登至岳阳楼上，与二三文友凭栏远眺，君山隐约可视，涛声如泣如诉，一种源于心底的家国情怀直入胸襟。正如马致远《寿阳曲·洞庭秋月》所写："芦花谢，客乍别，泛蟾光小舟一叶。豫章城故人来也，结末了洞庭秋月。"洞庭的这轮秋月，有禅趣，有理趣，更有情趣。

渔村夕照 "晒网柴门返照景，桃花流水认前津。买鱼沽酒湘江去，远吊怀沙作赋人。"渔村夕照描绘的并非潇湘流域的景观，而是以陶渊明的《桃花源记》中所说的"武陵人捕鱼为业"为题材所创作的一幅精美画卷。所取的景致为位于沅江西岸的白鳞洲村，与桃花源的水府阁隔江相对。因桃花源是世人憧憬的天堂，是文人心灵的归所，因此，沐浴在夕阳之下的渔村经一代代文人墨客的渲染，也就成了不可多得的一处人间仙境。马致远《寿阳曲·渔村夕照》写道："鸣榔罢，闪暮光，绿杨堤数声渔唱。挂柴门几家闲晒网，都撮在捕鱼图上。"马致远晚年退隐田园，过着"酒中仙、尘外客、林间友"的生活，也正是对渔村夕照愿景的追求与体验。

"潇湘八景"不仅在中国绘画史上声名显赫，影响巨大，并且在海外同样影响巨大。譬如，在日本，在韩国，至今仍以"潇湘八景图"的绘制为东亚山水画的共同主题。像日本的横山大观（1920—1973），所绘的"潇湘八景图"不时见诸文献之中。真可谓是潇湘山水点缀了丹青图画，而丹青图画成就了潇湘山水，相得益彰，互为映衬。

尤为重要的是，由"潇湘八景"开启了中国的"八景文化"景观，在全国各地不知有多少个"八景"，从大都市到小村落，都有所谓的"八景"，大都市如"昆明八景""杭州八景"，小镇如"黄姚八景"，小村落如千年古村上甘棠的"甘棠八景"等。在全民旅游、全域旅游的背景下，开发各地的"八景文化"景观，当是一种优质的旅游资源。

三、山水之旅：桂林山水甲天下

"桂林山水甲天下"，这似乎已是家喻户晓的千古定论。但这句话最早是谁说的？桂林山水何以能"甲天下"？是否能永远"甲天下"？这确实是值得研究的课题。

（一）谁言"桂林山水甲天下"

"桂林山水甲天下"，这句名言的著作权属于何人？从清末到20世纪80年代，在学术界一直争论不休，长期悬而未决。曾经比较流行的说法是：南宋宝祐六年（1258），李曾伯在《重修湘西楼记》中写下了"桂林山川甲天下"之句；清光绪壬午年（1882），广西巡抚金武祥在《漓江诗草》中把李曾伯写的"山川"

改为"山水"，写成了"桂林山水甲天下"的诗句。当时许多人认为这就是它最早的出处。

直到1983年的一天，桂林市文物工作队的拓碑师傅杨寅生和胡湘武，在独秀峰读书岩内拓印碑文，发现有一帧摩崖石刻，因长期渗水形成了厚约1厘米的石钟乳覆盖层，只隐约露出一点边角来。两位师傅小心翼翼地用工具将那覆盖层一点点铲除，当碑刻全部展现在面前时，原来是两首七言律诗。其二云：

> 桂林山水甲天下，玉碧罗青意可参。
> 士气未饶军气振，文场端似战场酣。
> 九关虎豹看勍敌，万里鹍鹏仗剧谈。
> 老眼摩挲顿增爽，诸君端是斗之南。

诗的序言记载，此诗写于南宋嘉泰元年（1201）九月十六日（农历），时值乡试结束，广西提点刑狱权静江知府王正功，为桂林乡试高中的11位学子特设鹿鸣宴，一为举子庆贺勉励，二为赴京会考饯行。人逢喜事精神爽，王大人多喝了两杯，灵感也来了，于席间即兴赋七律二首。通读全诗，我们知道，王正功此时写诗的本意，并不是去刻意夸赞桂林山水，而是勉励桂林学子努力向学，争做国家栋梁，也做甲天下之人才。"桂林山水甲天下"之句，不事雕琢地从酒杯中自然流出，显得贴切上口，天衣无缝。两首诗让赴宴的举子们深为敬佩，并由张次良刻于独秀峰读书岩口，自此，桂林山水名扬天下。桂林山水的精华集中在由桂林至阳朔约83千米的漓江两岸，漓江像一条青绸绿带，盘绕在万点峰峦之间，孕育了独特绝世而又秀甲天下的自然景观。奇峰夹岸，碧水萦回，削壁垂河，青山浮水，风光旖旎，堪称百里画卷。不知多少文人墨客留诗、词于此。唐代诗人韩愈以"江作青罗带，山如碧玉簪"来赞美桂林山水的秀美。韩愈的赞美其实也点出了桂林山水之所以"甲天下"的原因：正是山之"碧"与水之"青"的完美融合，才成就了这一方山水的好风光。

（二）山水交融好风光

象鼻山 海拔200米，高出江面55米，长108米，宽100米，山体面积1.3公顷。由3.6亿年前海底沉积的纯石灰岩组成，酷似一头巨象伸长鼻子吸饮江水。象鼻山原名漓山，又名宜山、仪山、沉水山，简称象山，象山以神奇著称。其神奇，首先是形神毕似，其次是在鼻腿之间造就一轮临水皓月，构成"象山水月"奇景。因此，象山成了桂林山水的代表、桂林城的象征，桂林乃至广西地方产品多以象山作为标记。在烟雨弥漫时节，可在此欣赏誉满八桂的古八景之一"訾洲烟雨"美景。水月洞在象鼻山的象鼻和象腿之间。距今1.2万年前，地壳抬升，漓江缩小，加速了水月洞的发育，形成一个东西通透的圆洞。长 17 米，宽 9.5 米，高 12 米，面积约 150 平方米。水月洞洞口朝阳，亦名朝阳洞。但洞在水上，如明月浮水，十分形象，故以"水月洞"名之，一直沿用至今。"象山水月"是桂林山水一大奇景，与南望的穿山月岩相对，一悬于天，一浮于水，形成"漓江双月"的奇特景观。

穿山　穿山在市区东南、七星区西南的小东江东岸，距市中心 3.5 千米，海拔 224 米，相对高度 94 米，面积 25 公顷。穿山 5 峰逶迤，状若雄鸡，西东为首尾，南北为两翼，中峰为背，西峰上的月岩，恰是鸡的眼睛，与隔江的龟山，犹两鸡相斗，栩栩如生，合称"斗鸡山"。明孔镛有"巧石如鸡欲斗时，昂冠相距水东西。红罗缠颈何曾见，老杀青山不敢啼" 之句。又 5 峰耸立，形如笔架，亦有"笔架山"之谓。西峰上有洞，分上下两层，下层南北贯通，高 9 米，宽 13.3 米，长 31 米，如当空皓月，宋代时称"月岩"，或题为"空明"，故又有空明山之名。明俞安期诗云："穿石映圆辉，明明月轮上，树影挂横斜，还如桂枝长。"穿山之东有宝塔山。远在 100 万年前，两山原为一体，地球造山运动把二者分离了。如今，小东江在两山间缓缓南流，像一条带子仍然把它们紧紧系在一起。初升的旭日，以金辉洒布穿山、塔山和象山之上，构成"三山晨曦"之诗境。

望夫石　望夫山位于漓江西岸，斗米滩前，距桂林约 37 千米。山顶有仙人石，如一穿古装的人向北而望；山腰有一石，如身背婴儿凝望远方丈夫的妇女，因名望夫山，亦名望夫石。清代诗人李秉礼为望夫石题诗云："江头望夫处，化石宛成形。两洗云鬟湿，烟横黛眉青。离魂悲壮宇，积恨感湘灵。何事远游客，征帆去不停。"望夫石，宋代的民间传说称是化缘和尚变的，故名"仙人石"。到了清代，传为一家 3 口，船到了滩前只剩一斗米，水浅不能行船，粮尽了，丈夫上山找不到吃的，心急化成石人。妻子背着孩子上山寻找，看见石人丈夫，伤心焦急，一同化成石人。民间传说为自然之山增添了人文底蕴。

杨堤　杨堤是"九山半水半分田"的典型山区景观。这一江段曲折蜿蜒，碧水萦回，景点密布，奇峰倒影，竹木葱郁，最能领略"江作青罗带，山如碧玉簪"的妙处。主要的景点有乡吧岛、半边奇渡、桃源望月、仙人推磨、月光岛、水帘洞、浪石奇景等。江边有一座海拔 400 米的渡头山，绝壁拦截南流的江水，激起汹涌的浪花。山的两侧有两个村庄：冠岩村和桃园村，它们被高山阻隔，交通主要靠渡船。这两村的渡头，不是由此岸至彼岸的跨江而渡，而是过山崖的"半边渡头"。游人经由此境，不仅慨叹河岸之险，亦称"半边渡"之奇。叶剑英元帅诗云："乘轮结伴饱观山，右指江头渡半边。万点奇峰千幅画，游踪莫住碧莲间。"与西岸的桃源村相对的山顶有一巨石，直径约 3 米，扁圆如石磨，称"仙磨"，磨旁一块 3 米多高的倾斜立石，宛如人推石磨状，惟妙惟肖，合称"仙人推磨"，亦称推磨山。相传一位仙人到此转动仙磨，碾石成米，从洞中流出，当地人称之为"出米洞"。江岸上一排排突兀交错的礁石，像大海中簇簇浪花，故称"浪石"。两岸奇峰耸立，水曲天窄。置身山环水绕之中，前望水穿江峡，旁视峡衬帆影；山山侧列，峰峰相连，两岸群峰形成了两道依江而立的天然翠屏，漓江则似一条绿色的绸带在峡谷中飘拂。

九马画山 九马画山是桂林漓江著名的景观之一，是大自然的笔墨奇观。临江而立，石壁如削，五彩斑斓，远望如一幅巨大的画屏。细细地端详，画屏中似有一群骏马，或立或卧，或昂首嘶鸣，或扬蹄奋飞，或回首云天，或悠然觅食……宋代邹浩曾有一比："应时天公醉时笔，重重粉墨尚纵横。"清代徐弓赞曰："自古山如画，如今画似山。马图呈九首，奇物在人间。"清代大学者、两广总督阮元的一首《清漓石壁图歌》，更是写尽了"画山"的神奇与美妙。当地民谣则说："看马郎，看马郎，问你神马几多双？看出七匹中榜眼，看出九匹状元郎。"在画山山脚一处崖壁上，有明代摩崖石刻"画山"两个大字，每字高 1.6 米，宽 1.2 米，加落款所占方框，整个石刻长 5.3 米，高 3.2 米，四周还刻有祥云花边做衬托。"画山"摩崖石刻虽然年代久远，但字迹依然隐约可见。

黄布倒影 在画山之南，有一块黄色岩石，宽数丈，像一块黄布平铺江底，这里因名黄布，滩名黄布滩。这里江流清澈宁静，云山倒影，江面水底，处处如画，所谓"群峰倒影山浮水，无山无水不入神"。此即漓江一绝"黄布倒影"，是观看青峰倒影的最佳处。诗曰："分明看见青山顶，船在青山顶上行。"2000 年发行的第五套人民币，其中 20 元纸币背面的漓江风光就是黄布倒影。黄布滩与朱壁滩之间，有 7 座大小不一的山峰，亭亭玉立，宛如 7 位浴水而出的少女，习称"七仙女下凡"。相传天上的七仙女，迷恋漓江美景，长留于此。朱壁滩头可见手套山与山景"骆驼过江"。"骆驼"头顶一亭，为一日本朋友捐资并亲自与民工一道辛劳修建，反映了中日两国人民之间的情谊。

兴坪古镇 兴坪镇位于桂林市阳朔县城东北部，距县城 25 千米。兴坪素以山水秀丽、景甲天下而著称，是"中国旅游名县"阳朔县的旅游重镇。兴坪镇是古代漓江沿岸最大的城镇，有 1300 年的历史。漓江流经兴坪，形成"S"形河湾，是漓江风光的荟萃之地。叶剑英《由桂林舟游阳朔》载："春风漓水客舟轻，夹岸奇峰列送迎。马跃华山人睇镜，果然佳胜在兴坪。"山水相依，景点密集，兼有奇、险、秀、美、趣的特点，历来有"阳朔风景在兴坪""兴坪别有风光好，人在丹青画里行"的说法。

兴坪古镇还有一个 400 多年历史的著名渔村，因克林顿曾到此访问使这个村落更加闻名遐迩。兴坪渔村位于风景如画的漓江边，村中房屋青砖黑瓦，坡屋面、马头墙、飞檐、画栋、雕花窗、鳞次栉比，结构独特，具有典型的明清时期桂北民居特色。村前漓江环绕，江对岸一带层峦叠嶂，鲤鱼山、金瓦山、元宝山、剑刀山、笔架山风采各异；村后奇峰罗列，五指山挺拔峻秀，马颈山、天水寨雄奇险峻，好一派山水交融的秀丽景象。

七星岩 在市东普陀山西侧山腰，原是地下河，现为以洞景制胜的风景游览点。洞内分上、中、下三层。上层高出中层 8~12 米；下层是现代地下河，常年有水；中层距下层 10~12 米。供人游览的中层，犹如一条地下天然画廊，游程长达 800 米，最宽处 43 米，最高处 27 米。洞内钟乳石遍布，洞景神奇瑰丽，琳琅满目，状物拟人，无不惟妙惟肖。主要景点有石索悬锦鲤、大象卷鼻、狮子戏球、仙人晒网、海水浴金山、南天门、银河鹊桥、女娲殿。景物奇幻多姿，绚丽夺目。

芦笛岩 在桂林市西北 7000 米处的光明山上，因洞口长有芦荻，其可制牧笛而命名。芦笛岩是一个地下溶洞，深 230 米，长约 500 米，最短处约 90 米，芦笛岩内景象万千，由此所组成的雄伟"宫殿"、高峻"山峰"、擎天"玉柱"、无边"林海"，无不雄奇瑰丽，耀眼夺目，因此芦笛岩享有"天然艺术宫"之美称，与七星岩并列为桂林两大奇洞。芦笛岩洞内景点有狮岭朝霞、石乳罗帐、青松翠柏、盘龙宝塔、云台览胜、帘外云山、原始森林、琉璃宫灯、远望山城、幽景留听等。

阳朔风光 自古就有"桂林山水甲天下，阳朔风光甲桂林"的赞誉。阳朔的碧莲峰东瞰漓江，山腰有风景道、迎江阁、鉴山楼等游览点。沿风景道可观远山近水及历代摩崖石刻；登迎江阁的画窗，一窗一画，窗窗皆景；再登鉴山楼，可饱览阳朔的奇山秀水。鉴山楼附近崖壁石刻很多，其中一个"带"字特别引人注目，据说内含"一带山河，少年努力"等笔意。

(三) 桂林山水"甲文化"

桂林山水之所以"甲天下"，是因为独特的喀斯特地貌与漓江秀水的完美融合，因而形成了独特的"山水画廊"。然而，随着全国诸多新景点的发现，"桂林山水甲天下"的地位受到了挑战，譬如张家界之山、九寨沟之水，从山之奇、水之秀的角度说，均已盖过桂林山水。再加上漓江之水在洪水季节并不那么"清莹"，在枯水季节并不那么"秀澈"，无疑减少了桂林山水的有效旅游时间。要解决这一矛盾，有两条途径：一是在合适的地方修建能源水库，能够在丰水季节蓄洪，在枯水季节补水；二是发掘地方文化，以文化旅游弥补山水旅游的不足。后一途径恐怕更有效。那么，从发掘文化旅游的角度说，桂林有三大古文化可供开发利用。

其一，与甑皮岩相联系的古陶瓷文化。桂林陶瓷文化源远流长，一万年以前甑皮岩就有"陶雏器"。古代桂林的陶瓷业也曾经辉煌一时，主要有桂州窑、窑里村窑、永福窑三大窑口。其中最有名的是桂州窑，该窑位于今雁山区柘木镇,自南朝创烧,历经隋唐,终停于宋。除烧制碗、碟、壶、砚、灯、网坠等民用品外,还烧制供给寺庙、殿堂的佛教人物、动物塑件和砖瓦等建筑构件。这些标本在桂林老城区隋唐遗址的基建工地都有出土和发现。在桂林近郊和兴安、平乐等地,也发现了许多战国、两汉时期的古陶瓷标本,有鼎、釜、瓮、甑、灶、熏炉等,到唐宋明清时期,则有碗、盏、碟、杯、洗、钵等,品种繁多,器型各异。位于今叠彩区大河乡的窑里村窑,活跃于宋代至明清时期。窑里村窑以烧制碗、盏、碟、杯为主,釉色有青釉、玳瑁釉、月白釉、仿钧釉,还有刻花、印花、印字等多种装饰工艺。明代时还烧造专供于桂林靖江王府用的砖、瓦等建筑构件。永福窑创烧于宋代,器型多样,纹饰繁复,以其烧制的铜红釉和绘花腰鼓最具特色。有点可惜的是,甑皮岩陶雏器"双料混炼"的制陶工艺在桂林当地似乎没有流传下来,而钦州"坭兴陶"的制作似乎也与"双料混炼"技术如出一辙。二者之间是否有继承关系?值得研究。从旅游产品的开发角度说,"双料混炼"作为一种特别的制陶技术,很值得开发和利用。

其二,与湘桂古道相联系的古道古村文化。桂林地处湘桂古道的核心地带,古道古村等旅游资源丰富。从水路来说,北有灵渠,南有相思埭,这在全国是独一无二的资源;还有古码头——大圩镇,曾为广西"四大名镇"的第一镇,这些"水路"资源与漓江"水景"串联起来,就可以拓宽"水上之游"的范围。从陆路来说,湘桂古道有官道、驿道,还有古商道、古盐道,这在全国也是少见的,特别是古盐道上的长岗岭村,其古建筑基本保存完好,见证了湘桂古盐道的繁华;长岗岭村附近的三叠岭,还保存了一段约5千米长的古道,因山高、林密、路陡,尚未被现代商业的触角所涉及,使得其古村、古道、古亭、古桥、古树……得以完整保存,为湘桂古盐道保留了一段完整的样本。这些无疑也是优质的旅游资源,如能将"畅神山水之旅"与"追忆乡愁之旅"相结合,就会有广阔的开发前景。

其三,与南岭文化圈相联系的虞舜文化。桂林虞舜文化的资源也很丰富,虞山公园内建有虞帝庙。秦人因虞帝南巡曾到虞山,故在此立庙纪念。公园内有"南薰亭""韶音洞""皇泽湾""接驾桥""虞山石刻"等景点,展现出丰厚的人文历史底蕴。在桂林灵川县东南尧山西面,也建有舜祠。这些景点本身就是很好的旅游资源,而虞帝庙更是历史悠久,香火旺盛,如能开启"寻根祭祖之旅",就能更充分地开发其社会价值和旅游价值;还可以与永州宁远九嶷山舜帝陵庙、东安舜皇山大庙、梧州白云山"神鹿台"等建立联动机制,轮流举行"祭舜大典",以扩大"寻根祭祖之旅"的影响力。

总之,桂林不仅仅是"山水甲天下",还有着丰厚的文化底蕴,必须将山水之"秀美"与文化之"神韵"相结合,才能更好地营造全民旅游、全域旅游的新局面。

追忆乡愁之旅

湘漓文化带,曾经因为是中国南北交通的主动脉,造就了它几千年的辉煌。唐宋以后,随着大运河的通航,经济重心向东转向运河流域。近现代以来,随着国门的打开,东南沿海一带成为经济发展的重心,湘漓文化带作为内陆省区,一度成为"中部塌陷"地带,经济发展滞后。也正因为经济发展滞后,现代化的大开发较少,从而保留了更多的古城、古镇、古街、古村——这里有更多记忆中的"古董"和"古意"。当现代人被大都市千篇一律的高楼大厦压抑得近乎窒息时,这些"古董""古意"反而给人们带来了一股清新的气息。因此,湘漓文化带必将成为追忆乡愁的旅游胜地。

一、湘漓线上看古城

在湘漓文化带上,有三座古老的郡城:零陵、梧州、合浦,它们又恰好位于湘漓文化带的起点、中段和末端。这三座郡城虽然经历了两千多年的风雨,但其特色依旧,风韵犹存。

(一) 潇湘古城看零陵

在潇湘大地上,零陵古郡是继长沙之后的第一个古郡,它比潭州、衡州、邵州建郡的历史都要久远。零陵古郡的置郡时间可以追溯到汉武帝元鼎六年,即公元前 111 年。而毗邻的衡阳、邵阳等郡都是始建于三国初期。

零陵古城的建城历史，最早可以追溯到公元前124年，汉武帝首封长沙王刘发之子刘贤为泉陵侯，辖今零陵、双牌、祁阳、祁东、东安等县地。泉陵城的位置，康熙《永州府志》曰："县北二里。本晋应阳县地，惠帝分灌阳置泉陵县，隋省入零陵。"在今天的零陵古城内，仍有一条街叫作泉陵街，泉陵城的故址犹存。

至元鼎六年（前111），再析长沙而置零陵郡，最初的零陵郡城在今广西全州西南。至东汉光武帝建武元年（25），将零陵郡治迁至泉陵，并废泉陵侯国而置泉陵县，从此，郡、县治所同在一座城邑，零陵城池的规模也迅速扩大。三国时，吴将吕蒙攻取零陵，因零陵太守郝普凭潇水与东山之险而拒不投降，吕蒙遂在零陵城北二里筑建"吕蒙城"，以伺机进攻。后来吕蒙以智诱降，进入零陵城后，吕蒙对零陵城郭重新进行修葺与加固。

再后，又经过两晋南北朝，隋开皇九年，置永州总管府，府城仍以零陵为依托。到唐代，城厢格局基本形成。宋嘉定年间，刺史赵善谧又增修里城。此后的数十年间，零陵郡城频遭战乱破坏，北宋绍兴年间（1131—1162）和南宋开庆元年（1259）两次修葺，至南宋景定年间（1260—1264），添增两郭，城郭面貌焕然一新。至此，零陵古城格局基本稳定。宋吴之道的《永州内谯外城记》（载《康熙九年永州府志》）对其进行了详细记述：

> 永去天虽远，人蒙厚泽，耕凿相安，自有不墉而高、不池而深、不关而固者。绍兴间，曹成诸寇掉鞅径入，至嘉定而又有李元砺之[扰]。须胸赵侯善谧，始增修其里城焉，外城犹未暇及。开庆己未(1259)，鞑从南来，永当上流门户，受害尤毒，疆民无知，怙乱焚劫，公廨民庐，荡为一烬。提刑黄公梦桂，于庚申(1260)秋拥节兼郡，议筑外城，周围一千六百三十五丈，储费均役，规模井如也。……于是埏土为壁，风石为灰，材用足，畚锸具，杵筑之声与歌声相和，运甓之力与日力俱进。鸠工于癸亥(1263)之秋，而讫工于甲子(1264)之夏。正门四：东曰"和丰"，西曰"肃清"，南曰"镇南"，北曰"朝京"。开便门五，以通汲水。女墙云矗，雉堞天峻，真可以为侯国之眉目，邦人之嵩华。

从吴之道的文章中可知，零陵城经太守赵善谧增修里城，黄梦桂修筑外城1635丈，丘骍、张远猷、谢信等几任郡守复加修整，始有城门四座，正东为和丰门，正西为肃清门，正南为镇南门，正北为朝京门，又开五个便门，以利交通及汲水。远观女墙云矗，雉堞天峻。里城严严翼翼，官舍民间，鳞次栉比，俨然大都会气象。尤其是沿潇水一线的内河街一带，从泉陵街直通南门，直到今天，明城墙的基址基本存在，并且在大西门内还保留了一段十分完整的宋代城墙，成为零陵古城的一段珍稀记忆。从公元前124年，穿越时空隧道，经历了2100多年的历史沧桑，而其城池位置基本没变，这是十分罕见的历史现象，不仅湖南省内少见，在全国也为数不多。

清华大学孙诗萌认为：零陵古城之所以能维持2000余年而生生不息、繁荣昌盛，其原因是零陵古城是一座非常典型的宜居型的山水城市。它背倚东山，前临潇水，城内依次分为半山腰一线的宗教文化区，城中心一带的衙门官廨和商贾作坊区，沿江一带居民生活区，布局合理，功能明确，街巷纵横交错，商铺井然有序，再加上山势险要，江流湍急，在冷兵器年代可谓是易守难攻的绝佳建城处所。零陵古城从构筑以来，经历了2000多年悠久历史，风雨沧桑，城址一直处在潇湘二水合流处，处在东山、西山与潇水之间，是一座逾越千年的典型的山水古城，一座湘南政治、经济与文化的中心之城，一座引世人瞩目的国家级历史文化名城。

中国古代城池多以"创建都邑，必依山川"的建城理念，最早出现的具有"城"之意义的城池，是三代之前原始部落构筑的城堡。而城堡修筑的初始意义是为了部落战争之需而形成的军事进攻和军事防御设施。因此，在城池的选址方面，自古就特别强调"依险设防""凭溪为阻"，亦即占据有利的山水形势，以达到易守难攻的战争要求，实现御敌于城门之外的目的。

地处潇湘之源的零陵古城，潇水南来，湘水西至，二水在蘋岛合流而北去。从零陵古城防御大局的山水格局来看，西北有湘江绕流，潇水环流其东、南、西三面，这两条大江大河，无疑成了护卫零陵古城的水上天险屏障，尤其是潇水，直接成为零陵古城天然的护城河，沿东、南、西三面守护着这座千年古郡城。而在城的正北与东北面，利用东山山脚的天然沟壑，人工开挖了宽20~40米的护城河，北端和东端均与潇水相连通。这样，零陵城的四面便全被潇水所环绕。零陵坊间曾流传着一种说法，零陵古城据险而守，坚固而不可破，要攻破零陵城，除非潇湘二水断流。而宋代吴之道在《永州内谯外城记》中所说的零陵古城"不墉而高，不池而深，不关而固"的特点，也印证了坊间流传的这种说法。因此，零陵古城千百年来的二水环绕形胜，对零陵古城的长治久安起到了天然的防护作用，其意义是不可低估的。

关于零陵古城的格局曾有一段民谚描述得非常精到："两纵七横十八巷，城长九里锁江烟。五码三台并九井，三槐七门水云间。"查看民国时代的永州城厢图便可清晰地发现："两纵"即由南而北方向的两条大街，直达南北二门，这就是正街（今正大街）、后街（今中山路）。"七横"指府正街、新街、文星街、七层坡街、东门街、太平门街等七条东西方向的街道。老百姓对零陵古城最感亲切的就是"九井三槐""五码三台"。"九井"目前保存的有徐家井、紫岩井、霭仕井、撒珠井，其他几井多已废弃。"三槐"，指府衙前的三棵大槐树，曾是当年标志性的古树，今已不复存在。所谓的"五码"即指临江的五个亲水码头，分别是潇湘门码头、大西门码头、永安门码头、太平门码头、南津渡码头，至今仍犹存，但唯有南津渡码头保存原样，其他四个码头则在2010年前后的防洪堤建设时，不同程度地受到损毁，再难呈现过去的模样。

今天走进零陵古城，其唐宋城郭、明清街巷仍然依稀可见。石板路，马头墙，花格门窗木板房，小巷深，水井凉，临街商铺幌幌飘扬。正大街、水晶巷、文星街、三多坊、府正街，保存着不同时代的历史风貌，正大街已列为历史街区予以保护。

在文星街里的张浚故居门前，有一口很有名的井，名曰"紫岩仙井"。这是宋朝名相张浚当年谪居零陵时为方便周边市民取水而开凿的。因张浚号"紫岩居士"，故这里的百姓也就习惯地尊称这口井为"紫岩井"。关于"紫岩仙井"四字的来历，则有两说，一说系明代天启年间（1621—1628）张浚后裔张皇后重新修葺张浚故居时所题，二说系张氏后人张勉于天启六年所刻。之所以称其为"仙井"，是因为这口井，水质特别清澈澄明，甘甜清冽，且不涸不溢，四季如一。在千百年的风雨岁月里，左邻右坊的居民全靠这口井打理他们的日常生活。井口高出路面50厘米左右，井孔大约一米，由两块石料拼接砌成。由于汲水时，井绳日复一日地频繁摩擦，水井口的内缘被勒出了百十条深浅不一的凹槽，光如铜镜，洁如琉璃，仿若一朵盛开的荷莲。佛性似水，道心如莲。这井这水这石莲，给人以无限遐想与怀念。无论是商贾货郎，还是贩夫走卒，抑或是达官贵人，凡过此街者取饮一瓢，立马甘甜透心，满口生津。

在零陵古城漫步，仿若游弋在明清的过往时空，少了商潮涌动的铜腥，亦无名利角逐的伤痛，悠闲的步履让人从不感到生活的琐碎。

（二）骑楼古城看梧州

梧州古称苍梧，是岭南 古城，建城已有2200多年的历史。汉高后五年（前183），南越王赵陀封其族弟赵光为苍梧王，建苍梧王城，城墙是泥筑的土城，为梧州建城之始。城址在摩山岭，周长424米，存在约80年。元封元年（前106），交趾刺史部移至广信县城（今梧州河东区），辖岭南9郡，梧州成为岭南首府，城墙扩展为6000余米，城址在今东中路、东正路和文化路，城址存在约300余年。

宋开宝元年（968），梧州城始建砖墙，后经历代扩建，梧州城的周长及面积不断扩大。明洪武十二年（1378）至雍正十年（1732），梧州的城墙持续扩展，并一直使用到20世纪20年代。据1956年城墙遗迹勘测，梧州城墙周长2750米，高7.26米，有5门，东、北、南三面环壕，其规模城东由文化路到北山路；城南至南环路；城西从大中路到四坊、九坊路；城北至北环路。

梧州的城墙规模以雍正年间最为宏伟,城高约7.3米,周长4500米,开设有五个城门,还在城墙的东、南、西三面,疏浚有护城河。从清同治年间绘制的城池地图中,可见出当年城墙的范围:城墙的正南面为南熏门,地点在今大东大酒家附近,马王街(东中路)口旁;城墙沿南环路向西延伸至今和平路口,为德政门;城墙向西北方向延伸,便是西江门;城墙往东北方向弯至北环路,在原北山饭店附近开设有大云门;城墙向东延至北山脚,沿北山脚弯向东南至东正路口,为阳明门;阳明门向西沿南环路弯回南熏门,是为一周。也就是说,清朝时,梧州城有城墙和五个城门,原古城墙基在如今的文化路(旧称东环路)、南环路、民主路(旧称西环街)和北环路的地底下。

梧州的城墙和城门消失于民国,这与发生在民国十三年(1924)的一场大火有关。据史料记载,当年11月30日,珠投岭24号发生大火灾,焚毁铺面4709家,灾民达5000多人,为民国以来广西最大火灾。1925年,梧州当局考虑到梧州原来的建筑以竹木屋为主,且街道狭窄,一旦发生火灾施救不便,遂采取"拆城筑路,挖山填塘"的措施,效仿广州的街道,大片兴建骑楼,正是在这次旧城改造中,五座城门和古城墙均被拆除。现九坊路28号与38号之间,还残存有一段古城墙遗迹,附近的骑楼廊柱上也立有一块标志牌,记述了相关内容,但由于苔藓腐蚀的关系,标志牌上大部分标注文字已经缺失。这段古城墙系旧时西江门城基的一部分,位于九坊路内一处僻静小巷尽头处,约有7米宽,连同接地的水泥和加盖的红砖高近10米。走近细看,只见青砖墙体已与一棵盘根错节的树木相生相依,布满厚实的青苔和杂草。远远望去,墙体仿佛与曾经的车水马龙一同隐匿在葱郁的树影之中。

梧州的城墙虽被拆除,但骑楼成为梧州的城市特色。骑楼建筑是结合南方潮湿多雨及多洪易涝的气候特点而设计建造的,一般为三四层楼房,地层商铺门面向内缩入2~3米,让出来作为人行走廊——"骑楼底人行道",这样既可以替行人遮阳挡雨,又可以为商铺营造舒适环境;楼房二层一般设有水门,是为备洪水浸街时楼上方便出入用的,可以在水门放下一把竹梯,从竹梯上下搭艇,也可以在水门放下竹篮向沿街巡游的售货小艇购买米、油、蔬菜、火油、电池等生活必需品。临街砖柱上镶嵌铁环高低各一只,亦为备拴泊船艇系缆绳用的,这些都是因为梧州地处三江水口,几乎年年有几次洪水淹街,于是建造了这种满足特殊需要的骑楼。

1897年开埠后,梧州成为广西的商业中心。20世纪20年代,梧州商埠局拆除古城墙、拓宽街道,原来的坊式房逐渐被骑楼所取代,在河东老城区留下连绵成片的骑楼群。22条原汁原味的骑楼长街上,560座中西文化水乳交融的传奇建筑,荟萃中外经典设计的骑楼。骑楼街商贾云集,最风光时街上有大小商号1500多家,造就了上万富商,人称"千年岭南重镇,百年两广商埠"。从梧州骑楼的外观上，可以看到当时许多有代表性的中国建筑语言，如花窗、砖雕、牌坊等。梧州的骑楼在二楼外墙普遍有一铁环和水门，这是梧州水都的标志。过去，洪水上街时，市民并不惊慌。水到门口，垫几块砖继续做生意、打牌、摸麻将。水到二楼时，市民将船系在楼柱的铁环上，从窗口或水门上下船，进出骑楼。

骑楼的建筑风格是典型的中西结合，但在结合的形式上各有偏重。西方人所使用的骑楼主要是"折叠仿巴洛克式"。这种形式的骑楼，建筑造型和立面装饰以仿巴洛克式为主，并兼有多种风格。英国领事署、梧州海关办公楼、思达医院、新西旅店等建筑物，其平面布局和立面处理均运用典型的"芝加哥学派"手法，采用三段式处理。而英国领事署、梧州海关办公楼的地层架空不做实际使用，则是采用中国南方干栏式建筑风格，以适应南方地区炎热潮湿的气候，所采用的外廊形式也是中国固有的建筑风格。大南路裕信银号旧址 5 楼顶上所建的圆顶凉亭，也体现了中西结合的建筑风格。中国人所使用的骑楼，则主要是"折叠中国传统式"，这种形式骑楼延续了我国南方传统民居的特点，底层沿街挑出，长廊跨越人行道沿街布置，楼层正面墙上并排开着两只三扇窗户，墙面上多有蕴涵中国传统文化内容的灰雕艺术，如在大南路骑楼城墙上，一幅浮雕为"连年有余"，莲池下面游着两条鲤鱼；另一幅浮雕展示的是一棵松树下有四只白鹤，寓意为"松鹤长春"，还有寓意为"平平安安"的宝瓶，等等。到了 20 世纪 80 年代，又出现了一种新的形式，有人总结为"折叠现代式"，这种骑楼在尺度、结构、材料、造型风格等方面与传统骑楼有着明显区别，立面处理上舍弃了复杂的装饰，运用了简洁、明快、实用功能主义的处理手法，文化内涵降低，同时也反映了现代人重物质轻精神的倾向。

梧州骑楼文化已成为当地一道亮丽的风景线，曾入选中央电视台《正大综艺》节目。今天，梧州已建成防洪堤，每年屡遭洪涝灾害的现象已成为历史，但骑楼这一独特的建筑风格已作为历史的见证保存下来。现存骑楼街道 22 条，总长 7 千米，最长的达 2530 米，骑楼建筑 560 幢，其规模之大、数量之多国内罕见，是名副其实的"中国骑楼博物城"。最为典型的则是金龙巷，位于梧州河东老城区、北山脚下，是梧州清代建筑保留较多的老街。这个安静老旧的地方曾是几百年乃至几十年前两广最繁华的商业区之一，当年这个街区里最活跃的是那些带着鼓鼓钱包顺西江而上的广东商人。金龙巷的骑楼都是由结实的青砖层层叠起的，房子冬暖夏凉。这些砖结构骑楼一般两至三层高，墙上有花窗、砖雕、牌坊，因日晒雨淋而呈现出斑驳的灰白，蔓藤一直爬到屋檐顶，但精巧的做工仍然依稀可见，岭南建筑的况味仍不可遮掩。一路过去，还可见到骑楼的罗马柱、圆拱形窗、穿雕，等等，让人错以为走到了当年的法租界。

进入 21 世纪，梧州的城市建设以发展山水、骑楼旅游为核心内容，骑楼城的改造成为市政工程的重点项目，共修缮骑楼城立面441栋，面积5万平方米，增建骑楼110栋、面积1万多平方米，牌坊6座，雕塑10座。2004年9月，梧州市举行了隆重的骑楼城开城仪式，面貌焕然一新的骑楼建筑群，既不失其传统特色，又彰显时代风貌，成为梧州一幅幅旖旎的立体风景画。游览在骑楼城，犹如人在画中、画中有人。

（三）港口古城看合浦

中国的古城大多因军事需要而设立，亦即作为军事要塞而存在，零陵古城体现得尤为明显，早期的梧州古城也大致如是。合浦古城则有所不同，从一开始就彰显了其作为港口城市而存在的地位。公元前214年，秦始皇扫平百越（陆梁），置南海、桂林、象郡，并置合浦郡隶属象郡。"郡治在合浦水南岸，治所西北半里有船泊码头，帆樯千百，往来如梭"，足见当年港口的盛况。

西汉元鼎六年（前111）灭南越国后，划出南海、象郡交界地方置合浦郡。秦时的合浦郡治所因紧靠南流江南岸，每年洪水泛滥时均被淹浸。汉元鼎六年置合浦郡时，郡治即迁至南流江最东一条支流廉江东岸，即今廉州古城区。当时郡治城墙为土筑，有东西两门。城内建有郡署官廨和兵营、粮仓，城内有一水井，今称廉泉井，《广东考古辑要》载："廉州廉泉，汉遗物也。"当时城内没有其他居民，也没有街道。城西南靠河有一条长约80米的街道，有民居和商铺60多家。城西岸有一圩集名阜民圩，有商铺和民居约40多家，居民约300多人。阜民圩南端有珍珠专卖市场，珍珠商铺约30多家，露天的珍珠摊约40多摊档。陶瓷、丝绸、茶叶等则在阜民圩北端。

自汉代合浦"海上丝绸之路"始发港曾屋湾港开辟以后，合浦阜民圩便成为中外经济、文化交流的枢纽。东南亚等国商人以璧琉璃、琥珀、玛瑙及香料等，在阜民圩交换合浦的珍珠、丝绸、陶瓷和茶叶。中原商人也在合浦购买丝绸、陶瓷、珍珠和茶叶，再从合浦港出海前往东南亚等国，交换璧琉璃、琥珀、玛瑙、香料等商品。故当时合浦不但是珍珠、丝绸、陶瓷的重要产地，也是这些商品的集散地。东汉时，合浦郡治的古城依然为土筑，而东汉古城向东南拓宽，城内除府署和兵营外，城内有一条主街和两条小巷，有商铺40多家，民居20多家，城内居民人口约400多人。《廉州府志》载："（汉）武帝威德远播，薄海从风，外洋各国夷商，无不梯山航海，源源而来，辐辏肩摩，实为海疆第一繁庶之地""合浦与外夷海上通商，由来已久，汉初最盛。港湾帆樯林立，常有大舶百艘，小舟不可胜数"。因此，合浦古城从一开始就与众不同：城内为军政驻地，城外为商埠码头，呈现出典型的港口城市特征。

唐贞观八年（634）置廉州，因驻地东有大廉山故名廉州，州治西为南流江最东一条支流称廉江。唐代廉州城依然为土筑，但土城向东南拓宽，设东、南、西三门，护城河也拓宽挖深。城上四周设瞭望哨。城内有州衙和县衙、兵营、监院、市舶司等机构。城内有两条大街，五条小巷。有商铺60多家，民居40多家，居民约800多人。唐咸通年间，以乌浒蛮为主体，包括白蛮等族建立奴隶制政权的南诏，以魏山（今云南魏山县境内）为首府，后发展壮大迁治所于太和城（今云南大理太和村西），南诏全盛时期辖有今云南省全部、四川南部、贵州西南部等地。南诏不断向东及西南扩张，咸通二年（861）七月，南诏向东南扩张，曾攻陷邕州（当时合浦隶属邕州），咸通三年（862）西南攻陷交趾（即安南北部）。经略使王宽告急，朝廷以蔡袭代之。后蔡袭战死。唐咸通五年（865），懿宗派遣岭南节度使高骈征南诏。高骈以海门镇（即今廉州镇）为军事基地，率军陆海并进，至交趾击南诏，高骈每战凯旋，十二月还军海门镇。此后交趾、邕州始平。

宋时，廉州作为中国西南要塞的军事地位进一步加强，成为"海北雄藩"。宋熙宁八年（1075），交趾攻占钦州、廉州，杀士卒八千人。北宋元祐年间（1087—1094），廉州古城仍为土筑，但城墙加高加厚。宋绍圣年间（1095—1098），知州罗守成曾将土城修筑一次，各城门砖筑，各城门上建一座楼以驻兵防守。城内有4条大街，6条小巷，商铺约百家，民居800多家，人口约5500人。城外有大街4条，小巷5条。城西阜民圩有商铺60多家，民居80多家。城外附近人口约6000人。

北宋元符三年（1100），苏轼获赦，从儋州移廉州安置，廉州知州刘几仲和士人邓拟等招待苏轼下榻廉州邓氏园林清乐轩。苏轼在廉州时，曾游览了廉州名胜海角亭和还珠亭、三廉古刹东山寺，苏轼为海角亭题写"万里瞻天"四字，抒发他对家国的怀念，同时还写了许多掷地有声的诗文，对合浦文化的发展有着深远的影响。

元代的合浦城与宋代无异。明洪武三年（1370），百户刘春在宋城的基础上向西增筑695丈（约2317米）。洪武二十八年（1395），指挥使孙传福再向东拓展50丈（约167米），总共拓宽土城418丈（约1394米）。永乐八年（1410），倭寇陷廉州。明宣德年间（1426—1435），指挥使王斌始将土筑城墙改为砖筑。即城墙内外为砖筑，中间用黄土夯实。设三门，东为朝天门，后改为朝阳门（在今奎文路和中山路交界处）；西为金肃门（在今中山路和西华路交会处），南为定海门（在今解放路与城基东路交界处）。护城河总长为1050丈（3500米）。

明成化元年（1465）八月，廉州城为广西大藤峡瑶族义军所陷。成化七年（1471），知府林锦、都指挥使徐宁开深护城河，后林锦又命指挥使张福拓展东、南、北三面城墙，东拓至今城基东路，并在城上筑城楼、敌楼、串楼以及谯楼做瞭望之用。又因西门外之河道（即廉江）通海，为防倭寇和海盗之侵扰，故在西门外加筑月城以拱卫西门。嘉靖十五年（1536），因淫雨侵蚀，东城墙倾圮，知府张岳再次修筑。嘉靖十八年（1539）飓风毁坏串楼，知府陈健修复。嘉靖二十一年（1542）知府詹文光撤销串楼，设阳城。嘉靖二十七年（1548），范子仪范子流兄弟率安南贼犯廉州。嘉靖三十四年（1555），知府何御重修廉州城，并在东门和南门增设月城，与西门设置相同。明隆庆二年（1568）同知应会又在城上建九个敌台。明万历七年（1579），知府周宗武又曾修南至西北城墙 426 丈（约 1420 米），增高的城墙长达百余丈，置窝铺 106 个。万历十年（1582）知府再复修自北至东南的城墙 400 余丈（约 1334 余米），增高的城墙长达 200 丈（约 666 米），并更新城上堞雉、修整城墙。明崇祯八年（1635）靠河城墙被水冲塌，刚修复后又毁于飓风。是时知府郑抱素曾捐修。

清康熙年间，廉州城墙亦曾屡经修建，是时廉州城墙周长 802 丈（约 2674 米）、高为 3 丈 2 尺（约 16 米），护城河周长 1050 丈（约 3500 米）、宽 2 丈 5 尺（约 8.3 米）、深 6 尺 7 寸（约 2.23 米）。城门楼四座，东、西、南门均有月城拱卫，小楼 3 个，串楼 24 个，窝铺 63 个，墩台 4 个，望墩 100 个，垛堞 1669 个。作为府治有这么一座城是不算差的。俗话说："无怕廉州人，只怕廉州城。"说明廉州城墙高大坚固。清康熙十四年（1657），王宏海、李廷栋陷廉州。清康熙二十二年（1683）知府佟黝、知县杨昶又增高西城门 3 尺（1 米），兼修城墙、窝铺。清雍正、乾隆年间，廉州城亦曾有修建，乾隆十八年（1753），知府周硕勋认为城南外有一字文峰，不宜闭塞，便辟城南为文明门。廉州东郊卫民圩建成后，为方便城内群众赶集，便开东门，俗称小东门。是时廉州古城增加为六个城门。清道光年间，淫雨壅塞濠渠，定海门和文明门城基崩塌 7 丈余（约 23.3 米多），由灵山县知县张孝诗派夫役来修复。清道光十二年（1832），城北城墙圮塌十八丈，由水上疍家（水上运输商）梁、黄二姓出资修复，廉州府准许其在廉州北郊土吉塘一带建屋陆居。清道光三十年（1850）天地会刘八、方晚等攻廉州未克。清宣统三年（1911），革命党人罗侃廷在廉州起义，成立廉州都督分府。是年清兵十四营兵勇哗变，抢劫民财，烧毁民宅，时称"廉州爆街"。

民国九年（1920）秋，黄明堂、黄志桓起兵攻镇守使陆兰清，桂军黄培桂率师来援，黄军退避，越数日，桂军退走，陆兰清亦出走，黄明堂入城。民国十年（1921），旧桂系将领申葆藩攻廉州。越 20 余日，桂将颜作标攻廉州城。民国十二年（1923），邓本殷、申葆藩再攻廉州城。黄明堂部坚守 33 日，因城中弹尽粮绝，黄部开城缴械。民国十六年（1927），合浦股匪刘朱华攻廉州城，也因城墙高大坚固而未能攻下。

抗日战争爆发后，涠洲岛沦陷，日军在涠洲岛修筑飞机场，经常派飞机轰炸合浦廉州。为了便于群众疏散，便将廉州古城的东、南、北三处城墙拆毁。只存西城门一段残垣及金肃门和明代廉州古城旧东门（即钟鼓楼）一座。金肃门（西门）及西城墙于1958年拆毁，明代的古城门（东门）也于1973年被拆毁。至此古老的廉州城已荡然无存。城北尚存的一段城基，至今还静静地躺着，在诉说古城的沧桑。

从合浦郡城到廉州州城，这是历史的变化使然，不足为怪。但从古城的屡建屡毁又屡毁屡建的情况看，则见证了古城的灾难深重而又坚强不屈。作为港口城市，既给它带来了繁荣，也给它带来了诸多灾难——这或许正是中国历史的一个缩影。因此，徜徉在廉州古城，回顾合浦古城的风云变幻，或许可以让我们更深切地感受到中国历史变迁的真谛。

二、湘漓周边看古镇

在湘漓文化带的周边，有着更多的保持原汁原味的县城或乡镇，游览这样的古城古镇，或许可以让我们感受更多的乡愁记忆。

（一）边城要塞看凤凰

在《中国最美的古镇》（英文版，外文出版社2008年版）一书中，介绍了中国12个最美古镇，周庄排名第一，凤凰排名第二。凤凰的出名，与沈从文有一定关系。在沈从文的笔下，凤凰被称之为"边城"。这个"边"，不仅是天远地偏，也是大都市的最边缘，更重要的是"边城要塞"。因此，凤凰古城最突出的特色就是军事要塞"镇竿城"。

凤凰古城，位于湖南省湘西土家族苗族自治州的西南部，土地总面积约10平方千米。2010年底约5万人口，由苗族、汉族、土家族等28个民族组成，为典型的少数民族聚居区，始建于清康熙四十三年（1704）。2001年被授予国家历史文化名城称号，是国家AAAA级景区，湖南十大文化遗产之一。2005年，凤凰景区被评为"国家地质公园"。2007年，凤凰古城及沈从文故居被列为全国重点文物保护单位。新西兰作家路易·艾黎游览凤凰时，曾称赞它为中国最美丽的小城。这里可与云南丽江古城、山西平遥古城相媲美，享有"北平遥，南凤凰"之美誉。

凤凰古城不仅山川秀美，而且人杰地灵。据不完全统计，从清道光二十年（1840）至清光绪元年（1875）短短的36年间，这里就涌现出提督20人、总兵21人、副将43人、参将31人、游击73人以及其他多名三品以上军官。民国时，凤凰出中将7人、少将27人。当代以来，凤凰人才辈出，涌现出一批将军、高级领导干部、作家、书画家、工艺美术家。特别是民国第一任民选内阁总理、政治家、慈善家、教育家熊希龄，作家沈从文，著名画家黄永玉的出现，使得小小的凤凰古城，不仅闻名全国，而且蜚声世界。

凤凰古城的最早出现，是作为军事要塞而设立的。元时，统治者为了稳固政权，在渭阳境内设五寨司，五寨长官司驻镇竿（今湖南凤凰县城），此为古城的发端。

明承元制，设五寨长官司和竿子坪长官司，都属保靖宣慰司管辖。明永乐三年，置竿子坪长官司，仍属保靖宣慰司管辖。明隆庆三年（1569），在凤凰山设凤凰营，正德八年（1513）设镇竿守备。明嘉靖三十三年（1554）移麻阳参将驻镇竿城。

清顺治三年（1646）设镇竿协副将，康熙三十九年（1700）升协为镇，镇竿成为清朝全国六十二镇之一。康熙四十三年（1704）废土司，置凤凰营于此，并移辰沅靖道驻镇竿。镇竿成为全国八十九道之一。雍正七年（1729），于湘西北设永顺府，辰沅靖道改为辰沅永靖兵备道，镇、道员均住凤凰，治辖范围覆盖整个大湘西二十余州县厅，为全国八大兵备道之一。乾隆元年改沅州为府属兵备，乾隆十六年改凤凰营为凤凰厅（散厅），通判升为同知。嘉庆二年（1797）升散厅为直隶厅。

辛亥革命推翻清王朝后，1912年元旦，凤凰光复。民国二年（1913）改厅为县，称凤凰县。至此，作为军事要塞的"镇竿城"，成为行政机构的县城。

凤凰古城虽小，但景点众多。人文景点有沈从文故居及墓地、熊希龄故居、北门城楼、东门城楼、连接两城楼的城墙、虹桥、万名塔、文昌阁等。古城现有文物古建筑68处，古遗址116处，明清时代特色民居120多栋，各种庙祠馆阁30多座，是中国西南现存文物建筑最多的县份。城内还有古色古香的石板街道200多条。自然景观有国家森林公园南华山，有集"奇、险、秀、峻"为一体的奇梁洞。还有融自然景观与人文景观为一体的凤凰八景：东岭迎晖、南华叠翠、奇峰挺秀、溪桥夜月、龙潭渔火、梵阁回涛、山寺晨钟、兰径樵歌。更有美丽的沱江及风情万种的吊脚楼等。

从凤凰县城向正西30千米，还有一座古城——黄丝桥古城，其历史较凤凰古城更为古老。此城雄踞湘黔边陲要冲，地势宽阔，东有七里冲咽喉之扼，南有亭子关之险，西有绵长牢固的边墙之塞，北有高山深谷之障。登上城埠，可以鸟瞰百里，山川野道尽收眼底。真可谓"攻可进，拒可守"，黄丝桥古城是雄踞于镇竿西部的一座重要古城。

黄丝桥古城是国内至今保存最好的一座城堡，古城始建于唐垂拱三年（687），古为屯兵之所，是历代统治者为防止西部苗民生衅的前哨阵地。昔日伏波将军马援及威震西藏的福康安均命丧于此。古城系青石结构建筑，城墙高

5.6 米，厚 2.9 米，宽 2.4 米，占地面积 2900 平方米，古城开有三个城门，分别为"和育门""实城门""日光门"，均建有十余米高的清式建筑格局的高大城楼，三个城楼的屋顶均为歇山式，下层覆盖以腰檐，上布小青瓦，飞檐翘角，分外壮观。城墙上部为锯凿形状，箭垛 300 个，还有两座外突的炮台。古城建筑艺术也是别具一格，它采用了当地土人筑屋技艺和朝廷工匠技艺相结合，具有古朴坚实的特色。取材青石灰岩，此岩耐温耐寒耐潮，坚实牢固。料石都是经过严格挑选，六寸厚度均衡，石面精开细凿，整齐划一。砌筑工艺也极为讲究，石块之间以糯米稀饭拌石灰，灌浆黏合，使砌缝柔中有刚，寒暑干湿无虑，坚不可摧，锥堞箭垛，气势雄伟。因此，黄丝桥古城，以古老沧桑的姿态，彰显其独特的历史韵味。

与古城要塞相得益彰的，还有一个书家堂古堡，又名舒家塘古堡，是湘西凤凰的重点旅游景点，坐落在县城西 31 千米的黄合乡境东。据考证，北宋杨家将后代杨六郎的第三子杨再思奉旨平南，见其地势险要，便在此安营扎寨，于是书家堂逐渐成为军事重地——屯兵之所。长城学专家罗哲文 2000 年 5 月到此考察，他从现存的墙基考证，断定城堡距今至少已有 800 年的历史。明朝万历年间，南方苗民起义，当时政府为镇压起义军，特拨白银万余两，历时 4 年，重新筑固了书家堂及周围的古营盘。

书家堂是在山下建兵营，山顶建连环屯，从而形成一个城堡。此城堡有两大特色：一是古朴，二是秀美。"古朴"是指城堡建筑。城堡周围由构筑恢宏的古城墙环绕，略呈圆形。古城墙总长 1500 余米，高约 7 米，宽约 2 米，分上下两层，可供人行或跑马，每隔 3 米有一个瞭望口。墙身由大块青石粘石灰糯米浆砌成，最重石块达 750 千克。墙形曲折蜿蜒，极富变化。全城共设 3 个大门，雄踞东、南、北三方，其中以与王坡屯遥相呼应的东大门规模最大，此门分两进，上有阁楼供护城卫士守护，岩石坚固整齐，易守难攻，是一座攻不可破的古老兵营。如今虽经千百年风风雨雨，古城堡虽残败发黑，但依然显现出一种苍凉之美。"秀美"是指城堡环境。此城堡的东、南、西三面有山溪环绕，溪流清澈见底，还有诸多池塘围城，形成天然防线。据老人回忆，当时这里曾有 48 口塘，塘内鱼肥鳖圆，水藻丛生。南去 100 米的白果湾有一山的银杏，每到秋天，杏叶泛金，叶落时若雨若扇，果实累累，极为赏心悦目。

从凤凰古城到黄丝桥古城再到书家堂城堡，作为军事要塞的"镇竿城"，在这里已经形成了一个系列，它所见证的是民族矛盾与战争硝烟。今天，这样的历史已成过去，但如何处理好民族矛盾，真正实现中华民族的大融合，则仍然是值得深思的问题。因此，漫步在这样的古城，或许可以给我们更多的警醒。

(二) 边城商贸看洪江

洪江也是边城，但它的出现与凤凰古城截然不同，似乎从一开始就是因商贸而兴。

洪江古城历史悠久，自古是驿站，是商埠，是烟火万家的巨镇，距今已有3000年文明历史。历史上以集散洪油、木材、白蜡而闻名于世，素有"七省通衢""小重庆""小南京""湘西明珠""西南大都会"之美称。但这些美称的内涵显然是偏于商贸。因此，今天的人们便直白地称之为"洪江古商城"。

洪江古商城在湖南省西部沅水与巫水交汇处，它自古就是驿站和商埠。夏为古荆州之地，周末隶属于楚，秦为黔中郡地，汉为武陵郡镡成县，唐朝隶属龙标县，宋置洪江砦，元设巡检司，明设洪江驿，清设洪江镇，民国称会同县洪江市。洪江一名洪溪，又名熊溪，为武陵五溪之首。洪江虽属弹丸之地，却汇聚了直通洞庭入长江的沅水、巫水和舞水，这几条支流先后流入沅江，至此江面变宽，水势浩大，宛若一股洪流，于是就有了"洪江"的称谓。得天独厚的水运条件使洪江自古以来就是湘西南重要的驿站和繁华的商埠。明代嘉靖、隆庆之际，正值资本主义萌芽之初，在中国的沿海地区商品经济已具雏形，传统的"四民"地位由"士农工商"转化成"士商农工"。商业，以前备受冷落的末业，这时已被移民而来的洪江人所看重。早在明代万历年间（1573—1620），洪江犁头嘴（今沅江路）就已形成一定规模的物资交易集散市场，店铺林立，作坊成片，成为洪江最早的港口商埠。明清时期更是成为湘西南扼守湘、滇、黔、桂、鄂物资集散通道的商贸重镇，被称为"五省通衢"。明清以后，洪江商贾云集，店铺如林，沅巫两江千帆竞发。清康熙二十六年（1687），文人王炯在他的《滇行日记》中有"烟火万家，称为巨镇"的记载，并以"商贾骈集，货财辐辏，万屋鳞次，帆樯云聚"来形容洪江。乾隆初期的《洪江育婴小识》中描述了洪江的繁华景象："当是之时，列肆如云，川楚之丹砂、白蜡，洪白之胶油，木材之坚美，乘流东下达洞庭，接长江而济吴越，连帆大舶衔尾而上，环货骈积，率以花布为大宗。南连桂林，西趋滇黔，利市三倍，居市者长子孙，百工技艺之流襁至而辐辏，地窄人众，至劈山湮谷，连屋层楼，栉比而居，俨然西南一都会。"

洪江古商城的街道一般分为两种，平整、稍直且长的称之为"街"，沿山沟而建的叫作"冲"，冲、街之间因地势变化所形成的走道称为"巷"。街巷密集交错，石阶遍布，狭窄弯曲，除正街长度最长的500余米外，其他一般在200到300米长，宽在2至4米，路面全是用石板铺设，是典型的古代商城建设模式。沿着约三四千米长断续尚存的青石板路和码头高低错落的石级往前，完好地保存着一大片自明清至民国时代的寺庙、墟场、驿站、衙门、钱庄、银行、书院、学堂、会馆、作坊、洋行、客栈、烟馆、妓院、茶楼、报社……青瓦粉墙，雕梁画栋，古香古色，苔藓苍苍，充分印证了文献上所记载的300多年前"七冲八巷九条街"的布局。在迷宫一样的洪江古商城街巷，许多富商巨绅的宅第星罗棋布，有的是货栈兼招待客商住宿的商行。宅第多为两进两层或两进三层，四周为青砖砌的封火高墙，中堂极为高敞。有干天井和湿天井，廊阶用十分平整的大青石板铺成，有的一块长至丈余。更罕见的是每进门就有一座用青石板镶制成的太平缸（别处皆为陶制），大的长约2米，宽高约1米，每一面都雕刻着精美的吉祥图案。还有些是圆形或六角形的观赏鱼缸，上镌诗词与鱼龙花鸟，书画和雕刻的艺术水准均很高，令人叹为观止。由于古商城内来往的各地客商很多，为联络乡情，维护同乡利益，商客们便成立各种形式的会馆。会馆或坐落于深巷，或筑于高坡，很多会馆都会起一个"宫"名，如江西会馆称"万寿宫"，福建会馆称"天后宫"，宝庆会馆称"太平宫"等。会馆有正殿、偏殿、正厅、客厅、客房和戏台等，这里既是协调商业利益的地方，也是维系乡情的地方，还是祭祀神灵的地方。因此，一个会馆往往就是一个小社会。

洪江古商城保存的古建筑群，堪称江南民居古建筑之经典，"清明上河图"的活版本，全国所罕见。古商城的建筑风格是典型的明清江南营造法式，又兼具显著的沅湘特色。每一处宅第都可以让人感到天人合一的和谐，仅以砖、木、石为材料，不用一颗铁钉，就能建造出一座座坚固、实用、美观的建筑。精致的窗棂、格扇、门雕与造型精巧的栏杆，飞檐翘角展翅欲飞，虽复杂细致，却又简朴自然，是我国古代建筑艺术的极致体现。

今天的洪江古商城，最为典型而又保存最为完好的古建筑有厘金局、绍兴班、汛把总署、忠义镖局等。

厘金局　又叫"厘捐"，或"厘金税"，是清政府对通过国内水陆要道的货物设立关卡征收的一种捐税。厘金局始建于咸丰五年（1855），系一栋单进三开间木质穿斗式建筑，占地面积约330平方米，建筑面积620平方米。是清朝政府在洪江设立的税收机构。厘金局现为全国重点文物保护单位。

绍兴班　是国家重点文物保护单位。位于余家冲康乐门，始建于清咸丰末年（1860），是清代高级妓院"堂班"之一，专给豪商巨贾、达官贵人提供声色娱乐的服务，其间妓女多为高级艺伎，才貌俱佳，尤以"琴、棋、诗、画"四大名妓闻名遐迩。整个建筑三进三层，层楼走道封闭，分隔有致，隐蔽性强，每层均单开出入道口与楼梯，称为"暗道"。楼内装饰用料讲究，富丽堂皇，建筑风格具有鲜明的行业特征。

汛把总署　始建于清雍正六年（1728），是我国清政权的基层军事组织，属绿营军制，是清军的正规部队。主要职责是镇戍地方，亦担任维护当地治安和地方政府差役的职责。汛防兵实行募兵制，一般招募世家兵籍的子弟，入伍后即终身服役。因此，洪江汛防员大多数为洪江、靖州、会同、黔阳人。汛防兵以冷兵器为主，亦使用火枪等武器。清雍正年间，清政权为巩固其统治，将全国划分为十一个战略军事区，区的军事长官为总督，省军事长官为提督或巡抚，省下为镇，镇的长官为总兵，镇下分协，协的长官为副将，协下设营，营的长官为参将、游击、都司、守备，营下设汛，汛的长官为干总、把总、外委干总、外委把总，汛下设塘，塘的长官为塘长。汛把总署是一座单进三开间木质穿斗式二层建筑，回廊式布局，单檐重屋，斗拱造型，建筑用料讲究，窗格雕花精美，木刻工艺精湛，天井居中，用以通风采光，四周栏杆壁面上，还刻有"对天勿欺，居仁由义，待人以恕，罔谈彼短"等训言警句，为把总的为官之道和做人原则，东边为配房和侧天井，东南角建有晒楼。汛把总署建筑风格别致，兼有徽派民居特点，又有沅湘本土特色，具有较高的历史、文物、艺术价值。加以保护、修缮，对研究我国的绿营兵的历史与编制，包括了解古代官员生活状态均具有实物佐证的重要作用。汛把总署现为全国重点文物保护单位。

忠义镖局 是古商城至关重要的景点之一。当时洪江商人运输货物的途径，除乘船走沅水、巫水外，还有许多货物靠人力挑运。其中有两条旱路可走：一条是从洪江经镇远到贵阳、昆明、缅甸、印度等地；另一条是经洞口到宝庆、长沙、汉口等地。商家们为了运输安全通常都有上百担甚至上千担挑夫，自发组成货帮或烟帮结伴而行。但匪患众多，防不胜防。他们不得不请镖局押镖护送。队伍从清早过渡出发，直至下午方能走出城外，可见押镖阵势何其庞大。忠义镖局始建于清乾隆四十二年（1777），自行解散于民国十九年（1930）。忠义镖局的院子为前庭后院，布局严谨，轴线明确，左右对称，主次分明，属典型的北方四合院风格。前院是镖师练功习武之地，墙壁上书写有忠、孝、礼、义四个大字，并绘有"十八罗汉练功图"，还题有一副对联："镖传四海，信达三江。"后院为镖师起居和谈生意之处，正堂供奉关武大帝，左右也有一副对联："千里路途三五步，十万雄兵七八人。"颇能体现镖局的气势和特点。忠义镖局奉行忠孝，讲究礼义，特别提倡和践行尚武、正义、扶弱、助人的精神。在出镖和走镖过程中，镖师们牢记宗旨，不怕困难，义无反顾，用刀剑和生命履行自己的职责，曾创下诸多光辉业绩。

洪江古商城 集中体现了中国传统社会商业经济的特点，在重农轻商的农耕文明背景下，它展现了与众不同的别样风采，从这里或许可以看到中国历史上社会生活的另一面。总之，完全笼罩在商业气息下的城镇在中国恐怕是独一无二的。

（三）最美古镇看黄姚

在水墨丹青文艺网，根据自然美、环境美、人文美等多方面的综合指标，评选出了国内最具"美感"的十大小镇，其中排名第一的是乌镇，第二是凤凰，第三是黄姚古镇。其上榜理由是："这个小家碧玉般娴静的小镇，建筑精美、砖雕、石雕、木雕都有很高的工艺水平，古建筑的梁柱、斗拱、檩椽、墙面、天花都雕梁画栋，千姿百态，栩栩如生"。而在"360百科"评选的"中国最美的十大古镇"中，黄姚古镇名列第一，并介绍说："黄姚是个充满诗意的地方，每一处景点都不需刻意寻找，沿着石板路慢慢走，也许在无意间你就可能会发现一些令你惊喜的东西。"

黄姚古镇位于广西贺州昭平县东北部，距离贺州市区40千米，距桂林200千米。小镇虽没有都市大户人家那种恢宏气魄，但镇内有"六多"：山水岩洞多、亭台楼阁多、寺观庙祠多、祠堂多、古树多、楹联匾额多。有山必有水，有水必有桥，有桥必有亭，有亭必有联，有联必有匾，构成古镇独特的风景。街道全部用黑色石板镶嵌而成，镇内建筑按九宫八卦阵式布局。房屋多为两层的砖瓦结构，建筑精美，工艺高超。

黄姚古镇方圆3.6千米，属喀斯特地貌。发祥于北宋，已有近1000年历史。自然景观有八大景二十四小景。全镇居民有600多户，明清古建筑保存有300多幢，面积达1.6万平方米，完整保存有8条石板街，全部用青石板砌成，全长10多千米。还保存有寺观庙祠20多座，亭台楼阁10多处，特色桥梁11座，楹联匾额上百副。建筑多为明清时期的，著名的有文明阁、宝珠观、兴宇宙、狮子庙、古戏台、吴家祠、郭家祠、佐龙寺、见龙寺、带龙桥、护龙桥、天然亭等。古镇建筑具有很高的艺术审美价值，其设计建造匠心独运，从建筑学上说也是一笔宝贵的遗产。人文景观还有韩愈、刘宗标墨迹，钱兴烈士塑像、何香凝、高士其、千家驹等文化名人寓所，以及许多诗联碑刻。一般来说，比较常规的景点包括中共广西壮族自治区工委旧址纪念馆、古戏台、皇帝诏书、宝珠观、鲤鱼街、八仙睡榕、佐龙桥、千年古榕、岭南第一石板街等。2007年，被国家文物局列为第三批"中国历史文化名镇"；2009年，被国家旅游局批准为AAAA景区。

从古镇的布局看，东部姚江两岸是古镇的主要生活和公共娱乐区，姚江以西，兴宁河以北，小珠江以南地区是商业区。古镇由龙畔街、中兴街、商业街区三块自成防御体系的建筑群组成。这三处建筑群又通过桥梁、寨墙、门楼巧妙地连接在一起，形成一个整体。

古镇周围酒壶、真武、鸡公、叠螺、隔江、天马、天堂、牛岩、关刀等九座山脉，从四周聚向古镇。三条小河姚江、小珠江、兴宁河交汇于古镇。黄姚古镇被群山环抱，被绿水绕行，古镇的选址深受东南地区汉族风水文化的影响，具有东南风水理论所要求的全部要素。

古镇同姓民居建筑多以祠堂为中心修建并向外辐射，黄姚古镇现有八大姓氏，九个宗祠，两个家祠，民居建筑多为同一姓氏围绕祠堂周围居住。居民多为明末清初因避战乱或经商等原因迁徙过来的移民，多以经商为生，家境普遍富裕。因此在住宅的建筑考虑上，更多的是出于抵御战乱与防御盗贼抢掠财物的安全需要，无论是单体还是整体的建筑布局都有着较强的防御功能。因此，古镇的守望楼是最具特色的。守望楼在龙畔仙山祠下，是黄姚古镇的一个关键城楼，也是古镇东南方向的门楼，设有瞭望孔和枪眼，此楼的一边是高石墙，另一边临水，易守难攻。民国以前，镇上还有专人在守望楼打更、守关，以保古镇的平安，这是防御外敌的重要建筑物。每逢初一、十五，还有人来此上香，祈求平安。

黄姚古镇，可以说是中国传统社会中乡镇生活的一个缩影，也是村民自治自保的历史见证。

三、古村民俗呈异彩

中国以农立国，农耕文明对中国传统社会而言具有决定性的意义，而聚族而居的古村落，正是农耕文明最集中的体现。湘漓文化带上被评为"中国历史文化名村"的古村落众多，这里选择几个典型而又最具特色的"历史文化名村"予以介绍。

(一) 北斗辉映周家院

永州市零陵区何仙观镇涧岩头村的周家大院，是一处古民居群落，具备较高的文物价值和较好的开发前景。2006 年被列为湖南省第八批重点文物保护单位。2007 年成为第三批"中国历史文化名村"，并被列为"国家重点文物保护单位"。

周家大院始建于明代宗景泰年间（1450—1456），定型于清光绪三十年（1904）。宋代理学家周敦颐的后裔于明中期迁移至此繁衍生息，历 26 代近 600 年，故名周家大院。

周家大院典型地体现了中国古代建筑的"风水"理念：大院三面环山，前景开阔。周家大院古建筑群时代跨度大，包括明、清、民国时期的建筑样式。大院的平面呈北斗形状分布，规模庞大，由六个院落组成，占地百余亩，建筑面积 4.5 万平方米。其布局井然有序，层楼叠院，错落有致。从整体上看，六座院落有分有合，浑然一体，既各自独立成院，又相互和谐勾连，体现了设计者的匠心独运。

首先，从大环境看，这里地处都庞岭北麓，零陵盆地南壤，潇、湘二水相汇，营造出无限诗意。周家大院就在诗意中。站在村头，审视这个潇湘东部小盆地：只见子岩府（翰林府）、新院子、老院子、四大家院、红门楼、黑门楼（尚书府第）等 6 座古宅，呈北斗七星状，坐落在平整的田畴中。东西南北延绵 2 千米，是一组包含门楼 6 座，正、横屋 180 多栋，大小房屋 1300 多间，天井 136 个，游亭 36 座，走廊巷道 40 多条的规模庞大古建筑群。

"左边青石挂板，右边双凤朝阳；门前二龙相汇，屋后锯子朝天"。这是周氏这支第十代孙、有着二品顶戴、官至新疆喀什噶尔兵备道署理镇迪道兼按察使的周崇傅对这里地形地势的概括。四句话中，第一、二、四句是说这里三面环山，第三句是说一面临水。先说它的山。村东端雄踞有鹰嘴岭和凤鸟岭，嵯峨的山顶抚摩天空，千年的古木连接云霄，其飞舞升腾之状面向东升旭日，故有"丹凤朝阳"之称誉；村后岿然屹立的龙头山，又称锯齿岭，其伟岸巍巍，峰峦起伏，青翠层叠，宛若"锯齿朝天"。流经村北、村西的两条清流，一曰"贤水"，一曰"进水"。它们像两条玉带环绕古村，其汇合之势，形同"二龙相会"。山水相依，刚柔相济。无疑，这里是一块风水宝地。

这支周氏的开山祖叫周佐，是宋代理学家周敦颐的第十七世孙。据《周氏重修宗谱》记载，周佐是一个粗通文墨的读书人。他出身贫寒，先在河边造纸作坊当帮工，后来学到技术，开起自己的纸坊，也就有了积蓄，于是购田造宅。既然粗通文墨，做的又是"子孙事业"，周佐就得看"风水"了。他相信，阳宅风水好，就会财禄并进，添福添寿并荫及子孙，于是就选择了这个地方。

当然，如果摒弃风水理论中某些封建迷信成分，从科学的角度来认识，"风水"在本质上无非是追求一种人与自然和谐相处、与山林泉石野趣相融的氛围，亦即"天人合一"的高妙境界。在这里，天，即自然，包括自然天地间的山、水、泉、石、花、草、树和飞禽、走兽、虫鱼等。这种"天人合一"的思想反映在选址造宅方面，则表现为一条"依山傍水，坐北朝南"的原则。山为阳，水为阴，山水相依，阴阳相合，刚柔相济，山清水秀，即为上品风水宝地。

有专家认为，周家大院的山水地理形势，很符合"天人合一"理念。它的东、西、南三面山峰巍然耸立，却又不是孤立独峙，而是连亘不断、起伏蜿蜒，自然延伸通向天际。群山中，竹茂林密，青峰翠黛，一派生机。进、贤二水源出鸣水岭，分别流经大闻洞和龙洞，汇集山泉，渐成碧波，在村北迂回曲折，然后蜿蜒向西注入潇湘，经洞庭，到长江，入大海。水，不仅为这里增加了秀美和灵动，而且让这里充满了生命的活力。

也许是巧合，周佐自定居这里后，不仅家道更加殷实，而且"家势"一鸣惊人。三个儿子除了老二早夭外，另两个都有了功名，特别是老三周希圣中了进士，明朝天启四年，官至南京户部尚书。周家从此子孙繁盛，功名不绝，于是从"老院子"往外扩展，相继有了"尚书府第""翰林府"等"新院子"。

重视风水，这在中国的城镇、乡村乃至于私家宅院的营建中均是如此，可以说是世界建筑史上最为突出的"中国特色"，但按照北斗星的形式布局，则是极为罕见的，这又是周家大院在人居环境上的突出特色。当然，周家的子孙繁茂、功名不绝，从根本上说不是因为"风水"，而是因为良好的家教家风。今天的周家大院，已经成为家教家风培育基地，游客如果有心，就不难体察到。

（二）千年聚居上甘棠

聚族而居最为典型的古村落当是千年古村上甘棠。上甘棠位于江永县夏层铺镇。唐太和二年（828），周氏先祖率族人移居于此，至今已经1000多年。在漫长的岁月里，周氏一族从这里走出了载于族谱的101位七品以上的官员。儒学为宗，耕读传家，上甘棠绵延的文脉和周氏严谨的家风，使这一大族在僻远的湘南小镇长盛不衰。而这一族人经年累月苦心经营的村落代代相承、纵横有序，被喻为"千年古村"。

走近这一个古村，远远就能看到，横亘于村落后背的一线山岭，葱茏青翠，名为"翠屏山脉"。左侧一座石山叫昂山，右边的山头叫栖凤山。村落面前的一脉潺潺流水，即是谢沐河。按照堪舆学的说法，正是"左青龙、右白虎，后有靠山、前绕玉带"的风水宝地。尚未进村，就能感受到悠久岁月在这里积淀的深厚底蕴。村口溪桥边就伫立着一座古阁——文昌阁。此阁始建于明万历四十八年（1620），共三层，高20余米，宽9米，飞檐斗角，颇为壮观。曾经，阁楼的左侧有前芳寺，右侧有龙凤庵，还有云归观、戏台、围墙等建筑物，是古村综合性的公共文化场所。

横跨谢沐河的三拱石桥，叫作步瀛桥，始建于宋靖康元年（1126），距今800多年历史了。"海客谈瀛洲，烟涛微茫信难求"，李白难以"求"见的地方，上甘棠人"步"过此桥便能到达，真佩服他们的气魄，也彰显了周氏族人对自己美好家园的高度认同与自豪。

上甘棠古村落的建筑形制颇有特色。沿着谢沐河平行铺设村落的主干道，为村前通途。与主干道垂直，由河岸往后山方向延伸，共有九条次干道，为村落内部通道。上甘棠村周氏十族，就分别于次干道两旁布置住房，一族一个街区，既相对独立，又结合成整体。在主、次干道交叉处，建有各族系的门楼。自北往南依次建有九座门楼，故有"九家门楼十家厅"之称。现今保存下来的，还有一单门楼、四单门楼、五单门楼、九单门楼四座门楼，其他的门楼已不复存在。其中，四单和五单门楼是明代建筑，一单和九单门楼是清代建筑。或许是空间的节约利用，次干道相对逼窄，最窄的一条只能容一人通过，因此被称作"挤女巷"。但通向全村各个角落的道路都是用青石铺成，巷道旁的水沟也是用青石铺成，村内基本上没泥土路。不管是晴是雨，都可以脚不沾泥地穿行整个村落。

再看上甘棠房屋的造型，颇有湘南建筑风格，皆是楼房，排列严谨有序，屋顶马头墙千姿百态，争妍斗奇；房屋内部格局大都一样，两厢房一天井、四居房一正屋和楼房走廊。住屋的天井样式各不相同，特别是各户的栏杆、窗花更是造型各异、花样百出，雕刻奇花瑞兽，寓意福禄寿喜。严谨中求变化，趋同中求差异，庄重威严又活泼生动，反映出古代民间匠人高超的技艺和艺术水平。

上甘棠的最佳人文景观是月陂亭。这是村边古驿道上的一处天然石亭，由于地形奇特，依山傍水，与隔河的寺、楼、阁、台相映成景，不仅是过往行人的最佳休息之处，也是村里的乡土文人吟诗作赋的好地方。日积月累，最终成为一方镌录名言、记述要事的档案库。现存摩崖碑刻 27 块，其中唐代碑刻 1 块、宋代碑刻 5 块、元明清碑刻 20 块，无字碑 1 块。"月陂亭"三字，"镌于光绪三十二年"。《先贤嘉言事亲》碑，光绪三十年（1904）录，旨在劝人为善、劝人为孝，其诗云："出身恩重岂能忘，禽有慈鸟兽有羊，为子若还忘孝养，纵后人类是豺狼"。《颂彭公平瑶功德歌》撰于明洪武三年，其碑文为研究瑶族起义斗争史提供了不可多得的原始资料。《修建步瀛桥碑记》记录了修建这座古桥的时间和捐款人名，是关于这座石桥的真实史料。最为遒劲壮观、引人注目是"忠孝廉节"四字，每字横 1.3 米，高 1.8 米，为中国历史上的民族英雄、南宋名臣文天祥手迹，乾隆二十八年（1763）永明县正堂黄平、王士俊摹刻于此。还有一块碑，刻着"甘棠八景诗"："独石时耕景色明，甘棠晓读旧书声；山亭隐士敲棋局，清涧渔翁坐钓亭；西岭晴云浓复淡，昂山毓秀翠还清；龟山夕照纱笼晚，芳寺钟声对鹤鸣。"一句一景，清新淡雅。从这些景点所描述的意境中，我们不难体会到上甘棠人对这方山水的热爱和惬意，从而诗意地栖居于自己的家园——这是尤为值得现代人追忆的生活。

聚族而居本是中国的传统，但上甘棠村周氏族人在此延续 40 多代、1000 多年，一直保持村名不变、聚族形式不变，这在全省乃至全国实属罕见。这是中国乡村生活的范本，也是中华民族、中国文化具有顽强生命力的一个佐证。2007 年，上甘棠村被评为"中国历史文化名村"。

（三）秀水秀山文武兴

潇贺古道上的富川，虽是瑶族自治县，但中国传统文化底蕴深厚，古村落众多，尤其是秀水、秀山两个古村，犹如一对孪生兄弟，共同体现了中国传统文化的意蕴和精华。在富川当地有一种说法："北有秀水，南有秀山，秀水出状元，秀山出将军。"一水一山，一柔一刚，最终成就了一文一武。不管是偶然的巧合或是必然的规律，其最终结果的形成，总是大有渊源的。

广西富川瑶族自治县朝东镇的秀水村，既是广西名闻遐迩的旅游胜地，也是富川瑶乡享有盛名的状元村。秀水村坐落在潇贺古道的冯乘（富川）至谢沐关道的东南侧。统观秀水村毛氏宗祠的大门及各进士门楼，宽度皆为 1.25~1.55 米之间，这正是秦汉时车舆辕架的宽度，且门的两边皆立有车轮形的石鼓、半车轮形的石月，门框石槛也被做成古车架的样子。据《毛氏族谱》记载，先人之所以将宗祠大门、进士门楼做成舆辕的样子，便是要儿孙记住，祖先沿湘桂古道迁徙至此的不凡经历以及创业立寨的艰辛过程。还有状元坪前鹅卵石花街上的圆形图案，其真正的象征也是车轮，其寓意同样是为了告诉子孙迁徙及创业的艰难。因此，守护好一方家园，当是后世子孙不可推卸的责任。后世子孙谨遵祖训，耕读传家，不仅把这一方家园守护得山清水秀，从唐代开始，这里还走出了一大批状元、进士和举人。

当然，秀水村之所以出了那么多的状元、进士和举人，与潇贺古道也有一定的关系。秀水村作为潇贺古道上的一个中转站，不仅是货物流通从此经过，人才来往也在此停留。一些外地的秀才、举人沿古道到此任教，开阔了村人的视野；而村中的有识之士也沿古道外出求学、经商，同样拓宽了他们成才、创业的道路。因此，秀水人不仅是守护了一方家园，养护了一方家园，但又不囿于一方家园；也不仅仅是耕读传家，而是士农工商全面发展。

秀水村有一个十分奇特的"吉美孚"门楼，这在富川乃至贺州市也是极为少有的。门楼无瓦盖，呈半圆弧顶，白灰粉浆糊墙，洋气十足，门楼内街边的一些房子亦建成洋楼别墅的模样，直接嵌在粉墙上的"吉美孚"三个行书黑体字的门楼名称及形式，与村中"文魁""进士"等流檐盖瓦、烫金悬匾的门楼名称及形式大相径庭。据村中的老人介绍，他们这条街在明清时代曾出过一个习外文、会做生意的才子，在美国人开办的公司中做过洋务、当过买办，穿洋服用洋货曾风行过一阵子，村中的店铺还曾卖过洋布、洋油、洋火（火柴）等洋货。这可以说是"村中办洋务"的先驱，也可证明秀水人的眼光确实不一般。由此可见，秀水村不同于一般的传统古村落，它以农耕文明为根基，同时兼具开放的商业文明眼光。

"秀水出状元，秀山出将军"。与秀水村堪称孪生兄弟的秀山村，位于广西富川县古城镇，比邻富川火车站。该村始建于元末明初（1308—1398），村中大姓源自唐代（695）沿着潇贺古道从山东迁徙至富川古城镇居住的胡氏一族。走进秀山村，这里重峦叠嶂，美石林立，树木葱郁，田园毓秀，山清水秀，风光旖旎。村后龙山上有一处喀斯特地貌形成的天然大溶洞。村头的龙潭山脚下涌出的一泓清泉，从村中蜿蜒流过。绿水青山交相辉映，构成了一幅秀美的田园画卷。

秀山村的胡氏族人同样是耕读传家，人才辈出。据村中族谱记载，清道光年间曾有进士及第 2 人，且是文武并举；近代更有贺州唯一的国军中将胡天乐。村中"自求多福"的门联即为胡天乐将军于 1932 年回乡省亲时所书，还斥巨资兴建了府邸。府邸占地 1400 平方米，建筑面积 3000 平方米。功能布局为将军主仆房、军政办公楼、警卫护卫区、家眷住宿区、童仆住宿区。格局严谨、防御科学，与民家围屋一起构建起一座进可攻、居可守的民居式坚实堡垒。

坐落于村子中央的民家围屋，始建于清乾隆年间，距今已有 300 多年。围屋占地 4000 多平方米，建筑面积 6000 多平方米，可供 10 多户人家居住。围屋中，方石砌墙，并有精美石雕，门窗的木雕则更为精美。围屋内有花园，四角有炮楼。这是富川历史上古村落中集家居、军防、休闲于一体的房屋建筑，可与贺州八步区莲塘镇仁冲村的客家围屋相媲美，而其花园的布局则又有独到之处。

选择绿水青山的环境营建村落，这是中国建筑史上风水理论的精华；由"山水哲学"所凝成的"刚柔相济"理念，则是中国传统文化的精髓；"文武兼备"则无论是从国家治理或个人才能方面说，都是为之努力奋斗的理想目标。秀山、秀水两个古村落，或许在不经意间就将这些深刻的内涵揭示出来了。慢慢地品读两个古村，或许会带给游客意想不到的收获。

第十一章
寻根祭祖之旅

自从20世纪70年代美国作家哈利出版长篇小说《根》之后，在全世界的范围内，引发了一场文学寻根、文化寻根的热潮。中国文化的"根脉"源远流长，中华民族又是最重视自己"根脉"的民族。在世界"寻根热"的影响下，首先是海外华人华侨的"寻根"，然后是香港、台湾同胞，最后在大陆形成高潮。时至今日，这股高潮仍然是有增无减；但有所不同的是，中华民族的"寻根"，往往是与"祭祖"联系在一起的，特别是对"人文始祖"的追寻与祭拜，乃是中华民族的共同心愿。湘漓文化带上，有三位"人文始祖"的陵寝，这是引导"寻根祭祖之旅"最优质的人文资源。

一、祭炎帝与神农文化圈

对炎帝的祭祀遍及海内外，但真正形成规模的，则是炎帝部族迁徙过程中曾经停留过较长时间的地方，亦即有"炎帝陵"所在的地方，如陕西宝鸡、山西高平、湖北随州、湖南株洲等。

（一）祭祀定制：一年一小祭

目前，湘、鄂、陕、晋等省份对炎帝的祭祀，不仅形成了规模，而且形成了定制，就官方祭祀来说，基本上是每年一小祭，3年一大祭。民间自发的祭祀则难以统计。这里仅以2019年为例进行分析。

2019年对炎帝的祭祀，按照时间的顺序排列，最早是从山西高平开始：1月

24 日上午，高平首届民间（戊戌年）腊月神农炎帝祭祀仪式在炎帝陵隆重举行。高平市炎帝文化研究会携 41 座炎帝宫庙信徒，代表高平 50 万后昆子孙，举行首次腊祭，同拜人文始祖神农炎帝，共祈中华民族伟大复兴。9 时 30 分，在庄重的祭祀乐中，高平市炎帝文化研究会会长米东明持"祭灯"来到炎帝大殿前挂灯，41 座炎帝宫庙信徒向神农炎帝献祭。米东明会长携同神农镇党委政府、市文联、市教育局、科兴文旅公司等向神农炎帝上香并行鞠躬礼；全体腊祭人员向神农炎帝行三拜九叩之礼。庄严虔诚的腊祭仪式，颂扬了神农炎帝开启文明、奠基华夏的丰功伟绩，表达了中华儿女传承和发展炎帝文化，致力中华民族伟大复兴的宏愿和决心。这应该是民间与官方共祭，炎帝文化研究会只能代表民间，镇政府代表官方。也可以说是最低层次的半官方祭祀。

接着是湖北随州神农架的祭祀：5 月 30 日上午，己亥年华夏始祖炎帝祭祀大典在神农架神农坛景区举行，来自湖南、重庆、上海、广东、河南、陕西、山东等十余个省市的嘉宾及媒体朋友千余人参加祭祀大典。此次祭祀活动由湖北神农文化旅游有限公司主办，神农架梆鼓演艺有限公司、神农架旅游分公司共同承办。上午 9 点 09 分，迎着细雨，祭祀大典在鼓乐声中开始。敬献三牲、五谷、鲜花、时果……工作人员入场，主祭人恭读祭文，民众祭拜，祈福风调雨顺、国泰民安。每年的祭祀活动，神农架也在不断寻求创新。与以往祭祀有所不同，本次活动还融入了赏高山杜鹃、采云雾好茶、看非遗表演、享篝火晚会等旅游体验项目，整个活动将持续一周。神农架文化和旅游局局长刘生策介绍说："一年一度炎帝祭祀，已成为神农架的特色文化品牌旅游项目。祭祀活动为神农架旅游业发展赋予了丰富的文化内涵，提升了神农架的文化竞争力。"这是纯粹的民间祭祀，因为由旅游公司主办，所以旅游气氛更浓。

然后是陕西宝鸡的祭祀：8 月 7 日，农历七月初七，相传是中华始祖炎帝的忌日，当日，阳光下的炎帝陵，绿叶娇翠，芳草如茵。炎帝大殿前，幡旗招展，鼓乐齐鸣。上午 9 时 50 分，在优雅的颂乐声中，各界代表及礼宾队依次步入炎帝大殿广场，向炎帝坐像献花篮、燃高香、祭三牲、奉美酒，表达中华儿女对始祖炎帝的无限追思，并祈愿祖国和谐昌盛、百业兴旺、风调雨顺、国泰民安。宝鸡市炎帝文化研究会会长霍彦儒恭读祭文，追思炎帝的丰功伟绩，表达中华儿女携手奋进、同创盛世的共同心声。宝鸡市民族宗教和港澳侨台外事委员会、市文化和旅游局、市文物局、宝鸡炎帝与周秦文化研究会、宝鸡市非遗保护中心、渭滨区政府相关部门、区侨办、区工商联等单位及各界商会以及神农镇民众近千人参加典礼。本次祭祀大典既起到了弘扬民间祭祀文化，突出"丝路寻根，全球华人老家，打造中华民族共同精神家园"这一主题的作用，同时通过讲"炎帝故事"，彰显人文始祖炎帝亲民、创新、精诚的精神传扬。这种祭祀形式与高平相一致，但规模和档次更高一些。因为是研究会主祭，所以文化气氛更浓一些。

本年度的压轴大戏是湖南株洲炎帝陵的祭祀：10月13日上午，以"两岸同始祖，中华一家亲"为主题的己亥年海峡两岸炎帝陵祭祀大典在炎帝陵隆重举行，来自海峡两岸的各界嘉宾5000余人参加，共同缅怀始祖功德，祈愿伟大祖国繁荣昌盛，中华民族伟大复兴，两岸人民幸福吉祥。中华神农大帝协进会理事长游炎川恭读《祭炎帝文》，表达海峡两岸同一个祖先血浓于水，共同弘扬中华民族传统文化，共推两岸心灵契合的深厚感情。这是海峡两岸的联合祭祀，也是多个政党的联合祭祀，在中华民族共同的祖先面前，一切政治成见都可以摒弃，更重要的是要强化共同的民族心理认同，这也是炎帝祭祀所要达到的最根本的目的。

(二) 祭祀规模：三年一大祭

大规模的祭祀，往往是每3年或5年举办一次，这里以陕西、湖南、湖北为例。

2009年9月19日，陕西省宝鸡市举办了"己丑年全球华人祭祀炎帝大典"，表达对始祖炎帝的追思缅怀之情和共铸民族精神、谱写华夏新篇章的豪迈情怀。当天的一场秋雨，将炎帝故里润泽得分外秀丽。巍巍秦岭云雾遮绕，松柏滴翠的常羊山犹如一幅美丽的山水画卷，在秋雨中更显庄严肃穆。山顶炎帝陵祭祀广场上，国家、省、市领导，全球华人代表以及各界民众共8000余人齐聚于此，怀着无比虔诚的赤子之心，省亲祭祖、认祖归宗。

当天9时50分，祭祀炎帝大典正式开始。主祭人手持火种缓步登上圣火台，点燃己丑年全球华人省亲祭祖大会圣火。祭祀台周围立刻焰火飞舞，熊熊圣火追溯着中华大地五千年历史，展示着现代文明之光。当主持人宣布"酒祭"开始后，酒家从祭酒大坛中开坛取酒，盛入酒爵，开始"敬天、敬地、敬炎帝"，深切表达出中华儿女对炎帝始祖的缅怀之情。

世界华人协会会长程万琦表示，宝鸡是人文始祖炎帝的诞生地、华人老家，这里演绎了许多历史典故，成为中华民族的文化之源、文明之根。世界华人代表永远不会忘记自己的根在中国、在宝鸡，我们要在缅怀共同祖先的同时，积极为中华民族的复兴做出贡献。从官方祭祀的级别说，参祭领导有副国级、省级、副省级和市级，但担任主祭的是市级领导，所以只能说是宝鸡市的"市祭"。

相对来说，湖南省的级别更高一点，已经上升到"省祭"的层面。2017年9月27日，丁酉年"祭祀炎帝陵"典礼在中华民族始祖炎帝神农氏陵寝圣地——湖南省株洲市炎陵县炎帝陵举行。本次典礼活动由湖南省人民政府主办，株洲市人民政府及炎陵县承办，中共湖南省委副书记、省长许达哲担任主祭人，湖南省领导李友志、欧阳斌、赖明勇、许凤元等人参祭，湖南省炎帝陵基金会理事长石玉珍，中华炎黄文化研究会常务副会长张补旺等敬献花篮，省内外各界人士代表及现场群众4000余人参加祭祀典礼。此前，杜家毫、徐守盛、周强等领导在担任湖南省省长期间，都曾作为主祭人祭祀过炎帝陵。

炎帝陵祭典分为官方祭祀和民间祭祀两种。民间祭祀历代以来香火鼎盛，绵绵不绝，延续至今。最早有记载的官方祭祀活动在宋乾德五年（967），宋太祖诏命"建庙陵前，肖像而祀"，随之遣官诣陵致祭，并"三岁一举，率以为常"。此后，元、明、清各代祭祀活动从未间断，明代达15次，清代达38次。在漫长的历史进程中，"炎帝陵祭典"已成为一个涵盖音乐、舞蹈、文学、艺术等多领域的综合性文化载体。2006年"炎帝陵祭典"入选国家首批非物质文化遗产名录；2012年获评"全球最具影响力的十大根亲文化盛事"。

就目前炎帝陵的祭祀情况看，层次最高的当属湖北随州。2018年6月10日，农历四月廿六是炎帝华诞，"戊戌年世界华人炎帝故里寻根节暨拜谒炎帝神农大典"在随州隆重举行，来自海内外的各界嘉宾齐聚烈山，共拜始祖炎帝神农，祈福中华大地。

全国政协副主席刘奇葆宣布，戊戌年世界华人炎帝故里寻根节暨拜谒炎帝神农大典开幕。顾秀莲、蒋超良恭启圣门。中国航天科技集团公司特级技师崔蕴，中铁第四勘察设计院集团有限公司设备处总工程师邱绍峰，全国劳模、武汉机械工艺研究所编钟制造师刘佑年，全国"五一"劳动奖章获得者、港珠澳大桥建设者孙建波，共同点燃圣火。在庄重的音乐中，出席大典的领导向炎帝神农敬献花篮。港澳台同胞、海外华人华侨代表，以及来自文化、宗教、企业等领域嘉宾敬献高香。56个民族代表共同恭读《颂炎帝文》，与会嘉宾全体肃立，行施拜礼，共拜始祖。在《炎帝大歌》和《中国新时代》的歌声中，五千年文明的不灭薪火延续着中华儿女的感恩和信仰，炎帝始祖的千秋功德凝聚起民族复兴的伟大力量。

此次大典由国务院台湾事务办公室、中国文学艺术界联合会、中华全国归国华侨联合会、中华炎黄文化研究会和湖北省政府联合主办，主题为"四海一家亲、共圆中国梦"。作为国家祭祀大典，以"寻根节"为名举办这样的祭典已经是第十年，现在已经成为中华民族的文化盛会、共同的精神洗礼。

（三）湘漓优势：稻作之源与稻神崇拜

炎帝不是某一个人，而是上古"三皇"的一个称号。这个称号被炎帝部落集团的最高酋长所继承，传了一代又一代（据说传有八代，或言十七代、七十代），所以炎帝部落在迁移的过程中，凡是停留时间较长的地方，都有炎帝陵，也都可以说是炎帝故里。所以宝鸡、随州、株洲三地大规模地祭祀炎帝都是应该的、合理的。但湘漓文化带的优势在于，这里是稻作之源所在地，不仅有世界上最早的栽培稻，还有最早的稻田。尤为重要的是，这里不仅有古华夏人的神农崇拜，还有古骆越人的稻神崇拜。

其一，以炎帝陵为起点，与道县玉蟾岩最早栽培稻相联结，形成湘漓文化带东部神农文化圈。以株洲炎帝陵为起点往南，到衡阳有耒水，相传是神农炎帝在此发明了"耒"，故叫"耒水"。唐代司马贞《补史记三皇本纪》载："炎帝神农氏……斫木为耜，揉木为耒，耒耜之用，以教万人，始教耕，故号神农氏。"有了"耒"的创制，才有耜、耨、耥、耙等农具的出现，继而有"耕种"的农耕出现，进而才有了数千年的农耕文明。因此，耒的创制，实为数千年中华文明历史上最伟大的发明。溯耒水再往南，到郴州有嘉禾县。《桂阳州志》载："天降嘉谷，神农拾之，教耕于骑田岭之北，其地曰禾仓，后以置县。" 嘉禾县，古称"禾仓堡"，清代李元度重修《南岳志》卷十引《湘衡稽古》载："今桂阳县北有洭江，其阳有嘉禾县。相传炎帝之世，天降嘉禾，帝拾之以教耕，以其地为禾仓。后置县，因名嘉禾。"古人不了解水稻的人工栽培是如何开始的，所以只能以神话的方式将功劳归之于神农，而这种牵强附会的解释恰好也暗含了一定的科学性，玉蟾岩考古发现的最早栽培稻，说明南岭以北的广大区域包括"嘉禾"在内，曾经确实是水稻栽培最早的地方。

其二，以常德澧县城头山古城遗址及最早稻田为起点，与怀化洪江高庙遗址相连接，形成湘漓文化带西部泛神农文化圈。炎帝神农氏别号烈山氏，传说曾建立了厉山国。《礼记·祭法》载："是故厉山氏之有天下也，其子曰农，能殖百谷；夏之衰也，周弃继之，故祀以为稷。"东汉郑玄注曰："厉山氏，炎帝也。起于厉山，或曰烈山氏。"可见烈山氏就是炎帝，因"起于厉山"，所以也称厉山氏。另据《读史方舆纪要》载："澧水，州南三里，源出慈利西之厉山，东流会淡水，又东经石门县会溇水，又东至州城下，州北七十里之涔水，州东二十五里之澹水，俱流合焉，下流入于洞庭。"有人考证，烈、厉、澧、醴相通，今湖南西有澧县，东有醴陵市，皆属古长沙境。《南岳志·前献》引王万澍曰："（炎帝）（神农）都长沙凡七代。"这里所说的长沙，应该是一个大致的范围，常德澧县也应当包括在内，澧县城头山古城遗址，就有可能是厉山国亦即神农烈山氏的都城，因为城头山古城存在的时间从距今 6300~4000 年，存续时间长达 2300 年，正与炎帝的年代相交合。洪江高庙遗址，距今约 7800 年，正处于狩猎采集转向农耕的过渡时期，这里出土的"凤鸟"尤其是"獠牙农神像"构图模式，其影响波及了全中国的农耕地区，如良渚文化、大汶口文化、龙山文化、中原的仰韶文化、中原的青铜文化、四川的三星堆青铜文化、江西的新干青铜文化等，今天在五溪地区少数民族用于祭神仪式的傩面具图案，其中兽面獠牙的构图方式竟然与 7000 多年前的"獠牙农神像"惊人地相似，可见古老的习俗仍保留在该地区。因此，这里的"农神"崇拜，也可以说是"泛神农文化圈"。

其三，以神农文化圈为起点，与广西隆安稻神山遗址相连接，形成湘漓文化带南部"泛神农-峁娅文化圈"。隆安县以乔建镇儒浩村稻神山为中心的祭祀遗址群是古骆越人最大的稻作文化祭祀遗址群。稻神山壮语叫峁娅。从附近的高山顶上看，稻神山就像一个张开双手双脚在大地上奔走的巨大女人像，人头、四肢、身子无不俱全。从侧面看，稻神山就像一个躺着的老年妇人。正因为稻神山像一个镶嵌在大地上的巨大女人像，故而古骆越人把她当作稻神来祭祀，在她的"面前"建造了一个个祭祀坛和祭祀雕塑，留下了密如星斗的大石铲祭祀坑，使以稻神山为中心的地域成为我国罕见的远古稻作文化祭祀大观园。这些祭祀坑，年代距今 6000~5000 年，正是农耕文明走向成熟的时代。根据隆安县关于稻作起源的传说：远古先民以野果为生，常常食不果腹，鸟部落女始祖娅王发现了野生稻，栽培了一种糯米稻并广泛传授给人们，解决了吃饭的大问题。为感谢娅王，人们尊她为"稻神"。稻神娅王来源于鸟部落，因而其形象是鸟头人面，这与泛神农文化圈的鸟崇拜恰好一致。古骆越人及其后裔壮侗语民族还传承了以纪念稻作始祖和稻谷生长为主要内容的民间习俗，如"请稻神"，农历六月初六是稻神娅王的生日，也是禾苗的生日，要在田边摆上鸡、羊头、猪肉、鱼、米酒等供品，请师公做法事，恭请稻神降临享受供品，并驱邪祈福。与此相联系的是"招稻魂"和"驱田鬼"，师公用青绿色的芦苇绑上一条纸幡，插在稻田中间，以招请稻魂回来，让禾苗长得像芦苇一样粗壮；在水稻扬花季节，要请法师身穿法袍，戴傩面，手执铁剑、铃铛等法器，沿田埂巡游，驱走田鬼，以保证禾苗壮实结穗。这样的民间习俗，在今天的壮侗语民族中仍有存在。这里的"稻神"崇拜，其神灵虽有所不同，但从本质上说都是"神农"崇拜，因而可以合为整体看待，称之为"泛神农—峁娅"文化圈。

在始祖崇拜和农神崇拜的双重作用下，引导人们开展寻根祭祖之旅和农耕文化体验之旅，这无疑是最为丰富、优质的资源，具有广阔的旅游开发前景。

二、祭蚩尤与梅山文化圈

蚩尤的地位，在中国历史上似乎有点尴尬，按说他与炎帝、黄帝同时代，地位与他们相当。但因在与黄帝相争的过程中一败再败，以成败论英雄，他的地位便一落千丈。因此，历朝历代对炎帝和黄帝都有官方的祭祀，对他却没有；另一方面，民间对他的祭祀却又遍及大江南北，说明他的后裔繁多，故而在民间的影响广泛。

(一) 向西南收缩的蚩尤崇拜

蚩尤部族为九黎,有"兄弟八十一人",说明其部族众多,而且对蚩尤极为崇拜。蚩尤战败,其部族被打散,不管是融入华夏集团还是与华夏集团为敌的,都仍然以蚩尤为始祖并一直礼祀不断。数千年来,北至河北涿鹿,西至山西太原,东至山东东平,南至湘桂黔川渝,在如此广大的区域,关于蚩尤的传说和祭祀的风俗经久不衰。在民间能有如此广泛而又深远影响的,即使是炎帝和黄帝,恐怕也不能及。与此相联系的是对"蚩尤故里"之名的认可乃至争夺,凡祭祀蚩尤的地方,几乎都说是"蚩尤故里"。按照《左传》的说法:"神不歆非类,民不祀非族。"凡祭祀蚩尤的地方,应该都有蚩尤的后裔,从广义上说,有后裔就可以延续蚩尤的"香火",蚩尤的神灵就有"归宿",因而就可以称之为"蚩尤故里"。但毕竟不能说是蚩尤的出生地,所以从严格意义上说,这些地方只能有一个是"蚩尤故里"。

当然,究竟是不是真正的蚩尤故里或许并不重要,重要的是对蚩尤的崇拜和祭祀。蚩尤被杀之后,其余部一路败退,最终进入西南山区,因不愿与华夏人相融合,其民族身份从九黎变为三苗,再变为南蛮;南蛮再分化为苗、瑶、畲等少数民族。今天,分布于西南地区的苗、瑶等民族仍然以蚩尤为始祖,因而在西南地区对蚩尤的崇拜和祭祀更浓烈一些,如贵州丹寨县、重庆彭水县的祭蚩尤活动,是其中较有影响的。

2019年12月4日,一年一度的蚩尤祭祀大典在贵州丹寨县扬武镇的传统古村落扬颂苗寨举行。该县内八大支系的苗族同胞汇聚在扬颂苗寨的祭尤坛上,共同祭祀苗族始祖蚩尤。每年农历十月的第二个丑日为蚩尤祭日,丹寨县腊尧、扬颂等苗寨,家家户户先进行"家祭",随后全村齐聚"蚩尤祠"进行公祭,以古老的传统仪式祭祀苗族始祖蚩尤,祈求始祖保佑来年风调雨顺、五谷丰登。

重庆彭水县的祭典规模更大。2020年4月30日上午,"庚子年蚩尤祭祀大典"在彭水蚩尤九黎城举行,这是彭水蚩尤九黎城举行的第六次民间祭祀蚩尤活动,当地部分苗族代表参加了祭祀活动。祭祀仪式分为九大方阵,分别是狩猎方阵、五谷方阵、冶铜方阵、俑兵方阵、制盐方阵、百艺方阵、巫傩方阵、驯兽方阵和法典方阵,每个方阵均有9位代表,9个方阵共81人,代表九黎部落81位氏族兄弟。同时,这九大方阵也代表了蚩尤在中国历史上所做出的贡献。

彭水苗族土家族自治县,位于重庆市东南部,有苗族、土家族、蒙古族、侗族等34个少数民族,全县总人口70多万人,其中苗族约33万人,是重庆市唯一以苗族为主的少数民族自治县,被誉为"世界苗乡"。

尤为重要的是,彭水特意打造了一个蚩尤九黎城。蚩尤九黎城位于重庆市彭水县绍庆街道与靛水街道结合部的亭子坝，东经摩围山隧道与彭水老城区相连，南接彭水新城，北至乌江并与湘渝高速下线互通。总建筑面积 11 万平方米。该城整体布局以中华三祖之一的蚩尤为主线，集苗族建筑、苗族文化、旅游服务、游客接待于一体，是展示、传承苗族文化的窗口和基地。城内有 40 余个单体景点，包含三项世界之最：有世界建筑史上唯一的九进门庭九道门；世界上雕刻人物形象最多的少数民族图腾柱九黎神柱；世界上最大的单体吊脚楼群九黎宫。每年的农历四月初八，彭水蚩尤九黎城都会举行民间祭祀蚩尤活动。

蚩尤九黎城是中国最大的苗族传统建筑群，主要建筑包括标志门楼、九道门、九黎宫、九黎部落、北斗七星、苗王府、蚩尤大殿、禹王宫、善堂、盘瓠大殿、百苗长廊、九黎神柱、艺武场、百戏楼、游客服务中心、购物长廊、美食一条街等。九黎神柱是目前世界上高度最高、直径最大、雕刻神像最多的苗族图腾柱；九黎宫是世界最高最大的吊脚楼建筑体，世界最大的四合院建筑体，最奇特的楼中楼阁与楼中殿堂建筑集群；九道门是目前世界上建有最多朝门的苗族建筑景观。该城继承和延续了苗族历史文化、民俗风情，重现了"九黎之城"历史风貌，彰显了苗族文化的厚重和丰富的内涵，是展示和传承苗族文化的窗口和基地，现已成为彭水最闪亮的城市名片、旅游名片，也是渝东南乃至湘鄂川黔渝边区旅游廊道上的璀璨明珠。

彭水蚩尤九黎城是国家 AAAA 级旅游景区、国家级海峡两岸交流基地、第二届海南岛国际电影节优质影视取景地、重庆市中小学社会教育实践基地。2017 年，荣获"重庆旅游·年度十大旅游目的地"之称。2018 年，位列"中国品牌旅游景区 TOP20"。

或许，将"寻根祭祖之旅"转化为优质、持久的"旅游目的地"，彭水蚩尤九黎城可以成为一个范例。

(二) 化外之域的蚩尤领地

在湖南中西部，有一块特殊的"旧不与中国通"的"化外之域"，很有可能是蚩尤余部最后坚守的领地，这就是梅山峒蛮所在地。据《宋史·梅山蛮传》记载："梅山峒蛮，旧不与中国通。其地东接潭，南接邵，西则辰，北则鼎、澧，而梅山居其中。"亦即以梅山为中心的梅山峒蛮，其地东接潭州（今湖南长沙），南接邵阳，西接沅陵辰溪，北接常德鼎城、澧县，主要泛指资江流域，土地面积近 5 万平方千米，包括新化、安化、隆回，以及桃江、溆浦等县市，冷水江市、涟源市等部分地区，又称大梅山。这一地区因为"旧不与中国通"，曾长久地保持着氏族社会的形态，一直处于"无君主、无战乱、无徭役"的世外桃源状态。据历史学家陈寅恪考证，陶渊明原籍邵阳，奚族人。另据江西彭泽县文化馆所存《定山陶氏族谱》载："一世陶侃公，居饶州邵阳……三世敢公，由邵阳迁居柴桑；四世渊明公……"这说明陶渊明的祖辈就生活在大梅山的边缘，而曾祖陶侃还做过荆州刺史，管辖范围也到了梅山峒蛮的边缘，无论是从居住地或是从地方治理的角度说，陶侃对梅山峒蛮的生活状况应该都会有深切的了解。因此，《桃花源记》所描述的"武陵人"所见到的生活状况，或许就是陶渊明以陶侃等祖辈口述的故事为原型，再经自己的想象加工而成的"梅山记忆"。

梅山峒"旧不与中国通"，那么"新与中国通"于何时呢？宋神宗熙宁五年（1072），梅山峒主扶汉阳带兵打长沙，结果兵败被杀。继任的峒主苏甘迫于形势，主动献图"开梅"。朝廷派蔡煜、章惇"开梅"置县，取"新归王化"和"人安德化"之意置新化、安化两县。从此之后，历代封建统治者有意往这里移民，梅山峒地区逐渐成为汉、苗、瑶、土家等多民族杂居之地。

梅山峒地区何以能长久保持自己的独立性而"不与中国通"？这恐怕与黄帝"登熊湘"有关系。《史记·封禅书》载：黄帝"南伐至于昭陵，登熊山"。《五帝本纪》载：黄帝"南至于江，登熊、湘"。昭陵即今天的邵阳；熊山，有说是今天新化境内的大熊山，也有说是今天安化境内的熊耳山。究竟是那个熊山不重要，重要的是黄帝确实到过梅山峒地区。这里有一个信息值得特别注意：黄帝一路追杀蚩尤的余部，已经"南伐"到了梅山峒的边缘邵阳，但到熊山却不是"伐"而是"登"，说明黄帝与蚩尤余部达成了和解，允许他们在这里相对独立"自治"。或许是因为这里是蚩尤部族的最后一块"故地"，黄帝不忍心再把他们赶走，于是达成了和解。否则，就很难解释蚩尤余部何以能在梅山峒这一弹丸之地坚守几千年而"不与中国通"。这不仅说明黄帝准许他们"自治"，后来的历朝历代也认可了这一现状，承认他们的"自治"。例如在两汉时期，就在梅山峒地区设置了全国首批少数民族自治区，而峒区内也相应设置了"五路九溪十八洞"的军政体制。在朝廷的文献中则称之为长沙蛮、武陵蛮，或分称为黔中蛮、益阳蛮等。到了南北朝时期，在长沙蛮、武陵蛮、五溪蛮之间出现了"莫徭"的新族称，意即"不服徭役的人"，这是首次从朝廷的角度来称呼这一批"蛮人"。隋唐之际，先楚时由"荆蛮"分支建立吴国的"润州梅山人"投奔"莫徭"，并因"荆蛮"情结使大部分"莫徭"改称"梅山蛮"，重新分设"九溪十八洞"，形成一个国中之"国"。一直到宋代"开梅"，在梅山峒设县，国中之"国"才被打破。尤其是明代，因朝廷采取"江西填湖广，湖广填四川"的移民政策，大量"江西老表"迁入。根据谭其骧的研究，迁入湖南北部的家族中，江西移民占60%左右，中部有80%，而西部只有40%。可见湖南中部的梅山峒地区，绝大部分人口已经是"外来户"。至此，"梅山蛮"被彻底拆散，新化、安化才真正成为"化内之民"。

梅山蛮被拆散，梅山峒被完全同化，但梅山文化的精神并没有消失，它一直在影响着湖南人，并成为湖湘文化的精神内核。梅山峒人在逆境中求生存，越是逆境越奋发，影响到湖南人就是"吃得苦，霸得蛮""扎硬寨，打死战"。19 至 20 世纪正是中华民族处于灾难深重的逆境之时，也正是湖南人最为奋发有为之时，出现了一大批军政人才；而在当今的和平年代，湖南人的奋发有为就要逊色许多。这种对比，更可见出湖南人及湖湘文化的突出特色。

（三）梅山文化圈的特色优势

所谓"梅山文化圈"，从狭义上理解是指梅山峒地区，亦即主要是资江流域。但因梅山文化是以蚩尤崇拜为基础的，如果从泛梅山文化圈的角度说，则包括湖南、广西、贵州、云南、重庆、四川等整个大西南。这里仅分析湘漓文化带周边的梅山文化圈之特色优势及其在文化旅游中的价值。

梅山武术　梅山武术源于始祖蚩尤，主要成型于恶劣的自然环境和战事频繁的社会环境中。几千年来，梅山先民对内与山中猛兽搏斗，对外抵抗官兵围困，从而形成了以军事格杀型、实战性强的梅山武术。梅山武术有其不同于其他流派的独特风格，在形式上保留着古老的传统。其功法独特，攻击性强，无虚架花招，套路繁多、短小；手法勇猛刚烈，灵活多变，攻守自如，多拳法，善用掌，少腿法，下盘扎实，步法稳健。梅山武术有其独特的器械，有闯耙、铁尺、齐眉棍，有日常生活用具条凳、方桌、长烟筒、雨伞等。梅山武术中最具特色的器械是闯耙，标准的梅山闯耙外形呈"山"字形，"山"字形下有一铁环，合起来寓意为"蚩"。梅山人对闯耙十分珍重，当地还流传有《闯耙谣》："跟着蚩尤大将军，威风凛凛出山林，弓弩刀戟铜头顶，雨雪风霜铁额迎。手执闯耙闯天下，脚踩定盘定乾坤，踏平世间不平路，诛尽人间无道人……"可见，闯耙不仅是一件既朴实又宝贵的兵器，而且是梅山武术的精神象征。2014 年，"梅山武术"已被列入第四批国家级非物质文化遗产名录。湖南新化作为"梅山武术"的发源地，是闻名遐迩的全国武术之乡。他们每两年举办一届"梅山武术节"，到 2019 年已经成功举办了三届，在全国武术界已经产生广泛的影响。如果能够与祭蚩尤活动结合起来，其影响力当会更大，影响面会更宽。

梅山傩戏　梅山傩戏是大梅山地区传统民间举行祭祖、祈福、求子、驱邪等傩事活动时演出的娱神和自娱戏剧。在梅山地区已流传数千年，主要由本土土著巫傩师以家传和师传两系传承至今。该戏是记录千百年来湘中历史、文化、艺术、宗教演化过程的活性载体；是民族学、社会学、民俗学、戏剧发生学、戏剧形态学和湖湘文化研究等诸多学科宝贵的信息源。因其极其珍贵的学术价值，中国民间文艺家协会于 2006 年在冷水江市设立了"中国蚩尤文化保护基地"；2007 年，中国傩戏研究会在此设立了"傩文化研究基地"。2007 年 9 月，中国艺术研究院选调《开坛傩礼》和《搬锯匠》两个傩戏剧目，作为"2007 北京中日文化交流会"开幕式中方演出节目,演出大获成功,被中外媒体誉为"中国民间戏剧的奇葩""真正古老的中国民间傩戏"。2010 年,梅山傩戏受邀赴美国威斯康星大学访问演出,深得好评。2011 年,梅山傩戏入选国家级非物质文化遗产名录。依托于"蚩尤文化"而又独具特色的梅山傩戏,不仅具有极其珍贵的学术价值,更具有文化旅游的经济价值。如能以寻根祭祖的"蚩尤节"为引领,将武术与傩戏结合起来,应当具有广阔的开发前景。

祭蚩尤与铜鼓舞 在广西大化的布努瑶中,每年农历三月三有一个祭蚩尤活动。布努瑶自认为是蚩尤的直系子孙。每年三月初二,家家户户都要采集枫树枝叶,蒸黑糯饭;三月初三,各家门口都要插上枫树枝叶避灾。然后带上黑糯饭、红鸡蛋,到岭上搭布棚,设"蚩尤坛",摆上各种供品,跳"铜鼓舞",唱"祭祀歌"。布努瑶的"铜鼓舞"很有特色,而且与"梅山蛮"有点渊源。关于铜鼓的来历,史书称是僚人所造。"僚人"之名,汉以前未见,始见于晋张华《博物志》:"谓荆州极西南界至蜀,诸民曰僚子"。《僚传》载:"僚者,盖南蛮之别种。自汉中达于邛、笮川洞之间,所在皆有,种类甚多,散居山谷。"说明僚人是"南蛮"的一个分支,而且分布面较广。大约在隋唐之际,僚人迁入武陵,称五溪僚。《溪蛮丛笑》则在"五溪蛮"的统称之下再分而称之:"环四封而居者有五:曰苗、曰瑶、曰僚、曰㰤、曰仡佬。"僚人冶铜技术很高,《北史·僚传》载:"铸铜器,大口宽腹,名曰铜爨,既薄且轻,易于熟食。"而且还"铸铜为大鼓""着斑布,击铜鼓"。铜鼓是我国古代南方壮、瑶、苗等少数民族最具代表性的打击乐器,被誉为铜鼓文化的"活化石";铜鼓更是布努瑶民的通神法器、权力重器、娱人乐器、指挥响器,同时也是镇寨之宝物、避邪之神物。铜鼓舞是布努瑶民间舞蹈的一个代表性作品,除三月三祭蚩尤要跳之外,每逢春节和农历五月廿九日祝著节等重大节日,也要跳铜鼓舞,以示怀念先祖的恩德。铜鼓舞多为集体舞,人数 8~16 人,开始时将一面皮鼓夹放在两面铜鼓的中间,敲打铜鼓者右手各握大槌打鼓面,左手各握筷子敲打鼓耳或鼓边,而敲打皮鼓者合着铜鼓鼓点,挥舞着大槌尽情灵活地敲打着鼓面和鼓边。铜鼓时而正击,时而背击,时而翻击,时而俯击,等等,鼓声飞扬悠远,节奏明快紧凑,鼓点铿锵谐调,悦耳动听。而跳舞者身穿节日盛装,伴随着激昂的铜鼓声,双手举起斗笠扬起花巾,踏着鼓声的节拍,左闪右跑跳起古老的舞蹈,时而围成圆圈,时而排成一行,时而交错舞步,队列巧妙多变,舞姿刚健有力,舞蹈动作象征着耕作、狩猎以及与自然做斗争的情景。那雄浑的鼓声,密集的鼓点,优美的舞姿,交相辉映,像磁铁般深深地吸引着观众,让人看到了生命的张力和艺术之美,也使人感受到布努瑶"铜鼓文化"的绚丽与魅力。铜鼓舞还可以邀请观众参与,田间地头都可以跳,很便于开发为旅游资源。

瑶族蚩尤舞 瑶族蚩尤舞是瑶民们为歌颂和纪念先祖蚩尤的丰功伟绩,在每年农历五月二十七日至二十九日还愿节敬奉神灵和庆典节日跳的瑶族传统舞蹈。该舞蹈流行于广西马山县里当乡、古寨乡、白山镇瑶族村屯，还包括忻城县北更乡、上林县镇圩乡瑶民地区。蚩尤舞历史悠久，流传至今约有七百多年的历史。蚩尤舞的结构分为开渠、狩猎、割谷、打谷、扬谷、闹场、背谷七个部分来进行。舞蹈一开始，先由"蚩尤"出场吹起强劲的牛角号，随后高呼三声"开荒啰"……众人齐应："呼喂"。然后鼓乐声起，男族人带着长刀、女族人带着一包五谷种子上场。众男演员握长矛、弓箭、捕鸟器等道具跟男族人上场。众女演员背竹篓，拿簸箕、锄头、镰刀等道具，随着女族人上场，舞蹈动作按照开渠、狩猎、割谷等7个部分依次展开，场面古朴、粗犷，展现勤劳、勇敢的瑶族人生活，瑶味风格十足。2014年，瑶族蚩尤舞入选第五批自治区级非物质文化遗产名录。瑶族蚩尤舞模仿农耕生产和狩猎的劳动场面，真实地再现瑶族传统生活情景，在现代城市生活的背景下，具有"活化石"的意义，可以充分调动游客的好奇心，成为优质的旅游资源。

泛梅山文化圈的这些武术、傩戏、舞蹈，都具有"唯一性"的特色优势，如果以"寻根祭祖之旅"为引领，将它们串联开发，形成整体效应，一定会有很好的发展前景。

三、祭舜帝与虞舜文化圈

在中国的三皇五帝中，对舜帝的祭祀时间最早、历史最悠久、档次最高、范围最广。时至今日，舜帝的影响力不仅很大，而且具体，这是因为舜帝的后裔有几十个姓氏，在全国乃至全世界范围内组成不同形式的"宗亲会""联谊会""研究会"等，并以此为名号发起经常性的、大规模的祭祀活动，其影响面是神农或梅山文化圈所难以比拟的。

(一) 历史悠久的舜帝祭祀

宁远九嶷山是舜帝崩葬之地，藏精之所，因此也就成为历朝历代祭祀朝拜舜帝的圣地。夏商周三代时期，九嶷山下的大阳溪畔就建有舜祠，祭祀舜帝的活动就在这里举行。秦汉时，舜祠移至玉琯岩旁。明代时，舜祠迁建于舜源峰下。

从祭舜的内容来看，因人而异。有为告祭某一重大事项的，如明永乐元年（1403），成祖朱棣遣翰林院编修杨溥致祭，告靖难；清顺治八年（1651），世祖福临遣侍读学士白允谦致祭，告亲政。有陈述个人意志的，如楚国屈原就向舜帝倾诉了自己的个人抱负和遭遇。如果从祭舜的形式看，也是多种多样，有望祀、郊祀、陵庙祭祀等多种。

先秦以降，来九嶷山祭祀朝拜舜帝陵的人员，如果从身份来看，有历代帝王，他们或亲自祭舜，或派遣使者到九嶷山祭舜；有地方政要，大凡到古代零陵郡、永州府及其所属县为官者，大都会在上任之初，至九嶷山祭拜舜帝；还有历代文人骚客、普通民众。总之，到九嶷山祭拜舜帝者，代有记载，从未间断。

我国古代文献记载的第一个祭祀舜帝的帝王是大禹。《大清一统志》载：禹南巡，至衡山，筑紫金台，望九疑而祭舜。大禹在衡山祭舜，至今在衡山有"自禹求简"之说，衡山之上有大禹石、禹王城和神禹碑，等等。

舜帝在楚人心目中地位十分崇高，因此楚灵王建章华台以祭舜帝。雄才大略而建立了中国第一个中央集权制封建王朝的秦始皇至云梦（今岳阳），并在此举行仪式，遥祭舜帝。汉武帝对舜帝非常推崇，《汉书》载："元封五年（前106）冬，汉武帝南巡至盛唐，望祭虞帝陵。"王莽把皇家祭舜推向一个崭新的高峰。他设立了虞帝始祖昭庙，称舜帝为"皇始祖考"。为了突出舜帝葬九嶷山这一地名，他还下令将零陵郡改名为九嶷郡。魏晋南北朝时期，中国经历了长达三百年的战乱，但对舜帝的祭拜却没有中断。颜延之奉宋武帝的口谕上九嶷山祭舜，并留下了祭舜史上见诸记载的第一篇官方祭文：《为张湘州祭虞帝文》。唐代开元年间（714—740），唐玄宗派名相张九龄到九嶷山祭祀舜帝。

北宋一代，对舜帝陵祭祀朝拜尤为重视，开国皇帝赵匡胤下令加强对上古帝王陵庙的保护与管理。《宋史·礼志》记载，为了保证舜帝陵庙"国有常享"，特"置守陵五户，岁春秋祠以太牢"；乾德六年（968），宋太祖还敕令九嶷山舜帝陵庙三年一祭。

明代开国皇帝朱元璋对九嶷山祭舜做出了正式的规定：在一般情况下，每年春季第二个月和秋季第二个月的上甲日，由县令奉上祭品致祭；凡是遇到有国家庆典，就由朝廷派官员到九嶷山祭拜舜帝陵。也许是因为朱元璋与舜帝有着基本相同的经历，他不仅真心实意地祭拜舜帝，还亲手撰写《祭陵祝文》。

清朝统一中国后，顺治皇帝即派遣官员到九嶷山祭拜舜帝。据记载，清王朝12位皇帝，遣官到九嶷山祭舜共有45次，其中次数最多的是乾隆，达12次，平均每5年一祭；最后一位皇帝宣统，也于宣统元年（1909）派遣永州镇总兵张庆云到九嶷山祭舜，报告宣统皇帝即位事。这次祭舜，也为中国帝王祭拜舜帝画上了句号，成为中国历史上帝王祭舜之绝唱。

除皇帝派员祭拜外，一些地方官员也亲自祭拜，如东晋零陵太守庾阐曾到九嶷山祭舜，唐代元结任道州刺史时，不仅亲自祭拜，还增加了歌祭形式，元结还亲作《补乐歌·大韶》。

文人墨客前往九嶷山祭拜朝圣的就更多，从屈原"就重华而陈词"开始，可视为遥祭，到东汉蔡邕特意到九嶷山拜祭舜帝，并留下第一篇文人祭文《九疑山铭》，此后的文人祭拜并留下诗文的就更多，如宋之问、李白、韩愈、苏轼、陆游、朱熹、徐霞客、王夫之等，宋代理学家朱熹还特意为祭拜仪式制作了《虞庙乐歌》。

封建王朝结束之后，由中央直接派员到九嶷山祭拜舜帝的情况已经中断，但作为地方政府和地方官员以及民间的祭舜活动仍然在进行。从 1939 年到 1942 年，薛岳曾四次祭舜，一年一祭。

中华人民共和国成立以来，零星的、小规模的祭舜活动虽然从未间断，但是真正由地方人民政府正式组织的祭舜活动则始于 2000 年清明节，宁远县人民政府组织社会各界举行了祭舜典礼。此后，2000 年 9 月 9 日，永州市人民政府组织社会各界举办了一次规模空前的祭舜活动。2002 年 9 月 9 日，永州市社会各界云集九嶷山，在舜帝陵庙举行了祭舜大典。参加大典的有各界代表 3000 余人，还有 3 万余名群众，永州市人民政府市长刘爱才代表永州 560 万人民恭读了祭文。

2005 年以来，湖南省的每任省长代表省政府进行一次公祭舜帝大典，成为一种定制。2005 年 9 月 15 日，在九嶷山举行了湖南省公祭舜帝大典，省长周伯华担任主祭并宣读祭文。2009 年 9 月 8 日，举办第二次公祭舜帝大典，省长周强担任主祭并宣读祭文。2012 年 9 月 28 日，举办第三次公祭舜帝大典，省长徐守盛担任主祭并宣读祭文。2015 年 9 月 22 日，举办第四次公祭舜帝大典，省长杜家毫担任主祭并宣读祭文。2018 年 10 月 26 日，举办第五次公祭舜帝大典，省长许达哲担任主祭并宣读祭文。

（二）地域广阔的舜帝祭祀

湖南永州宁远九嶷山舜帝陵的祭舜历史最悠久、档次最高，但在全国范围内，常年开展祭舜活动的还有不少省份。山东潍坊诸城的虞舜庙常年有民间祭舜活动，诸城政府还经常举办"大舜文化节"；菏泽牡丹区在胡集镇姚墟遗址，2016 年举行了"第一届全球公祭舜帝大典"。河南濮阳舜帝宫常年有祭舜活动，濮阳县瑕邱古庙有庙会并有祭舜活动；商丘虞城商均祠，常年有祭舜帝之子商均的活动。山西运城市盐湖区舜帝陵园常年有祭舜活动；临汾市洪洞县"接姑姑迎娘娘"活动，在接迎娥皇、女英的同时，也祭拜舜帝。浙江绍兴越城区王坛镇舜王庙有大型的庙会，在庙中祭拜舜帝之后，要抬着舜帝的神像到各个乡镇巡游，时间长达七天，各个乡镇接到舜帝神像后，都要举行祭拜仪式；绍兴上虞大舜庙，常年有官方和民间交替举行的祭舜大典。广西桂林有虞帝庙，香火旺盛，来此祭拜舜帝和二妃的群众络绎不绝；桂林灵川有舜祠，广东曲江有舜祠，多有群众自发地前去祭祀。此外，福建和广东还建有很多舜裔宗亲祠堂，常年有祭舜典礼和祭祖仪式。

而舜裔宗亲的祭舜仪式，更是遍布全世界。这里仅以"世界舜裔宗亲联谊会"为例，即可见出舜帝的影响面。早在 1900 年，旅居美国华盛顿的舜帝后裔陈程学，为联络宗族亲情，弘扬祖德，提倡尊亲与孝道，呼吁社会伦理，遂发起创立"亲公所"。随后，菲律宾、泰国、马来西亚、新加坡等国家和我国台湾，各种不同名称的舜裔宗亲组织相继问世。1979 年，香港至孝笃亲公所举行第四届就职典礼时，决定倡议筹备召开国际大会，以阐扬舜帝的政功孝行，联络感情，敦睦宗谊。尔后，组团访问多国舜裔宗亲，得到普遍响应。1982 年 8 月，由香港至孝笃亲公所邀请世界各国宗亲到中国香港召开了"第一届世界舜裔宗亲联谊会"国际大会。1983 年 10 月，在中国台湾召开了第二届世界舜裔宗亲联谊会国际大会。1985 年 9 月，在美国召开第三届国际大会，世界舜裔国际会议更名为"世界至孝笃亲舜裔总会"。1986 年 5 月 15 日（农历四月初七）为舜帝诞辰 4377 周年纪念日，在中国台湾举行世界至孝笃亲舜裔总会成立大会。为了联络宗亲感情，加强联系，促进世界大同，发扬异姓同宗舜裔宗亲联谊精神，决定每年或最多两年轮流在各地举办联谊大会；大会不设固定会所，在每届联谊会所在地设立秘书处作为联络中心，负责处理会务。尔后，又分别在美国、中国香港、菲律宾、中国台湾、泰国召开了第四、第五、第六、第七、第八届国际大会。1992 年 10 月，在吉隆坡举行第 9 届世界至孝笃亲舜裔联谊大会，决定易名为"世界舜裔宗亲联谊会"，并接纳由马来西亚陈氏宗亲总会为联谊会制订的会徽、会旗和会歌。1992 年以后，世界舜裔宗亲联谊会基本上每年一次，分别在马来西亚吉隆坡、菲律宾马尼拉、中国台北、中国香港、中国河南长葛、中国福建晋江和新加坡、泰国曼谷、中国河南濮阳、中国山西运城等地举行。各国争先举办世界舜裔宗亲国际大会，每次参会代表都在 3000 人左右，其主要内容就是举办一次隆重的祭舜大典。截至 2019 年，这样的国际大会已经举办了 27 届。2014 年 9 月 20 日，"世界舜裔宗亲联谊会"与"湖南省舜文化研究会"合作，在湖南宁远举行第 22 届国际大会，来自世界各国及海内外舜裔宗亲代表 3000 余人与会，在九嶷山舜帝陵举行了隆重的祭舜大典。

舜帝子孙枝繁叶茂，派异源同，居住在世界各地，但是他们始终没有忘记他们的祖籍地是中国。因此，无论是在海内或者海外，对于中国的强盛兴旺都有着共同的关注，都希望中华民族能尽快复兴。这正如世界舜裔宗亲联谊会所标举的宗旨："木有本，水有源，人念其祖，理所当然。"也正如世界舜裔宗亲联谊会原主席陈守仁博士为九嶷山舜帝陵所写的题词："身居海外，根在九疑。"这些都显示了海外舜裔与祖籍地之间同祖连根、同脉连宗的血肉关系，也揭示了他们寻根问祖的强烈愿望。

世界舜裔宗亲有几十个姓氏，总人口超过 2 亿人，遍布世界各地，每年不断地有宗亲团体来九嶷山寻根祭祖，这一举动，无疑会对整个中华民族——包括海外华人、华侨产生重大影响和强大的凝聚力。

（三）虞舜文化圈的旅游联动

在虞舜文化圈，就对舜帝的祭祀而言，已经实现了多种形式的联动，首先是官方不同层次的联动，从省、市、县、镇，不同层次交错进行；其次是官方与民间的联动，如九嶷山舜帝陵每到举行省祭的时候，湖南省舜文化研究会都要配合举行国际性学术研讨会，来自海内外舜文化研究的学者，参加完学术会议之后再参加祭舜大典，从而使祭舜大典具有了学术气氛；其三是学术组织与宗亲组织之间的联动，如湖南省舜文化研究会与世界舜裔宗亲联谊会联合举行的"甲午年祭舜大典"；其四是不同地区之间的联动，如世界舜裔宗亲联谊会在世界各地举行的国际祭舜活动，就是很好的地区联动。这些联动措施，已经为"寻根祭祖之旅"提供了很好的帮助，当然还可以进一步开发。除此之外，湘漓文化带上还有一些优质资源可以开发为很好的联动机制。

舜帝祭典　2011年，宁远九嶷山舜帝陵的"舜帝祭典"已被列入第三批"国家级非物质文化遗产"名录。现代的舜帝陵祭典活动以"尊祖爱国、传承文明，凝聚人心、促进发展"为主题，祭祀礼仪既保持了传统的祭典程式，又新添了具有现代气息的献花篮、行鞠躬礼、民俗文艺表演等内容。整个祭祀仪式分迎宾仪式、导引仪式、祭典仪程、瞻仰仪式、谒陵仪式和祭文碑揭碑仪式，既传承历史，又与时俱进，显得隆重而富有地方特色。近20年来，除官方祭祀外，还有很多民间舜裔宗亲团体来九嶷山舜帝陵寻根祭祖。2005年，福建舜裔宗亲到九嶷山祭舜；2009年，福建陈氏泉南舜裔宗亲到九嶷山祭舜；2011年，闽台舜裔宗亲到九嶷山祭舜；2013年，世界姚氏宗亲会到九嶷山祭舜；2017年，福建舜裔"天下第一团"到九嶷山举行祭舜大典。这些都是数千人参与的大型祭舜活动，小型的数十人、上百人的祭舜则难以计数。另外，还有不少国际友人来九嶷山祭舜，2017年，韩国训蒙斋书院一行40多人，特意穿上他们的民族服装，在九嶷山舜帝陵举行了很虔诚的跪拜仪式。这些活动都是自发的，祭舜仪式也带有随意性。九嶷山舜帝陵应该打造"舜帝祭典"的品牌，以"让你体验皇上祭舜的过程"为口号，为来九嶷山祭舜的团队提供祭舜典礼的服务，让参祭人员获得与别处不一样的体验，以突出"舜帝祭典"的特色优势和价值。

舜皇庙庙会　与舜帝祭典相关的还有庙会，其活动和文化内涵更为丰富，如东安舜皇山的舜皇大庙，其祭舜活动源于1600多年前的东晋初期，多少年来一直都是湘桂两省百姓朝拜舜帝的圣地，特别是农历三、六、九月的十九日，朝拜的人们络绎不绝，香火鼎盛时期不亚于衡山的南岳大庙。尤其是每年的农历八月，从初一开始，到八月十二达到高潮。这一天，当地百姓认为是舜帝生日，来自广西、贵州、云南、广东等省区的人们聚集到这里，小镇一夜之间会增加 10 多万人，当地人将舜帝的神像从庙里抬出来，到各个村落巡游，连续八天人们载歌载舞，场面浩大，热闹非凡。庙会则要延续到八月二十日才结束。时至今日，庙会的形式仍然在举办，但"舜皇大庙"在 20 世纪 50 年代被大庙口区政府挤占为办公场地，到 80 年代将大庙房屋全部拆除，新建了镇政府办公楼和宿舍楼，使得"舜皇大庙"荡然无存。现在，很多人都在呼吁重建"舜皇大庙"，这无论是从弘扬优秀传统文化、提高文化自信还是从开发旅游资源的角度说，都有恢复的必要，而且可以做到社会价值、文化价值和经济价值三者兼顾。

中国德文化之乡　2015 年，永州东安被中国伦理学会授予"中国德文化之乡"的荣誉称号，这是中国首个"德文化之乡"。首先，东安是"德圣"舜帝南巡驻跸之地。舜帝在东安播德，教化百姓，留下许多传说故事，如《舜皇斗寿佛》《舜帝赐东安"十宝"》等都是独具特色的民间故事。东安诸多地名与舜帝有关，如舜皇山、舜皇大庙、舜皇岩、舜石桥、御陛源、天宁寺等均为历史的遗迹，蕴含舜德文化内涵。其次，名胜古迹彰显官德、民德。东安留存下来的名胜古迹众多，可以从官德和民德两个方面归类：官德方面，以舜皇山、吴公塔、树德山庄等古迹为代表；民德方面，以广利桥、独成桥、舜石桥、沉香寺、敦伦第等古迹为代表。其三，民间习俗凸显崇德风尚。东安的风俗很多都别具一格，处处体现着德文化的传承与规范，如四月初八吃乌饭和"十大碗"的传统、孝子潭的故事、插草标和六月初六尝新节的习俗、赛龙舟的仪式、东安鸡的来源、白竹村保护古樟树群的传统，均有深厚的德文化历史渊源。其四，历史名人及厚德家风让德文化发扬光大。南宋礼部尚书邓三凤，曾奉敕修撰《宋仪礼制》，推崇忠孝节义、教导礼义廉耻，家风纯清，子孙绵延，人才辈出。如今大庙口镇石瑞村仍然保留着邓禹庙、敦伦第、舜石桥等。特别是敦伦第，敦促后人为人处世遵循伦常。唐生智、文光普、宾步程、雷铸寰等历史名人的家风及事迹深得民众敬仰，成为群众教育子女崇德修身的典范。独具特色的东安德文化，可与寻根祭祖、道德教育、家教家风体验等主题相联动，开发立体的旅游资源。

共祖共祭　炎帝、蚩尤、舜帝本是中华民族的"共祖"，完全可以实现"共祭"。面对今天经济全球化、文化多元化的趋势，中国人要能砥柱中流，树立文化自信，需要强化精神信仰。正如 2016 年 9 月"海外侨胞故乡行"公祭炎帝的祭文所说的："江河知源，草木怀根……团结统一，共利共赢。光耀祖庭，弘振华声。""怀根耀祖"，这是凝聚民心、侨心，形成合力为实现中华民族伟大复兴的中国梦而共同奋斗的精神动力。因此，在湘漓文化带，建立炎帝、蚩尤和舜帝的共祭联动机制，是最有价值的文化旅游资源。

第十二章
文化体验之旅

　　湘漓文化带的文化底蕴深厚,除"追忆乡愁之旅"和"寻根祭祖之旅"可作为专题旅游资源开发之外,还有多种颇具特色的文化现象可以开发、引导为"文化体验之旅",如贬谪与爱国文化体验、书艺与碑刻文化体验、地方戏曲与音乐体验等。这些旅游资源,可以从思想修养、人文素质、身心康健等多层次引导游客,相对于简单的旅游"观光",其价值和影响力应该更广泛、更深入、更持久。

一、贬谪与爱国文化体验

　　所谓"贬谪",仅从字面上解释是指古代官吏因过失或犯罪而被降职或流放。但从实际的情况看,其被贬原因却又千差万别,有的是为一己私欲,有的却是心怀天下。就其结局而言,有的建功立业,得以光照史册;有的吟诗作赋,在文坛永垂风流;有的则并不为人同情,从而被遗忘。这里所说的自然是那些心怀天下的贬官,他们被贬到湘漓文化带上,为湘漓文化增添了丰富的内容。这样的贬官很多,删繁就简,仅选择三个不同时代的三位代表性人物分析其文化旅游价值。

　　(一) 屈原与龙舟文化

　　屈原(约前339—约前278),名平。初任楚怀王左徒、三闾大夫。因主张彰明法度,举贤授能,联齐抗秦,受怀王稚子子兰及靳尚等人谮毁而革职。顷襄王时，屈原被放逐，他无力挽救楚之危亡，又无法实现政治理想，遂投汨罗江而死。后人为纪念屈原，不仅在汨罗江畔建了屈子祠，还引发了大江南北的龙舟赛。就"心怀天下"的贬官而言，后世再无人能与屈原比肩。

屈子祠 亦称屈原庙，现辟为屈原纪念馆，位于湖南省汨罗城西北玉笥山顶。始建于汉代，原址无考。清乾隆二十一年（1756），将它移建至玉笥山上，占地7.8亩。自山脚至祠有石阶119阶。此祠为三进青砖结构，祠正门牌楼墙上绘有13幅屈原生平业绩和对理想追求写照的浮雕。在过道的墙壁上，镶嵌着许多石碑，镌刻着后人凭吊屈原的诗文辞赋。后殿矗立一尊1980年重塑的屈原像，神采感人。附近建有独醒亭、骚坛、濯缨桥、桃花洞、寿星台、剪刀池、绣花墩、望爷墩等纪念屈原的古迹，俗称玉笥山"八景"。今存建筑有正殿、信芳亭、屈子祠碑等。正殿为砖木结构，单层单檐，青砖砌墙，黄琉璃瓦覆顶，风格古朴秀雅，全殿三进，中、后两进间置一过亭，前后左右各设一天井，中有丹池，池中有大花台，植金桂。祠内有树龄在300年以上的桂树多株，每逢中秋节，黄、白花盛开，馨香四溢，令人陶醉。2001年，屈子祠被列入第五批全国重点文物保护单位名单。

岳阳端午国际龙舟节 岳阳是龙舟运动的发源地。早在公元前278年农历五月初，屈原抱石自沉汨罗江，以身殉国。当地百姓闻讯后，纷纷引舟抢救，呼唤屈原，并向江心抛撒粽子、包子等食物，求水怪不要吞噬屈原。为纪念这位世界文化名人，此后每年的农历五月初五，人们都要在江上举行盛大的龙舟竞赛活动，并且家家户户悬挂艾蒿、菖蒲、放雄黄炮、喝雄黄酒，用以避邪，这种活动一直延续到今天。

龙舟文化已被全球华人、华侨所认同。现在，龙舟文化活动扩展到世界许多地方。澳大利亚、法国、意大利、加拿大、德国、英国、南非、瑞典、俄罗斯、美国等国也拥有了龙舟竞赛项目，使龙舟赛成为一项世界性的文化旅游活动和现代体育活动。20世纪80年代以来，龙舟赛事"寻根问祖"，先后在"龙舟之源"的岳阳举办了10次国际性龙舟大赛。海内外近1000家有影响的媒体先后报道了在岳阳举行的龙舟赛事实况。国际龙联执行主席麦克、北美洲龙联主席苏珊、中国龙舟协会主席路金栋等十多个国家和地区的龙舟团体负责人曾先后来岳阳龙舟赛场观摩。岳阳是世界上举办高规格、高水平龙舟竞赛活动最多的赛地。自1987年起，在国家体育局和国家旅游局的大力支持下，岳阳市开始在洞庭湖的南湖举办集体育、文化、经贸、旅游于一体的大型龙舟节（赛）活动，该活动被国家旅游局确定为中国面向境外市场的23个重要节庆活动之一。

道州龙舟赛 道州龙舟赛的历史悠久，传承于民间，发展于民间。据记载，宋太祖赵匡胤曾经三次传旨，不准湖南、四川一带人民"为龙舟戏"；明万历三十六年（1608），州官韩子祁将道州百姓40艘龙舟全部没收，用其架在潇水河上做了"水南浮桥"。有一年，县城东阳坊将其"九龙二虎"11艘龙舟悄然移至城北大坝塘竞赛，州官浑然不知。有人作诗记录此事："潇江端午静悄悄，人海谁知在北郊。梦里州官浑不觉，九龙二虎动高潮。"可见道州百姓对龙舟赛的热爱程度。到了清代，道州龙舟赛已蔚然大观，当地俗语称："五月五，龙舟下水打烂鼓。"清光绪三年修《道州志》亦记载："（道州）五月端午，城市龙舟竞渡于东西洲，鼓声喧震，观者如堵。"说明比赛的激烈，热闹非凡。道州龙舟还有一个特点：为避皇帝的讳忌，把龙舟的"龙头"改成了"虎头、凤头"。2002年，道州被湖南省人民政府授予"龙舟之乡"称号；2006年，道州龙舟赛被列入湖南省非物质文化遗产名录。

防城港国际海上龙舟节　这是每年端午节前后在防城港西湾举行的以龙舟赛为主的系列节庆活动，其前身是港城中越（民间）龙舟邀请赛。首届港城中越（民间）龙舟邀请赛于2004年举行，前4届均由港口区主办。2008年的第五届港城中越（民间）龙舟邀请赛则首次升格为市级主办。2009年，防城港市大力整合全市文化体育品牌资源，举办了首届防城港市海上龙舟节，到2018年，该赛事已经连续举办了9届。防城港市龙舟赛有别于其他地方的最大特点是在海上举行，给人以波澜壮阔、激情无限之感。随着龙舟节的不断创新发展，其活动内容也越来越丰富，是防城港市打造"边海文化名市"的重要节庆活动之一，也成为防城港市一大响亮的文化品牌和具有浓厚历史底蕴的文化名片。

防城港国际海上龙舟节有三大特色：一是国际化，防城港与越南山海相连，而历届防城港市国际海上龙舟节，越南等东南亚国家都积极参与，同庆端午；二是赛事场地绝佳，赛场位于海湾的深港海域，海面平阔，水流平稳，不受潮涨潮落及一般性洪涝的影响，且7千米长的海堤和0.7千米的跨海大桥，处处可观看比赛全过程；三是赛点意义非凡，赛事的地点处于大西南出海门户、北部湾黄金海岸、西部第一大港的防城港西湾海域0号码头，而这里恰恰是当年中国援越抗美海上秘密通道"胡志明小道"的起点，意义非凡——从湘漓文化带的角度说，这里是陆上丝路的终点和海上丝路的起点，同样是意义非凡。

（二）柳宗元与柳子景观

柳宗元（773—819），字子厚。唐宋八大家之一，世称"柳河东""河东先生"，因官终柳州刺史，又称"柳柳州"。柳宗元与韩愈并称为"韩柳"，与刘禹锡并称"刘柳"。永贞元年（805），柳宗元因参加王叔文政治集团的"永贞革新"失败，被贬为邵州刺史，在赴任途中，又被加贬为永州司马，在永州度过了十年的贬居生活。元和十年（815），柳宗元奉诏回京，被改贬为柳州刺史，在柳州任职四年。元和十四年（819），宪宗大赦天下，在裴度的说服下，敕召柳宗元回京。诏书未到，柳宗元在柳州因病去世，享年47岁。

柳宗元在永州和柳州期间留下了诸多遗迹，再加上后人为纪念他所建的祠庙，今天都已成为很好的旅游资源。

柳子庙 柳子庙位于零陵城区河西柳子街。宋至和三年（1056），永州百姓在华严岩学宫附近修建了柳子厚祠堂，南宋绍兴十四年（1144），柳子祠堂移至河西愚溪北岸。明正德八年（1513），永州知府曹来旬主持过一次较大规模的修复与扩建，并撰文勒碑，以记其事。现存庙宇为清光绪三年（1877）重建。庙坐北朝南，砖木结构，坡式小青瓦屋面。占地面积1万平方米，建筑面积3600平方米。柳子庙由戏台、中殿、后殿三部分组成。入大门即是戏台，戏台为重檐歇山顶。过看坪登十三级青石踏步至中殿，现为柳宗元生平历史陈列室，面阔三开间，每开间立封火山墙，硬山顶（俗称燕尾墙），是典型湘南民居山墙结构。由中殿拾级而上即为后殿，悬山顶，砖木结构，面阔进深三间。中塑柳子像，面貌清瘦。正殿后为享堂，柳子庙历代遗存碑刻集中陈列于此，碑刻均出自名家之手，价值甚高，有1558年刘养仕所撰《重修司马先生庙纪》，明嘉靖年间严嵩写的《寻愚溪谒柳子庙》和王月照《愚溪怀古》，1594年王泮的《捕蛇歌》，清永州知府廷桂摹刻的《荔枝碑》等石刻。2001年柳子庙被列为第五批"全国重点文物保护单位"。

柳子街 柳子街位于零陵区的潇水西岸、愚溪北畔，全长300余米，因柳宗元在永州生活期间曾居住于此而得名，是湘桂古驿道的重要路段，也是永州现存风貌最完整的历史文化街区。柳子街又称唐街，街区内街巷格局依旧，路面整齐地铺着青石板和鹅卵石，青石板位于街面正中，鹅卵石分布在两侧，街道两旁的木板、青砖民房铺面古色古香。街道两侧的院落因地制宜，灵活布局，错落有致，木构民居建筑和青瓦、马头墙、石板路等历史元素相对保存完好，较好地延续了明清时期的建筑风格。街区内现存全国重点文物保护单位（柳子庙）1个，历史建筑52座，其中四大公馆为深宅大院式建筑。柳宗元笔下的愚溪、钴鉧潭、小石潭等3个具有特殊意义的历史自然景观及"八愚"遗址也存在于此，且文物建筑和具有较好传统风貌的历史建筑与一般建筑的基地面积占总建筑面积的74%，沿街住宅建筑中具有较好传统风貌的历史建筑和一般建筑的比重为76%，远远超出历史文化街区中传统历史建筑的比重大于1/3的基本条件。该街区对于研究明清时期的建筑风格具有重要意义，而柳宗元在愚溪两岸留下的遗迹，将自然景观与人文景观相结合，更加凸显了柳子街的历史文化价值。2015年，柳子街被国家住建部评为全国首批历史文化街区，为湖南省唯一。

永州八记 《永州八记》是柳宗元被贬为永州司马时，借写山水游记书写胸中愤郁的散文，包括《始得西山宴游记》《钴鉧潭记》《钴鉧潭西小丘记》《至小丘西小石潭记》（部分教科书简作《小石潭记》）《袁家渴记》《石渠记》《石涧记》《小石城山记》。《始得西山宴游记》所写之西山，现在有广义与狭义之分，广义的"西山"与城内的"东山"相对应，是指潇水西岸南自朝阳岩起，北接黄茅岭，起伏绵延数里的山丘；柳宗元当年所"宴游"的"西山"在愚溪北岸，即今天的珍珠岭。《钴鉧潭记》写于游西山后几天。钴鉧潭，在河西柳子街柳子庙右侧，古代称熨斗为钴鉧，钴鉧潭河床底面都是天然石头，凹陷甚深，潭面像古代熨斗，故名之。《钴鉧潭西小丘记》写于游西山后八日。西小丘，在钴鉧潭西边，沿溪一带有竹丛，竹丛下有许多石头如齿状互相拥挤，倒映水中，状若柳宗元文所描写的"若牛马之饮于溪"。《至小丘西小石潭记》小石潭，"从小丘西行百二十步"即为小石潭，今天的小石潭"全石以为底"的原貌仍在。"愚溪三记"的遗址，历史上曾颇多争议，2010 年夏天零陵区文物所组织专家进行了考古发掘，现已确定"三记"所在的位置。《袁家渴记》所写的地方，出永州古城南门约五华里，在南津渡对面有个沙沟湾村，村前"澄塘浅渚"，水阔洲重，以关刀洲最大，长约 100 米，宽 27 米，洲旁有奇形怪状的石岛，此地即为袁家渴（音 hè）。《石渠记》写于元和七年（812）游袁家渴之后，从袁家渴沿潇水而上，约半华里有一条小溪，溪口上去不远有一座石拱桥，桥下为农家浣洗处，"又折西行，旁陷岩石下，北坠小潭"，当是石渠旧址。《石涧记》所在地，从石渠沿潇水而下约一华里，翻过一座土山，就到了涧子边杨家，村子北面有一条小溪，从村前田洞中间流经村旁，穿石拱桥，入潇水，就是柳宗元所描写的"石涧"。《小石城山记》写于元和九年（814），是八记中的最后一篇。小石城山在永州愚溪之北，过东风大桥到朝阳街道办事处，沿着往北的山路而上，约一华里就到小石城山。"小石城山"是柳宗元的命名，当地人叫"芝山"，唐初在山腰上建有一座"芝山庵"，后屡毁屡建，今天的芝山庵为 2013 年重建。

柳州柳侯祠　柳侯祠位于柳州市中心柳侯公园内的西隅，原名罗池庙，韩愈在《柳州罗池庙碑》中提到，柳宗元死后曾托梦给生前部将欧阳翼："馆我于罗池。"当地人士按照柳宗元的遗愿，在罗池旁建庙以作纪念。因宋代追封柳宗元为文惠侯，故于宋崇宁三年（1104）改称柳侯祠。柳宗元在柳州任职的四年中，兴文教、释奴婢、修城郭、植树木、移风易俗、政声颇著。故在他死后的第三年就建庙祭祀。柳侯祠从唐代建成至今，历朝都对其进行过修葺及扩建。现址为明代柳侯祠庙址，清代宣统元年（1909）在原址上重建。中华人民共和国成立后，柳侯祠几经修葺，现存的柳侯祠建筑结构为清代三进制木砖结构，面积约 2000 平方米。祠内陈列有许多文物及史料，反映了柳宗元的生平和政绩。祠分前、中、大殿三进，内有柳宗元石刻像、柳宗元塑像以及"荔子碑"等历代珍贵石刻 40 余方，"荔子碑"是柳侯祠的镇祠之宝。韩愈在柳宗元死后作《柳州罗池庙碑》以祭之，碑文中有诗曰《迎颂享神诗》，诗文神采飞扬，感怀极深。北宋苏轼读其文，吟其诗，叹其事，思其人，遂挥笔书下该诗，于南宋年间由柳州本地匠人刻之成碑。碑文书法雄奇深厚，刀笔恣肆狂放，被世人推为苏轼书法第一碑。该碑集三大家之韩文、苏书、柳事于一身，世所罕见，故称"三绝碑";又因其句首云"荔子丹兮蕉黄",故亦称"荔子碑"。

柳侯公园　柳侯公园位于柳州市中心,是为纪念柳宗元所建的公园,占地15.52公顷。始建于1906年。公园内有柳侯祠、柳宗元衣冠墓、罗池、柑香亭等与柳宗元有关的古迹。有近7公顷的人工湖,碧水曲桥,相映成趣,湖边林木葱茏,凉亭假山景色宜人。园中还有盆景园、动物园和儿童乐园等多姿多彩的游玩场所和设施,犹如闹市中的一块绿洲,是人们公休假日和茶余饭后散步游玩的好场所,也是广西旅游主要名胜之一。

柳州的柳侯公园是全国最早的公园之一,比广州最早的黄埔公园(1910)还要早4年。清光绪三十二年(1906),赵屏藩从马平县典史任上退职后,于柳侯祠内外种花植树,美化环境。是年金秋佳日,于罗池畔设菊花会,邀请地方名流赏菊,龙城求是学会会长邓子恢等与会赋诗酬唱,与会者还倡言将柳侯祠周边辟为市民休闲的园林胜区,柳州人闻而皆乐见其成,赵屏藩应声而起,率二子辟花圃,修花径(桂花路),浚罗池。其后还按期到鹿寨中渡、雒容和柳城东泉等地收纳柳侯祠祭田租款,以充公园建设之用。赵屏藩筚路蓝缕,首创其功。光绪三十三年(1907)11月,柳州新知府杨道霖到任,他曾于1905年随五大臣出洋考察半年多,去过日、英、法、德、俄、美等国,参观过意大利、奥地利、日本的公园。到柳州上任伊始便宣告:"知府与各绅会议,仿照日本公园之例,建立柳侯公园,为合郡士民休沐游观之所。"并提出8条措施:建一座望台;护理好果树;开浚罗池,养鱼、建桥;通两池,种莲花;修复柑香亭;南部建三间楼房;周围多种木槿和竹子,以形成藩篱;筑道路,堆土山。至此,柳侯公园初具规模。后经民国的多次扩建,特别是新中国成立后的三次扩建,才形成今天的规模。

如今,柳侯公园2002年被国家旅游局评定为"国家AAAA级旅游景区";2009年获得住房和城乡建设部授予"国家重点公园"称号;2013年获得第十九届"亚洲金旅奖";2014年被评为"最美中国文化旅游目的地"。

(三)苏轼与"东坡气度"

苏轼(1037—1101),字子瞻,又字和仲,号铁冠道人、东坡居士,世称苏东坡、苏仙。眉州眉山(今属四川省眉山市)人,祖籍河北栾城,北宋文学家、书法家、画家。苏轼一生命途多舛,官运不顺,曾三次被贬:一贬黄州,二贬惠州,三贬儋州。特别是第三次,年已62岁的苏轼被贬琼州别驾,昌化军(儋州)安置。

苏轼将家人留在惠州,仅带小儿子苏过南下,到梧州听说苏辙被贬雷州,一家人刚过梧州。苏轼担心弟弟想不通,作了一首诗托人追送给苏辙。诗题很长:《吾谪海南,子由雷州,被命即行,了不相知,至梧乃闻尚在藤也。旦夕将追及,作此诗示之》。全诗共16句,后8句为:"莫嫌琼雷隔云海,圣恩尚许遥相望。平生学道真实意，岂与穷达俱存亡。天其以我为箕子，要使此意留要荒。他年谁作舆地志，海南万里真吾乡。"琼州与雷州虽然隔着云海，但能让兄弟隔海相望，也算是皇上圣恩了；尤为重要的是，平生读书求道，修身养性，岂能以"穷达"为意?! 苏辙接信，在藤州等待，兄弟相见甚欢，并无凄苦之状。就苏轼自己而言，确实已能做到随遇而安，将海南视为"吾乡"。到海南后，"首作棺，次便作墓，乃留手疏与诸子，死则葬于海外，生不契棺，死不扶柩"。他甚至把儋州当成了第一故乡："我本儋耳人，寄生西蜀州。"在儋州，他写下一首《独觉》："红波翻屋春风起，先生默坐春风里。浮空眼缬散云霞，无数心花发桃李。翛然独觉午窗明，欲觉犹闻醉鼾声。回首向来萧瑟处，也无风雨也无晴。"可见，他在儋州的生活虽然很清苦，但他的心境确实很平和，因为他已经将"风雨"与"天晴"视同为一，所以能悠然自得，泰然处世，豁达地对待一切。

元符三年（1100），哲宗崩，弟徽宗即位，向太后同朝听政。二月，诏苏轼廉州安置，苏辙移居永州；四月，授苏轼舒州团练副使，永州安置，苏辙岳州居住。六月，苏轼渡海北上，临行前作《渡海帖》："我本儋耳人，寄生西蜀州。忽然跨海去，譬如事远游。平生生死梦，三者无劣优。知君不再见，欲去且少留。"不仅是人生的"风、雨、晴"可以视同为一，"生、死、梦"也可以视同为一。这就是"东坡气度"——可以坦然地面对一切。

同年十一月，诏苏轼复任朝奉郎，提举成都玉局观，在外州军任便居住。苏轼于是再北上到达常州，游金山寺，看到了自己的画像，留下了一首"绝命诗"《自题金山画像》："心似已灰之木，身如不系之舟。问汝平生功业，黄州惠州儋州。"这是自我总结，也是自我解嘲，更是自我否定——否定的不是"平生"，而是"功业"。正因为超脱了功名利禄的羁绊，所以才有了精神自由、"东坡气度"，创作上才能豪放起来，并创造出"豪放派"一脉词风。建中靖国元年七月二十八日（1101年8月24日），苏轼卒于常州，享年65岁。南宋高宗即位后，追赠苏轼为太师，谥为"文忠"。这在古代文臣的谥号中是仅次于"文正"的谥号，有"大功"者才能得此殊荣，尽管苏轼全盘否认自己的"功业"，但后人终究对他做出了公正的评价。

苏轼一路北行，留下诸多诗词作品，也为今天留下了诸多旅游景点。

廉州东坡亭　东坡亭位于合浦师范学校内，绿水环绕，风景绝佳。相传苏轼于宋元符三年（1100）在合浦时住清乐轩，虽只两个月，却写了《雨夜宿净行院》《记合浦老人语》等诗文。后人为了纪念他，在清乐轩故址修建东坡亭。此亭历代重建几次，现亭为1944年重修。东坡亭为砖木结构建筑，主亭正门上端挂着"东坡亭"的大字匾额，为20世纪40年代广州大榕寺住持铁禅和尚手迹。正面壁上有诗人刻像，像上方"仙吏遗踪"四个大字古朴浑厚。像的左上方是诗人在合浦作的诗文碑刻十余件。亭内正面壁上嵌有苏轼石刻像及其他诗文碑刻十余件。亭东约 30 米有轼井，为廉州四大名井之一，相传为苏轼亲自所挖。亭东侧为"轼公园"。亭阁湖水环绕，波光潋滟，垂柳成荫，风景优美。亭中原有三副长联，以民国元老马君武的最为著名："两朝政绩，一代文宗，人间威凤祥麟，浩气岂随春梦去；白浪珠江，绿波南浦，海角蛮烟瘴雨，谪星曾感夜光来。"此联气势磅礴，组句精雅，上联突显出苏轼的人生经历和成就；下联讲述苏轼的宦途行踪，将苏轼比作"珠还合浦"中的夜光珠。此长联对苏轼的人生和成就做出了准确评价。今天，东坡亭为合浦县重点文物保护单位和合浦旅游胜地。

藤州浮金亭　苏轼与藤州似有不解之缘，被贬去海南的路上，在此与弟苏辙相会；遇赦而归的路上，又与老朋友在此相见。在藤州东山的浮金亭里，苏轼与藤州太守徐畴元正一起把盏言欢，身旁是他们各自的儿子。早已练达于山水的苏轼，难掩对东山美景及与朋友相聚的欢喜，情之所至，乃挥笔而就《浮金堂戏作》一首："昔与徐使君，共赏钱塘春。爱此小天竺，时来中圣人。松如迁客老，酒似使君醇。系舟藤城下，弄月镡江滨。江月夜夜好，山云朝朝新。使君有令子，真是石麒麟。我子乃散才，有如木囷轮。二老白接篱，两郎乌角巾。醉卧松下石，扶归江上津。浮桥半投水，揭此碧粼粼。"人生际遇，几番起伏，几多波折，一切都付与笑语轻谈，竟似叙着他人之事；闲话家常，共叙天伦，对酒当歌，对月赏景，一位旷世奇才，垂垂老者，在飒飒秋风里就着一轮明月将几多豁达、几多温情一并留给了这寂寂小亭。于是，"东山夜月"便在瞬间凝固，成为永久的藤州"八景"之一。清道光二十年（1840），藤县知县温鹏翀为纪念苏轼两度到藤州，在东山浮金亭下兴建"访苏亭"，亭前有楹联一副："欢迎学士南来，夏日有荔枝三百；笑送浔江东去，春天采红豆几枝。"这无疑是"戏作"，却也是"佳作"，不仅体现了苏轼风格，也能切合东坡气度，为"东山夜月"平添了几分神韵。

永州百家渡　百家渡，又名南门渡口、诸葛庙渡口，这里是湘桂古道东线的起点，从陆路往道州，经潇贺古道到梧州，一般都是从这里出发。苏轼从廉州转永州安置，一路北上，过藤州，经梧州，所走路线应该是湘桂古道东线，百家渡是进入永州城的必经之地，因而留下了一首《百家渡》："百家渡西日欲落，青山上下猿鸟乐。欲因秋月望吴云，遥看北斗挂南岳。一梦惝惝四十秋，古人不死终未休。草舍萧条谁可语？香风吹过白蘋洲。"此诗不一定是苏轼第一次到永州时所作，但所描写的永州景色正与苏轼此时的心境相契合。特别是"一梦惝惝四十秋"，正是苏轼官场经历的总结。苏轼 22 岁中进士，接着便因母丧守孝 3 年，25 岁正式步入官场，写此诗时 65 岁，恰好是入官场"四十秋"。但苏轼并不消沉，"青山上下猿鸟乐""香风吹过白蘋洲"，诗中虽然有一丝淡淡的愁绪，但总的格调是开朗、豁达的，这正与苏轼的一贯风格相一致。

百家渡是一个文化底蕴深厚的地方，这里不仅留下了元结、韦宙、柳宗元、苏轼、张浚、张栻、黄庭坚、杨万里等众多达官与文豪的足迹，这些文豪们身上散发而出的文气，浸润、熏陶了百家渡码头；同时这里也是一个景点集中的地方，柳宗元"永州八记"中有"三记"就在它的近傍，它们是《袁家渴记》《石渠记》《石涧记》。柳宗元在《石涧记》中介绍："由渴而来者，先石渠，后石涧；由百家濑上而来者，先石涧，后石渠"，把袁家渴、百家濑与百家渡方位和冠名说得明明白白。这一段潇水曾有一个江心小洲，激流冲击小洲产生回流，这就是"渴"（音同褐），急流直下就是"濑"，过江码头就是"渡"。苏轼对柳宗元十分推崇，去海南岛时不方便带书，仅带了《陶渊明集》和《柳宗元集》，并"目为二友"。苏轼来此，或许也有追寻柳宗元遗踪的意味，而他的《百家渡》诗，又为后人的寻踪增添了几多韵味。

二、书艺与石刻文化体验

书法与石刻相伴而生是最具中国特色的艺术和文化现象，而在湘漓文化带，既有影响全国的书法大师，更有冠盖全国的石刻文化，仅以永州和桂林两地的摩崖石刻数量而论，计有四千多方，这是全国任何地方所不可比拟的。

（一）"草圣"与"书联圣手"

"草圣"怀素（737—799），字藏真，俗姓钱，永州零陵人。擅草书，其字世称"狂草"，与张旭齐名，而嗜酒，故合称"颠张醉素"。素有"草圣"之称，"草圣"包含有草书第一的意思。《康熙九年永州府志》记述了怀素持之以恒练习草书的苦功："僧怀素，字藏真，零陵钱氏子。尝睹二王真迹及二张草书，学之。性疏放不拘，每饮酒以养性，草书以畅志。酒酣兴发，遇寺壁里墙、衣裳器皿，靡不书之。贫无纸，尝于故里种芭蕉万余株，以供挥洒，名其庵曰'绿天'。如是者盖数十年，退笔林林，乃瘗之，镇之以塔，为'笔冢'。傍有小石池洗研，水常黑，为'墨池'。又漆一盘一板，久之盘板皆穿。"怀素练字，用过的笔堆成了"笔冢"，洗砚的池水变成了"墨池"，尤其是用来练字的木盘木板，居然全被写"穿"，可见用功之苦。

怀素留下的书帖很多，其中《藏真帖》最受重视。明代安世凤《墨林快事》评价："怀素字传世者虽多，独此《藏真》三帖最为古雅脱俗。古人成名不必在多，一二出人，便不可及。每一把玩，不但蛟龙满目，涌波喷火，且几乎九官十二牧，危冠阔衣揖让虞廷矣。草字必如此淡静方好，一味求奇，便成下俚。"

这可以说是对怀素草书最中肯的评价，既"古雅脱俗"，又显得"淡静"，决不"求奇""猎怪"，而是归之于自然而然。

怀素《自叙帖》自叙身世，又述其与士大夫交往，写于大历十二年，时年四十岁。帖中说："幼而事佛，经禅之暇，颇好笔翰。然恨未能远睹前人之奇迹，所见甚浅，遂担笈杖锡，西游上国，谒见当代名公。错综其事，遗编绝简，往往遇之，豁然心胸，略无疑滞，鱼笺绢素，多所尘点，士大夫不以为怪焉。"怀素在长安与士大夫的交往及草书创作情况，从李白的《草书歌行》中可见一斑："少年上人号怀素，草书天下称独步。墨池飞出北溟鱼，笔锋杀尽中山兔。八月九月天气凉，酒徒词客满高堂。笺麻素绢排数厢，宣州石砚墨色光。吾师醉后倚绳床，须臾扫尽数千张。飘风骤雨惊飒飒，落花飞雪何茫茫。起来向壁不停手，一行数字大如斗。怳怳如闻神鬼惊，时时只见龙蛇走。左盘右蹙如惊电，状同楚汉相攻战。湖南七郡凡几家，家家屏障书题遍。王逸少，张伯英，古来几许浪得名。张颠老死不足数，我师此义不师古。古来万事贵天生，何必学公孙大娘浑脱舞。"对艺术创作，李白提倡"清水出芙蓉，天然去雕饰"。对怀素的书法创作，他最看重的也是"不师古""贵天生"的特点。因此，诗中所描述的，就是怀素趁着酒兴随意挥洒的创作状况，这也说明怀素经过几十年的勤学苦练之后，其书法功力已经达到炉火纯青的最高境界。

绿天蕉影 怀素最初事佛的寺院是其老家边的书堂寺，书堂寺在零陵古城北20里的地方。后移居古城东门外1里许的清阴庵，清阴庵位于东山东侧，紧靠城墙，当时东门外一片荒芜。怀素因无钱买纸，便在青阴庵边种植芭蕉万株，以蕉叶当纸，供其挥洒。春夏时节，蕉林繁茂，碧如翡翠，绿如青葱，苍翠如黛，仿若就是一片绿的世界、绿的海洋、绿的天空，行走其间，绿荫蔽日，绿影浮动，就连空气中都浸透出一股绿的气息。也正是畅意于漫天芭蕉所呈现的绿天之美，怀素于是改清阴庵为绿天庵，从而成就了"绿天蕉影"之景，并成为"永州八景"之一。

随着时间的流逝，绿天庵代有兴废。清咸丰九年（1859），太平军翼王石达开率数十万大军自江西南安进攻湖南，在永州发生激战，绿天庵毁于兵灾。后来，杨翰任永州知府，重建绿天庵，并刻怀素墨迹于其中。20世纪60年代的"文革"，又被人为破毁。80年代后期，当地兴建怀素公园，在原绿天庵附近广植芭蕉，并修建醉僧楼与绿天阁，意在恢复绿天蕉影之旧观。醉僧楼共三层，高阁临空，飞檐翔翥，四周回栏环绕，每当登楼而望，阳明、崀峰、金牛诸山，尽收眼底，一派苍茫寥廓、浩荡无际之景象。永州目前仍保存有怀素的《千字文》《秋兴八首》《圣母帖》三幅真迹，已成为永州的文化瑰宝，每年吸引着无数文人墨客前来观摩和临习。今天的怀素公园，不仅成为市民休闲观景的最佳去处，而且也是瞻仰草圣怀素、了解中国书法文化的最佳去处。

怀素学书法，曾到长安向颜真卿求教，颜真卿赠他四字真言："如屋漏痕。"怀素心领神会，奉为圭臬，于是成就了"千古草圣"的辉煌。但到了清代，则有人提出了不同看法，这就是何绍基。何绍基主张悬臂悬腕作书，并说："笔笔从空中来，从空中住，虽'屋漏痕'，犹不足以喻之。"正因为何绍基的书法"从空中来，从空中住"且自创一体，所以马宗霍说何绍基"把中国书法艺术推向第三个高峰"。

"书联圣手"何绍基（1799—1873），字子贞，号东洲居士，晚号蝯叟。湖南道州（今湖南道县）人。他出身官宦之家，书香门第，早年官场得意，15岁中举，16岁中进士，科举连捷，前后做官达四十年，但因秉性耿直，不懂官场的潜规则，致使权贵侧目，屡遭降贬，终使他看破红尘，慨然指出："试看古代王与侯，一梦醒余皆腐朽。"转而在学问上、书法上苦下功夫。工经术词章，尤精说文考订之学，旁及金石碑版文字。他知识渊博，博览群书，于经、史、子、集皆有著述，书法尤名重于世，由于平生所作楹联较多，被后世誉为"书联圣手"。

何绍基四体皆精，一生上溯周秦两汉古籀篆，下至六朝南北碑，心摹手追取各家之长。他临写汉碑不求形似，全出己意。特别是颜真卿以降千余年来，学颜者多在颜楷中打转，上至清代的钱南园下至民国的谭延闿无一例外。唯独何绍基主张"学书重骨不重姿"与"书家须自立门户"，成功地将其颜楷郁勃沉雄之气化入行草书中，不见其形却深得其神，独创"何体"，成自家一派。其晚年书法并不刻意追求墨色的变化，自然运用涨墨法使作品满纸烟云。时有颤笔醇厚深沉，笔意纵逸超迈老辣，已臻炉火纯青之境。

何绍基故居 何绍基故里位于道县县城东郊1千米处的东门乡东门村，总面积约1平方千米。全村现有总人口1100多人。据何氏族谱记载，明清以来，全村出进士24人，曾有"十五代秀才世家"之称。其中代表性人物有何凌汉、何绍基父子。何绍基故里保存完好，具有鲜明的民族特色和深厚的文化底蕴。故里建筑布局合理，探花第、进士楼、东洲草堂、士民宅居等，构架精巧，精雕细琢，匠心独运，庄严肃穆，极具历史和艺术价值。其中进士楼与探花第是清代民间祠堂公共建筑的标本，是研究湘南社会习俗的实物载体，有很高的历史和建筑科学价值。何绍基故里现为省级历史文化名村，2011年湖南省人民政府核定为"省级文物保护单位"。

（二）永州摩崖石刻与七大"国宝"

摩崖石刻就是直接打磨在山体上，与山水环境融为一体的石刻艺术。中国古代的摩崖石刻在湘漓文化带的湖南永州和广西桂林一线最为突出。湘漓水路作为连接中原与岭南的通道，历代文人的往来行经于此，沿途凭吊先贤、感怀古迹、歌咏景色，每有题文赋诗，便要题刻于石，以冀传扬后世、与天地同寿，故而摩崖石刻在湘漓文化带比比皆是。

永州地区为石灰岩地貌，摩崖林立，岩洞密集，南来北往的文人士子见山石清秀，景致幽邃，大都是平生很难见到的奇观，这激起了他们创作的欲望，如元结、张舟、皇甫湜、邢恕、范纯仁、黄庭坚、邹浩、柳应辰柳拱辰兄弟、米芾、周敦颐、范成大、苏轼苏辙兄弟、范祖禹范冲父子、杨万里杨长孺父子、丁懋儒、何绍基等，他们以摩崖为载体，在石刻上纪咏题词，历 2000 年而不绝，因此形成了永州摩崖石刻景观群。今永州境内有阳华岩、朝阳岩等七处国家级文保单位，另有拙岩、福仙岩、九龙岩、象岩、无为洞、飞龙岩、紫霞岩、含晖岩、中郎岩、狮子岩、寒亭暖谷、仙楼岩、秦岩、矛山寺等其他省市文保摩崖更是不一而足。至于永州摩崖石刻现存总量，据清陆增祥《八琼室金石补证》记载、永州文物处公布及学者的田野考察发现，目前永州境内共有 50 处左右摩崖石刻景观，摩崖石刻总数 2000 方有余。现将七大"国保"单位介绍如下：

浯溪　浯溪在永州城北 100 余里，祁阳县城以南五里。唐代道州刺史结庐溪岸，在此为母守孝三年。元结《浯溪铭序》载："浯溪在湘水之南，北汇于湘。爱其胜异，遂家溪畔。溪世无名称者也，为自爱之，故命浯溪。"另有崖名"峿台"、亭名"吾廎"，合称"三吾"，并各有《铭》题刻于石。唐肃宗上元二年（761）秋八月，收复两京，上皇玄宗还京师，元结作《大唐中兴颂》。大历六年（771）六月，元结请颜真卿楷书镌于崖壁，世称"摩崖碑"。此碑共 332 字，字径四寸五分，是颜书大字中最有代表性的作品。因元结的"文绝"、颜真卿的"字绝"，加上此处的"石绝"，故而被称之"摩崖三绝"。后世名贤在此吟咏刻石不绝，现存历代石刻 500 余幅。

朝阳岩　朝阳岩位于永州古城西南 2 里，潇水西岸。朝阳岩有二洞，上洞半凹如伞盖，下洞数十米为天然溶洞，洞中又有暗泉，流出成溪，坠落湘水如瀑布。唐代宗永泰二年（766），元结再任道州刺史，经水路过永州，维舟岩下，登岩一游，并取名"朝阳岩"。《诗经·大雅·卷阿》载："凤凰鸣矣，于彼高冈。梧桐生矣，于彼朝阳。"朝阳岩由此得名。明代在朝阳岩上建有寓贤祠，祭祀元结、苏轼、苏辙、黄庭坚、邹浩、范纯仁、范祖禹、张浚、胡铨、蔡元定 10 人。明代鲁承恩《朝阳岩寓贤祠碑》载："湖南惟永多岩洞，惟朝阳襟潇按湘，面城背岭，独为幽奇。"元结初游朝阳岩，作《朝阳岩铭》《朝阳岩下歌》。其后历代名贤题咏不绝，迄今已历 1250 余年，现存历代石刻 150 余幅。

澹岩　又写作"淡岩"，又称"澹山岩"，在永州城南 25 里，有巨型溶洞与山体天坑相连，背山面河，气势恢宏，景致幽邃。清《永州府志》载："澹岩去城南二十五里，有岩奇奥，为永州冠。"澹岩原有宋人石刻 100 余幅，以黄庭坚诗刻、周敦颐题名、柳应辰《澹岩记》、宋迪题名等最为珍贵，这里明清石刻更多。20 世纪 60 年代，澹岩近傍建工厂，洞内用来做厂房，很多石刻被毁坏，现存历代石刻 30 余幅。

月岩 旧称"穿岩"，别称"太极岩"，在道州城西约四十里。月岩的顶部是一个巨大的天坑，两端山腹间又有东西贯通的岩洞，由此形成了一岩三洞的奇观。因顶部是洞开的，环壁也是洞开而且贯通，所以月岩是三洞相连，洞中同时可望三月。观者步步挪移，随着观察位置的缓缓变化，岩洞顶部就会渐渐呈现上弦月与下弦月的月相变化，恰似"太极生两仪"。月岩相传为周敦颐早年悟道之所。明代有人称周敦颐幼年时曾经在此乘凉读书，领悟太极。月岩今存石刻 63 幅，以南宋淳熙六年（1179）道州知州赵汝宜题刻为最早。

玉琯岩 玉琯岩在宁远县境内舜源峰南 2 千米处，原称何侯石室，相传尧舜时何侯南迁居此，悬壶济世。岩额"玉琯岩"三字为宋代书法家李挺祖所书。玉琯即玉笛。《尚书大传》载："舜之时，西王母来献玉琯。"汉章帝时，零陵文学奚景，于舜祠下得白玉琯。玉琯岩山体小巧玲珑，独立田峒之中，山上奇石怪树遍布，素有"天下第一盆景"之美誉。有"九疑山"大字榜书，每字 1.7 米见方，为南宋书法家方信孺所书。有东汉蔡邕《九疑山铭》、清韩晋昌《奉命恭祀虞陵》小楷诗刻等，具有很高的历史价值。2004 年，在玉琯岩前发掘出占地 3.2 万平方米汉至唐宋时代的古舜庙遗址，被列为全国重点文物保护单位。遗址建筑规模宏大，工艺精湛，文物丰富，在海内外引起轰动。

月陂亭 月陂亭在江永县上甘棠村，村旁石崖为天然石亭，可遮风雨，以其圆曲如月，故名"月陂亭"。这里原是通向两广的古驿道，由于地形奇特，依山傍水，与隔河的寺、楼、阁、台相映成景，是过往行人的最佳休息之处，也是村里文人吟诗作赋的好地方。因此，月陂亭便成了镌录名言、记述要事的档案库。现存摩崖石刻 27 幅，最引人注目的是"忠孝廉节"四字，为文天祥手书赠与周德源，周视为珍宝，带回老家上甘棠，置为座右铭，清乾隆二十八年（1763），被永明县正堂王士俊临摹刻于月陂亭。

阳华岩 阳华岩位于江华县城东 6 千米竹园寨回山下，山势向阳，陡峭如劈，中有石磬，下有寒泉。清《永州府志》载："江华复岭重冈，地远而险，其山之秀异者，自古称阳华岩。"元结任道州刺史时，至江华过阳华岩而作《阳华岩铭有序》，由县大夫瞿令问于永泰二年（766）书刻岩外。其序曰："吾游处山林凡三十年，所见泉石，如阳华殊异而可家者未也，故作铭称之。"自此之后，历代名贤题刻甚多，现有石刻 40 余幅。元结在永州开辟了三处摩崖石刻：浯溪、朝阳岩、阳华岩。阳华岩为第一处。

对于永州摩崖石刻的文化旅游价值，潇湘意文化旅游投资股份有限公司董事长王天明表示，公司计划打造一系列摩崖石刻文创产品，目前已开发出"大唐中兴颂"系列文创，具体产品有：茶巾、围巾、布袋、笔记本、伞，等等。下一步将开发黄庭坚"永州淡岩天下稀"和何绍基"归舟十次经浯溪"等系列文创。力争将潇湘意摩崖石刻拓片博物馆打造成永州市首家研学基地，让永州的孩子从小感受摩崖石刻的魅力，并体验拓片的制作过程，计划年接待研学团100次以上。打造永州摩崖石刻旅游线路，以冷水滩为核心，以现有交通为依托，串起七个摩崖石刻景区，组成永州旅游"北斗七星"。

(三) 桂林摩崖石刻与"桂海碑林"

桂林石刻分布于市区近城的普陀山、月牙山、龙隐岩龙隐洞、虞山、象鼻山、文庙等30余处名山洞府。其中，"桂海碑林"的龙隐岩和龙隐洞是桂林石刻最集中、最典型的地方。石刻群以摩崖为主，包括摩崖石刻及摩崖造像。

桂林石刻始于东晋，兴于唐，盛于宋明清。现存唐至清代石刻近2000件，其中唐代石刻28件，造像149龛484尊，五代石刻1件、宋代石刻484件，造像26龛101尊、元代石刻30件、明代石刻352件、清代石刻478件、年代无考的石刻117件，是全国摩崖石刻最多的地方，也居全国宋代题刻之最。著名的石刻有唐《张浚刘崇龟杜鹃花唱和诗》、宋《元祐党籍》、清《五代贯休画十六尊者像》等，具有很高的历史和艺术价值。文体有题名题记、诗词曲赋、赞颂歌铭、论说评议、序跋书札等。书体篆、隶、行、草俱全。造像均为佛教内容。桂林石刻内容丰富，种类繁多，形制巨大，集中反映了桂林乃至广西地区政治、军事、经济、文化的发展历程，具有重要的历史、科学和艺术价值。

桂海碑林 桂海碑林位于桂林市小东江畔七星公园月牙山瑶光峰南麓，由龙隐洞、龙隐岩两处石刻组成。共有石刻220余幅，内容涉及政治、经济、军事、文化、民族关系等。形式有诗词、曲赋、铭文、对联、图像等。书体楷、草、隶、篆俱全。

龙隐洞早期石刻为唐代张浚、刘崇龟的《杜鹃花唱和诗》。宋初，龙隐岩修建了释迦寺，其后又建有骖鸾阁、环翠阁，明代又相继修建了准提阁、万象阁等建筑，规模蔚为壮观。历代名士到此题名题榜，题诗题记，摹刻书画，歌咏山水，抒发襟怀，形成"摩崖殆遍、壁无完石"的碑林奇观，展示了一幅绚丽多彩的历史画卷，是一部内容丰富的石刻史书。刻在龙隐岩上的《米芾程节赠答诗》弥足珍贵。龙隐岩中，还有宋代石曼卿《饯叶道卿题名》，刻有66个真书大字，颜筋柳骨，自然雄逸，沉着端重，气势不凡，被历代书法家尊为"神物"，是件极为难得的书法珍品。龙隐洞中，北宋将领狄青写的《平蛮三将题名》，记录了其率部飞渡天险、一夜平息叛乱的史实。还有很多是名家妙品，如唐代颜真卿的"逍遥楼"榜书、郑书奇的《新开独秀山石室记》、宋代燕肃的七星岩篆书题名、米芾的还珠洞题名和陆游的《诗札》、柯梦的《迎享送神曲》，以及范成大、张孝祥、吕胜已、徐梦萃、梁安世、陈谠、陈孔硕等人的题刻，无不墨笔精妙。还有许多奇品，让人拍案叫绝，如清代王静山在龙隐岩刻了一个高 70 厘米、宽 82 厘米的草书"佛"字，引来无数游人的浓厚兴趣。远望，它如一个梳着发髻的老太婆，双手擎香，虔诚地跪着烧香拜佛，笔画间可见香烟缭绕；近看，却是一个四笔挥就的"佛"字。这种字形和字义之间的神似与形似，其创意和书写堪称绝妙。

靖江府城图　桂林城北鹦鹉山西南山腰的《静江府城池图》是宋代摩崖石刻，高 3.4 米，宽 3 米，是国内现存的两件最古老的古代石刻地图之一，也是世界面积最大的一幅古代石刻地图。这幅地图最早采用写景式符号，反映了当时桂林城池建设的科学和险固，是中国地图设计史上的一个重大创举。地图详细绘制了静江府（今桂林）的城池、衙署、兵营、街坊、山川和名胜，是研究南宋末年静江府军事防守和我国古代制图学历史的重要实物资料。

元祐党籍碑　《元祐党籍碑》是一块很有历史价值的碑刻。北宋神宗熙宁元丰年间，宰相王安石在神宗的支持下推行变法，1083 年宋神宗死后，年方十岁的宋哲宗继位，由他的祖母高太皇太后听政，起用司马光为宰相，废除了王安石的新法，排除了王安石的新党，因为当时的年号为"元祐"，所以历史上称为"元祐党争"。1103 年宋哲宗死后，宋徽宗继位，重用权相蔡京，出于政治上的需要，蔡京把司马光、文彦博、苏轼、梁焘等三百零九人列为奸党，1105 年宋徽宗诏令全国各郡县刻石立碑，第二年有彗星（俗称扫帚星）出现，宋徽宗视为不祥之兆，又诏令全国毁碑，因而《元祐党籍碑》全国无存。桂林此碑是事过 93 年之后，南宋高宗时"元祐党人"梁焘之曾孙梁律重刻的。梁律重刻此碑，其目的是让后人明辨是非，亦有为曾祖父鸣不平之意。《元祐党籍碑》现全国仅存两件（另一件在广西融水县），此碑至今完好无损，是研究宋代元祐党争的重要文物资料，现在被收录在《百科全书·考古卷》当中，历史价值很高。

三、地方戏曲与音乐体验

在湘漓文化带上，不仅文化底蕴深厚，艺术品类更是丰富多彩，除书法石刻艺术冠盖全国之外，地方戏曲与音乐也是影响深远，可作为优质的旅游资源开发。

（一）传统"大戏"：祁剧与桂剧

所谓"大戏"是相对于"小戏"而言，主要有三大特点：一是篇幅长，结构也较复杂；二是角色较多，行当分工细致，有生、旦、净、末、丑等；三是语言常用文言韵白，唱曲多用宫调连曲、成套板腔。祁剧与桂剧都属于"大戏"。

祁剧　也叫祁阳戏、楚南戏，因发源于祁阳县而得名，是湖南省传统地方戏曲中流行地域最广、历史最悠久的一个剧种，占据了湖南永州、衡阳、郴州、邵阳、怀化、娄底等地区。祁剧班社还到外省演出，足迹流布桂、粤、赣、闽、滇、黔诸省。清同治年间，左宗棠进军新疆，曾带着祁剧班一路唱到了新疆。在发展过程中，祁剧形成了永河、宝河两大流派，但均使用祁阳官话进行表演。祁剧唱腔中包含高、昆、弹三种声腔，演唱声调高亢嘹亮，辅以高音战鼓、帽形噪鼓、硬弓祁胡等乐器伴奏。演唱讲究用"雨夹雪"（真假声结合）的方式，须生演唱时用沙音以显苍老，小生用子音以显文秀，旦角用窄音以显秀媚，花脸用霸音或喝音以显粗豪，咬字则要注重表现单、双、空、实，出音则讲究抑、扬、顿、挫，务求要做到字正、音清、腔圆。在表演艺术上，祁剧具有粗犷、夸张、朴实的特点，动作讲究眼、鼻、胸、手指、脚尖的配合一致和匀称协调。祁剧的表演有一套本剧种特有的严格程式：例如"亮相"就规定要在撩袖、抖袖、整冠或者整鬓之后再进行；"开衫子"则可以分为全衫子和半边衫子；表现将校辕门候差和武将出征前的战斗准备，动作程序繁杂，规格严谨，难度很高。还有许多独特的表演技巧，如跑马习惯上称作"马路"，就有几十种不同的舞蹈动作，不但表演逼真，而且十分优美；同时又融合了拳击、舞剑等民间武术，因而更具有乡土特色。脸谱一般只用红、黑、白三色，多注重眼、鼻、口的勾画，线条刚劲有力。

祁剧伴奏的乐器主要为祁胡、月琴、三弦、板胡（瓜琴）4大件，祁胡伴奏用的琴筒一般用楠竹制作而成，一般小而长，筒口成喇叭形，琴柱内装上铁条，琴弓内藏铁丝，其音阶高扬嘹亮。在打击乐器方面，有特制的高音战鼓和帽形噪鼓以及宽边的大锣和大钹等。

祁剧传统剧目据统计有整本戏和折子戏893本，其中80%为弹腔剧目。高腔和昆腔整本戏有《目连传》《精忠传》《观音戏》《夫子戏》四大部，称为祁剧"正高""正昆"代表剧目，其他属于明清传奇的高腔、昆腔戏，则被称为"耍高""耍昆"。"耍高"剧目有《琵琶记》《金印记》《投笔记》《一品忠》等；"耍昆"剧目有《鹿台饮宴》《卸甲封王》《别母乱箭》《藏舟刺梁》《劝农赏花》等。弹腔戏主要是演《三国》《水浒》《杨家将》等历史故事，以及部分神话传说和公案戏，经过整理较有影响的传统剧目有《孟丽君》《昭君出塞》《牛皋毁旨》《闹严府》《泗水拿刚》；创作的现代戏有《黄公略》《孔繁森》和已摄制成影片的《送粮》等。

2006年，祁剧《目连救母》获湖南省第一个"保护非物质文化遗产贡献奖"。2008年，祁剧入选第二批国家级非物质文化遗产名录。2016年，新创大型现代祁剧《魏源》《焦裕禄》参加湖南省艺术节，获"田汉表演奖"；2018年，又有现代祁剧《向阳书记》《火种》获"田汉表演奖"。2018年，湖南省祁剧院参加"湖南省青年演员电视大奖赛"，有陈欢、周世杰、陈造野等3位青年演员分别获金奖1个、银奖2个，代表了省祁剧院青年演员的实力，说明祁剧演员队伍后继有人。

桂剧 俗称桂戏或桂班戏，流行于广西桂林、柳州、河池、南宁等地市和梧州地区北部操"官话"的城乡。桂剧大约发端于明代中叶，明末清初昆腔流播到广西。后高腔和弋阳腔又相继传入，相互融合而形成以弹腔（即皮黄）为主，高、昆、吹、杂为辅包含五种声腔艺术的桂剧。清乾隆年间，有湖南祁阳班频繁到桂林演出。从1882年开始，桂林各地相继出现宝华、群英、翠华、兰斌小社等桂剧科班，自此桂剧与祁剧逐渐分野，但桂剧与祁剧艺人时常相互搭班演出，相互聘师传授技艺。由于戏路接近、语音相似，祁、桂艺人长期同台、同剧演出，使桂剧声腔、演技深受祁剧影响，发展日臻成熟。

桂剧表演细腻贴切、生动活泼，借助面部表情和身段姿态传情，注重以细腻而富于生活气息的表演手法塑造人物。桂剧剧目数量丰富，有"大小本杂八百出"之说，《打金枝》《烤火下山》《断桥会》《抢伞》《穆桂英》《闹严府》《合凤裙》《李逵夺鱼》《泗水拿刚》《排风演棍》《刘青提》《盗甲》等都是其中的代表性剧目。

由于各种原因，桂剧已陷入濒危境地，传统流失，人才断档，剧目和技艺失传，民间演出举步维艰，桂剧原有的艺术特色在此过程中正日渐淡化，需要采取措施及时发掘抢救保护桂剧，使这一濒临消亡的古老剧种重新焕发生命力。

2006年桂剧被列入第一批"国家级非物质文化遗产名录"。2019年，以全国优秀共产党员、时代楷模黄大年先进事迹为题材，广西壮族自治区戏剧院创排的现代桂剧《赤子丹心》感人上演，给桂剧的复兴带来了希望。

（二）传统"小戏"：花鼓戏与彩调剧

"小戏"原是一种俗称，是相对于昆腔、高腔以及梆子、皮黄（京剧）之类"大戏"而言。题材多为老百姓日常生活小事，一般只有小丑和小旦两个角色，或增加一小生形成三个角色，通常称为"两小戏"或"三小戏"。小戏可分为两类：由民间歌舞发展而来的歌舞类小戏；在说唱基础上发展而成的说唱类小戏。湖南花鼓戏和广西彩调，均属于歌舞类小戏。

花鼓戏　通常特指湖南花鼓戏。湖北、安徽、江西、河南、陕西等省亦有同名的地方剧种。在众多名为"花鼓戏"的地方戏曲剧种中，湖南花鼓戏流传最广，影响最大。在中华人民共和国成立后，湖南花鼓戏艺术更有较大发展，由湖南省花鼓戏剧院整理创作的《打铜锣》《补锅》《刘海砍樵》等剧目，深受全国各地人民群众的喜爱。

湖南花鼓戏源出于民歌，逐渐发展成为一旦一丑演唱的花鼓戏初级表演形式。清嘉庆二十三年（1818）《浏阳县志》记载当地元宵节玩花灯况状时说："又以童子装丑旦剧唱，金鼓喧阗，自初旬起至是夜止。"说明一旦一丑演唱的花鼓戏最迟在清嘉庆年间已经形成。又据杨恩寿《坦园日记》记载清同治元年（1862）在湖南永兴观看"花鼓词"（即花鼓戏），已有书生、书童、柳莺、女婢四个角色，说明此时的花鼓戏不但已发展成"三小戏"，而且演出形式也具有一定规模。从声腔和剧目看，初期以民间小调和牌子曲演唱，边歌边舞，如《打鸟》

《盘花》《送表妹》《看相》等。后来，"打锣腔"与"川调"传入，才逐渐出现故事性较强的民间传说题材的剧目。打锣腔主要剧目有《清风亭》《芦林会》《八百里洞庭》《雪梅教子》等，川调主要剧目有《刘海戏蟾》《鞭打芦花》《张光达上寿》《赶子上路》等。

湖南花鼓戏因流行地区不同而形成了不同流派，有长沙花鼓戏、岳阳花鼓戏、常德花鼓戏、衡阳花鼓戏、邵阳花鼓戏、零陵花鼓戏6个流派，各具不同的艺术风格。各地花鼓戏的传统剧目约有400多个，音乐曲调300余支。按其结构和音乐风格的不同可分为川调、打锣腔、牌子、小调四类，都有粗犷爽朗、地方色彩浓郁的特点，主要是以极具地方特色的湖南花鼓大筒以及唢呐、琵琶、笛子、锣鼓等民族乐器作伴奏。曲调活泼轻快，旋律流畅明快。中华人民共和国成立后，花鼓戏艺术有较大发展，不但整理了如《刘海砍樵》《打鸟》等传统戏，而且创作了《双送粮》《姑嫂忙》《三里湾》等不少现代戏。如《打铜锣》《补锅》《送货路上》《野鸭洲》等已摄制成影片。特别是唱遍大江南北、风靡海内外的湖南花鼓戏名剧《刘海砍樵》，其脍炙人口的"比古调"唱段，更是经久不衰。

2008年，花鼓戏入选第二批"国家级非物质文化遗产名录"。

彩调剧 俗称调子、彩灯等，属灯戏系统。由桂林地区农村歌舞、说唱衍化而成的"对子调"，流传甚广，名称不一，桂林叫"彩调"，柳州、河池地区和梧州部分县叫"调子戏"，平乐、荔浦一带叫"采茶戏""彩灯"，左、右江的宁明、百色等地叫"大采茶""嗬嗨戏"等，1955年以后统称为"彩调剧"。

彩调最初为"双簧蛋"形式，单人表演男女两个角色，而"对子调"则由男女同台表演。多从神话传说、章回小说、市井轶闻中取材，积累剧目500余出。彩调演出采用桂林话，本区内各民族不但都能听懂，还有本民族的彩调演员。清末，彩调就有了《王三打鸟》《三看新》《娘送女》《双打店》《王二报喜》等36出。彩调唱腔属联曲体，分板、腔、调3大类。其中板有诉板、哭板、骂板、忧板等；调有比古调、走马调等；腔以角色行当区分有小生腔、旦角腔、丑角腔等，按人物身份、职业区分的有相公腔、花子腔等，表现身段动作的有挑担腔、饮酒腔等。彩调的音乐伴奏分左、右场，左场为弦乐，右场为击乐。弦乐有调胡（也叫大筒，类似二胡）、扬琴、琵琶、三弦、唢呐、笛子等乐器，以调胡为主奏。击乐的锣鼓曲牌较简单，常用的有三点头、一条龙、一钹、四钹等。同一曲调，可以根据行当、人物和表现生活的不同，在板和腔上加以变化，故有"调多共用，板腔细分"之说，如按角色行当定腔的有小生腔、旦角腔、丑角腔、摇旦腔、老生腔、娃仔腔；按人物身份、职业而分的有相公腔、化子腔、梅香腔、媒娘腔、和尚腔、强盗腔、神仙腔等；按劳动和日常生活分的有挑担腔、划船腔、挖地腔、梳妆腔、饮酒腔等。

20世纪60年代初，来自民间的彩调剧《刘三姐》四进中南海演出并拍成电影在全国放映，由此红遍大江南北，饮誉海内外。2006 年，彩调入选第一批"国家级非物质文化遗产名录"。

（三）传统戏曲与旅游开发

近年来，国内旅游市场越来越热，人们在走出去的时候，想了解当地历史与文化的诉求也越来越强烈。只有文化底蕴丰厚的旅游，才能受到游客的青睐，才能在游客中形成深层的影响力和传播源。而作为中华文化的重要组成部分，戏曲传承着活态的民族文化基因，展现着独特的中华审美风范，承载着民族的价值认同和情感依赖，体现着中华民族最深沉的精神追求，将其融入旅游开发，实现"戏曲+旅游"的模式，能有效提升旅游的文化内涵，戏曲和旅游两相受益并形成一个良性循环，也将成为地方经济发展的带动力之一。

湘漓文化带开发戏曲旅游，应以传统舞台演出为主，以建设戏曲人文景观和开发戏曲文化旅游纪念品为辅，真正让戏曲剧目成为文化旅游环节中的一个重要组成部分，从而将人们习惯的拍照式旅游变为观赏式旅游、体验浸润式旅游，让戏曲旅游成为解当地文化的一个特色窗口。

祁剧故里祭祖与周末剧场　永州市祁阳县是祁剧的诞生地，经考证，祁剧祖师爷焦德是祁阳白水镇竹山村人氏，生于宋神宗熙宁九年（1076），早年在竹山村创建了最早的祁剧科班。因精通戏剧，在北宋宣和年间供职于皇家教坊，并被宋徽宗赐以侯爵。竹山村在市委市政府和县委县政府的支持下，加上湖南科技学院和祁阳祁剧团的大力协助，现已筹建祁剧传承基地，建成了全市第一个祁剧文化陈列馆、第一个村级祁剧演艺厅和祁剧文化广场。广场上有祁剧祖师焦德的塑像，塑像高 9.42 米，寓意为焦德诞辰 942 年（截至 2018 年），还为一批在祁剧历史上做出过突出贡献的老艺人、老专家塑了像，使得竹山村作为"祁剧故里"的地位得到了全国祁剧界的认可。正在建设中的还有"百戏园"，亦即将祁剧的 100 个经典剧目以人物造像的形式，将主题或核心剧情呈现出来，现在已完成《岳母刺字》《孟丽君》《大破天门阵》等剧像的塑造，待全部完成之后，这里一定会成为观摩祁剧的新景点。竹山村为了使祁剧文化与特色旅游融为一体，还开办了祁剧周末剧场，使之成为乡村文化旅游的新亮点。祁阳祁剧团也开通了"周末剧场"，将祁剧传统戏和现代戏相结合，将传统大戏专场和传统折子戏专场相结合，将祁剧和综艺节目相结合，以剧场为主场，广场戏台为辅的方式进行演出，吸引了大批游客和当地观众。2018 年 12 月 8 日至 9 日，"让世界听见——2018 湖南永州祁剧文化艺术节暨冬季乡村旅游节"在祁阳县举行，省市及相关部门领导、祁剧文化和旅游界的专家学者齐聚祁阳，共同探讨祁剧助推文化旅游的话题；祁剧文化传承人、全国祁剧优秀团队负责人及优秀祁剧年轻演员代表，汇集到祁剧发源地竹山村，祭拜祁剧祖师，开展优秀祁剧交流展演等活动，开启了祁剧复兴的新篇章。

关公庙会与传统剧目演出　广西恭城武庙，又称关帝庙，始建于明万历三十一年（1603），坐落在印山南麓文庙的右侧，整个庙宇占地面积2100平方米，建筑面积1033平方米。印山一山分二脊，左为文庙，右为武庙，文武两庙浑然一体，相得益彰。在中国传统观念里，左为东、为阳，东方主生，为尊，故为文庙，以示崇文；右为西、为阴，西方主杀，为卑，故为武庙，以示抑武。而文庙与武庙之相依相傍，又表示阴阳相合，文武相成。武庙建筑分戏台、正殿、协天宫、后殿及东西两厢配殿。整座建筑重檐歇山，翼角飞翘，脊山饰泥塑，龙凤呈祥，明暗八仙，人物花鸟，栩栩如生。黄绿琉璃瓦顶与文庙的光芒融为一体，形成了印山下金碧辉煌的光波海洋。武庙戏台是目前广西保存最完整的两座古戏台之一（另一座在昭平县的黄姚古镇），虽经四百年沧桑，却风采依旧。武庙庙会规模宏大。早在明清时代，每年的农历五月十二（关公诞辰）为关帝庙会日，广大民众自发地到武庙烧香祭拜，祈求风调雨顺，五谷丰登。"文革"期间曾一度停办，1995年恢复以来，每年一小祭，三年一大祭。2019年为大祭年，连续三天前来武庙祭拜的游客和当地人络绎不绝，武庙舞台连续三天演出祁剧的传统剧目，每天上午、下午和晚上共三场。剧团是湖南江华的一个民间祁剧团，聘请的演员有祁剧演员，也有桂剧演员，是名副其实的"同台同剧"演出。剧场观众场场爆满，参加庙会的人数更是超十万之众。

恭城关帝庙会于2010年入选第三批"自治区级非物质文化遗产保护名录"，其举办活动的主要场所恭城武庙与相邻的恭城文庙一起被列为国家级重点文物保护单位。

山水剧场与"印象刘三姐"　一提起桂林阳朔"印象刘三姐"，大家并不陌生。这部桂林山水实景演出，与传统舞台剧大不一样，在方圆2千米的漓江水域上，以12座山峰为背景，与广袤无垠的天穹构成了当时世界上最大的山水剧场。这样的演出以自然造化为实景舞台，放眼望去，漓江的水，桂林的山，化为舞台的天然背景，给人宽广的视野和超然的感受，让观众完全沉浸在美丽的阳朔风光里。观众席由绿色梯田造型构成，180度全景视觉，可观赏江上两千米范围的景物及演出。设有2200个观众座位，其中普通席2000个，贵宾席180个，总统席20个。整个演出时间约60分钟，观众看后总觉得意犹未尽，创作者有意给观众留下更多的回味。只可惜，这种"戏曲+旅游"的模式因其控股企业投资失败而最终不得已破产重组，其模式值得我们思考和借鉴。

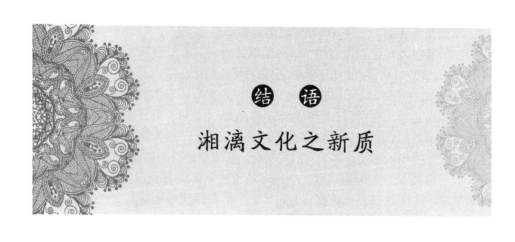

结 语

湘漓文化之新质

当今世界,随着交通和信息技术的提速提质,大大缩短了人与人之间的距离,使我们所生活的星球变成了一个"地球村"。在这个小小的"村落"中,人们的关系和交往空前密切,不管人们愿意不愿意,总之是"全村人"都生活在一个"命运共同体"之中。此次新冠病毒的流行足可证明一个事实:即便是发达国家不愿意与发展中国家"共富贵",但在世界性灾难面前,"共患难"则是必然之势,谁也躲不过。因此,生活在"地球村"的全体"村民",必须树立"有难同当""互利共赢"的理念,必须意识到,不同文化之间的交流与融合是一个不可逆转的总趋势。在这一背景下,湘漓人该有什么样的作为?湘漓文化该有什么样的新质?或许,利用湘漓文化中原有的优势"推陈出新",乃是湘漓文化创新提质的动力所在。

一、"一带一路"新视野

不同文化之间的交流与融合,是一个不可逆转的总趋势,也是历史的进步。但不同的文化在交流的过程中既相互吸引,又相互排斥。相互吸引说明文化具有可塑性和可变性,这决定了不同文化的统一性;相互排斥说明文化具有惯性和独立性,这反映了文化的多元化。统一性即文化的全球性、共同性、普遍性,多元化即各民族的文化具有其民族性、多样性和独特性。让民族文化与世界优秀文化相融合,不仅是促进本民族文化进步的必要条件,也是为世界文化的发展做出贡献。

与"地球村"概念相对应的是"全球化",这既是一种概念,也是一种人类社会发展的过程。通常意义上的"全球化",是指全球联系不断增强,人类生活在同一个"地球村",国与国之间在政治、经济上互相依存,文化上相互沟通与融合。一个更形象的说法是:全球化就是将全世界压缩、整合为一个整体。20世纪90年代后,随着全球化进程对人类社会影响层面的扩张,已逐渐引起各国政治、教育、社会及文化等学科领域的普遍重视,已成为人类社会发展不可逆转的趋势。但全球化对于本土文化来说也是一把双刃剑,不仅有可能使得本土文化的内涵与自我更新能力逐渐模糊与丧失,尤为直观的负面影响是,全球化也会造成诸如全球金融危机的严重后果,20世纪90年代中期的亚洲金融危机,21世纪初的全球金融危机,均与全球化有关。这是因为全球的热钱自由流动所带来的大毛病,热钱流动至少是50万亿以上的规模,这个钱流到哪里,哪里就出现经济泡沫;从哪里抽走,哪里就形成经济塌方。为医治这一毛病,中国开出了一个药方:建设"一带一路"。其目的就是要把全球的资本带向基础设施、实体经济的方向流动,把热钱变成冷钱,或者说把虚钱变成实钱。中国现在建设亚洲基础设施投资银行,大概需要1000亿元。这是一个药引子或者酵母,将会带动万亿、几万亿甚至几十万亿的资金向这个方向流动。只有建设看得见的实体项目,这个资金才会长期给你回报。对于基础设施建设,全世界需要几十万亿元的投资,这个资金需求,恰恰是全球热钱流动的数量。这两个数量如果对称起来,全球化中最负面的力量至少可以得到削弱。让金融回归实体经济,着眼于基础设施互联互通,这是"一带一路"所着眼的第一层次新视野。

第二层次,"一带一路"聚焦于全球化的边缘化地带,尽管风险较高,但潜力巨大。西方人开创的全球化,聚光灯主要集中在北美、日本和欧洲的沿海地区,至少还有十几亿人生活在暗影之中:非洲全部被忽略、西亚和南亚也大部分被忽略。另外,世界上90%的贸易通过海洋进行,而海上物流主要集中在大西洋中间。这种以西方为中心的海洋型"全球化",其实是"部分全球化",或曰单向度全球化。改革单向度全球化,首先就要实现陆海联通。全球有54个内陆国。从空间角度来讲,"一带一路"很大程度上帮助那些内陆国家寻找出海口,实现陆海联通。"一带一路"激活了这一梦想,助推欧洲互联互通,形成中欧陆海快线;同时也形成了规模效应,现在的欧洲越分越小,"一带一路"能够把小国连通在一起,建立大市场。这是"一带一路"大受欢迎的重要原因。

第三层次,"一带一路"着眼于发展导向型全球化,让老百姓更加有获得感、参与感和幸福感。未来十年,"一带一路"将新增2.5万亿美元的贸易量,这给经济全球化打了一剂强心针。不仅如此,"一带一路"建设推动中国与沿线国家的自贸区、投资协定谈判，并强调与沿线各国发展战略和已有的合作机制对接，推动全球层面的投资协定谈判进程，为全球化提供动力。正如习近平总书记2016年8月17日在推进"一带一路"建设工作座谈会上的讲话中指出的，以"一带一路"建设为契机，开展跨国互联互通，提高贸易和投资合作水平，推动国际产能和装备制造合作，本质上是通过提高有效供给来催生新的需求，实现世界经济再平衡。特别是在当前世界经济持续低迷的情况下，如果能够使顺周期下形成的巨大产能和建设能力走出去，支持沿线国家推进工业化、现代化和提高基础设施水平，将有利于稳定当前世界经济形势。

第四层次，"一带一路"的重要思路是如何将分散化、碎片化的合作机制统合起来。"一带一路"贯穿欧亚大陆，东连亚太经济圈，西接欧洲经济圈，实现发展中国家与发达国家、中国与世界的联动发展。发展是解决一切问题的总钥匙。推进"一带一路"建设，要聚焦发展这个根本性问题，释放各国发展潜力，实现经济大融合、发展大联动、成果大共享。为此，"一带一路"进一步细化为"六廊六路"布局："六廊"指六大国际经济合作走廊，包括新亚欧大陆桥、中蒙俄、中国—中亚—西亚、中国—中南半岛、中巴和孟中印缅经济走廊；"六路"指铁路、公路、航运、航空、管道和空间综合信息网络，是基础设施互联互通的主要内容。通过"六廊六路"的建设，实现产业链的自然延伸，通过补基础设施和能源短板，推进人类新型工业化，倡导全球化的本土化——企业不仅是"走出去"，更重要的是"走进去"，亦即与当地国家的发展项目相结合，并要适应当地的民俗、宗教，用当地人所希望的形式"落地生根"，呈现"欧洲生产，欧洲消费""非洲生产、非洲消费"的新局面，有效克服全球化"水土不服"的问题。

总之，"一带一路"的特点不是资本全球化而是实体经济全球化，路径不是规则导向而是发展导向的全球化，方向不是单向度而是包容性全球化，目标不是竞争型而是共享型全球化，正在扬弃传统全球化，实现全球化的本土化，开创新型全球化，其前景正在于打造开放、包容、均衡、普惠的合作架构，打造人类命运共同体。

二、"双向对接"新发展

湘漓文化带上，如何对接"一带一路"，广西与湖南因为地理位置不同，其行动方案也判然有别。

广西历史上就是陆上丝绸之路的中转站，海上丝绸之路的始发港。广西的海岸线1595千米，与东盟"一湾连七国"，拥有北海、钦州、防城港等天然良港。广西还是中国唯一与东盟陆海相连的省区，处在西南经济圈、华南经济圈和东盟经济圈的结合部，连接着中国与东盟两个广阔市场，既是中国西南地区最便捷的出海大通道，也是东盟国家进入中国市场的重要海陆通道，处在"一带一路"对接最便利的交会点和关键区域上，并拥有钦州保税港区、凭祥综合保税区、南宁保税物流中心、北海出口加工区等开放合作平台，具有为西南、中南地区乃至中亚各国开拓东盟市场，以及为东盟国家进军中国乃至中亚市场提供服务的良好条件。与此同时，巨大的港口和物流潜力，使广西成为服务西南、中南地区开放发展新的战略支点。近年来，广西坚持江、海、陆、空并进，优先发展交通，依托与东盟陆海相连的有利条件，积极建设面向东盟的港口联盟、陆路通道和航空枢纽，现代交通网络主骨架基本形成。广西高铁动车运营里程达 1500 多千米；高速公路通车里程达 3754 千米；广西北部湾港已建成生产性泊位 249 个，吞吐能力超过 2 亿吨，已开辟至新加坡、曼谷、海防、胡志明、巴生等港口多条直达航线。随着航空网、高铁网、高速公路网、珠江-西江黄金水道建设的不断完善，北通南达、东进西联的现代立体交通网络，将使广西战略支点的服务功能更加凸显。

因此，广西正在努力，力争让区位优势、联通优势、平台优势、人文优势发挥其效益，在担当新的历史使命中，融入"一带一路"并扮演好自身独特的角色。以打造"21 世纪海上丝绸之路"新枢纽为目标，依托北部湾港建设中国-东盟港口城市合作网络，海上运输往来连接东盟国家的 47 个港口，外贸航线 29 条，基本实现东南亚地区全覆盖，内陆腹地走向印度洋、太平洋、地中海的海上大通道初步形成。"海上巴士"往来如潮，铁海交通全方位对接。北部湾 4 大港口防城港、北海港、钦州港、铁山港已实现与广西铁路网全网互通，凭借南昆铁路、益湛铁路、湘桂铁路、黔桂铁路、玉铁铁路，北部湾已形成"五龙出海"之势。川、滇、湘、黔、渝等省份通过广西进出口的货物货值年均增幅在 30%左右。通过"北部湾港-印度/中东"远洋直航航线，相比过去的中转模式，西南、西北腹地货源出海可减少物流时间 7 到 12 天，每标箱可减少物流成本约 500 美元。作为"中新互联互通南向通道"有效延伸的关键一步，北部湾港至新加坡天天班公共航线开通后，成功将新加坡作为通往澳大利亚、非洲、欧洲方向的国际中转点，较原来的中转模式节约三天时间，物流费用也大为减少。于是，湖南在钦州建设临港工业园区及专业配套码头；云南将在北部湾经济区集中建设园区；重庆、四川与广西签署合作协议，在广西沿海布局产业园，打造临海产业"飞地经济"……广西为中南、西南地区"借道"进军东盟提供了重要支点。

总之，随着"21 世纪海上丝绸之路"新枢纽建设不断推进，广西区位优势凸显，越来越多的国内企业从过去单纯的进出口贸易过渡到投资、合资和跨国并购，国外企业也借道广西进入中国市场，这使得广西以更加自信的姿态站到了全国开放的前沿。

与广西不同，湖南作为内陆省，需要借道出境、借港出海。因此，湖南对接"一带一路"的行动方案，主要包括三个方面的内容：

其一，打通陆上通道。推进蒙西至华中煤运通道、怀邵衡、黔张常等铁路建设，打通面向西北的铁路通道，直接连通中国-中亚经济走廊。加快焦柳怀化至柳州段、湘桂衡阳至柳州段电气化改造、张吉怀铁路等项目建设，打通面向中国-东盟经济走廊和北部湾地区的通道。加强准备渝长厦、常岳九、兴永郴赣、安张衡等铁路建设前期工作，推动与东南沿海地区的对接，打造连通陆上丝绸之路经济带和海上丝绸之路的通道。培育发展"湘欧快线"，健全国际铁路运输、口岸通关协调机制，强化货源组织和运营管理，提升班列开行密度、运输时效和服务质量，积极发展"五定班列"，致力打造中欧班列南方区域核心枢纽。同时，重点建设炉红山（湘鄂界）经慈利、张家界、新化至武冈高速公路，打通 G59 呼和浩特至北海南北向运输大通道；推进 G5513 长沙至益阳高速公路扩容工程、G60 醴陵（湘赣界）至娄底高速公路扩容工程，进一步提升东西向运输通道服务能力；加快桑植至龙山高速公路建设，强化与成渝方向连通对接。

其二，打通空运和水运航线。这一是要打通国际空运航线。实施长沙黄花机场飞行区东扩工程、空港配套工程等项目，将长沙机场打造成长江中游重要的国际空港枢纽。推进张家界荷花国际机场改扩建。完善航线网络，推动开通长沙至香港全货航班，长沙至欧洲、美国、澳大利亚、俄罗斯、日本、西亚等国际洲际航线。二是打通水上通道。畅通长江中游黄金水道，争取国家将长江中游 6 米水深航道上延至岳阳城陵矶。加快推进湘江、沅水两条国家高等级航道和洞庭湖区高等级航道建设，推动深水航道向上延伸，推进城陵矶港与上港集团的合作，将其打造成为长江中游重要的航运物流中心。提升长株潭港口群及常德、益阳、衡阳、永州等重点港口功能，推进内河水运与沿海港口无缝衔接，对接海上丝绸之路。巩固提升岳阳至乐盟航线运输能力，争取与更多近海国家和地区开通直航，扶持省内发展江海轮运输团队，大力发展"五定班轮"。

其三，打造立体综合运输体系。加强水运、铁路、公路、航空和管道的有机衔接，统筹货运枢纽与开发区、物流园区等空间布局，完善货运枢纽集疏运功能。鼓励发展多式联运，提高集装箱和大宗散货铁水联运比重。

与此同时，还要构筑境外产业发展平台。依托现有"走出去"的企业，建设一批国家级境外经贸合作园区。加大北欧湖南农业产业园、泰国湖南工业园、越南商贸物流园、阿基曼中国城等在建园区的建设力度；积极培育三一巴西产业基地、中联印度产业基地、南车南非产业基地、隆平高科东帝汶农业示范基地、老挝湖南橡胶产业基地、老挝湖南农业产业基地、俄罗斯贝加尔湖流域湖南农业产业基地等；在美国南卡州、埃塞俄比亚、苏里南、柬埔寨等国家和地区选择一批基础好的项目作为境外储备园区。

很显然，湖南对接"一带一路"的行动方案，其思路已经大为拓展，撇开空中航线不说，从陆路和海运来说，重点虽然仍是向南借道北部湾，但水运向东、陆运向北和西，均有了新的通道。

水运向东，将洞庭湖的出江口城陵矶打造为通江达海的国际港口。根据湖南省政府与上海国际港务（集团）股份有限公司战略合作框架的协议，由湖南城陵矶开发投资有限公司、上港集团、中交投资、长沙新港等企业，通过资产重组方式组建湖南城陵矶国际港务集团，开通中国远洋岳阳—澳大利亚接力航线，该航线设定为周班，运输线路为：岳阳始发—上海外高桥（换船）—悉尼—布里斯班—上海外高桥（换船）—岳阳。全程往返用时50天，与该航线开通前相比较，减少运输货物时间近一个月。该航线的开通，是湖南积极对接国家"一带一路"倡议、参与中澳自贸协定合作的新举措，将大幅提升城陵矶港集装箱吞吐量，进一步强化城陵矶港在长江中游枢纽港的地位，对湖南扩大对外开放、加快外向型经济发展具有里程碑意义。

陆路向北则开通了"湘欧快线"，这是中国开往欧洲的快速货物班列中的一条线路，从长沙火车新北站（霞凝站）始发，经二连浩特或满洲里出境，途经俄罗斯、白俄罗斯、波兰，抵达德国杜伊斯堡。2013年4月，有人发起"重走茶叶之路"系列活动，组织了100峰骆驼，在内蒙古二连浩特举行驼队启程仪式后一路南下，途经内蒙古、河北、北京、山西、河南、湖北，驼队昂首跨越荆州长江大桥之后进入湖南，参加毛泽东诞辰120周年典礼，然后再从湖南安化驮运黑茶返回二连浩特，往返历时一年多。驼队南下所走的路线，有一段与大禹开辟的"荆州道"基本重合，从黄河往北则延伸更远，到了二连浩特，茶叶装上火车再运往欧洲。驼队"重走茶叶之路"，这无疑是一种文化象征，旨在提醒人们勿忘过往的历史："驼铃古道丝绸路，胡马犹闻唐汉风"——是驼队撑起了古丝绸之路沿途的繁华，满足了沿途的需要！今天，曾经的古道上汽笛长鸣，满载着货物呼啸穿梭的中欧班列，承载着沿线国家共商、共建、共享的"时代梦想"，续写着丝绸之路新的传奇。

当然，"湘欧快线"还有两个出境口，都是先向北再向西：一是通过新疆阿拉山口出境，途经哈萨克斯坦、俄罗斯、白俄罗斯、波兰、德国；二是经新疆霍尔果斯出境，最终抵达乌兹别克斯坦的塔什干。这也足可证明：只有封闭的意识，没有封闭的"内陆"；只要愿意"开放"，现代交通就可以将人们带向四面八方，也可以从四面八方汇聚拢来——这便是"双向对接"的新发展。

三、"神农精神"新价值

"一带一路"除了经济上互通有无、普惠共赢之外，更重要的是民心相通，这是"一带一路"建设的社会根基。因此，传承和弘扬丝绸之路的友好合作精神，广泛开展文化交流、学术往来、人才交流合作和志愿者服务等，才能为深化双多边合作奠定坚实的民意基础。这一点，正是湘漓人和湘漓文化大有作为之处。

据《湖南日报》2017年5月12日的报道，由隆平高科承办的"2017年发展中国家杂交水稻综合技术培训班"与"2017年发展中国家杂交玉米综合技术培训班"在长沙同时开班，来自孟加拉、文莱、埃塞俄比亚、利比里亚等15个发展中国家的115名学员在此接受培训。近年来，通过援外培训，隆平高科擦亮了杂交水稻这张名片，加快了开发国际市场的步伐，将湖南杂交水稻种子，播撒到"一带一路"沿线的耕地上。

"一带一路"倡议的提出，为湖南农业企业"走出去"拓宽了道路。世界水稻种植区域分布于"一带一路"沿线，主要集中在亚洲和非洲，这些地区成为隆平高科"走出去"的主要阵地。早在2009年，商务部首个援外培训基地"中国杂交水稻技术援外培训基地"便落户隆平高科，至2016年底，隆平高科承办了140余期国家援外培训项目，为近100个发展中国家培养了包括36名正、副部级学员在内的5000余名农业管理和技术人员，为当地解决粮食安全问题做出了贡献。

援外培训在造福"一带一路"的同时，也给隆平高科带来了良好的口碑与品牌传播，隆平高科借此加快拓展国际市场。2015年，隆平高科设立国际公司，主要负责在海外从事农作物种子的本地化研究、本地化生产加工和本地化销售。目前，隆平高科已经在巴基斯坦、菲律宾、印度、孟加拉、东帝汶、印尼、泰国以及非洲的利比里亚、安哥拉、埃塞俄比亚、尼日利亚等国家设立了研发中心和育种站，在海外已有19个品种分别审定或者登记，与40多个国家和地区建立了贸易关系。2016年，隆平高科国际业务总收入1.2亿元，比上年增长20%。在湘漓文化带，越来越多的农业企业在杂交水稻这张名片的带领下"走出去"，由隆平高科牵头的东帝汶农业产业园，吸引了多家农机、农产品加工企业入园，以抱团姿态，共同开发海外市场。

水稻是全球第一大粮食作物，除水稻主产国中国之外，90%以上的水稻种植分布在东南亚、南亚和非洲的许多国家和地区。这些国家和地区也是中国"一带一路"倡议涉及的合作主体。提高粮食单产能力，保障充足的粮食供给，依然是当前的世界性难题。我们依靠科技进步，不仅养活了中国人，还应该向海外输出先进农业科技，从而造福于世界人民。"杂交水稻之父"袁隆平曾说他有两个梦想：一个是他在"比高粱还高、稻穗比扫帚还长"的禾下乘凉，这个梦想被写进了中小学教科书；另一个梦想则知晓度稍低，那就是将杂交水稻种子推向全球，造福全球人民。如果说前一个是"科技梦想"，后一个则是"人文梦想"；"科技梦想"只有在"人文梦想"引领下，才会真正造福于人类。

　　源于"将杂交稻种满全球"的想法，湖南省农业科学院、湖南杂交水稻研究中心与袁隆平在1999年发起成立隆平高科的同时，几乎就迈出了"走出去"的步伐，成为国内较早一批"走向全球"的种业企业。在坚持国际化这条路上，袁隆平和隆平高科几乎是在为中国人研究超高产杂交水稻的同时，就在从事杂交水稻的国际普及工作。隆平高科较早的国际化策略有很强的公益性质——教外国人怎么种植农作物。早些年，就有不少东南亚、南亚、非洲国家的留学生来到隆平高科总部所在地长沙，一拨接着一拨地上农业科技的培训班。培训班的留学生分为两类：海外的技术人员和管理农业的政府官员。课程的主要内容是杂交水稻、杂交玉米技术，兼顾蔬菜栽培技术等其他内容。国际援助培训班之所以能办起来，是因为中国人有给海外部分国家"辅导功课"的技术优势。一方面，袁隆平研发的杂交水稻技术，使得中国在水稻育种领域占据了全球塔尖地位；另一方面，随着"三农"领域改革的推进和科技的发展，中国在机械化种植领域已经领先东南亚、南亚等国家。隆平高科新的计划是，在国际培训班的基础上，创建"隆平大学"。

　　基于造福人类的"人文梦想"，袁隆平及其团队没有将杂交技术申请为专利，更没有进行技术封锁。相反，是举办一届又一届的国际培训班，不厌其烦地从事杂交水稻的国际普及工作。这种精神，正是湘漓文化带原有的"神农精神"的延伸：昔有神农"尝百草，教人稼穑"，开启了中国的农耕文明；今有袁隆平发现"杂交优势"，并不断地改进技术，提高单位产量，极力将杂交水稻推向全球——就精神实质而言，二者一脉相承；就时代眼光而言，毕竟有了新的高度，故而可以称之为"新神农精神"。同时，这也是湘漓人对人类做出的最大贡献。

　　"神农尝百草，日遇七十二毒，得茶而解之。"神农除教人稼穑，还教人用草药治病。这里的"茶"是什么？《尔雅·释草》载："茶，苦菜。"《尔雅注疏》载："一名茶草，一名选，一名游冬。叶似苦苣而细，断之白汁，花黄似菊。"这就是俗称的"艾叶"，因其气味具有刺激性，可以驱蚊虫，所以每到端午节来临时，家家户户的门口要挂上艾叶"驱害"。茶草虽苦，但对人有益，所以《诗·邶风》载："谁谓茶苦，其甘如荠。"亦即茶草如荠菜一样"味甘"。《尔雅·释木》载："槚，苦茶。"《尔雅注疏》载："树小如栀子，冬生，叶可作羹饮。"

"草本"之荼是"艾叶","木本"之荼则是"茶叶"。唐代以前没有"茶"字，"荼"也可以特指"茶"。"茶"不仅具有清肝明目等药用价值，还可代指中草药。笔者的家乡，找医生看病开药方，说是开个"茶单子"，进药店抓药说是"捡茶"，"煎药"是"熬茶"，"吃药"也是"吃茶"。这一方面说明，人们对"吃药"有忌讳；另一方面也说明，"喝茶"其实也有"解毒去病"之药用功效。因此，不管是茶之类的"中国饮品"，还是青蒿素之类的中国药品，同样都是"神农"对人类的巨大贡献。在今天"一带一路"背景下，同样具有"走向世界、普惠世界"之价值。

尤为重要的是，不管是教人稼穑或是教人解毒疗病，首先是必须心中有他人，为人做事都得要想着他人。人类共处一个地球，经济全球化让"地球村"越来越小，社会信息化让世界越来越窄。不同国家和地区已是你中有我、我中有你，一荣俱荣、一损俱损。国与国之间，不存在制度统一，也不存在利益优先。只有义利兼顾才能义利兼得，只有和谐共存才能合作共赢。再者，我们只有一个地球，自然资源本就有限。在经济利益面前，既要善待自己，也要善待他人；既要协和本国，也要协和万邦。2017年1月18日，习近平总书记在日内瓦发表题为《共同构建人类命运共同体》的演讲，描摹了当前的世界图景："世界经济增长乏力，金融危机阴云不散，发展鸿沟日益突出，兵戎相见时有发生，冷战思维和强权政治阴魂不散，恐怖主义、难民危机、重大传染性疾病、气候变化等非传统安全威胁持续蔓延。"面对这样的图景，习近平总书记发出了"日内瓦之问"：世界怎么了、我们怎么办？然后，他站在人类历史发展进程的高度，以大国领袖的责任担当，以"以天下为己任"的情怀，给出了中国方案："构建人类命运共同体，实现共赢共享。"在这一思想的引领下，湘漓人已经迈出了坚实的步伐，打造了以新神农精神为核心的湘漓文化，相信只要坚定地走下去，一定会有新作为、新贡献。

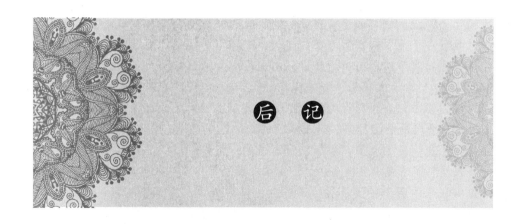

后　记

　　本书是湖南省社会科学成果评审委员会重点课题"'湘漓文化带'与湖南旅游新开拓研究"的结题成果。

　　关于"湘漓文化"的概念，是由广西桂学研究会原会长潘琦率先提出的。但这一概念的确立则有一个过程。2014年3月18日至23日，广西桂学研究会在潘会长的带领下，组织了广西社会科学界和文学艺术界的14名专家学者到桂北、湘南就"漓湘文化"的历史、现状以及发展前景进行调研，调研采取实地考察、现场观摩、专家座谈及民间访问的形式。当时，在桂北的座谈均以"漓湘文化研究座谈会"为标题，在湖南永州的座谈则以"湘桂文化交流座谈会"为标题。2014年8月，"首届漓湘文化研讨会"在桂林召开，会上决定：作为漓湘（湘漓）文化交流的一种机制，今后每年召开一次学术研讨会，在广西和湖南轮流召开，在广西称之为"漓湘文化"，在湖南则称之为"湘漓文化"。2016年1月，"第二届湘漓文化研讨会"在湖南科技学院召开，潘会长在会上提出，为了将名称统一，借鉴"湘桂走廊"和"湘桂古道"的说法，以后仅用"湘漓文化"的名称，不再用"漓湘文化"的称谓，他还为《湘漓文化》（第一辑）题写了书名。至此，"湘漓文化"之名得以确立。于此也可见出广西学者和潘会长的胸襟；同时也可见出湘桂两地专家学者对"湘漓文化"的高度包容和认同，因为即使是对"漓湘文化"的概念，永州学者也没有任何异议。

　　"湘漓文化"概念的提出，不仅为学术研究开辟了新的领域，更重要的是切合了当前的经济、社会和文化发展的需要，从而使得学术研究走出象牙之塔，在为现实提供服务方面有了更广阔的空间。为此，本人在"一带一路"

大概念下，提出了"湘漓文化带"的小概念，力图在"湘漓文化带"的区域内，找到一个为现实提供服务的切入口，经与杨金砖、潘雁飞、姚先林、肖献军、沈德康等同行的讨论交流，在集思广益的基础上，申报了省社科评审重点课题"'湘漓文化带'与湖南旅游新开拓研究"。在课题申报、结题成果撰写的过程中，各位同行均提供了很好的建设性意见，肖献军设计了"贬谪与爱国文化"的旅游线路，姚先林不仅设计了"畅神山水之旅"的旅游线路，还撰写了这一章的初稿，潘雁飞为本书的"结语"提供了具体的建议，杨金砖不仅提供了诸多宏观性意见，还为本书撰写了序言。在此，一并表示感谢。

　　本课题的研究时间虽然已逾四年，但因所涉及的历史久远、范围广阔，而内容更是丰富复杂，有些内容甚至是本人此前从未涉足的。因此，本书的不足和错误在所难免，敬请方家和同行批评指正！

陈仲庚　谨识

庚子年孟秋月